복음은 본질적으로 급진적입니다. 모든 것을 거꾸로 보게 하며 익숙한 길에서 돌아서게 합니다. 미움을 사랑으로, 정죄를 해방으로, 죽음을 생명으로 바꿉니다. 복음의 근본적 속성은 감출 수 없는 향기처럼 삶의 구석구석으로 퍼져갑니다. 그리스도의 제자는 불의가 있는 곳에 하나님의 통치를 소망하여 그 통치가 임한 듯 살아냅니다. 아픔이 있는 곳에 하나님의 치유가 이뤄지길 바라며 위로의 삶을 영위하게 됩니다. 「믿음은 행동이 증명한다」에는 이런 증언이 빼곡히 적혀 있습니다. 다시 복음의 본질로 돌아가기 원하는 예수님의 제자들에게 본서가 큰 도전을 주리라 확신하며 필독을 권합니다.

송태근 삼일교회 목사

착하고 성실한 그리스도인, 세상에서 도덕적으로 살고 단란한 가정을 꿈꾸는 성도, 교회에서는 교회 방식으로 살지만 세상에서는 세상 방식을 따를 수밖에 없다는 현실적인 교인은 이 책을 읽지 않는 것이 좋겠다. 예수를 따르며 산다는 것이 무엇인지 자신의 삶의 정황에서 치열하게 고민하며 실제로 살아낸 이 형제의 고백과 나눔은 적지 않은 불편함과 도전을 우리에게 주기 때문이다. 그러나 작금의 한국 교회 상황을 마음속 부담으로 가진 사람이라면, 어떻게 예수를 진정으로 따르는 삶을 살아야 할지 고민하는 사람이라면, 이 책을 꼭 읽으라. 바다 건너에서 우리와 동시대를 살아가는 믿음의 동지를 만나게 될 것이기 때문이다.

김형국 나들목교회 대표 목사. 「교회 안의 거짓말」 저자이 책은 "사랑은 수고가 증명한다"라고 불러도 좋겠다. 저자 쉐인은 하나님과의 사랑을 누리려 고요한 중에 애썼고 가난한 이들을 진정 사랑하려고 그의 온몸과 시간을 바쳤다. 헐벗은 세상으로 뚜벅뚜벅 걸어 들어간 쉐인과 그의 친구들을 혹여 누군가 트집을 잡으려 한다면, 이내 사랑에 고갈된 자신의 헐벗음을 직면하게 될 것이다. 읽으면 읽을수록 그는 사회정의에 관해 이야기한 게 아니라 진짜 사랑을 보여주려 했다는 것이 선명해진다. 예수님이 그러하셨듯이 말이다. 특히 젊은이들에게 권하고 싶은 필독서다.

황병구 한빛누리 상임이사, "복음과 상황" 이사

한국 교회의 거듭된 삽질에 기독교인임을 반납하고 싶은 사람, 물 타지 않은 복음 그대로를 '래디컬'하게 전하고 살아야 한다고 믿는 사람, '허다한 무리'에 속하길 거부하고 예수가 간 좁은 길을 우월감 없이 가려는 사람이라면 닥치고 이 책을 읽으라. 그리고 여러분 하나하나가 우리 시대가 보길 원하는 겸손한 대안'들'이 되라. 교회에 희망이 없다고 하지 말라. 우리가 교회다.

박총 작가. 도심형 재속재가수도원 '신비와저항' 원장

몹시 긴급한 이슈를 매우 성경적으로 다룬 책이다. 오늘날 헌신하는 '그리스도인' 가운데 단 한 명만이라도 그리스도께 무조건 헌신하는 저자의 열정을 반만이라도 품고 그분을 따른다면 우리의 복음전도는 엄청난 능력을 갖게 될 것이고, 우리는 이 깨어진 세상을 변화시킬 수 있을 것이다.

로날드 사이더 「가난한 시대를 사는 부유한 그리스도인」 저자

쉐인은 그 대가가 아주 커서 우리 대부분이 피하려고 하는 진정한 기독교를 보여준다. 그는 이 책에서 21세기에 예수를 따른다는 것이 진정 무엇인지를 예언적으로 선포하는 삶의 방식을 제안한다.

토니 캠폴로 「끝까지 사랑하라」 저자

당신이 쉐인을 안다면, 이 책의 페이지마다 소리치는 저항할 수 없는 그의 외침을 듣게 될 것이다. 당신이 쉐인을 모른다면, 페이지마다 담겨 있는 저항할 수 없는 예수님의 음성을 듣게 될 것이다.

레너드 스위트 「귀 없는 리더? 귀 있는 리더!」 저자

나는 가끔 미국에는 단 하나의 교파만 있다는 생각을 하게 된다. 바로 미국 시민 종교다. 소비문화와 힐링에 빠진, 식민지적이고 군국주의적이며 국가주의적인 예배당은 세상에서 가장 부유하고 강한 국가가 하고자 하는 것이 무엇이든 세례를 베풀고 축복을 한다. 그러나 나는 쉐인의 목소리를 듣고 아직 사람들이 많이 다니지 않은 길을 걷는 소수의 사람들을 알게 되었다. 이 책을 읽다 보면 나처럼 당신도 불편함을 느낄 것이다. 우리에게는 지금 그 어느 때보다도 이런 불편함이 필요하다.

브라이언 맥클라렌 「새로운 그리스도인이 온다」 저자

당신이 이 여정을 떠나게 되면, 키 크고 비쩍 마른 쉐인이라는 젊은이뿐만 아니라, 필라델피아에 있는 그의 수많은 노숙자 친구들, 캘커타에서 그가 돌봤던 죽음을 앞둔 사람들, 그리고 포탄이 떨어지는 바그다드에서 그가 함께 놀아주었던 아이들을 만나게 된다. 이 모든 것은 예수를 따른다는 것이 무엇인지, 우리에게 불편한 질문을 던진다. 위험을 감수하고 읽어라. 저자는 당신에게도 '평범한 급진주의자들'의 무리에 연대하도록 도전을 줄 것이다.

톰 사인 「겨자씨 vs 맥세상」 저자

믿음은 행동이 증명한다

쉐인 클레어본

배웅준 옮김

저 항 할 수 없 는 혁 명 에 합 류 한 평 범 한 급 진 주 의 자 들 이 야 기

믿음은 행동이 증명한다

The Irresistible Revolution

아바서원

지혜와 용기가 없는 사랑은 감상(感傷)에 불과하다. 마치 평범한 교인처럼.

사랑과 지혜가 없는 용기는 무모하다. 마치 평범한 군인처럼.

사랑과 용기가 없는 지혜는 비겁하다. 마치 평범한 지식인처럼.

그러나 사랑과 용기와 지혜를 모두 가진 자는 세상을 움직인다.

_애먼 헤나시(평화 운동가, 1893-1970)

차례

•

•

쉐인 클레어본은 "하나님께 간구기도를 할 때는 신중해야 한다"는 옛 경구의 좋은 본보기다. 복음주의자들은 그리스도인 청년들이 주님의 사랑을 배워 그분의 발자취를 따르게 해달라고 기도한다. 그런데 이것이 바로 이 젊은 그리스도인 운동가가 이 놀라운 책에서 얘기하는 주제이다. 하지만 저자가 주님을 따라 이르게 된 곳은 오늘날 많은 복음주의 그리스도인이 살고 있는 중산층의 안락한 환경이 아니다. 제자의 길을 걷던 그는 오히려 많은 중산층 신자들이 순응하게 된 문화적 습관에서 벗어나게 되었다. 무엇보다 저자가 생각하는 복음에 대한 충실성은 오늘날 종교적 우파에 속한 많은 보수주의자들이 거의 교리적 시험대로 만들어버린 정치적 충성과 정면으로 대치되는 것 같다.

여러 해 동안 쉐인은 필라델피아와 캘커타의 거리, 열성적인 기독교 공동체, 그리고 이라크의 전쟁 지역에서까지 복음을 실험하고 있다. 이 책에서 저자는 우리를 자신이 걷는 순례의 길로 인도한다. 불확실성을 인정하면서도 자신의 열정을 나누고, 자기 약점과 모순을 시인하면서도 교회와 사회를 비판하고, 그가 가장 소중히 여기는 운동과 노력의 '미약함'을 수용하면서도 세상을 변화시키려는 소망을 드러낸다.

이 책을 읽다보면 미국의 문화적 · 애국적 기독교에 대한 저자의 불만이 '세속적'이거나 '개방적'이 되었기 때문이 아니라, 초대 그리스도인들이 '그 길(道)'-예수의 길, 하나님 나라의 길, 그리고 십자가의 길-이라 불렀던 것에 더 깊이 뛰어들었기 때문에 생긴 것임을 곧 알게 될 것이다. 그는 자신과 영적 동지들이 하는 일이 매우 급진적이며, 심지어 미친, 그리고 어쩌면 정신 나간 짓으로 보인다는 것을 인정한 첫 사람이다. 그러나 그는 또한 소비문화, 글로벌 경제의 왜곡된 우선순위, 복지국가 방법론 등에 의문을 제기하는 한편 기존의 사회 논리에 대한 성경적 반론을 재발견하기도 했다. 즉, 하나님의 어리석음은 언제나 세상의 눈에는 약간 미친 듯이 보인다는 점이다. 저자와 그의 동지들은 필라델피아에 있는 작은 공동체를 '심플 웨이(the Simple Way)'라 부르고 이런 실험이 미래에 대한 열쇠를 쥐고 있다고 믿는다.

나는 저자를 알게 되어 기쁘고 이 책도 기쁜 마음으로 읽었다. 젊은 쉐인을 보면서 소저너스 공동체를 세우고 잡지를 창간하던 삼십여 년 전의 한 급진적인 젊은이-나 자신-를 떠올리지 않을 수 없었다. 당시에 우리 역시 복음주의 청년들로서 기성 교회나 사회가 예수님의 길에 부응하지 못했다는 것, 심지어 근처에도 가지 못했다는 것을 깨달았다. 우리는 기독교를 개인적인 문제에만 국한시킨 채 기존의 경제적·정치적·군사적 권력에 항복하는 타협적 신앙으로 전락시킨 사적인 경건에 맞서 싸웠다.

우리는 우리의 믿음이 '공적 차원'으로 구현되어 개인적인 삶은 물론 정치적 방향까지 모두 변화시키는 능력을 지닌 선지자적 비전을 제시하는 모습을 간절히 보고 싶었다. 1973년 이른바 "복음주의적 사회참여에 관한 시카고 선언"이라는 새롭고 희망에 가득찬 헌장 초안을 작성하던 때가 기억난다. 젊은 세대와 늙은 세대의 지도자들이 모두 서명한 그 선언문이 정말 모든 현상을 변화시킬 것으로 기대했다.

그러나 바로 그때 복음주의 신앙을 가진 기독교 우파가 공개적으로 등장했는데, 그것은 우리가 바랐던 방식이 아니었다. 기독교의 관심사는 단지 몇 개의 '도덕 문제'(대체로 성 문제와 공적 광장에서의 기독교 용어의 사용과 관련된)로 축소되었고, 곧이어 미국 극우파의 정치·경제적 의제들과 협약을 맺게 되었다. 그로부터 삼십여 년이 지난 지금, 미국은 하나님을 공화당원으로 확신하게 되었고, 기독교는 텔레비전 설교가의 이미지로 사람들의 머릿속에 각인되었다.

그러나 이제 그 모든 것이 변하고 있고 미국의 사회·정치·종교의 풍경 역시 전환기를 맞이했다. 나는 미국 전역을 종횡무진 누비면서 새로운 움직임과 동력을 느낄 수 있다. '신앙과 정치'에 관한 대화에서 소외된 많은 사람들은 이제 자신들의 목소리를 내기 시작했다. 종교적 우파의 독백이 마침내 끝나고 새로운 대화가 시작된 것이다. 이는 신앙을 사회정의에 적용하는 법에 대한 대화로 미국 전역에서 우후죽순 발생하고 있다. 허리케인 카트리나가 드러낸 미국 속 잊힌 지역들에서의 빈곤의 문제는 물론, 세계를 깨우고 있는 글로벌 경제의 결핍과 질병으로 인한 빈곤 문제와 같은 이슈들에 대해 신학계를 통틀어 새로운 통합점이 모색되고 있다. 그리스도인들은 환경을 '하나님의 창조세계'로 명명하고 그것을 돌봐야 한다고 주장하고 있다. 교회 지도자들과 복음주의 신학교 교수들은 오늘날 최고 정치권력에서 나오는 전쟁의 신학과 제국주의적 종교에 도전하고 있다.

그러나 가장 큰 희망의 조짐은 바로 자신의 신앙을 갖고 세상 한가운데로 기꺼이 나아가는 새로운 기독교 세대의 등장이다. 개인적 경건, 풍요로운 순응으로 채색되고 오직 "하나님이여, 미국을 축복하소서"만을 외치는 기독교는 교회의 증언을 타협하는 한편, 새로운 세대의 그리스도인들을 잠들게 했다. 신앙을 특정한 행동과 의문의 금지로만 정의한다면, 이는 매력적인 생활방식을 만들 수 없다. 더군다나 새로운 세대의 젊은이들은 자신의 재능과 에너지를 쏟고 헌신할 만한 가치 있는 의제에 굶주려 있다.

쉐인 클레어본의 이 책은 새로운 세대의 신자들이 깨어나고 있고 다시 새롭게 복음에 대한 열정을 불태우고 있음을 보여주는 이 시대 최고의 증거이다. 책을 읽는 내내, 당신은 저자의 뜨거운 열정을 느낄 수 있을 것이다. 그는 자신이 혼자가 아니라고 주장한다. 맞다. 그는 혼자가 아니다. 쉐인은 미국의 종교와 정치의 얼굴을 바꿀 수 있는 새로운 기독교를 대표하는 최고의 인물 중 한 명일 뿐이다. 여기에 제시된 비전은 진보와 보수, 좌파와 우파의 범주에 쉽게 넣을 수 없다. 오히려 그런 범주 자체에 도전한다. 나는 전국에서 저자와 비슷한 정신을 가진 사람들을 만났고 '소저너스'와 '콜 투 리뉴얼'에서 그들과 함께 일하기도 했다. 이 책은 저 세상뿐만 아니라 바로 이 세상에서 자신들의 믿음에 따라 살고자 하는 새로운 세대의 그리스도인들을 위한 헌장이다. 이 책을 읽으면 가슴 속에서 희망이 솟아오를 것이다. 하나님께서 다시금 새로운 일을 행하고 계신다.

짐 월리스
「소저너스」편집장

믿음은
행동이 증명한다

•

•

기독교는 종종 기껏해야 천국에 가면 모든 게 나아질 것이라는 희
망을 전하는 일밖에 하지 못했다. 성경은 모든 피조물이 해방을 위
해 탄식하고 있다고 말하며, 대중가요에서 할리우드의 영화에 이
르기까지 모든 것을 통해 그러한 탄식의 메아리를 우리가 들을 수
있다. 누구나 세상이 잘못되었다는 것을 느낄 수 있고, 꼭 이래야
할 필요가 없다는 말도 여기저기서 들린다. 언론의 헤드라인은 하
루도 빠짐없이 전쟁과 테러, 성추문과 기업의 탐욕, 정치권의 부패
와 에이즈의 만연, 경찰의 만행과 지구촌 십억 인구의 절대 빈곤에
대한 이야기를 전한다. '라이브 에이트'와 '원 캠페인'은 "가난을
역사로 만들자!"라는 슬로건 아래 많은 유명 인사들과 대중 스타
들을 끌어 모았다. 그러나 대다수 크리스천 예술가들과 설교자들
은 이상하게도 인간의 고통을 모른 체하며, 예언자적 상상력을 동
원하여 내세에 대한 확신만을 세상에 전하고 있다. 그래서 크리스
천들이 침묵하면 돌들이 소리칠 것이라고 예수께서 말씀하신 것은

그리 놀랄 일이 아니다.

우리 중 다수는 보수주의자들을 규정짓는 편협한 이슈들과 자유주의자들을 특징짓는 얕은 영성에서 소외되었다고 느낀다. 우리는 사회정의와 평화를 갈망하지만 낙태반대를 일관성 있게 밀고 나가는 신앙공동체 또는 동성애와 낙태와 같은 쟁점 말고도 전쟁과 가난 같은 도덕적 쟁점이 있음을 인정하는 신앙공동체를 찾기가 무척 어렵다. 그래서 어떤 크리스천들은 결국 개인의 영혼을 죄로부터 구원하려고 애쓰고, 또 어떤 크리스천들은 결국 세상을 낡은 시스템으로부터 구출하려고 노력하게 된다.

하지만 세상의 질병이 우리 각자를 감염시켰다는 사실과 세상의 치유가 우리와 함께 시작될 뿐 아니라 우리로 끝나는 것이 아님을 우리는 잘 보지 못한다. 최근 어떤 젊은이가 내게 편지를 보내어 "나는 외톨이입니다. 내 주변에는 믿지 않는 행동가들과 행동하지 않는 신자들밖에 없습니다. 참된 크리스천은 어디에 있습니까?"라고 물었다. 요즈음 점점 더 많은 사람들이 복음주의 기독교와 세속적 행동주의를 특징짓는 소란스러움과 오만함으로부터 의도적으로 거리를 둠에 따라 '침묵하는 다수'가 늘어나고 있다.

대학 시절에 한 교수가 "세상이 네 영혼을 훔치지 못하게 하라. 크리스천이 된다는 것은 예수를 선택하는 것이며, 목숨을 걸고 대담한 어떤 일을 하겠다고 결단하는 것이다"라고 말한 적이 있다. 나는 그의 도전을 받아들이기로 결심했다. 처음에 나는 '좋은 소식'을 가난한 사람들에게 전하려고 선교여행을 떠났다. 그리고는 내가 그들에게 좋은 소식을 전하는 게 아니라 그들이 내게 좋은 소식을 전했음을 깨달았다. 그 이후 나는 복음주의 대형교회에서나 국제연합에서나 귀를 기울이는 누구에게나 그 소식을 전하려고 노력했다. 그래서 나는 예수 그리스도의 발걸음을 따라 인도 캘커타의 거리와 이라크의 전쟁 지역에 갔고, 권력의 전당과 빈민가를 방문했고, 세리와 농부들과 함께했으며, 법정과 감방에도 끌려갔다.

기독교 냄새가 나는 것은 무엇이든 멀리하던 한 무정부주의자 친구는, 내가 어느 일요일에 교회에서 설교한다는 소식을 듣고 내게 전화를 걸어 "자네가 설교자라는 걸 몰랐어!" 하고 말했다. 나는 환하게 웃으며 나의 예수님을 향한 사랑과 기성교회에 대한 불만족, 그리고 다른 세상을 향한 소망을 설명했다. 그랬더니 그 친구가 "와 자네가 설교자라니… 자네가 설교하도록 허락해주는 그 교회에 나갈게"라고 말했다.

그의 말을 듣고는 '평범한 바보들과 부랑자들을 믿어주고, 전파하는 복음이 정말로 좋은 소식인 그런 교회가 있다면 우리 모두 나가지 않을까?'라고 생각해보았다. 나는 미련한 것들을 사용하여 세상의 지혜를 부끄럽게 하시며, 약한 것들을 사용하여 강한 자들이 그들 생각만큼 강하지 않다는 것을 일깨워주시는 하나님의 유머에 감탄을 금할 수 없을 만큼 성장했다. 스마트 폭탄이 목표물을 정밀하게 폭파하는 이 세상에 어쩌면 더 많은 바보들이 필요한지도 모르겠다. 궁정에는 언제나 '바보들'이 있었다. 그러나 지금은 사람들이 궁정 자체보다 궁정광대들을 더 신뢰하는 흥미로운 시대이다.

평범한 급진주의자

고백할 게 있다. 당신도 시원하게 공감할 것이 확실한 고백이다. 그것은 바로, 자유주의와 보수주의를 구분하던 케케묵은 행습이 내게 맞지 않는다는 것이다. 우리가 무언가 새로운 것을 향해 움직이는 것은 바람직한 현상이다. 운동가 친구들은 나를 '보수주의자'라고 부른다. 반면 종교적인 친구들은 나를 '자유주의자'라고 부른다. G K 체스터턴이 그 자신의 입장을 표명했던 것이 내 마음에 쏙 든다. "내가 보수주의자에게 너무 진보적이고 진보주의자에게 너무 보수적이라면, 나는 하나님이 원하는 위치에 있을지 모른다. 범주들에 도전하라." 나는 종종 '급진주의자'라는 낙인을 받는다. 하지만 내가 그런 낙인에 개의치 않는 것은 도시농장에서 일하는 친구들이 '래디컬'이라는 단어가 '뿌리'를 의미한다고 일깨워주었기 때문이다. 'radical'은 'radix'라는 라틴어에서 유래했는데, 이 단어는 사물의 뿌리에 도달하는 것과 관련이 있다.

그런데 급진주의자란 호칭은 성자와 순교자만을 지칭하는 것은 아니다. 그래서 나는 그 단어를 '평범한'이란 수식어로 보완하기를 좋아한다. 평범하다는 것은 정상적이란 뜻이 아니다. 많은 크리스천들을 세상적인 기준에서 '정상'으로 만들어놓은 그 무서운 유혹에 개탄하지 않을 수 없다. 그러나 감사하게도, 지금 평범한 급진주의자들의 운동이 세상 곳곳을 휩쓸고 있으며, 평범한 사람들이 급진적

믿음은
행동이 증명한다

인 새로운 삶의 방식을 택하고 있다. 따라서 이 책은 급진주의자를 독점하고 있다고 생각하는 성자들과 현상유지에 만족하는 정상적인 사람들을 위한 것이 아니라 평범한 급진주의자를 위한 것이다.

그래서 나는 진정한 의미에서 급진주의자이다. 즉, 사랑한다는 말의 뿌리와 이 세상을 엉망진창으로 만든 것의 뿌리에 도달하기를 원하는 평범한 급진주의자이다. 그리고 내가 존경하는 많은 영웅들은 기독교의 뿌리로 되돌아가려고 했던 '급진주의자들'이었다. 과거에는 급진주의자라는 딱지를 받는 게 좋았다. 다소 의기양양한 느낌이 들어 사람들이 나를 너무 진지하게 여길까봐 염려할 필요가 없었기 때문이다. 이는 세상이 간과하는 진리를 과장하는 사람들을 무시할 때 사용하던 용어였다. 그런데 최근에 이상한 일이 일어났다. 내가 더 이상 급진주의자가 아니거나 평범한 급진주의자가 많이 존재하고 있다. 사람들이 우리를 주목하고 있다. 우리가 다룰 질문은 더 이상 '아무도 듣지 않으면 어떻게 하지?'가 아니라 '사람들이 우리를 정말로 진지하게 여기면 어떻게 될까?' 하는 것이다.[1]

십자가의 미련한 것이 실제로 칼의 지혜보다 더 많은 의미를 지니게 된다면 우리가 무엇을 해야 할까? 깨지기 쉬운 세상이 독립성과 물질주의의 허깨비를 버리고, 상호의존과 희생적인 나눔이라는 하나님의 비전에 더 매력을 느낀다면 어떻게 될까? 우리가 미친 세상에서 제정신으로 사는 자들이라면 무엇을 할까?

음악 전문지 「스핀」에서 복음주의 잡지 「크리스채너티 투데이」에 이르기까지 많은 사람이 복음주의 기독교의 또 다른 얼굴을 찾으려고 심플 웨이 공동체에 몸담은 우리를 방문했다.[2] 사람들이 불만족스럽기 때문인지 단지 흥미를 잃어서 그런지 잘 모르겠지만, 갈등의 정치와 섹시한 대중매체에 대해 논쟁을 일삼는 복음주의 목소리들은 이미 퇴색하여 새롭게 떠오르는 교회를 더 이상 반영하지 못하는 실정이다. 사람들은 더 이상 '도덕적 다수'가 도덕적이지도 않고 다수라고도 믿지 않는다.

　나의 친한 친구이자 공모자인 짐 월리스가 「하나님의 정치」라는 신간을 출판한 후 그 책이 「뉴욕 타임스」 베스트셀러 목록에 올랐을 때, 우리는 놀라움을 금치 못했다. 저녁식탁의 금기로 여겨졌던 종교와 정치가 이제 가장 대중적인 주제들이 되었기 때문이다. 내가 바하마나 캘커타나 이라크 등 어디에 있든 우리의 세상이 깨지기 쉬운 곳이란 인식은 보편적으로 퍼져있었다. 그러나 들을 귀가 있는 사람들은 또 다른 세상이 가능하다고 속삭이는 옛 말씀을 들을 수 있다.

　성경에는 엘리야 선지자가 하나님의 임재를 느끼는 아름다운 순간이 묘사되어 있다. 강한 바람이 산을 갈랐으나 하나님은 그 바람 속에 계시지 않았다고 말한다. 바람이 지나간 후에 지진이 일어났지만 하나님은 지진 속에도 계시지 않았다. 지진이 끝난 후에 불길이 일었지만 하나님은 불 속에도 계시지 않았다. 그리고 불이 지나간 후에 세미한 속삭임이 들렸다. 하나님의 속삭임이었다. 오늘 우리도 뜻밖의 장소에서 그 속삭임을 들을 수 있다. 아기 피난민, 노숙자, 마약 중독자, 외국인 노동자, 탄식하는 피조물 등에서. 브라질에서 열린 '세계 사회 포럼'에서 인도의 운동가이자 저자인 아룬

믿음은
행동이 증명한다

다티 로이는 "또 다른 세상은 가능할 뿐 아니라 이미 오고 있는 중이다. 나는 고요한 날, 그 숨소리를 들을 수 있다"라고 선언했다. 그 속삭임은 하나님께 교회를 우리 크리스천들에게서 구해달라고 또 노쇠한 교회에 새 생명의 기운을 불어넣어달라고 부르짖고 있다.

・

당신은 복음주의자입니까?

・

때로 나는 사람들로부터 "당신은 복음주의 크리스천입니까?"라는 질문을 받는다. 우리에게 어떤 꼬리표-무정부주의자, 운동가, 급진주의자, 크리스천-가 붙든지, 그런 질문에 대답하기 전에 그 뜻을 분명히 할 필요가 있다고 생각한다. 우리가 사용하는 단어인 '복음주의자(evangelical)'와 '복음전도(evangelism)'의 어원은 그리스어 'euangelion'이며 이는 예수 시대보다 더 오래된 용어임을 주목할 필요가 있다. 예수님은 로마제국의 어휘사전에서 그 단어를 취하여 완전히 뒤집어버리신다. 예컨대, 주전 6년에 로마제국 곳곳에는 "아우구스투스는 우리에게 구원자로 보내졌다…우리의 신 아우구스투스의 탄신일은 전 세계를 위한 복음[euangelion]의 시작이다"라는 문구가 새겨져 있었다.

그러나 초기의 복음전도자들은 그와 다른 복음을 전했고, 또 다른 황제에 대한 충성을 서약했고, 또 다른 왕국을 건설하기 위해 공모했다. 만약 '복음주의자'가 이 세상의 왕국이 아닌 또 다른 왕국이 있고, 이 세상의 것이 아닌 또 다른 경제와 평화가 있고, 시저가 아닌 또 다른 구원자가 있다는 좋은 소식을 전파하는 사람을 의미한다면, 나는 복음주의자이다.

•

바퀴벌레들의 혁명

•

물론 복음주의 기독교 진영이 매우 시끄럽다는 것은 의심할 여지가 없다. 거기에는 거짓 예언자들도 많고 하나님의 이름으로 온갖 당혹스러운 일도 자행된다. 어느 종교든지 극단주의자들이 가장 좋은 전통을 왜곡했다. 그런데 지금 복음주의 진영에서 작은 움직임, 일종의 작은 혁명이 일어나고 있다. 많은 사람이 기존의 왜곡된 이미지로 그들 자신을 묘사하는 것을 거부하고 있다. 우리 같은 사람들은 대중적인 복음주의를 거부하기보다는 또 다른 종류의 기독교, 곧 다음 세상에 관한 말에 못지않게 이 세상에 관한 말을 하는 그런 신앙을 전파하고 싶다. 미래를 예측만 하지 않고 미래를 바꾸려고 애쓰는 새로운 예언자들이 일어나고 있다. 냉소주의를 넘어 새로운 생활방식을 기뻐하는 운동이 발흥하고 있으며, 기존 교회에 대한 불평을 중단하고 자기들이 꿈꾸는 교회가 되기를 원하는 세대가 일어나는 중이다. 이 작은 혁명은 도무지 저항할 수 없다. 이는 춤추고 웃고 사랑하는, 전염성이 강한 혁명이다.

아프가니스탄에서 전쟁이 벌어지는 동안, 심플 웨이 공동체 식구들은 전쟁 피난민들과 희생자들을 기억하기 위해 필라델피아의 러브 파크에서 철야집회를 열고 거기서 잠을 잤다. 집회가 끝난 직후 우리는 배가 고파 피자 가게로 갔는데, 피자의 기름이 종이접시를 투명하게 만드는 너무도 초라한 가게였다. 우리는 이미 아프가니스탄에서 온 가게 주인과 가까운 친구 사이였다. 그는 뉴스에서 우리를 보았다며 감사의 뜻을 전하는 한편, 가족 모두가 국외로 도피했는데 무슨 일이 생길지 모른다면서 눈시울을 붉혔다. 그리고 그는 우리가 아름다운 일을 했다고 말하더니 "그런데 우리는 하찮은 사람들입니다. 우리는 바퀴벌레와 같고 그들이 큰 발로 우리를 짓밟을 겁니다!"라고 덧붙였다. 내가 "그렇지만 우리는 숫자가 많아요. 바퀴벌레가 많으면 주인이 밖으로 안 나가고는 못 배길 겁니다!"라고 말했다. 우리 모두 깔깔 웃었다. 그렇다, 우리는 환전상을 성전 밖으로 몰아낼 수 있고, 부패한 정치인을 집무실에서 쫓아낼 수 있는 바퀴벌레들의 온유한 혁명이다. 또한 우리는 또 다른 세상을 함께 만들자고 그들을 기꺼이 초대할 수 있다.

그런데 우리는 작은 것에 감사하기를 망각한 세상에 살고 있다. 점점 더 큰 것을 원하는 세상에 몸담고 있다. 우리는 감자튀김이든 탄산수든 교회 건물이든 초대형으로 만들기를 원한다. 그런 와중에도 우리 중 다수는 하나님께서 새로운 어떤 일, 작고 미묘한 어떤 일을 행하고 계심을 느끼고 있다. 예수께서 하나님의 나라라고 부른 이것이 세계 곳곳 뜻밖의 장소에서 나타나고 있고, 혼돈의 한복판에서 세미한 속삭임을 발하고 있다. 큰 꿈을 품은 하찮은 사람들이 세상의 모습을 다시 그리고 있다. 평범한 급진주의자들이 여러 공동체를 이루고 큰 사랑으로 작은 일에 전념하는 운동이 일어나는 중이다.

하지만 엄연한 현실을 무시할 수는 없다. 많은 사람들이 새로운 것을 갈망할지라도, 코끼리와 당나귀가 동물 중에 가장 크고 가장 완고하다. 그리고 비록 대중이 더 안전하고 더 지속가능한 세상을 열망할지라도, 증권가의 매도인과 매수인은 공격적이라 그들의 이익을 훼방하는 것은 무엇이든 갈기갈기 찢을 준비를 갖추고 있다. 실로 많은 것이 세상을 향한 하나님의 뜻을 훼방하고 있고, 그 중에는 마르틴 루터 킹 박사가 악의 삼총사라 불렀던 인종주의, 군사주의, 물질주의와 같은 야수들도 있다. 이에 저항하는 목소리는 비록 미미하지만, 이런 평범한 급진주의자들의 목소리가 무척 아름다운 화음을 이루기 시작하는 중이다. 성경의 예언자들은 제국의 야수들과 시장에 관해 말했다. 유대인의 봉기는 하나님의 성전 앞에 있던 로마제국의 황금 독수리를 무너뜨렸다. 그리고 하찮은 예언자들의 속삭임이 땅에서 다시 한 번 일어나고 있다.

이 책의 독자들 가운데 몇몇은 내가 잘 알고 또 일부는 전혀 모르기 때문에 얼마나 많이(또는 적게) 나누면 좋을지 가늠하기가 어렵다. 독자 여러분이 내게 언짢은 표정을 지어도 내가 어조를 낮추거나 농담을 던질 수 없고, 여러분이 지루해할 때 내가 재미있는 삽화를 보여줄 수도 없다. 나는 여러분이 킬킬거리는 소리를 들을 수 없고, 눈물을 흘리는 모습도 볼 수 없다. 그리고 내가 여러분이 충분히 이해했는지 확인할 수 없고, 각 부문이 끝날 때마다 질문을 던질 수도 없다. 이처럼 여러분과 나의 의사소통은 상당한 한계가 있다.

믿음은
행동이 증명한다

이 책은 정말로 공식적인 의미의 자서전이 아니다. 자서전이 있으려면 꽤 유명하거나 눈부시거나 죽은 인물이라야 한다. 나는 빌 클린턴 같은 인물들이나 자서전을 쓰도록 내버려둘까 한다. 내가 '나의 인생'라는 제목의 책을 쓴다면 우쭐한 기분을 느끼겠지만, 어머니를 제외하고 과연 누가 그 책을 살지 모르겠다. 그래도 나는 이 책을 자서전 형식으로 쓰려고 한다. 왜냐하면 사람들과 이야기보다 더 변화를 일구는 능력이 있는 게 별로 없다는 걸 알기 때문이다. 사람들은 '오스번 패밀리'와 '아메리칸 아이돌' 같은 실화와 평범한 사람들에게 매료된다. 자서전 형식으로 이 책을 쓰는 까닭은 이 때문이지, 내가 워낙 출중한 인물이라서 누구나 내 얘기를 들어야 한다고 생각해서가 아니다. 오히려 사실은 정반대이다. 내가 겪은 씨름과 아이러니는 많은 사람들이 경험한 바를 잘 보여주는 하나의 본보기일 뿐이다.

·

크리스천 슈퍼스타?

·

이상한 것은 사람들이 유명 인사들을 맹목적으로 숭배한다는 점이다. 그런데 유명 인사와 슈퍼스타는 지금 충분하다. 언젠가 내 친구인 한 목사가 "우리의 문제는 더 이상 순교자가 없다는 거야. 우리에게는 유명 인사들만 있어!"라고 말한 적이 있다. 나는 고(故) 제리 팔웰이나 알 샤프튼 목사 같은 크리스천 슈퍼스타들을 볼 때 마치 프로레슬링을 관전하는 듯한 느낌이 든다. 그들의 고함과 땀이 무대에 가득하고 그들은 초인처럼 보이지만 나는 그 모든 움직임이 진짜인지 도무지 확신할 수 없다. 그리고 모든 스포츠 경기와 마찬가지로 운동이 절실히 필요한 사람들이 느긋하게 앉아, 짧은 휴식과 좋은 마사지가 필요한 몇 사람을 구경한다.

이게 전부라면, 나는 관중들의 환호와 사인 요청을 받는 또 다른 슈퍼스타 크리스천이 되고 싶지 않다. 이는 조금 극적인 소리로 들릴지 모르지만 얼마나 많은 젊은이가 나를 찾아와 자필 서명을 부탁하거나 "정말 대단하세요!"라고 말할지 모르겠다. 만일 내가 대단한 사람이라면 우리는 문제가 있는 셈이다. 그들이 곧 실망하게 되거나 하나님을 포착하지 못했기 때문이다. 오직 하나님만 대단한 분이다. 그뿐만 아니라, 사람들이 내게 열광한다면, 내가 과연 진리를 말한 것인지 의아해질 것이다. 예수께서 "모든 사람이 너희를 칭찬하면 화가 있도다. 그들의 조상들이 거짓 선지자들에게 이와 같이 하였느니라"고 경고하셨기 때문이다. 그러니 나를 대단한 인물로 생각하지 말라. 어쩌면 몇몇 사람은 내게 분노에 찬 편지를 보낼지도 모른다(그러면 내가 옳은 말을 했음을 알게 되리라).

그런즉 본서는 이야기책이다. 우리처럼 포스트모던 시대에 사는 사람들을 변화시키는 것은 사람과 경험이다. 정치이념과 종교 교리는 설령 진리라 할지라도 설득력이 크지 않다. 반면 이야기는 우리를 무장 해제시킨다. 우리를 웃기고 또 울린다. 이야기는 교회를 분열시키거나 사람을 죽이지 않고, 반론을 제기하기가 어렵다. 내가 받은 최고의 칭찬 중 하나는 "당신은 논리로 사람들에게 새로운 아이디어를 주입하지 않는다. 오히려 이야기로 그들을 끌어 들인다"는 말이다. 하나님의 이름으로 열심히 얘기하는 사람은 남에게 상처를 주지 않는다. 보통은 이야기가 아닌 이념과 교리를 둘러싸고 싸울 때 상처가 생긴다. 게다가 사람들은 좋은 이야기를 들으면 긴장을 푼다.[4] 그래서 예수님이 그토록 많은 이야기를 들려준 게 아닐까 생각한다. 1세기 지중해 연안의 평범한 삶의 이야기, 과부와 고아의 이야기, 빚과 임금의 이야기, 일꾼과 주인의 이야기, 법정과 잔치의 이야기 등.

　　그렇지만 나는 이것이 위태로운 모험임을 알고 있다. 이원론이 교회를 심각하게 오염시켰다. 그 결과 많은 크리스천들이 마치 정치적 쟁점과 사회적 쟁점들은 영적인 의미가 없는 것처럼, 그리고 하나님은 이 세상에 내놓을 더 나은 비전이 없는 것처럼, 영적인 것을 정치적 또는 사회적인 것에서 철저히 분리했다. 이 이야기들-필라델피아 거리의 이야기든, 이라크의 병원 이야기든-은 사회적, 정치적, 영적인 성격을 갖고 있다. 우리가 제기할 이슈들은 폭발성이 있고 또 폐부를 찌를지도 모른다. 하지만 실로 많은 사람-신자든 운동가든, 자본주의자든 사회주의자든, 공화당원이든 민주당원이든, 평화주의자든 정당한 전쟁 옹호론자든-이 고리타분한 답변들과 전통적인 진영들에 불만을 품고 있기 때문에 이런 위험은 감수할 가치가 있다고 생각한다. 이제 새로운 종류의 대화, 새로운 종류의 기독교, 새로운 종류의 혁명을 시도할 때가 도래했다.

쉐인 클레어본

•

•

십년 전 내가 이 책을 쓰기로 결심했을 때, 그것은 나에겐 쉽지 않은 결정이었다. 나는 소박한 삶과 거창한 신앙적인 삶 사이의 긴장과 씨름했던 모습을 여러분에게 떠넘길 생각이 없고, 책 표지에 실을 내 사진을 찍을 사진작가의 선택이나 존더반 출판사를 선택한 이유 등 이 결정의 모든 측면을 다 설명할 수는 없다. 그러나 확실하게 밝힐 사항이 몇 가지 있다.

성가대에게 설교하는 사람, 외모와 생각이 비슷한 이들에게 얘기하는 사람은 주변에 충분히 있다. 이 책을 쓴 목적은 당신에게 모든 답변을 주는 게 아니라 몇 가지 질문을 제기하는데 있다. 우리 중 일부는 옳은 질문을 던져본 적조차 없고, 그런 질문을 허용하는 교회를 찾은 적도 없다. 우리가 다함께 질문을 던질 때, 성령께서 '그 길'을 따라 우리를 인도하실 것이라고 확신한다.

내 목표는 예나 지금이나 사랑 안에서 진리를 말하는 것이다. 사랑이 없이 진리를 말하는 사람이 많고, 진리가 없이 사랑에 관해 얘기하는 사람도 많다. 그리고 우리가 죄책감에 빠지지는 말자. 십년 전 내가 처음 이 책을 여러 출판사에 보냈을 때, 두 출판사는 사람들이 사회정의와 같은 어려운 이슈들에 관한 책은 좋아하지 않는다며 그런 책은 그들에게 죄책감을 안겨주기 때문이라고 말했다. 나 역시 여느 사람처럼 죄책감을 좋아하지 않는다는 사실을 당신이 알게 되길 바란다. 죄책감이 세상이나 우리 자신을 바꿀 수는 없다. 선한 것은 대부분 약간의 죄책감에서 시작되지만 거기서 끝나지 않는다. 한 친구가 "죄책감은 좋은 지표일 수 있지만 끔찍한 동인이다"라고 말한다. 예수님은 우리에게 생명을 주러 오셨지 죄책감을 주러 오신 것이 아니다. 우리는 결코 완전한 삶이나 완전한 세상에 도달하지 못할 것이다. 그래서 은혜가 그토록 고귀한 것이다. 그래도 우리는 우리의 위선과 모순이 날마다 조금씩 줄어드는 모습을 보기 위해 분투해야 한다. 우리는 모두 더러운 시스템에 묶여있는데, 당신이 특별히 더 속박되어 있다고 느낀다면 용기를 가져라. 당신이 다른 사람들을 해방시킬 때 당신 자신도 더 큰 은혜를 덧입을 테니까.

우리는 안 쓰는 물건들을 쌓아놓고 사는 소비문화에 몸담고 있다. 그리고 책을 쓰는 사람도 많다. 좋은 것은 귀에 딱지가 앉도록 얘기했으니 이제는 그렇게 살 필요가 있다. 아이러니하게도, 지난 십년 동안 이 문장이 가장 많이 인용된 참말 중의 하나로 판명되었다. 아뿔싸, 그런데 우리가 십 주년 기념판으로 이 메시지를 다시 인쇄할 것이다. 읽어줘서 고맙다. 어쨌든 이 혁명이 그저 상투어가 아니라 생활방식이 되기만을 간절히 바란다. 그래서 작가이자 농부인 웬델 베리는 「희망의 뿌리」의 서문에서 "독자 여러분, 이 책을 구입하셨다면 감사드립니다. 빌리셨다면 검약정신에 존경을 표합니다. 훔치셨다면 이 책이 당신의 혼돈을 가중시킬 것입니다"라고 말한 것이다.

책을 출판한다는 것은 당신이 할 말의 타당성을 입증하는 일이기에 매우 신중할 필요가 있다. 내가 책을 쓰고 있다는 사실이나 신학교에 다녔다는 것을 모르는 사람들은 나를 젊은 이상주의자로 치부해버린다.[1] 사람들은 당신이 책을 썼다는 말을 들으면 당신의 말에 귀를 기울인다. 이는 위험한 태도이다. 나쁜 책도 눈에 띄고, 세상을 향해 할 말이 많아도 책은 쓰지 않는 훌륭한 사람도 무척 많기 때문이다.

이 책은 심플 웨이 이야기가 아니다. 내가 원한다고 우리의 이야기를 내 마음대로 늘어놓을 수는 없다. 게다가, 우리 공동체는 스스로 시리즈를 기획할 필요가 있다, 아니, 리얼리티 TV 쇼가 더 낫겠다. 우리는 서로의 일을 지지하고, 심플 웨이 식구들은 늘 나와 함께 걸어왔고 이 책을 쓰는 동안에도 나를 뒷받침해주었다. 나는 우리 운동의 화음을 만드는 합창단의 한 목소리일 뿐이다. 내가 강연과 집필에 관한 결정을 내릴 때, 이 놀라운 공동체는 항상 내 곁에 있었다. 그들은 내가 책임 있는 생활을 하게 한다. (즉, 내가 누구에게 영혼을 팔지 않도록, 인터넷으로 포르노를 보지 않도록 분명히 한다는 뜻.) 그들은 내게 어려운 질문을 던지며 내 동기를 점검한다. 심플 웨이의 모든 식구에게 정말로 감사한다. 그리고 아내 카티 조에게도 감사하다. 십년 전에 이 책을 쓸 때만 해도 아내가 없었는데, 우리가 서로 만난 것이 너무도 기쁘다. (만일 당신이 이 책을 읽고 실망해서 돈을 돌려받고 싶다면, 내게 알려주길 바란다.)

내가 이 첫 책을 쓴 이후 여러 책을 집필했지만 모두가 예외 없이 협동 작업이었다. 이는 우연이 아니다. 협동 작업은 의도적인 것이었고 무척 보람이 있었다. 나는 내가 흠모하는 사람들과 함께 글을 쓰는 것을 좋아하고, 그럴 때마다 내가 더 깊어지고 지혜로워지는 것 같다. 존 퍼킨스와 토니 캠폴로 같은 전설적인 인물들과 동역한 것은 큰 영광이었다. 나는 원래 독창자가 아니라 운동을 일으키는 사람이다. 요즘은 서문과 추천사를 쓰고 신참 저자들에게 조언을 하는데 많은 시간을 투자한다. 우리는 현재 레드레터 크리스천으로 알려진 강사와 저자들로 구성된 공동체를 갖고 있다. 우리는 예수님이 그분의 말씀을 진정으로 하신 것이라고 믿는다. 예수님이, 크리스천들이 그분의 이름으로 행한 당혹스러운 일들에도 불구하고 건재하셔서 참으로 기쁘다. 우리는 우리 기독교가 다시금 예수님의 모습을 닮게 되기를 간절히 바란다.

다시 이 책으로 돌아오자. 당신이 책을 써서 돈을 얼마나 벌 수 있을지 누가 알았겠는가? 감사하게도, 내 친구와 장로 몇 명이 앞을 잘 내다보고 이 책에서 얻을 수익금을 모두 기부하기로 결정했다. 덕분에 나는 돈에 얽매이지 않게 되었고, 판매에 신경을 쓰거나 자기홍보에 몰두할 필요가 없었다.[2]

지난 십년 동안 우리는 30만 부 이상 팔았다. 그래서 세계 전역에서 일어나는 "지역 혁명"에 거의 50만 달러를 기부할 수 있었다. 당신이 한 권을 살 때마다 그 혁명에 기여하는 셈이다. 우리가 기부한 단체들은 나에게 영감을 주고, 그런 단체들이 계속 늘어나는 중이다.

그런데 책 판매로 얻은 수입을 기부하는 것은 고상한 구제 행위가 아니다. 그것이 내게 의미 있어 보이는 유일한 일이다. 그뿐만 아니라, 이것은 내 이야기만은 아니고, 내가 그저 남들의 이야기를 이용하고 있는 것도 아니다. 이 책은 신앙과 갈등으로 채색된 여러 공동체의 운동에서 나온 것이며, 가난한 사람들과 소외된 이들 속에 닻을 내린 지엽적 혁명들과 평범한 급진주의자들에게 영감을 받은 작품이다. 그래서 이익금을 그들과 나누는 것은 나의 책임일 뿐 아니라 기쁨이자 영광이다. 우리가 다함께 하나님의 혁명에 맞춰 춤추면서 서로서로 희망을 불어넣기를 바란다.

십 주년 기념판에 관해 한 가지 더 말할 게 있다. 당신이 십년 전에 쓴 글을 다시 읽는다고 상상해보라. 어쩌면 의견을 달리하는 부분이 있을 수 있다. 지금은 다르게 말하고 싶은 내용도 있다. 더 부드럽게 또는 더 공격적으로 표현하고 싶은 부분도 있다. 나는 이 책을 다시 쓰고 싶은 유혹을 뿌리치고 단지 주름을 펴는 성형수술만 하기로 했다. 나는 유행을 좇는 사람은 아니지만 구식이 된 언급을 최신의 것으로 바꾸려고 애썼다. 그래서 옛 것과 새 것이 적당하게 섞여있는 셈이다.

기독교가 여전히 안전했던 때

내려놓을 것과 짚을 것

위험한 성자들과 예언자들에게 늘 일어나는 일이 있다. 우리는 그들의 동상을 만든다. 그들의 열정과 생명력을 짜내어 버리고 스테인드글라스 창문과 성상에 가둔 채 기억 속에 안전하게 보존한다. 성 프랜시스는 새 목욕용 수반이 되고, 말콤 X는 우표에 새겨지며, 마틴 루터 킹은 공휴일을 얻는다. 그리고 예수는 플라스틱 램프나 황금 십자가의 모양으로 상업화된다. 그래서 예수가 정말로 누군지를 알기 어렵고, 예수가 웃거나 울은 적이 있는지, 또는 냄새나는 방귀를 뀐 적이 있는지는 상상하기가 더 어려워진다.

　기독교가 여전히 안전하고 편안하고 유행했던 시절이 내 기억 속에 남아있다. 나는 바이블 벨트라 불리는 테네시 동부에서 성장했는데, 길모퉁이마다 교회가 있는 지역이었다. 어릴 적에 유대인이나 무슬림을 만난 기억이 없고 내가 사귀던 여자애가 '마리아에게 기도하는' 가톨릭 신자라서 그만 만나라는 충고를 받은 것은 또

렷하게 기억한다. 나는 청소년부 두세 군데에 참석하면서 가장 재미있는 프로그램과 가장 큰 집회를 쫓아다녔다. 교회는 예쁜 여학생들과 공짜 음식과 값싼 눈썰매 여행을 제공하는 장소였다. 기독교는 유별난 노래들과 '찍찍이(velcro) 벽'으로 나를 즐겁게 해주었다.

나는 중학생 시절에 진실한 '회심'을 체험했다. 근처에서 밴드와 강사들을 갖춘 성대한 집회가 열린다고 해서 심야의 짓궂은 장난을 기대하며 거기에 갔다. 그런데 어느 날 밤에 키 작은 대머리 설교자 더피 로빈스 목사가 "예수님을 영접하라"고 초대하자 우리 청소년부 친구들이 대부분 앞으로 나가(이는 우리에게 생소한 개념이었다) 모르는 사람들을 부둥켜안고 눈물과 콧물을 왕창 흘렸다. 나는 거듭난 것이다. 이듬해에도 우리는 그 집회에 참석해서 우리 대부분이 다시 앞으로 나가 거듭나고 또 거듭났다. 사실 우리는 해마다 그 집회를 고대했다. 나는 여섯 번 내지는 여덟 번 정도 거듭난 셈인데, 매번 굉장한 체험이었다. (그래서 적극 추천한다.)

그런데 나중에 기독교에는 그 이상의 무엇이 있을 것이라는 생각, 내 삶과 죄를 십자가 앞에 내려놓는 것 이상의 무엇이 있을 것이란 생각이 들기 시작했다. 설교자들이 내 인생을 십자가 앞에 내려놓으라고 말할 뿐 내가 집어야 할 것은 주지 않는다는 사실을 나는 깨달았다. 우리는 "담배 피우지 말라, 술 마시지 말라, 난잡한 성관계를 맺지 말라"는 말을 들으면 자연스럽게 "좋다, 이제까진 그렇게 살았지만 이제는 어떻게 하란 말이지?"라고 묻기 시작했다. 도대체 무엇을 하란 말인가? 그런데 아무도 명쾌한 답을 제시하지 않은 듯했다. 쇼핑몰에서 전도지를 배포하는 것이 제자도의 전부로 보이지 않았고 영화를 보는 것만큼 재미있는 일도 아니었다.

　나는 다른 신자와 다름이 없었다. 나는 기독교의 기본진리, 즉 예수는 하나님의 아들이고 죽었다가 다시 살아나신 분임을 믿었다. 내가 "신자"가 된 것은 분명했지만 예수님을 따르는 자가 된다는 것이 무슨 뜻인지는 전혀 몰랐다. 사람들이 내게 크리스천이 믿는 교리는 가르쳐줬지만, 아무도 크리스천이 어떻게 사는지는 말해주지 않았다.

•

영적 폭식증

•

우리는 소비문화 속에 살고 있는 만큼 나 역시 기독교에 관한 것을 더 구입할 필요가 있다고 생각했을지 모른다. 다행히 기독교 음악과 범퍼 스티커와 티셔츠와 서적과 심지어 사탕까지 살 수 있는 기독교 백화점을 발견했다. 기독교 서점을 운영하던 한 친구가 가톨릭도 상업화된 것은 마찬가지라면서 가톨릭 향수까지 만들어 판다고 했다. 그 백화점에는 세속적인 밴드 명단과 그에 상응하는 기독교 밴드 명단까지 있어서 나는 갖고 있던 옛 CD를 모두 버렸다. (CD는 1900년대에 음악을 들을 때 사용했던 것이다.) (솔직히 말하면 나는 기독교 음악에 약간 실망했다. 훗날 전설적인 음악가 리치 물린즈가 많은 기독교 예술이 형편없다고 슬퍼하는 소리를 들었다. "이런 기독교 예술가들이 '하나님이 내게 이 노래를 주셨다'고 말하는데, 그 노래를 들어보면 하나님이 그것을 버린 이유를 알게 된다"고 말했다.) 기독교

서적과 티셔츠를 구입했다. 서구 기독교를 홀리는 질병에 걸렸다. 나는 그것을 영적 폭식증이라 부른다. 폭식증이란 정체성과 자아상과 관련이 있는 섭식장애로 엄청난 양의 음식을 먹지만 소화가 되기 전에 토하는 증상을 일컫는다. 나는 영적인 폭식증에 걸려 큐티를 하고 온갖 기독교 서적을 읽고 기독교 영화를 본 뒤에 그것을 친구들과 소그룹과 목사들에게 토해냈다. 그러나 그것은 완전히 소화된 적이 없다. 나는 기독교 백화점의 모든 상품을 게걸스럽게 먹었지만 영적인 기아상태에 빠지고 있었다. 나는 지나치게 소비하면서도 영양실조에 걸렸고, 기독교에 질식되어 하나님을 갈망했다.

소설가 마크 트웨인은 "성경에서 나를 두렵게 하는 것은 내가 이해하지 못하는 부분이 아니라 내가 이해하는 부분이다"라고 말했다. 나는 당신이 성경을 읽어봤는지 모른다. 만일 읽은 적이 없다면, 성경을 많이 읽어서 진부하게 느끼는 우리보다 어쩌면 당신이 더 유리한 입장이 있을지도 모른다. 그래서 예수님이 당시의 종교인들에게 "세리들과 창녀들이 너희보다 먼저 하나님의 나라에 들어가리라"고 말씀하신 게 아닐까?

사실 나는 성경을 읽고 나서 좋은 영화를 본 것처럼 그냥 걸어나가기가 힘들어졌다. 예수님은 정상적인 일을 한 적이 없는 것 같았다. 예수님의 첫 번째 기적이 파티를 계속 진행시키려고 물을 포도주로 바꿨다는 사실은 어떤가? (일부 기독교 진영에서는 잘 통하지 않을 기적이다.) 그리고 친구들이 예수님을 해변에 달랑 남겨놓고 떠난 때가 있었다. 우리가 예수님의 입장이었다면 친구들에게 당장 돌아오라고 소리쳤거나 물에 뛰어들어 헤엄쳐서 제자들에게 갔을 것이다. 그러나 예수님은 물 위를 걸어가셨다(마 14:22-26). 정말 이해하기 어렵다. 그래서 친구들이 무서워 죽을 뻔했다. 소경을 고쳐주신 사건도 그렇다. 나는 사람들이 모여 병자에게 손을 얹는 모습을 본 적이 있다. 어떤 이들은 사람들에게 기름을 바른다. 그런데 예수께서 한 소경을 치유할 때는 땅에 침을 뱉어 진흙으로 소경의 눈에 발라주셨다(요 9:6). 정말 이상하다. 아무도 그렇게 하지 않았다. 다른 종교 지도자들을 상상해보라. 누군가 "랍비여, 거룩한 침을 나에게 발라주소서!"라고 청했을까? 절대 그럴 리 없다. 그런 일은 아무도 하지 않았다.

오직 예수님만이 가장 크게 되고 싶으면 가장 작아져야 한다고 말할 만큼 미칠 수 있었다. 오직 예수님만이 부자가 아니라 가난한 사람에게 하나님의 축복을 선언하고, 친구들을 사랑하는 것만으론 부족하다고 말씀할 수 있었다. 나는 예수께서 진심으로 그런 말씀을 하신 것이라고 믿는 사람이 아직도 있을지 궁금했다. 우리가 잠시 멈추고 '예수께서 진심으로 말씀하신 것이라면?'하고 질문을 던진다면 세상이 뒤집어지지 않을까 하는 생각이 들었다. 크리스천들이 너무 정상적인 사람이 된 것은 실로 부끄러운 일이 아닐 수 없다.

내 인생을 난파시킨 예수님

어떤 사람들은 "내 삶은 엉망진창이었습니다. 술과 파티를 즐겼고 성생활도 난잡했습니다… 이후에 예수님을 만나 내 인생이 온전해졌습니다"라고 말한다. 하나님은 그런 사람들을 축복하신다. 그런데 나는 모범적으로 생활했다. 썩 괜찮은 아이였다. 이후 예수님을 만났는데, 그분이 내 인생을 난파시키고 말았다. 나는 복음서를 읽으면 읽을수록 더 엉망이 되었고, 내가 믿고 귀하게 여기고 바랐던 모든 것이 완전히 뒤집어졌다. 나는 아직까지 회심의 경험에서 회복하고 있는 중이다.

믿기 어려울지 몰라도 나는 고등학교 시절에 프롬 킹으로 뽑힌 적이 있다. 나는 친구들과 여학생들의 인기를 독차지했고 돈도 많이 벌고 성공가도를 질주할 준비가 되어 있었다. 나는 의대에 갈 계획이었다. 다른 사람들처럼, 나도 최소한 일하면서 최대한 돈을 버는 직업을 갖고 싶었다. 마취전문의가 제격인 것 같았다. 약간의 가스로 환자를 잠들게 하고 온갖 궂은 일은 다른 사람에게 맡기면 되니까. 그러면 필요하지도 않은 물건도 잔뜩 사들일 수 있을 것이다. 이것이 아메리칸 드림이 아니고 무엇이랴![2]

그러나 대학 진학을 준비하며 출세를 꿈꾸는 동안 일이 생각대로 돌아가질 않았다. 꼴찌가 일등이 될 것이란 말씀을 읽다가 내가 왜 일등이 되려고 그토록 열심히 노력하는지 의아해지기 시작했다. 어떤 설교자가 이렇게 말하는 것을 들었다. "당신이 만일 성공의 사다리를 올라가고 있다면 조심해야 한다. 위로 올라가다가 아래로 내려가는 예수님을 지나칠지 모르니까." 그리고 인생에는 대중적인 기독교 이상의 그 무엇이 있을 것이란 희망을 놓칠 수 없었다. 나는 무엇을 해야 할지 몰랐다. 사도들처럼 모든 것을 버린 채 샌들과 지팡이만 갖고 예수님을 따를까 하고 생각해봤지만 어디서 지팡이를 구할지도 막막했다.

복음에 관해 말하고 복음에 관한 책을 쓰는 사람은 많아도 복음에 따라 사는 경우는 별로 없는 듯하다. 교회의 청소년부도 고리타분한 노래를 부르고 진부한 게임을 하고, 어떤 모임은 여자친구나 남자친구를 만나는 곳으로 전락했다. 나는 교회가 많은 것을 제공하는 곳이란 확신이 들지 않았다. 그렇다고 교회에 다니는 것을 그만두진 않았다. '교회에 다니지 않는 사람들'처럼 되고 싶지는 않았기 때문이다. 이른바 '이방인들'처럼. 선량한 사람은 당연히 '교회에 다닌다'고 생각했던 것이다. 그래서 종종 냉소적이 되고 따분했지만 늘 미소를 지으며 매주 교회에 다녔다.

우리 청소년부는 예배당 2층 뒷자리에 앉곤 했고, 주일 아침에는 슬쩍 나가서 쇼핑몰을 돌아다니며 주전부리를 하다가 예배가 끝날 무렵 슬그머니 기어들어오곤 했다. 하나님이 주일 예배처럼 지겨운 분이라면 하나님과 어떤 일이든 할 생각이 없었던 것이 기억난다. 또한 어떤 사람이 예배를 드리다가 심장마비가 발생하면 구급대가 교인 절반의 맥박을 짚어본 뒤에야 죽은 사람을 찾을 것이라고 친구들과 농담했던 것도 기억난다. 물론 부적절하고 우스운 농담이지만 터무니없는 농담은 아니었을 것이라고 생각한다.

엄숙한 죽음의 기운이 교회를 뒤덮고 있었다. 내가 오늘까지 확신하는 바가 있다. 우리가 교회에서 계속 청소년을 잃고 있다면, 그것은 우리가 복음을 너무 어렵게 만들어서가 아니라 너무 쉽게 만들었기 때문이라는 것. 우리가 청소년을 잃는 것은 최신 게임을 비치하지 않아서가 아니라 우리가 그들로 예수님을 진지하게 여기도록 도전하고 복음을 세상과 연결시키지 못했기 때문이다. 나는 새신자반에서 감리교의 뜨거운 시작과 성령의 불길에 싸인 십자가의 상징에 대해 배웠다. 그런데 그 불은 어디로 사라졌는가? 그러나 나는 그런 말을 들을 때마다 '불은 어디로 사라진 것이지?'라고 묻지 않을 수 없었다.

나는 또한 "말씀을 전한 뒤에 사람들이 나를 도시 밖으로 내쫓지 않으면 내가 과연 복음을 전한 것인지 의심했다"라고 말한 감리교의 창시자 존 웨슬리에 대해서도 배웠다. 그는 "만일 내가 10파운드 이상의 돈을 갖고 죽는다면 모든 사람이 나를 거짓말쟁이요 도둑이라 불러도 좋다"라고 말했다. 그것을 복음을 배신하는 행위로 여겼기 때문이다. 나는 내가 다니던 감리교회가 12만 달러짜리 스테인드글라스를 세우는 모습을 똑똑히 보았다. 웨슬리가 기뻐할 광경은 아닐 것이다. 웨슬리의 철학은 "돈을 최대한 빨리 당신의 손에서 벗어나게 해서 돈이 당신의 마음에 진입하지 못하게 하라"는 것이었다. 나는 스테인드글라스를 응시하곤 했다. 예수님이 그것을 깨고 나와 자유롭게 되고 다시 죽은 자들 가운데서 살아나길 간절히 갈망했다.

예수쟁이

그때 낯선 애들 두 명이 우리 학교로 전학을 왔는데, 약간의 소문이 돌았다. 그들은 연합 감리교회보다 훨씬 더 '급진적인' 무(無)교단 '은사주의' 교회 출신이었다. 그래서 방언을 했고 복도에서 춤을 추었다. 나는 남몰래 그들에게 끌렸다. 나는 열정을 보고 싶었다. 하지만 친구들의 눈이 두려워 관심을 표출하지 못한 채 다른 친구들처럼 이상한 눈빛으로 그들을 보면서 이단종파를 대하듯이 놀렸다.

그러던 어느 날, 학교 식당에서 감리교회 친구들과 얘기하다가 그 낯선 애들이 건너편에 앉은 것을 봤다. 친구들은 나에게 그들에게 가서 방언에 대해 물어보라는 임무를 주었다. 장난삼아 했지만 내 속에 굉장한 호기심이 발동하기도 했다. 돌이켜보건대, 그 애들이 나를 정중하게 대해준 것이 참으로 놀랍다. 그런데 좋은 복음주의자들처럼 그들은 나를 예배로 초대했고 나는 거기에 갔다. 나는 곧 아무도 개의치 않는 그들의 예배 스타일에 매료되었다. 그리고 천국과 지옥을 정말 믿는 것처럼 살아가는 사람들, 하나님과 실제로 대면하는 것처럼 부르짖고 예배하는 사람들을 만났다. 이 은사주의 청소년 그룹에서 나는 또한 기적과 기도의 능력을 믿는 신자가 되었다. 사람들이 치유를 받고 그 삶이 변화되는 모습도 목격했다. 성령이 실존하는 존재로 다가왔다. 오늘까지 나는 대다수 교회에 오순절의 불이 조금 더 필요하다고 생각하고, 기도를 믿는 이들이 행동을 믿는 이들과 손을 잡기를 갈망하고 있다. 둘 다 기적을 일으키는 광경을 내가 봤기 때문이다.

머지않아 나는 그들의 일원이 되었다. 흔히 말하는 '예수쟁이'가 된 것이다. 비신자에서 목사에 이르기까지 모든 사람을 회심시키려고 애썼다. 나는 학교에서 '깃대에서 만나자!'라는 단체를 조직해서 수백 명이 깃대에 모여 기도했고, 공립학교에 기도를 부활시키는 운동에 헌신했다.

나는 낙태와 동성애 반대 운동에 열심히 참여했고[3] 진보주의자들을 갈가리 찢어버렸다. 공화당의 부시와 퀘일의 선거운동을 도와 사방팔방으로 다니며 많은 자동차에 범퍼 스티커를 붙였다. 아무도 우리 같은 예수쟁이들을 막을 수 없었다. 나는 여러 쇼핑몰에 가서 얼빠진 촌극을 벌였고 양순한 쇼핑객들을 지옥의 불구덩이에서 건져내려고 전도지를 나눠주었다. 오늘까지 나는 거리 모퉁이에서 복음을 전하는 광신자들을 어느 정도 존경한다. 적어도 그들은 절박한 심정과 열정을 품고 있고 그들이 말하는 게 진리인 것처럼 살고 있으니까. 길거리 전도자들의 유일한 문제는 그들의 메시지가 '좋은 소식'처럼 들리지 않는다는 점이다. 나는 그들의 열정은 좋아하지만 그들의 메시지를 늘 좋아하진 않는다.

뜨거운 예수쟁이가 되는 것은 놀라운 경험이었다. 나는 거의 일 년 동안 그렇게 살았는데, 불꽃같은 신선함이 사그라졌고, 학교에서 기도하는 게 허용되자 그 운동이 매력을 상실하고 말았다.[4] 나는 교회 정치가 지저분하고 이기주의에 빠진 모습을 목격했다. 나는 대체로 이념과 신학에 끌려 다녔는데, 이런 것은 설사 옳다 하더라도 지속가능성이 없었다. 나는 예수님이 과연 이 세상에 대해 할 말이 있는지 궁금해졌고, 그분이 과연 내가 헤비메탈 음악을 듣는지 여부에 얼마나 관심이 있을지 묻기 시작했다.

우리가 복음을 전할 때 나는 때때로 중고차 영업사원처럼 예수님을 파는 것 같은 기분이 들곤 했다. 내가 얼마나 잘 설명하느냐에 따라 사람들의 구원이 좌우되는 것처럼 느낀 것이다. 그것은 엄청난 압박감을 주었다. 심지어 어떤 목사가 자기는 예전에 기업체에서 일한 적이 있는데 지금은 "세상에서 가장 좋은 상품"을 파는 "다른 종류의 사업에 몸담고 있다"라고 말하는 것을 들은 적이 있다. 그런데 나는 진품을 팔고 있는지조차 확신할 수 없었다. 때로는 예수님이 할인매장의 '깜짝 세일' 상품처럼 느껴졌고, 때로는 내가 당신에게 필요도 없는 값싼 물건을 왕창 주는 TV 상업광고에 몸담고 있다고 느끼곤 했다.[5] 나는 성경 이야기들이 정말로 주일학교에서 배운 것과 똑같은지 의심하기 시작했다. 나는 교회에 너무 빠진 내 영혼에 숨통을 열어줄 필요가 있었다. 그래서 예수님에게는 여전히 매혹되었지만 교회에는 환멸을 느끼게 된 것이다.

•

이스턴 칼리지

•

나는 예수님에 대해 공부하고 싶었으며, 예수께서 가르치신 대로 살려고 노력하는 사람들을 보길 원했다. 청소년부 담당 목사가 열정적인 크리스천들이 아주 많은 펜실베이니아의 이스턴 칼리지를 소개해주었다. 그 중에 한 사람은 내가 매년 거듭나곤 했던 청소년 수련회에 강사로 왔던 키가 작고 통통한 더피 로빈스이었고, 또 한 사람은 사회학과 과장으로 현명하고 활달하고 화산같이 불을 뿜는 토니 캠폴로 교수였다. 두 교수 모두 결국 나의 가까운 친구이자 멘토가 되었고 오늘까지 변함이 없다. 이스턴에서 나는 더피와 함께 청소년 사역을, 토니와 함께 사회학을 전공했다. 더피는 요즘 엔 훨씬 덜 통통하고(내게 이걸 더해달라고 부탁했다) 대머리이지만 최첨단을 걷고, 여전히 세계 전역에서 청소년들을 예수님께 인도하고 있다. 트위트에서도 무척 재미있는 교수다. 토니와 나는 가까운 친구 사이다. 나에게 일종의 영적인 할배다. 우리는 「레드레터 크리스천」을 함께 썼고 "레드레터 크리스천" 운동을 이끌고 있다. 토니는 최근 80세가 되었고 이런 말을 한 것으로 알려져 있다. "당신의 아내가 '여보, 이층에 가서 섹스를 합시다'라고 말할 때 당신이 '하나를 고르시오. 나는 둘 다 할 수 없소'라고 말하면 당신이 늙었다는 것을 아시오." 그러나 그는 또한 우리 모두가 우리의 냉소주의만큼 늙었고 우리의 꿈만큼 젊었다고 말한다. 나는 토니가 그의 꿈 때문에 아직도 십대라고 생각하지만 내가 그보다 훨씬 빨리 달릴 수 있다. 아울러 나는 이층에 걸어 올라가서 그날 밤에 아내와 섹스를 즐길 수 있다. 내가 그 대학에 진학할 수도 있다고 말하자 가족들은 기겁을 했다. 그도 그럴 것이 우리 가족 중에 북부로 간 사람이 아무도 없었기 때문이다.[6] 숙모는 "양키가 될 작정이니?"라고 경고했고, 광신자 집단에서 나와 감리교도로 돌아오라고 벌써부터 간청하던 어머니는 "하나님이 만일 네가 필라델피아에 있는 학교에 가길 원하신다면 등록금도 주실 거야"라며 으름장을 놓았다. 그런데 하나님이 주신 것 같다. 얼마 지나지 않아, 나는 학장 장학금을 받고 필라델피아로 향하게 되었다. 이렇게 말하면 마치 어머니가 나를 뒷받침하지 않은 것처럼 들린다고 말씀하셨는데, 실제로는 뒷받침해주셨다. 외아들이 열한 시간이나 떨어진 대학에 가는 것이 너무 안쓰러웠을 뿐이다. 그래서 분명히 하고 싶은 것이 있다. 나는 분명코 엄마의 아들이다. 더 나은 엄마를 기대할 수 없다. 내가 감방에 갈 때와 이라크에 갈 때도 엄마는 변함없이 나를 뒷받침해주었다. 아프가니스탄의 카불에 간 것은 집에 돌아온 뒤에야 알려드렸지만 말이다. 엄마와 나는 웨스트뱅크에서 뉴질랜드까지 여러 곳을 함께 여행했다. 분명히 말하지만, 내 아내와 더불어 엄마는 가장 가까운 친구이자 가장 큰 팬이요 늘 영감을 주는 분이다. 어머니는 내가 태어난 순간부터 사랑이 무엇인지 가르쳐주었다.

•

노숙하는 대학생들

•

대학에 진학한 후에는 광대극단에서 선교합창단에 이르기까지 모든 클럽과 학생 그룹에 참여했다. 하지만 기대와는 달리 기독교 대학의 강의실에서 하나님을 만나지는 않았다. 어느 날 밤, 두 친구와 돌아다니다가 그들이 '노숙자 친구들'을 만나러 시내로 간다는 말을 들었다. 나는 약간 놀랐다. 첫째, 겨울 내내 필라델피아의 거리에서 살아가는 사람들이 있다는 말을 나는 믿을 수 없었다. (나는 테네시 출신임을 기억하라.) 둘째, 둘러앉아 데쓰 메탈을 듣고 만화에 나오는 비비스와 버트헤드처럼 얘기하던 두 친구 크리스와 스콧이 노숙자들과 친구가 되었다는 사실을 믿을 수 없었다. 크리스 라흐와 스콧 마트니는 여전히 나의 친한 친구들이다. 크리스와 그 가족은 그 거리에서 약 1마일 떨어진 곳에 살고, 스콧은 우리가 살고 있는 버려졌던 집을 수리하는데 많은 도움을 줬다. 두 친구는 이십 년이 흐른 후 필라델피아에서 수행되는 일에 참여하는 중요한 일원이 되었다. 감사하게도, 그들은 요즘 더 좋은 음악을 즐기고 있다. 사실 크리스가 그의 생일에 나를 네이팜 데쓰 쇼에 가게 했던 친구였다. 늙은이들이 데쓰 메탈을 듣는 모습을 보는 것이 이상했고, 리더 싱어는 무릎보호대를 신어야 했다. 아무튼 두 친구가 나를 초대하는 바람에 나는 반복해서 거기로 갔다. 사실 우리는 기회가 있을 때마다 노숙자 친구들을 만나러 갔다. 처음에는 그들이 나의 남부 억양을 듣고 쉬운 범행 대상으로 삼을까봐 두려워 섣불리 입을 열지 못했다. (나는 필라델피아 억양을 흉내 냈으나 결국은 영국식 영어처럼 들렸다.) 나는 뜻밖의 사실을 많이 알게 되었다. 그 중에 하나는 어두운 뒤에 도심을 거니는 사람이 모두 습격을 당하는 것은 아니라는 사실이었다.

한번은 불미스러운 일을 당할까봐 신용카드를 학교 기숙사에 놓고 시내로 나갔다가 지갑을 도둑맞았다. 이튿날 돌아와서는 내가 '위험한' 도심지에 있는 동안 한 동료가 내 기숙사 방에서 지갑을 훔쳤다는(그리고 신용카드로 수백 달러를 썼다는) 사실을 알게 되었다. 뒷골목의 사람들은 오직 내 마음만 훔쳤다. 마침내 그들은 내 친구가 되었다. 나는 그동안 살아오면서 가장 놀라운 사람들을 만났다. 우리는 밤새도록 서로의 이야기를 듣곤 했다. 그러다보니 판지 상자에서 지내는 우리 이웃을 남겨두고 안락한 기숙사 방으로 돌아오는 것(그리고 신약 과목에서 "이웃을 네 몸과 같이 사랑하는 것"에 대해 얘기하는 것)이 갈수록 더 어려워졌다.

어느 날 밤 친구 크리스가 "요즘 테레사 수녀에 대해 읽고 있어"라고 말했다. 그 순간 나는 우리가 곤경이 빠졌다는 것을 알았다. 이어서 크리스는 "그녀는 우리가 가난이 무엇인지 알지 못하면 가난한 사람들을 이해할 수 없다고 말해. 그래서 오늘밤 우리는 거리에서 잠잘 예정이야!"라고 말했다. 얼마나 놀랐던지 내 입이 딱 벌어졌다. 나는 어머니에게 비밀로 해달라고 부탁하고 우리는 시내로 들어갔다. 밤마다 우리는 시내로 향하곤 했다. 거기서 성경이 우리에게 생생하게 다가왔다. 필라델피아 거리에서 성경을 읽어보니 마치 빨간 안경을 쓰고 입체영화를 보는 느낌이었다. 예전에는 그런 이상한 안경을 쓴 적이 없었다. 그러나 이제는 성경 말씀이 책에서 툭 튀어나왔다.

대학으로 돌아온 뒤에 한 성경 교수에게 예수님의 오병이어 기적과 같은 것을 아직도 믿고 있는지 물었다. 그리고 나는 하나님이 지금도 그런 일을 하시는지 궁금했다. 나는 기적이 다시 정상적인 것이 되길 원했다. 그 교수는 우리가 스스로를 기적으로부터 차단했다고 대답했다. 우리는 더 이상 그런 무모한 믿음으로 살지 않는다. 우리 삶에 초월적인 것이 들어설 여지가 없다. 우리는 아프면

믿음은
행동이 증명한다

의사에게 가고, 음식이 필요하면 가게에 가서 사온다. 기적의 필요
성을 제거해버린 셈이다. 만일 우리에게 백합과 새만큼 하나님을
의지하는 믿음이 있다면 우리는 기적을 볼 것이다. 공중의 새가 매
일 충분한 벌레를 발견하는 것 자체가 기적이 아닌가?

그 교수가 옳았다. 필라델피아의 거리에서 우리는 기적을 체험했
다. 우리가 아침에 깨어보면 때로는 담요와 양식이 우리 옆에 있었
다. 정말로 신비하고 불가사의한 순간들도 있었지만 당신이 혹시
나를 괴짜로 여길까봐… 아니 성자나 TV 전도자로 생각할까봐 구
체적으로 얘기하기가 꺼려진다. 여기서는 하나님이 나를 연약하고
가난한 이들을 위해 예비하신 그 작은 비밀을 안심하고 맡길 자로
신뢰하신 것 같다고 말하는 것으로 충분하다.

•

변장한 예수님

•

성경은 나그네를 대접하다가 자기도 모르는 사이에 천사를 대접할
수도 있다고 말한다(히 13:2). 나는 정말로 우리가 천사와 마귀를 보
았다고 생각한다. 어느 날 밤, 우리는 당신의 볼을 꼬집을 듯한 할
머니처럼 생긴 귀하고 연약한 노파를 만났다. 우리가 옆을 지나자
노파가 "예수는 죽었어. 예수는 죽었어"라고 속삭이기 시작하더니
그 소리가 점점 커져 마침내 온몸에 소름이 돋았다. 우리는 방심한
상태에서 할 말을 잃고 조용하게 오래된 찬송을 콧노래로 부르기

시작했다. 노파는 두 손으로 귀를 막고 고개를 흔들면서, 마치 우리가 손톱으로 칠판을 긁은 것처럼, 온 몸을 부들부들 떨었다. 그리고는 몸을 앞뒤로 흔들면서 "꺼져! 꺼지란 말이야!"하고 외쳤다. 이어서 두 손으로 귀를 막은 채 어둠 속으로 재빨리 사라졌다. 당시 내가 천사나 귀신의 존재를 믿었는지 모르지만, 우리가 그들을 만나고 있다는 느낌이 분명히 들었다. 그들은 공포 영화와 성탄절 카드에 나오는 모습과는 너무도 달랐다.

처음에는 초자연적인 존재를 식별하기가 어려웠다. 나는 초월적인 존재가 여러 형태로 나타난다는 것을 깨닫기 시작했다. 아마 마귀는 뿔과 갈퀴를 갖고 말쑥한 정장을 입은 모습일 것 같다. 그리고 천사는 하얀 날개를 단 아기보다는 뒷골목의 부랑자 모습으로 나타날 것 같다.

한번은 어떤 부인이 심야 무료급식을 타기 위해 군중 속에서 싸우는 모습을 보게 되었다. 몸싸움을 하면서 급식을 타야 할 필요가 있느냐고 우리가 묻자 그녀는 "아, 그래요. 그런데 내가 먹을 게 아니에요. 싸울 힘이 없는 저쪽의 노숙자 할머니에게 갖다 드릴 것에요"하고 대답했다.

나는 어떤 아이가 거리에서 구걸한 돈 20달러를 모든 친구들에게 나누어주는 모습을 본 적이 있고, 어떤 노숙자가 헌금 바구니에 전 재산인 담배 한 갑을 바치는 모습도 보았다. 거리에서 음악을 연주하던 맹인 여성이 못된 아이들에게 조롱을 당하며 욕을 먹다가 결국 그들이 뿌린 표백제로 학대당하는 장면도 목격했다. 그날 밤 우리가 그녀의 눈을 닦아주며 누군가 "세상에는 나쁜 사람들이 많지요?"라고 말하자, 그녀는 "아, 그러나 착한 사람들도 많아요. 그리고 나쁜 사람들이 있어서 여러분처럼 착한 사람들이 더욱 빛나는 것이지요"하고 말하는 것이었다.

언젠가 우리가 일곱 살밖에 되지 않은 노숙자 소녀를 만나 커서 무엇이 되고 싶으냐고 물었더니 소녀는 잠시 머뭇거리다가 "가게 주인이 될 거예요"라고 대답했다. 그 이유를 묻자 "배고픈 사람들에게 먹을 것을 나눠줄 수 있잖아요"라고 말했다.

테레사 수녀는 "가난한 사람 속에서 우리는 비천한 모습으로 변장하신 예수님을 만난다"라고 말하곤 했다. 이제야 나는 그 말의 뜻을 알게 되었다.

나는 학문의 전당에서만큼 빈민가의 하수구에서 하나님을 만날 가능성이 있음을 깨달았고, 조직신학이 가르쳐준 것보다 노숙하는 엄마들의 눈물로부터 하나님에 대해 더 많이 배웠다.

Chapter 2

교회 다시
세우기

-
-
-

퇴거 명령

여느 때처럼 음식에 대해 불평하고 더 가지러 가는 등 학교 식당에서 친구들과 저녁을 먹고 있을 때였다. 갑자기 한 친구가 우리 쪽으로 다가와 신문 한 장을 던지며 말했다. "도저히 믿을 수가 없어!" 신문 일면에 필라델피아 북부의 버려진 성당에 기거하던 40명가량의 노숙자 가족들이 퇴거 명령을 받았다는 기사가 실려 있었다.

그들은 '켄싱턴 복지권 조합'이라는 단체에 소속되어 있었고 대부분 집 없는 엄마와 아이들로서 서로를 돌보는 관계였다. 원래 성당에서 몇 블록 떨어진 천막촌에서 살다가 쥐 피해와 잦은 침수로 생활 여건이 열악해진 상태였었다. 그들은 필라델피아 북부를 둘러보다가 버려진 수많은 주택과 텅 빈 공장들과 빈 땅 등 한때 번성했던 공단의 잔해를 발견하게 되었다. 성 에드워드 성당은 필라델피아의 가장 빈곤한 지역에 위치한 다른 여섯 개의 성당과 함께 폐쇄되어 몇 년 동안 방치되고 있었다. 버려진 주택들이 그들 모두를 수용하고도 남았지만 많은 사람이 정부의 주택보조금 대기 명단에 포함되어 이러지도 저러지도 못했다. 따라서 그들 자녀를 대신 보호하겠다는 정부의 위협을 받으며 열악한 환경에서 살던 그들은 생존을 위해, 그리고 안 보이는 존재로 살기를 거부하겠다는 의사 표시로 성 에드워드 성당으로 거처를 옮겼다. 곧바로 그 건물을 소유한 대주교 관구는 48시간 내에 퇴거하지 않으면 체포를 당할 것이라고 선언했다. 우리는 우리의 눈을 도저히 믿을 수 없었다.

우리는 그들을 위해 무엇을 해야 할지 고심하면서 남은 음식을 재빨리 먹어치웠다. 그런 일에 직면하자 평소에는 다루기 쉬웠던 "네 이웃을 네 몸과 같이 사랑하라"는 말씀이 훨씬 복잡해졌다. 이제 노숙자에는 도심의 거리에서 사는 성인 남자들만이 아니라 여자와 아이들도 포함되었다. 곧 우리는 한 자동차에 잔뜩 끼어 타고, 늘 가까이 하지 말라는 소리를 들었던 동네에 있는 성 에드워드 성당을 찾아 "나쁜 땅"을 향했다. 당시 우리는, 하나님께서 나사렛이나 켄싱턴 같은 나쁜 땅에서 어떤 일을 보여주려 한다는 것을 전혀 알지 못했다.

.

주일에는 한 노숙자를 예배하고
월요일에는 무시하다니…

.

우리는 연립주택이 즐비한 필라델피아 북부를 지나 기괴한 모습을 한 성당에 이르렀다. 성당 건물은 부속학교와 수녀원과 사제관과 예배당과 함께 한 블록 전체를 차지하고 있었다. 노숙자 가족들은 유서 깊은 예배당에 피난처를 마련하고 밖에다 현수막을 내걸었다. "주일에는 한 노숙자를 예배하고 월요일에는 무시하다니 이게 웬 말이냐!"라는 글귀가 적혀 있었다. 그 '한 노숙자'가 우리의 구원자 예수님을 가리키고 있다는 것을 금세 알 수 있었다. 우리는 커다란 문으로 조심스레 걸어가 조용히 문을 두드렸다. 노크가 대리석으로 된 내부를 따라 울려 퍼지는 소리가 들렸다. 여러 명이 서툴게 문을 열었고, 그들은 주저 없이 우리를 포옹했다. 이어서 우리를 안으로 초대했다. 그 순간, 우리는 완전히 다른 사람이 되었다.

그들은 우리에게 예배당 내에 건설한 빈민촌을 두루 보여주며 몇몇 아이들을 소개해주었다. 아이들은 우리의 모자를 빼앗고 등에 올라타며 스스럼없이 대했다. 그들은 자신의 마음과 갈등과 꿈을 우리에게 쏟아놓았다. 그들은 우리가 서로 필요한 존재임을 상기시켰고, 우리가 서로 나누면 누구에게나 충분히 돌아갈 것임을 확신시켜주었다. 우리가 어떻게 하면 좋겠는지 물었을 때, 그들은 우리가 할 수 있는 일보다 우리 자체에 관심을 가진 듯 보였다. 그들은 우리가 성당에 함께 머무르며 친구들을 데려오기를 원했고, 강제퇴거 시간이 임박하고 있다고 분명히 일러주었다.

아이들의 웃음소리가 아직 귓가에 쟁쟁한 상태로 노숙자 가족들의 몸부림을 가슴에 품은 채 우리는 일단 대학으로 돌아갔다. 마음이 심란하고 아프고 시계의 초침 소리가 크게 들렸다. 잠시도 낭비할 시간이 없었다. 그래서 우리는 고심하고 기도하고 음모를 꾸미기 시작했다. 우리는 그 작은 기독교 대학의 모든 학생이 "너희가 여기 내 형제 중에 지극히 작은 자 하나에게 한 것이 곧 내게 한 것이니라"(마 25:40)는 예수님 말씀에 익숙하다는 것을 알았다. 그래서 아침 일찍 캠퍼스 곳곳에 "예수께서 필라델피아 복부에 있는 교회에서 쫓겨날 위기에 처해 있다. 와서 그 소식을 들으라. 오늘밤 10시 기숙사 휴게실에서"라는 내용의 벽보를 붙였다. 그리고 그날 밤 우리는 모였다. 기껏해야 친한 친구들 열두어 명이 나타날 것으로 예상했는데 백 명도 넘는 학우들이 좁은 휴게실을 가득 메워서 우리는 깜짝 놀랐다. 우리는 밤새도록 얘기했고, 우리 중 몇 명이 노숙자 가족들의 싸움에 합류하고 폐허가 된 성당을 수리하는 일에 동참하겠다는 의사를 밝혔다.

다음 날 대학생 수십 명이 성 에드워드 성당으로 몰려가서 노숙자 가족들과 행동을 같이할 것을 밝히며 "경찰이 여러분을 체포하러 온다면 우리들도 데려가야 할 것입니다!"라고 선언했다. 그리고 충분히 상상할 수 있듯이, 수십 명의 대학생들이 체포의 위험을 무릅쓰고 노숙자들과 함께 행동하기로 했다는 사실은 언론에 대서특필되었다. 필라델피아 시민들은 우리의 부모가 누군지 궁금해 하는 한편, 노숙자들이 버려진 성당에서 피난처를 찾았다는 이유로 그들을 체포하는 것은 끔찍한 일이라고 생각했다. 많은 매체들이 뛰어들어 교회가 노숙자들을 쫓아내고 있는 것처럼 보도했다. 시계의 초침은 계속 째깍거렸고, 시 지도자들과 성직자들과 옹호자들이 노숙자 가족들을 지원하기 위해 모여들었다.

48시간의 시한이 다 되었을 무렵, 우리는 성당 첨탑에 있는 낡은 종을 쳐서 인근 주민들에게 경종을 울렸고, 그들 중 다수가 이미 기부물품을 갖고 와서 바깥에 모여 있었다. 47시간이 되었을 때 시 공무원들이 들이닥칠 것을 예상하면서 우리는 '최후의 만찬'을 준비했다. 우리는 모든 노숙자 가족들과 친구들과 함께 낡은 대리석 제단에 모여 함께 찬양하고 기도하며 빵을 나누었고 많은 눈물을 흘렸다. 노숙자 가족들은 경찰이 돌아올 때 체포를 각오하며 계속 남을 사람은 손을 들어달라고 요청했다. 내가 손을 들자 내 무릎에 앉아 있던 데스티니라는 소녀가 손을 든 이유를 물었다.

"너는 여기서 계속 머물 수 있기를 바라니?"하고 내가 물었다.

"네, 여기가 내 집이에요"하고 데스티니가 말했다.

"그래서 내가 손을 든 거야'하고 내가 일러주었다. 그러자 소녀가 나를 꼭 껴안더니 자기도 천천히 손을 들었다.

경찰들이 노숙자 가족을 퇴거시키려고 왔던 때를 잊지 못하겠다. 노숙자 가족들은 방금 미디어에 그들이 이미 건물의 주인(전능하신 하나님)과 얘기했다고 발표했고, "하나님께서 이 집은 내 집이니 노숙자들이 머무는 것을 환영한다고 말씀하신다"고 선언했다. 누가 감히 반론을 제기하겠는가? 대교구 관구의 대표자들은 성 에드워드 성당 한쪽에 차를 대고 두 발짝 정도 나왔다가 군중을 보고 한 마디도 못한 채 슬그머니 차 안으로 기어들어갔다. 그래서 말할 필요도 없이, 시한이 지났지만 아무 일도 일어나지 않았다.

우리가 날마다 성 에드워드 성당을 방문하는 동안 몇 주가 흘렀다. 우리는 학생 수가 점차 감소하면 경찰과 대교구 관구 대표자들이 다시 돌아와 노숙자 가족을 강제 퇴거시킬 것을 알고 있었으므로 한 가지 계획을 세웠다. 그래서 우리는 난생 처음 휴대전화를 챙겼고 야구장에서 불던 뿔피리도 구입했다. 관리들이 노숙자들을 퇴거시키기 위해 성당에 오면 휴대전화로 급히 연락을 받았고 캠퍼스를 돌며 뿔피리를 불었다. 그러면 수많은 학생들이 홍수처럼 주차장으로 쏟아져 나와, 열을 지어 자동차에 나누어 탄 뒤 흑인가수 트레이시 채프먼의 "혁명에 대해 말하라"를 목이 터져라 부르며 성 에드워드 성당으로 진군하곤 했다. 그것은 하나의 혁명이었다. 우리는 구내식당 식탁에 올라가 설교했고 우리 입에서 구약 예언자들의 말씀이 터져 나왔다. 우리는 채플 예배를 떠맡아서 학생들의 동참을 촉구했다. 학장은 자신이 쓰던 침대를 성 에드워드 성당의 노숙자들에게 주었다.

•

요트클럽

•

우리는 곧 '요트클럽'(오늘의 안일함과 무주택에 반대하는 청년)으로 알려지게 되었다. 배를 타는 클럽이 아니었는데도 요트 유람을 즐기는 사람들이 실수로 전화를 한 적도 있었다. 그러면 우리는 주저 없이 후원금을 요구했다. 성령께서 맹렬한 산불처럼 우리 마음에 불을 지피며 우리 학교 캠퍼스를 내달리고 있었다.

대교구 관구의 대표자들과 시 공무원들이 노숙자들을 은밀히 퇴거시킬 기회를 호시탐탐 노리면서 팽팽한 긴장 상태가 지속되었다. 한번은 대교구 관구에서 소방관들을 끌어들인 적이 있었다. 그 것은 정치적으로 온건한 전술이었다. 왜냐하면 소방관들은 화재 안전점검을 핑계로 성당에 진입해 "여러분의 안전을 위한 것입니다. 이 건물의 시설이 화재 안전기준에 미달하여 여러분과 자녀들의 생명을 보호하기 위해 불가피하게 강제퇴거를 명령하니 양해하시기 바랍니다"라고 말할 수 있기 때문이다. 그래서 우리는 미친 듯이 소방관들의 진입에 대비하고 있었다.

화재 안전점검 바로 전날 자정 무렵, 우리가 분주하게 마지막 준비를 하는데 누군가 문을 두드렸다. 학생 두 명이 큰 문으로 다가가서 보니 소방관 두 명이 밖에 서 있었다. 우리는 그들이 심야에 퇴거를 준비하러 온 것으로 생각하고 놀라서 본능적으로 방어태세를 취했다. 그러자 그들이 부드럽게 말했다. "잠깐, 잠깐만, 뭔가 오해를 하는 것 같은데, 우리는 명령을 어기고 여기에 왔습니다. 사실 우리가 여기에 온 것이 알려지면 어떤 불이익을 당할지 모릅니다. 그러나 우리는 지금 벌어지는 일이 옳지 않다는 것을 알고 있습니다. 그래서 우리가 와서 여러분이 내일을 준비하도록 돕는 게 좋겠다고 생각했습니다. 우리는 그들이 어떤 것을 찾을지 알고 있기 때문입니다." 우리는 정중히 사과하고 두 사람을 안으로 맞아들였다.

그들은 성당 곳곳을 다니며 작업이 필요한 부분을 지적한 후 우리를 소방서로 데려가 연기탐지기가 들어 있는 상자들을 많이 주었다. 다시 돌아와서 비상구 표시와 소화기를 설치하는 작업을 도운 뒤 새벽녘에 떠났다. 다음 날 화재 안전점검반이 건물을 둘러보았다. 그리고 반장이 "이들을 강제로 퇴거시킬 명분이 없습니다.

믿음은
행동이 증명한다

이 건물은 화재 안전기준에 적합합니다"라고 말했다. 우리는 다시 그 소방관 천사들을 본 적이 없다. 어쩌면 그들은 천사였을 것이다. 주일학교에서 보았던 천사의 모습과는 달랐지만 말이다.

　아무것도 우리를 막을 수 없다고 느꼈다. 정말 하나님이 우리 편인 것 같았다. 그처럼 어려운 상황에서 편을 가르는 것을 하나님은 어떻게 생각하실지 잘 몰랐지만, 우리가 필라델피아 시의 모든 부서에게 고발을 당해도, 노숙자들을 보호하기 위해 바다가 갈라져서 그들을 (가장 사랑스런 방법으로) 삼킬 것이라고 느꼈다. 나는 어느새 기적을 믿는 신자가 되었다.

•

교회가 부활했다!

•

수십 명의 우리 '요트클럽' 회원들은 주일마다 성 에드워드 성당을 찾아가 옛 찬송과 자유의 노래를 부르며 예배를 드렸다. 일종의 부흥운동이었다. 복음성가 찬양단이 방문했고 우리는 복도에서 춤을 추었다. 가톨릭 사제들이 큰 논란을 일으킨 예배에서 의식을 집행했다(많은 가톨릭교도는 교권에 대한 순종의 서약을 하는 만큼, 우리가 그 서약의 한계를 시험하고 있었다). 아이들과 집 없는 엄마들이 복음을 전했다. 우리는 오래된 애플 사이다와 신선하지 않은 베이글로 성만찬을 나눴지만 다수가 난생 처음으로 진정한 성만찬을 체험했다.

　거기에는 그리스도의 몸이 살아 있었다. 더 이상 스테인드글라스나 조직신학 책에 갇혀있지 않았다. 그리스도의 몸은 실제로 살아 있었고, 굶주렸고, 목말랐고, 피를 흘리고 있었다. 교회는 더 이상 우리가 주일에 한 시간 드리는 예배가 아니었고, 첨탑을 가진 화려한 건물도 아니었다. 돈 에버츠가 「예수의 더러운 발」에서 말하는 것처럼 "교회를 건물로 여기는 것은 신자들을 건축자재로 여기는 것과 다르지 않다." 교회는 다시 살아났다. 교회는 바로 우리 존재가 되었다. 조직이 아닌 유기체인 우리. 교회가 너무나 새로워졌고 생기가 넘쳤다. 마치 우리가 죽었던 어떤 것을 살려낸 것만 같았다. 어쩌면 그랬을지도 모른다. 사실 옛 뉴스 헤드라인 중 하나가 "교회가 부활했다"란 글귀였다. 여기에 당신을 위한 조직신학이 있다.

.

교회라고 불리는 '이 다른 것'

.

하지만 우리는 이 모든 영적 운동을 하는 중에 사람들이 교회라고 부르는 '이 다른 것'과 계속 충돌했고, 나는 그것을 어떻게 이해해야 할지 몰랐다. 그것은 성경에서 너무나 멀어졌고, 가난한 사람들로부터 너무나 멀어졌고, 예수로부터 너무나 멀어진 듯이 보였다. 나는 천사들과 마주치고, 마귀와 씨름하고, 예수님의 상처를 만지고 있다고 느꼈으나, 교회는 너무나 멀리 떨어진 듯했다.

어느 날, 우리 대학 근처에 사는 부유한 교인 한 사람이 우리에게 한 상자를 보냈다. 상자에는 "노숙자를 위해"라는 글귀가 적혀 있었다. 흥분해서 열어보니 전자레인지용 팝콘 알갱이가 들어 있는 게 아닌가! 나는 본능적으로 피식 웃고 말았다. 우리는 전기도 쓰기 어려웠고 전자레인지는 생각도 못했으며 팝콘은 우선적으로 필요한 품목이 아니었다. 그리고 나는 본능적으로 교회가 가난한 사람들에게서 너무도 멀어졌다는 생각에 눈물이 핑 돌았다. 그리고 같은 주간에 어떤 단체가 성 에드워드 성당의 노숙자에게 물품을 보냈다. 놀라지 말라! 그들은 마피아 조직이었다. 마피아 조직이 매체의 떠들썩한 보도를 듣고 각 아이를 위한 자전거와 각 가족을 위한 칠면조 고기, 그리고 수천 달러의 기부금을 보낸 것이다. 나는 홀로 하나님께서 마피아를 이렇게 쓰실 수 있다면 교회도 쓰시면 좋겠다고 생각했다.

그 직후, 나는 앉아서 우리 교회의 상태에 대해 무척 슬퍼했다. 상심한 마음으로 한 친구에게 "교회에 대한 희망을 잃은 것 같아"라고 고백했다. 그 친구의 반응을 나는 결코 잊을 수 없다. "아니, 너는 교회에 대한 희망을 잃은 게 아니야. 기독교나 교계나 모든 제도에 대한 희망은 잃었을지 몰라도 교회에 대한 희망을 잃은 건 아니야. 이것이 바로 교회잖아!" 그 순간, 우리는 눈에 보이는 교회에 대한 불평을 멈추기로 결심하는 한편, 우리가 꿈꾸는 그런 교회가 되는데 헌신하기로 마음을 다졌다.

우리는 사도행전에 나오는 초대교회의 모습을 꿈꿨다. "그들 가운데는 가난한 사람이 한 사람도 없었다." 모든 사람이 아무것도 자기 소유로 주장하지 않고 "모든 것을 공동으로 사용했기" 때문이다. 우리는 가난을 끝장낼 수 있다는 것을 알았다. 초대교회가 그렇게 했고 노숙자 가족들 역시 그렇게 하고 있었다. 우리는 하나님 나라를 갈망했고 예수님의 말씀대로 하나님의 나라가 "하늘에서 이루어진 것같이 땅에서도 이뤄질 수 있다"는 것을 알았다. 우리는 지금 아이들을 위한 침대가 필요한 이들에게 호화로운 저택과 황금 거리를 약속하는 기독교에는 관심이 없었다.

성 에드워드 성당에서 지낼 당시에 들었던 코믹 만화 대목이 기억난다. 두 남자가 이야기를 나누다가 한 사람이 하나님께 질문이 있다고 말한다. 그는 하나님께 왜 이 세상에 가난과 고통과 전쟁이 존재하도록 허락하시는지 묻고 싶다고 했다. 그의 친구가 "그럼, 여쭤보면 되잖니?"라고 말하자 그 남자는 고개를 흔들며 무섭다고 대답한다. 그의 친구가 무서워하는 이유를 묻자 그는 "하나님께서 내게 똑같은 질문을 하실까봐 겁나거든"하고 중얼거렸다. 그렇다. 내가 하나님께 왜 이 모든 불의가 세상에 존재하도록 허락하시냐고 여쭤볼 때마다 거듭해서 성령이 이렇게 속삭이시는 것을 내가 느낄 수 있다. "우리가 왜 그런 일을 허락하는지 네가 나에게 말해봐라. 네가 내 몸이고, 내 손이고, 내 발이잖아."

·

다시 또다시 태어남

·

나는 성 에드워드 성당에서 다시… 또다시 태어났다.

폐허가 된 교회에서 하나님을 발견하는 것은 신비로운 체험이었다. 당시 나는 아시시의 성 프랜시스가 누구인지 전혀 몰랐지만, 13세기 이탈리아에서 프랜시스와 젊은 급진주의자들이 들었던 하나님의 속삭임은 무척 친숙한 목소리였다. "폐허가 된 내 교회를 수리하라." 그로부터 수백 년이 지난 뒤, 일단의 젊은 꿈쟁이들이 그들을 질식시킨 기독교를 떠나 버려진 땅, 즉 도심의 광야에서 하나님을 찾고 있었다. 나는 너무나 하나님을 갈망했고, 기독교에 당혹감을 감추지 못했고, 더 많은 것을 찾을 준비가 되어 있었다.

성 에드워드 성당의 모험은 노숙자 가족들의 기자회견으로 끝났다. 뉴스를 본 시민들이 집을 기부하고, 시청이 설득당해 주거단지를 공급하고, 친구들이 협력해서 모든 노숙자가 배려를 받도록 함에 따라 많은 노숙자가 거처를 얻게 되었다. 켄싱턴 복지권 조합은 그것이 생존 프로젝트에 불과하고 영구적인 해결책(침실이 하나뿐이고 난방 시설이 없어서)은 아니라고 발표하는 한편, 노숙자들 편에 서서 강력한 운동을 전개한 사람들에게 감사의 뜻을 표했다. 그들은 시장의 집무실까지 가두행진을 벌이며 노숙자들의 눈으로 세상을 보고 그들의 신발로 걸어보라고 요구했다. 그리고는 노숙자 가족의 신발을 신는 것이 어떤 경험인지 알도록 시장의 집무실 밖에 그들의 신발을 벗어 잔뜩 쌓아놓고 떠났다.

그 이야기는 그렇게 끝났지만 성 에드워드 성당의 유산은 결코 끝나지 않았다. 그 이야기를 소재로 여러 책과 영화가 제작되었고, 켄싱턴 복지권 조합은 이제 가난하고 집 없는 가족들의 국제적인 운동의 일부가 되었고 그 본부가 바로 우리 동네에 있다.[1] 그들 중 다수가 여전히 우리의 절친한 친구이자 선생, 신학자이자 장로이다.[2]

성 에드워드 성당은 몇 년 동안 계속 방치되다가 결국 경매 처분되었다. 요트클럽과 심플 웨이의 창립 회원인 마이클과 미셸은 거기서 결혼했다. 얼마 전, 나는 성 에드워드 성당의 교구에서 일하다가 성당이 폐쇄되는 바람에 떠나야 했던 한 수녀를 만났다. 그녀는 그 지역의 성당들을 폐쇄한 대관구의 중대한 실수에 슬픔을 금치 못하고 망연자실했다고 당시의 심경을 털어놓는 한편, 눈물을 흘리며 최근에야 그 충격을 극복하고 낡은 성당의 잔해 속에서 태어난 모든 것을 기뻐할 수 있었다고 말했다.

우리는 진정 부활의 하나님을 모시고 있다. 우리가 엉망으로 만든 세상에서 아름다움을 창조하실 수 있는 하나님 말이다.

그 성당을 점거한지 벌써 이십 년도 넘었다. 그 빌딩이 경매로 나왔을 때 작은 오순절 교회가 구입했다. 그 블록 전체-예배당, 수녀원, 사제관, 교실이 40개인 부속학교, 체육관-가 10만 불 정도에 팔렸다. 그런데 지금은 더욱 특별한 의미가 있다. 나와 케티가 거기서 결혼을 했으니까. 1995년에 거기서 살았던 몇몇 가족이 그 결혼식에 왔다. 우리는 옛 교회 종을 다시 울렸다. 그리고 우리가 달았던 출구 표시가 아직도 거기에 있었다.

성 에드워드 성당에서 살았던 많은 가족이 여전히 우리의 친구들이다. 그들은 계속 우리에게 영감과 도전을 준다. 체리 혼칼라-그 성당 점거를 기획했던 인물-는 계속해서 온갖 거룩한 말썽을 불러일으키곤 한다. 그녀는 집값이 폭락된 시기에 '민중의 보안관'으로서 필라델피아 보안관에 출마한다고 발표하면서 사람들을 그들의 집에서 퇴거시키지 않겠다고 약속했다(이것이 보안관의 업무 중 하

믿음은
행동이 증명한다

나다). 선거운동을 할 때는 말을 타고 켄싱턴을 돌아다니기도 했다. 2012년에는 체리가 녹색 정당의 부대표로 출마했다. 몇 주 전에 나에게 전화해서 이불이 필요하다면서 노숙자 가족들이 정부청사 바깥에 천막촌을 짓고 있기 때문이라고 했다.

요트클럽은 여전히 거리에 사는 사람들과 친구관계를 맺고 안일함과 불의에 대항해 싸우는 활발한 캠퍼스 그룹이다.

내가 성 에드워드 성당 사태 동안 배운 한 가지 교훈은 이것이다. 이상한 이유로 하나님은 우리가 없이 세상을 바꾸길 원치 않으신다는 것. 어떤 때에는 우리가 하나님께 두 손을 들고 "무언가 해주세요!"라고 말하면, 하나님이 "나는 무언가를 행했다. 내가 너를 만들었잖아"하고 응답하시는 소리를 들을 수 있다. 때로는 우리가 하나님을 기다리고, 하나님은 우리를 기다리신다. 불의와 싸우는 문제에 관한 한 이것이 진실로 입증되었다. 하나님은 우리의 도움을 원하신다는 진실. 물론 하나님은 우리가 없어도 기적을 행하실 수 있다. 하나님에게 우리가 필요한 게 아니라 하나님이 우리를 원하시는 것이다. 이는 참으로 놀랍다. 그런즉 다음에 당신이 하나님께 산을 옮겨달라고 부탁할 때, 하나님이 당신에게 삽을 주신다고 해서 놀라지 말라. 이것이 바로 하나님의 모략이다. 우리는 그 일부가 되는 것이다.

Chapter 3

진정한 그리스도인을 찾아서

·

·

·

나는 더 이상 크리스천이 아니야

한 친구가 "쉐인, 나는 더 이상 크리스천이 아니야!"라고 말했던 때가 기억난다. 나는 어리둥절했다. 함께 신학 수업을 듣고 성경을 공부하고 기도하고 예배를 드리던 친구가 그런 말을 했기 때문이다. 그런데 이어서 "예수님을 따르기 위해 기독교를 포기했어!"라고 말했을 때 그의 눈에서 강렬함과 진실함을 발견했다. 그 말이 무슨 뜻인지 알 것 같았다.

만일 우리가 정말로 예수님을 따르기로 결단한다면 어떤 모습일지 궁금했다. 사실 나는 완전히 헌신한 크리스천의 모습이 어떤 것인지 알지 못했고, 지난 몇 세기 동안 세상이 그런 사람을 본 적이나 있는지도 확신할 수 없었다. 대학 강의실에서 생각해보면 우리가 언젠가 기독교의 가르침대로 살기를 중단하고 그저 기독교를 공부하기 시작한 것 같았다. 19세기 덴마크의 신학자 키르케고르의 유쾌한 말이 목마른 내 영혼에 공감을 불러일으켰다.

믿음은
행동이 증명한다

문제는 지극히 단순하다. 성경은 이해하기 쉽다. 그러나 우리 크리스천들은 교활한 협잡꾼들이다. 우리가 성경을 깨닫는 순간 그에 따라 행동할 의무가 있다는 것을 잘 알기 때문에 우리는 이해할 수 없는 체 한다. 신약성경의 어떤 말씀이든 취하고, 당신 스스로 그에 따라 행동하기로 서약하는 것 외에는 모든 것을 잊어라. 당신은, 야단났네, 내가 그대로 행동하면 내 인생이 온통 망할 것이라고 말하리라. 내가 이 세상에서 어떻게 살지? 바로 여기가 기독교 학문이 등장하는 곳이다. 기독교 학문은 교회가 성경에 대항해 스스로를 지키고, 우리가 성경을 너무 가까이 하지 않으면서 좋은 크리스천으로 살 수 있게 하려고 교회가 만든 놀라운 발명이다. 아, 귀하고 귀한 학문이여, 네가 없다면 어쩔 뻔했겠는가? 살아계신 하나님의 손에 떨어지는 것은 두려운 일이다. 그렇다, 신약성경과 홀로 있는 것조차 두려운 일이다.[1]

나는 우리가 기독교의 가르침대로 살지 않으면 대중을 기독교로 인도할 수 없다는 것을 알았다. 그래서 나는 크리스천을 찾기 시작했고, '예수님의 말씀이 진심으로 한 것이라면 어떻게 하지?'하고 묻는 사람을 찾으려고 주변을 둘러보았다. 그리고 죽은 사람들을 계속 만났다. 사막의 교부들과 5세기의 교모들, 성 프랜시스와 성 클라라, 디트리히 본회퍼, 마틴 루터 킹, 오스카 로메로 등. 그리고 도로시 데이와 테레사 수녀 같은 현대의 급진주의자들도 있었다. 소문에 따르면 도로시 데이와 테레사 수녀가 유일하게 만난 곳은 필라델피아였다고 한다. 아울러 테레사 수녀가 캄덴의 세이크리드 하트에 있는 우리의 교구에 참석했다고 한다. 도로시 데이는 운동가요 공산주의자, 어머니요 저널리스트로서 기독교로 회심한 사람이었다[2]. 그리스도인으로서 그녀는 억압과 전쟁과 가난의 뿌리에 대항해 용기 있게 입을 열었고, 1900년대 내내 가톨릭 노동자운동을 이끌었고, 세계 곳곳에 수십 개의 '환대의 집'(무료급식소)을 탄생시켰다. 그러나 불행하게도, 그녀가 1980년에 세상을 떠나 나는 만날 수 없었다.

그러나 테레사 수녀는 여전히 살아있었다. 그녀는 복음에 따라 살고 있는 듯이 보였지만 나이가 많아 여생이 길지 않은 듯했다. 그래서 나는 성 에드워드 성당 사건 이전부터 같은 꿈을 꾸던 친구 부르크와 함께 그녀에게 편지를 쓰기로 했다.

"테레사 수녀님, 캘커타에서 인턴을 받는지 모르지만 그곳의 사역을 보고 싶습니다."

다른 친구들이 "누구에게 편지를 쓴다고?!"하며 야유하고 조롱하는 가운데 우리는 성 에드워드 성당 이야기와 교회에 대한 우리의 비전을 그녀와 나누었다. 그리고는 기다리고 또 기다렸다.

•

할머니가 테레사 수녀라면 나는 교황이에요!

•

나는 인내심이 적지 않지만 몇 주가 지나자 조바심이 일기 시작했다. 여름방학이 다가오고 있었기에 테레사 수녀에게 연락할 방도를 알아보려고 몇몇 수녀들에게 전화를 걸었다. 어떤 수녀들은 다시 편지를 써보라고 했고, 또 어떤 수녀들은 장난전화인 줄 알고 전화를 끊어버렸다. 그런데 마침내 브롱스에 있는 귀한 수녀에게 얘기하게 되었다. 그녀는 재미있다는 표정을 지으며 브롱스에 있는 수녀원장과 통화하게 해주겠다고 말했다. '원장' 직함이 붙은 사람과 얘기할 수 있어 기분이 무척 좋았다. 드디어 원장수녀와 얘기를 나눴다. 그녀는 나에게 캘커타에 편지를 보낼 필요가 있다고 해서, 내가 이미 보냈다고 대답했다. 그러자 그녀가 그러면 기다리라고 해서, 나는 상당 기간 기다렸다고 대답했다. 그때 그녀는 절대 유출하지 말라는 당부와 함께 캘커타의 전화번호를 내게 주었다. 평범한 대학생이 테레사 수녀와 접촉할 수 있는 전화번호를 입수한 것이다!

내가 조사한 결과 새벽 2시에 전화를 걸어야 하고 국제전화요금이 1분에 4달러라는 것을 알았다. (그래서 나는 테네시 출신답지 않게 빨리 통화하기로 마음먹었다.) 나는 기숙사 휴게실에 있는 공중전화를 사용하고 있었다. 1900년대에는 주로 공중전화를 사용했다. 그런데 25센트짜리 동전을 넣었다. 그래서 이 통화는 많은 동전을 먹었다. 내 친구 부르크가 내 곁에 선 채, 우리는 제발 누군가 전화를 받게 해달라고 간절히 기도하면서 새벽 2시에 전화를 걸었다. 신호가 울리자 누군가 전화를 받았다. 나는 "사랑의 선교회입니다. 무엇을 도와드릴까요?"라는 사무적인 인사말을 예상했는데, 한 노파가 허스키한 목소리로 "여보세요"라고 응대했다. 나는 1분에 4달러나 하는 비싼 요금을 들여 전화를 잘못 걸었다고 생각하며 푸념조로 말했다.

"안녕하세요. 여기는 미국입니다. 사랑의 선교회나 테레사 수녀님과 통화하고 싶습니다. 나는 방문하고 싶습니다."

수화기 저쪽에서 노파의 연약한 목소리가 들려왔다.

"여기가 사랑의 선교회입니다. 제가 테레사 수녀입니다."

그 말을 듣는 순간 '할머니가 테레사 수녀라면 나는 교황이에요!'라고 말하고 싶었지만 꾹 참았다. 우리가 일전에 편지를 보냈고 그녀와 함께 일하고 싶다고 말했다. 그녀는 얼마 동안 머물고 싶으냐고 물었고, 나는 우리가 여름방학을 이용해 두세 달 정도 머물고 싶다고 말했다. 테레사 수녀가 "긴 기간이군요"라고 말해서, 나는 얼른 "아니면 두세 주, 아니 이삼 일이라도..."하고 응답했다. 아니, 두세 시간도 괜찮다고 생각했다. 그러자 그녀가 "아니요. 여름방학 동안 오세요"라고 말했다. 오라고? 우리는 어디서 먹고 자지? 그래서 그녀에게 물었다. "테레사 수녀님, 우리는 어디서 먹고 자지요?" 그녀는 그런 것을 별로 염려하지 않았다. "하나님이 백합과 새를 돌보시니 여러분도 돌보실 겁니다. 그냥 오세요"라고 말했다. 내가 어떻게 감히 토를 달겠는가? 나는 그녀에게 감사하고 전화를 끊었다.

•

와 보라

•

사람들이 테레사 수녀에게 캘커타 사역이 잘되고 있는지, 어떤 삶을 살고 있는지 물을 때마다 그녀는 "와 보세요"라고 대답하곤 한다. 마침내 우리가 거기에 갔다. 나는 기독교가 어떻게 삶으로 구현되는지 목격할 준비가 되어 있었다. 부르크와 나는 예방주사 몇 방을 맞은 뒤 '극빈자들' 사이에서 마더 테레사와 수녀들과 나란히 일하는 놀라운 모험을 하러 캘커타로 향했다. 아침에는 우리가 나보 지본이란 고아원에서 정신적, 신체적 장애를 가진 아이들을 돌봤는데, 다수가 역에 버려졌던 아이들이었다. 오후에 나는 테레사 수녀가 힌두교 사원을 빌려 처음 시작한 '칼리하트'라는 '빈곤한 자와 죽어가는 자를 위한 집'에서 일했다.

매주 우리는 비누와 비눗방울을 갖고 물웅덩이에 가서 백여 명의 거리의 아이들을 만났다. 임시로 설치한 천막에서 찢어진 옷을 꿰매주고, 상처에 밴드를 붙여주며, 아이들의 몸을 씻고 서로 물장난을 했다. 봉사하는 형제들은 모든 이들을 위해 음식을 준비했다. 어떤 아이들은 사랑의 손길을 원했고, 일부는 임시진료소에서 포옹과 치료를 받으려고 일부러 몸에 상처를 냈다고 고백했다.

우리가 처음 거기에 도착했을 때, 나는 우리가 미쳤다고 생각했는데, 거기에는 테레사 수녀의 사역에 합류하기 위해 세계 각국에서 온 수십 명의 사람들, 즉 더 잘 사랑하는 법을 배우려고 애쓰는 평범한 급진주의자들이 있었다. 우리는 마더 테레사와 수녀들이 살고 있는 머더 하우스 건너편의 작은 호스텔에 묵게 되었다. 전 세계에서 온 자원봉사자들은 그 연령이 18세에서 80세까지 다양했는데, 일부는 거기서 수년 동안 봉사해왔다. 그들은 내게 사랑하는 법, 위험을 감수하는 법, 꿈꾸는 법을 가르쳐주었다. 그들의 신분도 선교사, 호기심 많은 무신론자, 단순한 순례자, 열정적인 혁명가 등

실로 다양했다.

나에게 큰 영감을 준 사람들 중에는 앤디라는 남자도 있었다. 그는 죽어가는 사람들을 위한 집을 운영하고 있었다. (그는 대부분의 수녀들보다 더 고참이었다.) 앤디는 노골적이고 활달하고 온유했다. 한번은 그가 젊은 수녀들에게 "수녀님, 14번 침상의 사랑스런 남자 라주 씨를 좀 봐주실래요? 딱딱한 남자 품보다 포근한 수녀님들 품을 더 좋아하지요!"라고 말하는 걸 들었다. 수녀들은 어떻게 대답할지 몰라 난감해했다. 어떤 수녀들은 눈살을 찌푸렸고, 또 어떤 수녀들은 킬킬거렸다. 또 한 번은 그가 나에게 미소를 짓고 눈동자를 굴리면서 한 사람에게만 그렇게 시간을 쏟으면 어떻게 하냐고 꾸짖었던 것이 기억난다. "사랑이 필요한 사람들이 너무 많았기" 때문이다.

어느 날, 내가 매우 가깝게 지내던 환자가 죽음에 임박했다. 집으로 오는 길에 그를 포근하게 안아주고 베개 밑에 과자를 찔러주었는데 부서지고 말았다. 앤디가 그 광경을 보고 미소를 짓더니 가망이 없다는 뜻으로 고개를 가로저었다. 우리는 함께 미사를 드리러 갔다. 마침내 앤디가 그 사람의 이야기를 들려주었다. (그는 자기 이야기는 별로 하지 않았다.) 그는 독일의 부유한 사업가였다. 어느 날 복음서를 읽고 "모든 것이 혼란스러워졌다"라고 고백했다. 그는 모든 소유를 팔아 가난한 사람들에게 나눠주라는 예수님의 명령(눅 12:33)을 읽은 후 정말로 그렇게 했다.

나는 이전에 근본주의자들을 더러 만난 적이 있는데, 그들은 '선택적 근본주의자들'이었지 그런 말씀을 문자적으로 받아들이는 이들이 아니었다. 앤디는 모든 소유를 다 팔고 캘커타로 이주한 뒤

10년 동안 극빈자들과 함께 살고 있었다. 그는 내게 조만간 고향으로 돌아가서 사랑하는 모친을 잠깐 만난 후, 다시 인도로 돌아와 새 가족이 된 가난하고 죽어가는 사람들과 함께할 것이라고 말했다. 나는 진정한 기독교를 찾아 캘커타까지 갔었다. 그리고 그곳에서 그것을 찾았다. 나는 마침내 진정한 크리스천을 만났다.

우리는 신실하도록 부름 받았다

나는 '빈곤한 자와 죽어가는 자를 위한 집'과 사랑에 빠져 대부분의 날을 그곳에서 보냈다. 나는 그들의 식사를 도왔고, 근육을 마사지해주고, 목욕을 시켰으며, 기본적으로 그럴 자격이 있는 그들을 잘 대접하려고 노력했다. 매일 사람들이 죽어나갔고, 우리는 날마다 거리에 나가 외롭게 죽어가는 사람들을 데려왔다. 목표는 그들을 살려놓는 게 아니라 존엄하게 죽도록, 즉 그들을 사랑하는 사람이 찬양하고 웃는 가운데 외롭지 않게 죽도록 하는 것이었다.

때로는 의료훈련을 받은 사람들이 그곳에 왔다가 의료장비가 별로 없는 것을 보고 좌절하곤 했는데, 수녀들은 서둘러 우리의 임무가 생명을 연장하는 게 아니라 잘 죽도록 돕는 것이라고 설명했다. 테레사 수녀가 종종 언급했듯이 "우리는 성공을 위해서가 아니라 신실하도록 부름을 받은 것이다." 좋은 말로 들리지만 그때부터 나는 효율성과 신실함 사이의 긴장을 안고 몸부림치기 시작했다. 나는, 우리가 하는 일이 하찮아보일지 몰라도 우리가 그 일을 한다는 사실이 가장 중요하다는 간디의 말을 기억했다. 그래서 우리는 그런 일을 했다.

대단한 일을 해보고 싶다는 유혹이 늘 내 앞에 있지만, 나는 칼리하트에서 작은 일들을 매우 신중하게 수행하는 훈련을 익혔다. 테레사 수녀가 "우리는 큰 일을 할 수 없고 작은 일을 큰 사랑으로 할 수 있을 뿐입니다. 얼마나 많은 일을 하느냐가 아니라 얼마나 큰 사랑으로 그 일을 하느냐가 중요합니다"라고 말하곤 했다. 자원봉사자들이 설거지할 때 비누를 너무 많이 쓴다고 나무라던 앤디가, 환자들의 밥 위에 고기국물을 넉넉히 붓지 않자 예수님께 그런 밥을 드리느냐고 꾸짖던 일이 지금도 생생하다.

칼리하트는 내게 부활을 보여준 곳, 생명이 죽음보다 더 강하고 빛이 어둠을 관통할 수 있음을 보여준 곳 중의 하나이다. 그곳에서 죽어가는 사람들은 내가 만난 어떤 이들보다 더 생기가 넘쳤다. 죽어가는 자들의 집에는 시체안치소가 있다. 그곳에 들어가면 한쪽 벽에 "나는 천국에 가는 길입니다"라는 문구가 적힌 현판이 걸려 있다. 다시 몸을 돌리면 "내가 그곳에 가도록 도와주셔서 감사합니다"라고 적힌 현판도 걸려 있다. 나는 진심으로 "사망아, 너의 승리가 어디 있느냐? 사망아 네가 쏘는 것이 어디 있느냐?"(고전 15:55)라고 말할 수 있었다. 죽어가는 사람들의 웃음소리와 가난한 사람들의 찬양 소리가 죽음을 "삼킨"(54절) 것이다. 나는 마침내 사람들을 지옥의 공포에서 구하기 위해 지옥문을 밀치고 들어가는 교회의 모습을 보면서, 예수께서 베드로에게 "음부의 권세가 교회를 이기지 못할” 것이라고 말씀하신 것이 무슨 뜻인지 깨달았다.

　나는 죽어가는 사람들의 눈을 들여다볼 때 하나님을 만나고 있는 듯이 느꼈다, 마치 신비롭고 성스러운 지성소에 들어가는 것 같은 느낌이라 신발을 벗어야 할 것만 같았다. 그리고 도로시 데이의 말-“진정한 무신론자는 ‘이 작은 자들’ 속에 있는 하나님의 형상을 부인하는 사람이다”-의 뜻을 이해했다. 하나님의 영이 우리 각자의 마음속에 거하신다는 진리가 내 의식에 스며들었다. 교회 청소년부에서 ‘주여, 내가 순결하고 거룩한 성소가 되게 준비시켜주소서!’라는 찬송을 많이 불렀지만, 우리가 정말로 성령이 거하시는 성소라는 것을 깨닫지 못했었다. 우리 몸은 하나님의 성전이다. 이것이 콜레스테롤을 적게 섭취해야 할 이유는 아니다. 우리는 비유적인 의미에서 그리스도의 몸이 아니다. 우리는 성령을 통해 이 세상에 살아있는 예수님의 살과 피다. 그리고 하나님의 손과 발과 귀이다. 바울이 “내가 그리스도와 함께 십자가에 못 박혔나니 그런즉 이제는 내가 사는 것이 아니요 오직 내 안에 그리스도께서 사시는 것이라”(갈 2:20)라고 쓴 것은 사실 그대로다.

　칼리하트에서 죽어가던 사람들과 나병환자들은 ‘나마스테’라는 신비한 단어를 거듭해서 내 귀에 속삭이곤 했다. 영어에는 그와 같은 단어가 없다 (서구적 개념도 없다). 그들은 ‘나마스테’가 “나는 당신 안에 사는 거룩한 이를 경외합니다”라는 뜻이라고 설명해주었다. 나는 그들의 눈에서 하나님을 볼 수 있다는 것을 알았다. 그렇다면 내가 진정한 크리스천이 되는 것이 가능할까? 내 눈에서 그들이 날 사랑하는 분의 형상을 포착할 수 있을까?

버림받은 사람들의 사회

나는 예수께서 십자가에서 죽으셨을 때 성전의 휘장이 찢겨진 것이 무엇을 의미하는지 이해하기 시작했다. 하나님께서 세속적인 것을 구속하셨을 뿐만 아니라 성스러운 모든 것을 자유롭게 하신 것이었다. '더러운 신학'이라 불리는 사조가 있다. 이는 정결하고 불결한 것, 거룩하고 불경한 것, 성스럽고 세속적인 것으로 간주되는 것에 대한 예수님의 급진적 도전을 탐구하는 신학이다. 피난민으로 태어나서부터 십자가에 죽기까지 예수님은 우리가 몸담은 '더러운' 세상에 들어오신다. 그분은 사람들의 발을 씻기고 뜻밖에도 흙과 침으로 사람들을 치료하는 그런 일을 하신다. 그는 종교인들을 "독사의 자식"이라 부르고, "세리들이 너희보다 먼저 하나님 나라에 들어가고 있다"고 말씀하신다. 이 모든 것은 세상을 거꾸로 보라는 도전이다. 모든 것은 구속될 수 있고, 하나님은 뜻밖의 장소에서 발견된다. 예수님은 끊임없이 선택된 자에게 도전하고 배제된 자를 포용하신다고 알려져 왔다. 이제 하나님은 성전의 휘장 뒤에 거하지 않고 가난한 자와 죽어가는 자의 눈 속에, 평범하고 일상적인 것 속에, 포도주와 빵 혹은 차와 사모사와 같은 것들 속에 거하신다. 그리고 두세 사람이 함께 공동체로 모이는 곳이면 어디든지 하나님이 우리 가운데 계신다.

내가 가본 곳 가운데 가장 성스러운 곳은 캘커타 외곽에 위치한 나환자촌이었다. 그곳에서 봉사하던 어떤 형제가 떠났다는 소식을 듣고 내가 그의 침대를 쓸 수 있겠는지 물었다(실은 콘크리트 바닥에 있는 그의 자리다). 형제들이 동의해주었다. 그래서 나는 인도에서의 마지막 두 주를 나환자촌에서 보냈다. 나병은 극빈자들에게는 여전히 제일 두려운 질병이다. 이 병에 대해 알려진 바가 거의 없다. 매직 존슨처럼 그 질병을 세상에 알릴 유명 인사도 없다. 유명한 나환자는 없다. 나병은 버려진 자들, 불가촉천민의 질병이다. 한 나환자는 내게 자기네는 "감사합니다"라는 말도 모른다고 하면서 그 말을 할 필요가 없기 때문이라고 설명했다. 그들은 감사의 말을 사용할 경우를 거의 경험하지 못한 것이다.

그런데 '간디의 새 생명'이란 뜻을 지닌 '간디지 프렘 니바스'라 불리는 나환자 공동체가 거기에 있었다. 당신이 간디에 대해 얼마나 아는지 모르지만, 간디가 살아 있다면 무척 자랑스러워했을 것이다. 수년 전 간디가 그곳을 거닐다가 낡은 껍데기 안에서 새로운 사회가 움트는 모습, 즉 그들을 압제하던 제국주의의 굴레를 박차고 나와 소금을 얻기 위해 바다로 나가고 옷감을 얻기 위해 물레를 돌리는 등 새로운 삶의 방식을 창출하는 사람들의 운동을 꿈꿨기 때문이다. 나는 그 땅에서 간디의 꿈이 살아있는 것을 보았다.

몇 년 전, 사람들이 철길과 나란한 그 땅(개발할 수 없는 곳)을 테레사 수녀에게 주었고, 그녀가 나환자들을 돌보기 시작했다. 그러자 나환자들도 서로를 돌보기 시작했다. 지금은 150 가정이 서로 "감사합니다"라는 말을 가르치며 함께 살고 있다. 그들은 텃밭을 일구고 가축과 물고기를 기른다. 신발과 옷을 직접 만든다.[3] 그리고 모든 수녀를 위해 사리를 만들고, 고아들을 위해 담요를 만들고, 나환자촌에 있는 진료소를 위해 붕대를 만든다. 그 진료소는 나환자들이 직접 운영하고 있다. 치료받고 상태가 좋아진 환자들이 다른 환자들을 돌보는 것이다. 그들은 사지가 절단된 나환자들을 위해 나무를 깎아 의족과 의수를 직접 만들기도 한다.

처음에는 그들이 나를 무척 낯설어했지만 곧 가족으로 받아주었다. 날마다 새로운 친구들을 순방하는 것이 나의 일과였다. 나는 앉아서 그들이 신발 만드는 것을 구경하곤 했다. 나병의 영향으로 각 사람의 발이 독특하게 변형되었기 때문에 모든 신발을 맞춤형으로 제작해야만 했다. 그들은 내게도 신발 한 켤레를 만들어주었다.

내가 물레와 베틀이 즐비한 기다란 통로를 지날 때면 사람들이 바쁘게 일하면서 환한 미소로 반겨주었고, 나는 발걸음을 멈추고 베틀의 바늘에 실을 꿰는 작업을 하는 존과 키솔과 담소를 나누곤 했다. 존은 수십 년 나병을 앓아온 노인이었다. 그는 미국에 있는 내 가족에 대해 물었다. 내가 어릴 적에 아버지가 돌아가셨다고 말하자 그 자신을 좋은 아버지라 불러도 된다고 했다. 그는 나를 양자로 받아주었다.

키솔은 열여덟 살밖에 되지 않은 젊은 청년이었는데, 부모가 나병으로 죽는 바람에 두 여동생을 돌보고 있었다. 존과 키솔을 떠나는 것이 쉽지 않았다. 그들은 나를 집에 초대해서 차와 인도 전통과자를 대접해주었다. 우리는 이야기를 들려주고, 농담도 하고, 함께 기도하곤 했다. 우리는 둘러앉아 있다가 존이 방귀를 뀌고 키솔에게 뒤집어씌우는 바람에 웃음보를 터뜨렸다. 이제 당신은 우리가

믿음은
행동이 증명한다

캘커타의 나환자들과 함께 했던 일상적인 일을 상상할 수 있을 것이다.

.

나마스테

.

거의 매일 나는 나환자였다가 의사가 된 사람들이 운영하는 진료소에 갔고, 치료를 받기 위해 길게 늘어선 환자들을 볼 수 있었다. 의사들이 탈지면을 1.2미터 높이로 쌓아놓고, 내 임무는 탈지면을 동그랗게 마는 일이었다. 나는 유심히 관찰하고 나서 그들의 사랑과 연민에 큰 감동을 받곤 했다. 어느 날 오후, 일과가 거의 끝나갈 무렵, 의사 한 사람이 일찍 퇴근해야 할 일이 생겼다. 하지만 환자 몇 명이 아직 치료를 기다리고 있었다. 그러자 그가 나를 보며 단호하게 말했다.

"그동안 쭉 지켜봤으니, 어떻게 하는지 알 겁니다. 당신이 해보세요!"

나는 소스라치게 놀라 그의 얼굴만 바라보았다. 치료과정을 봐와서 어떻게 하는지 알지만 잘 할 수 있을지 자신이 없었다. 그래도 앞으로 나가 의사의 자리에 앉은 뒤에 다음 환자의 눈을 들여다봤다. 이어서 조심스레 환자의 상처 부위를 소독하기 시작했다. 환자가 너무나 강렬하게 나를 응시하는 바람에 마치 내 영혼을 들여다보는 것만 같았다. 가끔 그는 천천히 눈을 감곤 했다.

치료가 끝났을 때 그는 내가 사랑하는 그 성스러운 말을 했다.
"나마스테!"

눈물이 핑 돌았다. 그런 눈으로 미소를 지으며 "예수님"하고 속삭였다. 그는 내 안에 계신 예수님을 봤다. 나도 그 사람 안에 계신 예수님을 봤다. 그 순간 10만 달러 넘는 거액을 들여 치장했던 우리 교회의 스테인드글라스가 떠올랐다. 그 어떤 스테인드글라스 창문보다도 그 나환자의 눈에서 나는 예수님을 더 선명하게 보았다.

나는 단지 캘커타의 가엾은 나환자의 눈을 들여다본 게 아니라 예수님의 눈을 응시했다는 것을 알았다. 그 나환자 역시 미국에서 온 부유한 착한 청년이 아니라 내 안에 있는 하나님의 형상을 보았음을 알 수 있었다. 바로 이것이다. 사도 바울이 말했듯이, 이제는 우리가 사는 것이 아니라 오직 그리스도께서 우리 안에서 사신다고(갈 2:20) 우리가 정말 믿는다면, 이 세상의 모습은 어떻게 될까?

•

그보다 큰 일도 할 것이다

•

내가 캘커타의 나환자촌에서 지내는 동안 필라델피아의 거리에서 경험한 것처럼 성경이 흑백에서 컬러로 바뀌어 되살아났다. 나는 새로운 눈으로 복음서를 보았다. 요한복음 4:12절은 내가 언제나 어려워했던 구절이었다.

"내가 진실로 진실로 너희에게 이르노니, 나를 믿는 자는 내가 하는 일을 그도 할 것이요 또한 그보다 큰 일도 하리니, 이는 내가 아버지께로 감이라."

너희가 더 큰 일을 할 것이라고? 전능하신 분의 아들, 성육한 하나님이 우리 초라한 제자들에게 우리가 예수님이 하신 일과 똑같은 일을 할 것이라고 말씀하신다. 내가 당신에 대해선 모르지만, 나는 최근에 죽은 사람을 일으킨 적이 없고, 물로 포도주를 만든 적도 없고, 나환자를 치유한 적도 없다. 내가 나환자들을 만지긴 했으나 그들은 여전히 나환자로 집에 돌아갔다.

그런데 나는 '그보다 큰 일'을 발견하기 시작했다. 그건 기적이 아니었다. 나는 기적이 예수님의 큰 능력의 표출이기보다는 사랑의 표현임을 보기 시작했다. 사실 예수님이 광야에서 직면했던 유혹은 굉장한 기적의 능력을 보여주는 것이었다. 돌을 떡으로 만들거나 성전에서 뛰어내리는 것을 말한다. 그러나 영구적인 의미를 지닌 것은 기적 자체가 아니라 예수님의 사랑이었다. 예수께서 그의 친구 나사로를 죽은 상태에서 일으키셨지만 나사로는 몇 년 후에 다시 죽었다. 그는 병자들을 고치셨지만 그들은 결국 다른 병에 걸리기도 했다. 그는 5천 명을 먹이셨지만 그들은 다음 날 다시 배가 고팠다.

그러나 우리는 예수님의 사랑을 기억한다. 중요한 것은 예수께서 나환자를 치유하셨다는 사실보다 아무도 만지지 않던 나환자를 만지셨다는 점이다. 그리고 놀라운 사실은 그 사랑이 지금 우리 안에 살아 있다는 것이다. 예수님은 자신이 아버지께로 가지만 동시에 우리 안에 남아 있을 것이고 우리 또한 예수님 안에 있을 것이라고 말씀하신다. 우리는 그리스도의 몸이고, 세상에 대해 예수님의 손과 발이다. 그리스도께서 당신과 내 안에 살아있고 이 땅을 걷고 계신다. 급진적인 그리스도 안에 살던 그 사랑이 지금은 전 세계의 수많은 평범한 급진주의자들 안에서 살고 있기 때문에 우리는 '그보다 큰 일'을 할 것이다.

나는 기적을 굳게 믿는 사람이다. 하나님의 섭리로 일어난 많은 기적들이 마음속에 떠오른다. 한 가지만 얘기하겠다. 내 친구가 라틴아메리카에 가서 동료들과 세운 진료소에서 일하고 있었다. 물자가 별로 없던 차에 어느 날 지사제 한 병밖에 남지 않았다. 그래서 온갖 질병에 걸려 찾아오는 사람들에게 줄 수 있는 것은 지사제뿐이었다. 그런데 "놀라운 것은 사람들이 낫고 있었다는 사실이다"라고 내 친구가 말한다. 갖가지 질병과 상처로 진료소를 찾은 사람들에게 선교사들이 준 것은 지사제가 전부였다.[4]

더욱이 사방에서 수많은 환자들이 몰려왔는데도 그 병은 바닥이 나지 않았다. 그래서 나는 기적이 진짜라고 믿고, 이런저런 이야기가 머릿속에 떠오른다. 그러나 기적보다 영구적인 의미를 지닌 것은 사랑이다. 우리가 온갖 기적을 일으킬 수 있어도 사랑이 없으면 아무것도 아니다. 나환자촌에 있을 때 하나님의 영이 내 안에 살아계시다는 것을 체험했다.

한 친구가 이런 말을 했다. 산업화된 나라들에서 많은 기적을 보지 못하는 이유 중 하나는 우리에게 기적이 필요 없기 때문이라고. 우리가 아플 때는 병원에 간다. 배가 고프면 가게에 간다. 우리가 기적이 필요한 방식으로 살면 기적을 보기 시작할 것이라고 믿게 되었다. 내 목표는 기적을 초대하고 또 기대하는 방식으로 사는 것이다. 그리고 내가 본 기적은 대부분 내가 편한 환경에서 벗어나 완전히 하나님께 의존하는 환경에 진입한 순간에 일어났던 것이다. 그런 기적을 더 많이 체험하고 싶다.

하나 더 얘기하고 싶다. 슈퍼마켓에서 일하던 직원이 계산대 근처에 줄서 있던 고객을 위해 기도했는데 그 고객이 치유되었다는 얘기를 들은 적이 있다. 그 고객이 너무 흥분해서 전화기를 잡더니 "기도나 치료가 필요한 사람은 누구나 4번 줄로 오세요"라고 공표했다. 우리에겐 이런 이야기가 더 필요하다. 우리가 위험을 감수하지 않아서 보지 못하는 것이 있음을 상시시켜준다. 우리는 두려움의 인질이 된 것이다. 우리는 기적을 볼 만큼 절박하지 않은 것이다. 나는 물 위를 걸을 준비가 되어 있지 않다. 아울러 TV전도자들과 번영을 외치는 설교자들이 우리로부터 초자연적인 것을 강탈하도록 허용할 준비도 되어 있지 않다. 만일 기도 운동과 사회정의 운동이 수렴한다면 무슨 일이 일어날지 상상해보라. 우리에게도, 기도할 때는 그들이 정말로 하나님께 의존하는 듯이 기도했고, 살 때는 하나님이 그들에게 의존하는 듯이 살았던 크리스천들이 있지 않았는가? 할렐루야. 그것이 바로 기적이리라. 나는 그런 기적을 볼 준비가 되어 있다.

시간이 흘러 나환자촌과 캘커타를 떠나야 할 때가 왔다. 첫째, 존과 키솔에게 작별인사를 해야 했다. 우리는 부둥켜안고 울었다. 마지막에 나눈 교환을 결코 잊지 못할 것이다. 존은 늘 내 시계를 부러워했다. 전자시계라 삑하는 소리를 좋아했다. 서로 헤어질 때 나는 시계를 존의 손목에 채워주었다. 손목이 너무 말라 맨 끝 구멍으로 채워야 했다. 존은 나를 쳐다보고 고개를 흔들더니 자기는 줄 게 없다고 말했다. 나는 이루 다 설명할 수 없을 만큼 받았다고 하면서 "나를 양자로 받아주셨지요"라고 말했다. 존이 미소를 지었다.

키솔은 매일 두 메달이 달린 목걸이를 걸고 다녔다. 재산목록 1호인 것 같았다. 그것은 테레사 수녀가 누군가와 기도할 때 그녀의 축복과 지속적인 기도를 기억하도록 상대방에게 주는 아이콘 메달이었다. 키솔은 두 개를 갖고 있었는데, 하나는 낡은 것이었다. 며칠 전에 테레사 수녀가 내게도 두 개를 줘서 내가 치실에 끼워 목에 걸고 있었다. 키솔은 소중히 여기던 목걸이를 풀어 내 목에 걸어주었다. 나도 목걸이를 풀어 그의 목에 걸어주었다. 우리는 포옹을 한 뒤에 헤어졌다.

간디는 자기 이름을 딴 이 작은 '진리의 실험' 공동체를 자랑스러워할 것이다. 나환자들은 내게 하나님이 세상을 위해 염두에 두고 있을 것을 얼핏 보여주었다. 아침마다 그곳의 형제들과 함께 "아버지의 나라가 오게 하시며 아버지의 뜻이 하늘에서와 같이 땅에서도 이루어지게 하소서"라고 기도했던 게 생각난다. 그때 처음으로, 그 기도는 더 이상 막연히 언젠가 이뤄질 것을 소망하는 빈 말이 아니었다. 그 기도는 우리가 실현되기를 기대할 뿐 아니라 우리가 실행해야 할 말이 되었다. 그런 생각이 미국의 물질주의에 몸담은 나에게는 무척 낯설었으나 초대교회에는 무척 가까운 것이었다. 변두리 사람들이 또 다른 생활방식을 탄생시켜 상호의존과 희생적 사랑을 특징으로 하는 새로운 공동체를 만들었기 때문이다.

그들은 의도적으로 그런 공동체에 살려고 선택하지 않았다. 그들의 생존이 공동체를 요구했다. 공동체가 그들의 삶이었다. 복음이 그들의 언어였다. 그래서 예수님이 "가난한 자는 복이 있나니 천국이 그들의 것임이요"라고 말씀하신 것이다.

•

너의 캘커타를 찾아라

•

나환자촌을 떠난 뒤, 다른 형제자매들과 작별을 하고 앤디에게 편지를 쓰겠다고 약속했다. 나는 캘커타 거리를 다니면서 장마의 진흙탕을 튀기며 작별의 포옹 인사를 나눴다. 거지 몇 명이 다가와 줄 게 있으면 달라고 부탁했지만 내 가방은 이미 텅 비어 있었다. 풍선껌, 장난감, 사탕, 미국에서 가져온 음료수 통과 비상금까지 전부 털어주었기 때문이다. 사랑 말고는 줄 게 없었다. 마침내 나는 평온해졌다. 이제는 캘커타를 떠날 때가 되었다.

나는 예수께서 진심으로 하신 말씀을 믿는 늙은 수녀를 만나길 소망하며 진정한 기독교를 찾으러 캘커타에 갔었다. 그리고 거기서 기독교를 발견했다. 그러나 테레사 수녀에게만 속한 것이 아니었다. 우리는 드디어 마더 테레사를 만났다. 캘커타에서는 테레사 수녀가 '성 마더 테레사'가 아니라 아이들과 놀고, 거리를 뛰어다니며 병자들을 돌보고, 아침마다 미사에 참석하는 '마더(엄마)'였다. 테레사 엄마![5] 마지막으로 테레사 수녀를 만났을 때는 내가 할 말이 거의 없었다. 나는 단지 포옹을 원했고 포옹을 받았다. "그렇다, 그녀는 하나님과 이웃을 사랑하는 또 한 사람의 평범한 급진주의자이다"라는 의미였다.

테레사 수녀가 돌아가신 후 몇몇 언론사 기자들이 내게 인터뷰를 요청해서 그녀의 정신이 과연 살아남을지 물었다. 나는 "솔직히 말하면 테레사 수녀는 오래전에 죽었습니다. 그녀의 삶을 예수님께 드렸을 때 죽은 것입니다. 세상을 그토록 끌어당기는 기쁨과 연민과 사랑은 오직 예수뿐입니다. 그것만이 영원합니다"라고 대답했다. 나는 그 영원한 사랑을 캘커타 전역에서 목격했다. 나는 마더 테레사 안에서 그리스도를 분명히 보았으나 나환자와 어린이와 가난한 자와 자원봉사자 안에서도 그리스도를 발견했다. 그리스도께서 내 안에도 살아 계시다는 것을 인식하기 시작했다.

마더 테레사는 늘 이렇게 말했다.

"우리에게 보는 눈만 있다면 캘커타는 어디에나 있습니다. 여러분의 캘커타를 찾으세요!"

나는 집으로 돌아갈 준비가 되어 있었다. 나의 캘커타는 미국이란 것을 알았다. 우리가 부(富)를 신중하게 고찰하지 않으면 가난을 끝장낼 수 없음을 알았기 때문이다. 나는 탐욕의 뱃속에서 야수와 싸우게 될 것이다. 나는 나환자들로부터 나병이 무감각의 질병임을 배웠다. 나병에 걸리면 피부가 무감각해지고, 몸이 쇠약해지면서 신경이 아무것도 감지하지 못한다. 실제로 나병을 검사하는 방법은 깃털로 피부를 비비는 것이다. 진찰을 받는 사람이 아무 감각도 못 느끼면 나병 진단을 내린다. 그 병을 치료하려면 환자가 다시

감각을 찾을 수 있을 때까지 상처난 조직을 파내거나 절개해야 한다. 나는 캘커타를 떠날 때 또 다른 나환자촌, 즉 느끼고, 울고, 웃는 법을 망각한 사람들의 땅, 무감각에 홀린 땅으로 돌아가고 있다는 생각이 들었다. 우리는 다시 느끼는 법을 배울 수 있을까?

나는 마더 테레사가 죽은 뒤에 캘커타로 돌아갈 기회를 얻었다. 그 사역은 여전히 생기가 넘쳤다. 마더 테레사의 카리스마와 사랑의 선교회는 나의 필라델피아 사역에 큰 영향을 미쳤다. 오늘까지 우리는 우리 문 위에 이 글귀를 걸어놓고 있다. "오늘, 작은 일을 큰 사랑으로 합시다...그렇지 않으면 손님을 맞이하지 맙시다."

이 책을 쓴 이후 나는 인도로 순례를 떠나는 수십 명을 도와주었다. 그리고 나처럼 그들도 돌아와서는 캘커타를 발견하려고 굳이 캘커타에 갈 필요가 없다는 점을 깨달았다. 단지 하나님께 우리의 캘커타를 발견하도록 도와달라고, 우리 곁의 소외된 이들을 볼 수 있는 눈을 달라고 기도하는 게 필요하다.

한 기업인과 나눈 대화를 도무지 잊을 수 없다. 내가 캘커타에 다녀왔다는 소문을 들은 그 사람이 "와우, 그곳은 끔찍한 도시라서 집에 오면 '하나님이여, 미국을 축복하소서'라고 말하게 됩니다"라고 했다. 나는 부드럽게 이렇게 대답했다. "실은 캘커타가 아름다운 도시라서 집에 오면 '하나님, 캘커타를 축복하소서'라고 말하게 됩니다." 그는 멍한 눈초리로 나를 응시했다.

안락함이
불편해질 때

-

-

-

문화충격

캘커타에서 돌아온 지 며칠 후 시카고 근교에 자리한 윌로우 크릭 교회로 향했다. 그곳에서 1년 동안 인턴을 하기로 되어 있어서다. 일 년 전부터 나는 성경공부를 하고 있었는데, 그 공부의 대전제가 네 인생에 대한 하나님의 특별한 계획을 기다리지 말고 하나님이 일하시는 현장에 찾아가 합류하라는 것이었다. 그 말이 타당한 것 같아 하나님께서 일하시는 곳을 찾아가기로 한 것이다. 실은 이 때문에 캘커타에서 여름방학을 보낸 것이고 또 윌로우 크릭에서 일 년을 보내기로 한 것이다. 하나님께서 두 곳 모두에서 강력하게 일하시는 듯이 보였지만, 캘커타에서 시카고로 옮기는 과정이 그렇게 어려울 줄은 몰랐다.

윌로우 크릭 교회의 중앙 홀에 들어가서 대형교회의 큰 식당을 보았을 때, 내가 인도의 나환자촌에서 멀리 떨어진 곳에 있다는 사실을 실감했다. 가난의 세계와 부의 세계가 충돌했고, 나는 전문가들이 말하는 '문화충격'을 느낀 것 같다. 테레사 수녀는 부자들 속에 있을 때 가장 지독한 가난, 곧 외로움을 발견할 수 있다고 말했다. 그래서 나는 여전히 극빈자들 가운데 있었으나, 이 가난한 사람들은 상당한 현금을 갖고 있었다!

나는 윌로우 크릭 교회가 기존 교회에 환멸을 느낀 젊은이들로 시작되었다는 아름다운 이야기를 들었었다. 그들은 집집마다 돌아다니며 토마토를 팔면서 주민들에게 교회에 대해 어떻게 느끼는지 물었다. 주민이 교회에 기쁘게 다니고 있다고 말하면 계속 열심히 다니라고 격려한 뒤 다음 집으로 이동했다. 교회에 대해 낙담했거나 적대감이 있다고 대답하면, 그들도 공감한다고 말하며 새로운 형태의 교회를 낳기 위한 모험에 착수했다고 설명했다. 이처럼 그들은 초대교회의 비전에 근거해 사도행전을 얘기하면서 교회를 출범시켰다. 작고 보잘것없고 열정적인 시작이었다. 30여년이 지난 지금, 그들은 만 평의 대지에 매주 2만여 명이 모여 예배를 드리는 초대형 교회 가운데 하나가 되었다. 40년이 지난 현재도 여전하다. 시카고에만 여덟 개의 지교회가 있고 전 세계에 윌로우 크릭과 연결된 교회가 수천 개나 된다.

이스턴 대학은 내가 마지막 1년을 휘튼 칼리지에서 공부하도록 배려해주었다. 휘튼 칼리지는 그 교회에서 30분 거리라서 공부하기에 더없이 좋았다. 그래서 나는 윌로우 크릭의 사역에 전념할 것을 기대하며 가벼운 과목들을 수강했고, 다른 교회들에서는 별로 볼 수 없는 20대 청년들을 겨냥한 '액시스 사역' 초창기에 참여하게 되었다. 또한 교외에 사는 청년들을 데리고 빈곤체험 사역을 주도했고, '1천 명 학생 사역'에 참여해 고등학생들을 지도하면서 대부분의 시간을 보냈다. 그리고 기회가 있을 때마다 시카고 도심으로 들어가 론데일 지역과 업타운 지역을 돌아다니거나 로우어 왜커 드라이브 밑에 사는 노숙자들과 함께 추위에 떨곤 했다.

휘튼 칼리지에서 공부하는 동안 마음이 편치 않았다. 그곳은 공기가 신선했고, 급진적으로 하나님을 찾는 사람도 일부 있었고, 못된 장난을 치는 학생들도 조금 있었다. 이런 친구 한 명을 언급해도 괜찮을 것 같다. 성탄절이 되면 캠퍼스의 가장 높은 빌딩에 찬란한 "JOY" 사인을 거는 전통이 있었다. 어느 해에 "JOY" 사인 앞에 "POOP" 사인이 걸려 있었는데, 아마 첫 크리스마스 때의 마구간 냄새를 상기시키려고 그랬던 모양이다. 그런데 장난꾸러기들이 "JOY" 사인의 크기를 과소평가해서 그것을 충분히 가리지 못했다. 그래서 휘튼의 모든 사람이 찬란하게 빛나는 "POOPY(멍청한)" 사인을 보게 되었다. 누가 그 짓을 했는지 내가 아는지 모르는지 모르겠다. 어떤 친구들이 파이프 오르간 중간에 테니스볼 발사기를 넣는 바람에 졸업식 동안 사람들이 테니스볼에 맞는 해프닝도 있었다. 어쨌든 휘튼은 테네시 동부에서 자란 나에게도 동질적인 백인 특권층 집단으로 비쳤다. 너무나 많은 사람들이 외모와 생각이 똑같아서 다양성의 선물을 빼앗긴 것처럼 보였다. 사람들은 댄스파티를 금지한 학칙은 말할 것도 없고 학문성에도 자부심을 느껴 휘튼을 '기독교 대학의 하버드'라고 부르곤 했는데, 나는 어리석은 사람들을 들어 지혜로운 자들을 부끄럽게 하시는 하나님께서는 어떻게 생각하실지 궁금했다.

내 룸메이트는 학군단의 학생 단장이었는데, 그는 휘튼 칼리지에서 보기 드문 유색인이었다. 그는 졸업 후의 의무복무와 더불어 학군단 장학금을 받아야 휘튼 칼리지에서 공부할 수 있는 형편이었고, 자신은 미국 출신도 아니라고 내게 설명했다. 우리는 전쟁과 평화에 대해 많은 이야기를 나누었다. 그는 크리스천이 전쟁에 참가하면 안 된다고 믿는다고 했다. 우리는 모든 학군단 생도들을 초청해 토론회를 갖는 등 유익한 시간을 보냈다. 그런데 정당한 전쟁론에 대해 토론하던 중, 예수께서 "원수를 사랑하라"라고 말씀하신 것이 원수를 죽이지 말라는 뜻이라는데 그들이 동의해서 깜짝 놀랐다. 내가 "그것으로 휘튼의 학군단은 끝장났다!"라고 말할 수 있었다면 좋으련만. 이 문제는 아직 진행 중이다. 단, 학군단의 명칭이 '휘튼의 십자군'에서 '휘튼의 천둥'으로 바뀐 것은 찬사를 보내야겠지만 말이다. 2016년 현재 휘튼의 학군단은 아직 존속하고 있다. 아직도 그 문제를 논의하는 중이다. 휘튼의 창설자이자 첫 총장이었던 조나단 블랜차드가 사회개혁가요 노예제폐지론자요 훌륭한 혁명가였다는 사실을 아는 것도 유익하다. 블랜차드가 오늘 살아 있다면 어떤 것을 뒤흔들어놓을 것이다. 최근 휘튼은 기독교윤리실천센터(CACE)를 통해 이민과 사형선고와 같은 주제들에 대한 중요한 대화를 처음으로 이끌었다. 학생들 역시 죽은 듯이 드러눕는 시위와 미국 내 인종적 불의에 대한 문제제기로 전국의 주목을 받았다.

가난하고 작은 부자와의 만남

내가 휘튼 칼리지에 있는 동안 리치 멀린스(Rich Mullins)가 일종의 안식년을 보내기 위해 거기에 와 있었다. 리치 멀린스는 수년 전 자동차 사고로 목숨을 잃은 크리스천 가수이자 작곡가였다. 내가 그를 만나기 전에는 그를 잘 몰랐기 때문에 별다른 관심이 없었다. 내가 알던 그의 노래는 "놀라운 하나님"(Awesome God)밖에 없었다. 좀 구식이란 느낌이 들었고, "주먹에 번개를 쥐고 계신" 하나님은 여호와보다 그리스 신 제우스에 더 가까운 것 같아서 별로 좋아하지 않았다. 내 친구 조는 나름대로 노랫말을 바꿔서 부르곤 했는데, 여기서는 밝히지 않는 게 좋겠다. 그 가사로 인해 그는 대학 커피하우스에서 연주하는 길이 막혔기 때문이다. 다만 그 노랫말이 진지한 엉덩이를 걷어차는 하나님과 관계가 있다고 말하는 것으로 충분하겠다.

그 무렵 나는 리치 멀린스가 히치하이킹을 즐기고, 항상 맨발로 다니고, 아시시의 성 프랜시스를 좋아하는 괴짜란 소문을 듣게 되었다. 은근히 그에게 끌렸다. 기숙사 도우미가 내게 알려준 정보는 리치가 성 프랜시스의 삶에 영감을 받은 뮤지컬을 작곡하기 위해 휘튼에 왔고 한 배역을 위해 오디션을 할 예정이라는 것이었다. 그 말을 듣고 더욱 호기심이 발동했다. 도우미와의 관계를 돈독히 할 기회를 탐색하던 나는 같이 가도 되는지 물었고 우리는 함께 오디션을 보러 갔다.

믿음은
행동이 증명한다

시험장에 도착해보니 벌써 많은 학생들이 리치와 '부랑자들'(밴드) 앞에서 오디션을 보고 있었다. 나는 뒤에 앉아 약간 공부하며 잘 관찰했다. 어떤 학생들은 퇴짜를 맞았고, 또 어떤 학생들은 다시 한 번 낭독할 기회를 얻었다. 사람들이 점점 줄었고 내 친구 하나도 남게 되었는데, 그들은 보조 해설자가 필요하다는 것을 알았다. 당시 나는 다채롭게 염색한 머리에 찢어진 청바지를 입고 검은 성조기에 '악마의 제국'이란 글이 새겨진 티셔츠를 입고 있었다. 그들은 휘튼 칼리지에 어울리지 않는 내 모습이 귀엽다고 생각한 모양이다. 나는 마지막 오디션에서 보조 해설자로 뽑히게 되었다.

내가 대본을 몇 줄 읽자 그들이 용기를 내어 "그냥 평이하게 읽어요. 남부 억양은 없애고!"라고 말했다. 뭐라고? 억양을 없애라고? (나는 테네시에서 나서 자랐는데...) 그래서 내가 친구에게 하듯 농담조로 슬쩍 빈정댔더니, 그들은 내 억양에 튀려는 의도가 없음을 알았는지 더 이상 문제로 삼지 않았다. 되돌아보면 우리가 그렇게 빨리 죽이 맞았다는 게 신기할 따름이다. 그들은 계속 읽어보라고 하더니 실제로는 오디션을 했다. 나는 뮤지컬을 할 수 있는 시간이 없다고 했더니 그들도 마찬가지라고 말했다. 나는 노래를 할 줄 모른다고 했더니 한 번 해보라고 말했다. 그래서 내가 동의했다.

리치가 건반으로 옛날 찬송가를 연주하면 한 명씩 차례대로 후렴을 부르는 방식으로 오디션이 진행되었다. 나도 그 줄에 섰다. 그런데 나는 리듬감도 부족하고 음치라서 언제 들어가야 할지 몰랐지만 아는 체 했다. 하지만 시도할 때마다 몇 박자 늦거나 빨리 들어가는 실수를 반복해 서너 번 해보다가 킥킥거리는 소리를 듣고 결국 포기하고 말았다. 그들은 나를 놀렸지만 곧바로 뮤지컬을 함께하자고 나를 초대했다. 그들은 음악적 재능이 필요 없는 역할이 하나 있다고 말하면서, 그 뮤지컬은 재능에 못지않게 공동체도 중요하다고 확신시켜주었다. 그래서 몇 개월 후 나는 립싱크 연기자로 뮤지컬 무대에 서게 되었다.

그렇게 지내는 동안 나는 리치와 '성 프랭크의 어린 형제들'(그들의 호칭)과 무척 가까워졌다. 리치는, 복음서가 테레사 수녀나 성 프랜시스만을 위한 것이 아니며 예수님의 산상수훈이 2천 년 전과 같이 오늘날에도 뜻 깊은 것임을 확신시켜준 사람 중 하나였다.

•

형광펜의 용도

•

내가 휘튼에서 공부할 때 리치가 채플 시간에 한 설교는 정말 잊지 못할 것 같다. (나는 전날 밤 모노폴리 게임을 하다가 잠을 못 자서 채플 시간 내내 잤지만, 나중에 그 녹화 테이프를 구해서 들어보았다는 것을 고백해야겠다.) 리치는 강단에 서서 이렇게 말했다.

"여러분은 모두 거듭난 사람들입니다. 그건 아주 좋습니다. 우리는 거듭나야 합니다. 예수께서 니고데모에게 그렇게 말씀하셨기 때문입니다. 그러나 여러분이 내게 하나님 나라에 들어가려면 거듭나야 한다고 말한다면, 나는 여러분에게 여러분이 가진 모든 것을 팔아 가난한 사람들에게 나눠주어야 한다고 말할 수 있습니다. 왜냐하면 예수께서 어떤 청년에게 그렇게 말씀하셨기 때문입니다…[그리고 그는 어색하게 잠깐 멈췄다.] 그래서 하나님이 형광펜을 발명하셨다고 생각합니다. 우리가 좋아하는 대목은 돋보이게 하고 나머지는 무시하라고 말입니다."

저런! 만약 그가 죽지 않았다면 채플 강사 중에서 선정된 악명 높은 블랙리스트에 이름이 올랐을 것이다. 이 책의 초판이 출판된 이후 나는 그 밴드의 일부 멤버와 리치의 몇몇 친구와 가족과 다시 연결될 수 있었다. 나는 그의 생애를 기념하는 집회에 합류했다. 오늘까지 내가 좋아하는 일 중에 하나는 추운 날에 리치의 마지막 연주회 중 하나를 녹음기로 듣는 것이다. 특별한 경험이다.

•

윌로우 크릭 교회의 모범과 한계

•

휘튼에서 리치를 만난 인연은 보너스와 같았고, 지금 돌이켜보면 그 모든 경험이 시카고 땅과 윌로우 세계에서 거친 여정에 신비롭게 딱 들어맞는 것만 같았다.

내가 시카고로 간 첫 번째 이유는 윌로우 크릭에서의 인턴과정이었으므로 거의 매일 차를 몰고 30분 동안 출퇴근을 했다. 배링턴과 휘튼를 오가는 길이 익숙해져서 그동안 생각을 정리하고 그것을 소형녹음기에 녹음했다. 캘커타 빈민가에서 돌아온 지 얼마 되지 않은 시점에서 휘튼과 윌로우 세계에서 사는 게 얼마나 어려울지 상상도 못했다. 나는 세계에서 가장 부유한 교회 중 하나에서 일하고 있었으며, '기독교 대학의 하버드'라 불리는 학교에서 프랜시스라는 '바보'의 생애를 그린 뮤지컬을 공연하고 있었다. 나는 캘커타의 굶주린 고아들과 보냈던 시간을 소화시키는 중에 윌로우 크릭의 큰 식당에서 밥을 먹곤 했다. 그것은 분명한 아이러니였다. 때로 나는 똑같은 세상에 이런 극단이 어떻게 존재할 수 있을까 생각하며 좌절감과 분노에 빠지곤 했고 때로는 냉소적인 반응을 보였다. 냉소야말로 에너지가 거의 들지 않아서 가장 느끼기 쉬운 감정이었다.

그러나 나는 아름다운 사람들을 점점 더 만나면서 냉소적인 상태로 있기가 힘들었다. 나는 윌로우의 오랜 교인이자 리더였던 시빌과 딕 타우너 부부 집에서 종종 묵는 바람에 금세 좋은 친구가 되었다. 그 부부는 어린이처럼 기쁨을 발산했는데 전염성이 얼마나 강한지 그 집에 오는 사람들도 공동체의 따스함을 느낄 수 있었다. 딕과 시빌은 내 결혼식에 왔고 나에게 계속 영감을 준다. 그들이 더 이상 윌로우 크릭의 일원은 아니지만. 내가 그들의 집을 처음 방문했던 날, 거실 중앙에 테레사 수녀의 책이 놓인 것을 보고 뭔가 통할 것 생각이 들었다. 나는 시빌이 테레사 수녀를 사랑한다는 것을 알았고 결국 인도에서 테레사 수녀가 서명해주었던 책을 선물했다.

딕은 여러 해 동안 윌로우 크릭 교회에서 재정관리 책임자로 있었다. 그는 청지기직과 돈에 관해 가르쳤고, 우리는 신학적인 토론도 하고 웃기도 하면서 즐거운 시간을 보냈다. 나는 윌로우에서 그 부부와 같은 사람들을 만나면 만날수록 그들의 성실함을 더욱더 보게 되었다. 그들은 사람들을 돌봤고 명목적인 기독교를 부끄럽게 만들었다. 그들은 사람들이 사랑과 은혜와 공동체를 경험하도록 초대하기 위해 엄청난 위험을 감수했다. 추운 겨울날 노숙자들을 교회 건물로 불러들여 잠자리를 제공했다. 거기에는 필요한 사람들에게 자동차를 주는 자동차 사역이란 것도 있었다. 자동차 수리공들이 자원하여 편모들의 차량 정비를 도왔다. 교회 주차장의 맨 앞줄은 편모 전용으로 지정해놓고 있었다.

그리고 나는 초현대식 시설을 자랑하는 그 교회에서 초대교회 교인들의 환대를 목격했다. 사실 나는 교회 안에 그렇게 큰 식당이 있는 게 달갑지 않았지만 예배를 드리러 교회에 오는 사람들이 쇼핑몰이나 체인점에 가서 밥을 먹는 대신 가족끼리 같은 장소에서 식사하기를 원한다는 것과 식당의 수익금 전액이 세계기아구호를 위해 쓰인다는 사실도 알게 되었다. 그들은 심지어 교회에서 소비하는 모든 커피가 공정무역을 통해 수입되는지도 일일이 확인하고 있었다.[1]

그래서 나는 섣부른 판단을 피해야 한다는 것을 배웠고, 하나님께서 윌로우 크릭에 살아 계시다는 것을 정말로 느꼈다. 그렇지 않았다면 그들을 실패한 사례로 치부하기 쉬웠을 것이다.

그러나 나는 윌로우 크릭 교회에 오락가락하면서 도시근교의 선량한 사람들과 캘커타나 로우어 왜커에 사는 고통 받는 민중 사이에 엄청난 간격이 있다는 인상을 받았다. 어느 날, 교회 창립자 가운데 한 사람과 이야기를 나누게 되었다. 그는 그들 속의 가난한 사람들을 얼마나 잘 돌보고 있는지, 하지만 그것이 얼마나 동떨어진 일이 될 수 있는지에 대해 솔직하게 얘기했다. 그들이 교외에서 우연히 만난 가난한 사람들을 돌보는 것으로 충분한지 모르겠다고 의문을 제기했다. 나는 그의 진심을 느낄 수 있었고, 이스턴 칼리지의 스승이었던 토니 캠폴로의 목소리가 뇌리를 스쳤다.

"예수님은 가난한 사람에게 '와서 교회를 찾아라!'고 결코 말씀하시지 않는다. 교회 안에 있는 우리에게 '세상으로 들어가서 가난하고 굶주리고 집 없고 갇힌 자들, 즉 변장하신 예수님을 찾아라!'고 말씀하신다."

리치 멀린스가 말했던 것처럼, 우리가 마음에 드는 성경구절만 형광펜으로 돋보이게 한 것은 아닌지 의심스러워졌다. 나는 그 교회에서 수천 명이 신자가 되는 것을 목격하며 큰 기쁨을 느꼈다. 하지만 도로시 데이가 말한 대로 "우리가 크리스천이 되기 시작하기나 했는가?"라고 묻지 않을 수 없었다. 마태복음 25:31-46절을 읽어보면, 예수님이 우리에게 궁극적으로 우리가 양과 염소의 무리로 나눠질 터인데, 그 기준은 우리가 가난하고 굶주리고 갇히고 헐벗은 사람들을 어떻게 돌봤느냐가 될 것이라고 말씀하신다는 것을 알 수 있다. 그래서 나는 결국 내가 함께했던 수천 명의 크리스천들이 보좌 앞에 모였을 때 우리 모두가 과연 양의 무리에 속하게 될 것인지 묻지 않을 수 없었다.

나는 윌로우 크릭 교회의 어떤 목사가, 리치가 휘튼의 채플에서 다루었던 그 부유한 젊은 관원에 대해 말하는 것을 들었다. 그 목사는 "이 말씀은 여러분의 롤러블레이드나 골프채를 팔아야 한다는 의미가 아닙니다!"라고 말한 후 그 가르침을 "상황화"하면서 우리는 다만 물질을 우상으로 삼지 않도록 조심해야 한다고 말했다. 나는 과연 그런 뜻인지 확신할 수 없었다. 예수님은 그 관원에게 더 나은 청지기가 되라거나 일꾼들을 공정하게 다루라거나 돈을 우상으로 삼지 말라고 말씀하지 않는다. 그분은 고등교육을 받은 경건한 관원에게 한 가지가 부족하다고 지적하신다. 모든 소유물을 포기하고 가난한 사람들에게 나눠주는 것이다. 이에 대해 리치는 많은 사람들이 하늘나라의 연회에 참석할 것인즉 하나님은 그 모든 짐을 다루길 원치 않기 때문이라고 말하곤 했다.

•

예수님은 부자들을 배제하지 않는다

•

나는 마태복음과 마가복음과 누가복음에 나오는 그 부유한 젊은 관원에 대한 이야기[2]를 좀 더 면밀히 살펴보기로 결심했다. 예수께서 어린아이처럼 되지 않으면 하나님 나라에 들어갈 수 없다고 가르치신 직후, 한 부유한 남자가 다가와 예수께 영생을 얻으려면 어떻게 해야 하는지 묻는다. 이에 예수님은 그에게 한 가지가 부족하다고 말씀하신다. ("부족하다"는 말은 흥미로운 단어인데, 그 부자는 자기가 모든 것을 가졌다고 생각했기 때문이다.) 그 한 가지가 무엇일까? 부유한 관원이 흥분한 모습이 눈에 아른거린다. 이어서 예수님은 큰 것을 떨어뜨리신다. "네 소유를 다 팔아 가난한 자들에게 나눠주라!" 그는 고개를 떨군 채 그의 재물과 함께 발길을 돌렸다.

그 남자가 발길을 돌릴 때 예수님의 마음은 찢어질 듯 아프셨을 것이다. 본문은 예수님이 그를 보시고 "그를 사랑하셨다"고 말한다. 그러나 예수님은 그를 쫓아가 "이봐, 이건 하나의 여정이니까 우선 절반만 나눠주라!"거나 "먼저 10퍼센트로 시작하라!"고 말씀하시지 않는다. 예수님은 그 사람이 재물을 선택하도록 내버려두신다.

구도자에게 민감하고 과감하게 포용해야 한다는 오늘의 기독교 문화는 더 많은 군중을 끌기 위해 제자도의 대가를 타협하고픈 유혹을 크게 받는다. 우리는 아무도 예수님의 십자가가 불편해서 예수님으로부터 발길을 돌리는 걸 진심으로 원치 않는다. 그래서 사자이신 예수님의 발톱을 짧게 깎아버리고 우리가 마땅히 따를 '피투성이 수난'에서 피를 약간 제거한다. 제자들이 깜짝 놀라 "그렇다면 구원받을 사람이 어디 있겠습니까?"라고 항변한 것도 이 때문이었을 것이다. ("예수님, 왜 일을 어렵게 만드십니까? 우리는 부자들도 조금 필요합니다. 우리는 운동을 일으키려고 애쓰고 있잖아요.") 그래도 예수님은 그 사람이 발길을 돌리도록 내버려두신다.

예수님은 부자들을 배제하시지 않는다. 다만 진정으로 거듭나려면 모든 것을 다 포기해야 한다는 것을 알려주신다. 이 이야기는 부자들이 하나님의 나라에서 환영을 받는지 여부가 아니라 하나님 나라의 본질에 관한 것이다. 그 나라는 윤리적으로 또 경제적으로 이 세상과 정면으로 대립한다는 것. 예수님을 따르는 이들은 자신을 위해 재물을 축적하지 않고 모든 것을 다 버리고 오직 하나님의 공급만을 신뢰한다는 것이다.

·

구도자에 대한 민감성과 값싼 은혜

·

윌로우 크릭 교회는 '구도자에 대한 민감성'이라는 신조어를 창안
했다. 그것은 영적인 구도자들이 하나님께 이를 수 있도록 기존의
교인들이 공간을 창출해야 한다는 아이디어로서 좋은 생각이다.
사실 나는 사람들이 어려운 질문을 제기하고 다함께 겸손과 은혜
가운데 진리를 추구할 수 있는 안전한 곳이 필요하고, 특히 교회가
그런 공간이 되어야 한다고 확신하는 사람이다. 또한 사람들이 하
나님과 서로서로 사랑에 빠지기를 갈망하기에 과감하게 포용하는
자세도 열렬히 지지한다. 그것이 트랜스젠더나 SUV를 모는 자들
을 내쫓지 않는 것을 의미하는지 여부와 상관없이 그렇다.

그러나 나는 그런 모험이 매우 미묘한 문제일 수 있다는 것도 알
게 되었다. 우리가 직면한 유혹은 제자도의 대가를 타협하는 것이
고, 그 과정에서 기독교인의 정체성을 상실할 수 있다. 우리는 사람
들이 예수님을 떠나기를 원치 않는다. 다른 사람들이 하나님의 사
랑과 은혜를 깨닫고 성도의 교제를 경험하기를 진심으로 갈망한
다. 그런데 결국 사람들이 경험하기를 원하는 그것을 싸구려로 만
들어버릴 수 있다. 이것이 바로 영적인 저술가이자 동료 혁명가였
던 디트리히 본회퍼가 '교회의 가장 치명적인 적'이라 불렀던 '값

싼 은혜'이다.[3] 그리고 그는 제자도의 대가를 너무나 잘 알고 있었고, 그로 인해 결국 히틀러에 대한 저항운동에 가담했다가 1945년에 처형당한 것이다.

흥미롭게도, 사도행전에 나오는 초대교회의 첫 이야기들 중에 하나는 아나니아와 삽비라 부부에 대한 이상한 이야기이다. 그들은 땅을 판 돈의 일부를 감추고 나머지를 교회에 바치면서 전부라고 거짓말을 했다. 베드로는 무례하게 보이는 방식으로(구도자에게 민감한 방식이 아니다) 그 부부에게 도전하고, 더욱이 하나님은 두 사람을 쳐서 죽게 했다(별로 포용적이지 않다). 우리는 하나님께서 더 이상 그렇게 하지 않는다는 사실에 감사해야 할 것이다. 그렇지 않다면 교회에 남은 사람이 지금보다 훨씬 줄어들었을 것이다. 우리는 부자 관원과 아나니아와 삽비라 부부 같은 사람들도 포용하고 싶지만, 그러면 결국 콘스탄티누스 황제 이후의 기독교, 곧 누구나 크리스천이 될 수 있어도 크리스천이 무엇인지를 모르는 그런 기독교가 되고 말 것이다.[4]

그런데 예수님은 제자도의 대가에 대해 반복해서 경고하신다. 제자도는 우리가 바랐던 것과 믿었던 것-가족과 재산, 심지어 목숨까지-을 모두 잃게 하리라는 경고이다. 예수님은 그들에게 쟁기를 잡기 전에 그 비용을 계산해보라고 경고하신다. 그리고 예수님은 자기를 떠나는 사람들을 붙잡지 않는다.

한번은 윌로우 크릭 교회의 어떤 교인에게 그 교회에 십자가가 없는 까닭을 물었다. "우리는 구도자들에게 민감하려고 노력하는데, 십자가는 그렇지 않거든요"라고 대답했다. 이는 시사하는 바가 많았다. 동전의 다른 면을 보자...나는 조지아의 피칸 농부이자 신학자인 클레렌스 조르단에 관한 이야기를 들은 적이 있다. 그는 거대한 황금 십자가를 가진 부유한 교회에서 강연하고 있었다. 그가 그들에게 값이 얼마였는지 물었다. 그들은 어느 부유한 기부자가 준 선물이라고 설명하며 그것이 얼마짜리인지 말해주었다. 그는 그 가격을 듣는 순간 "와우, 당신들 모두 바가지를 썼습니다. 크리스천은 십자가를 공짜로 얻을 수 있었거든요!"라고 말했다. 훌륭하다. 공정하게 말하면 그 교인이 무슨 말을 하고 있는지 나는 안다. 많은 사람들이 과거에 교회에서 받은 상처를 전통적인 성상들과 음악과 찬송가과 교인좌석과 연루시키기 때문에 윌로우 크릭은 그러한 문화적 장애물들을 제거한 것이다. 교인들은 여러 아름다운 방식으로 십자가의 메시지를 선포하고 그에 따라 살고 있지만, 십자가가 없는 교회를 생각하면 여전히 마음이 많이 불편하다. 물론 십자가가 항상 구도자에게 민감하지는 않다. 십자가는 편하지 않다. 그러나 십자가는 우리 신앙의 모퉁이돌이고, 우리가 십자가를 제거하면 우리 주님의 비폭력과 은혜의 상징을 제거하는 셈이라 무척 우려된다. 만일 우리가 십자가를 제거한다면 매우 값싼 은혜를 장려하는 위험에 빠지게 된다. 어쩌면 십자가는 우리를 불편하게 만들어야 한다. 어쨌든 거기에 못 박히는 것은 그리 편안한 일이 아니었기 때문이다.

사랑하는 사람이 되는 것

"하나님은 불안한 사람을 편안하게 하시고 편안한 사람을 불안하게 하신다"라는 말을 들은 적이 있다. 교외의 편안한 환경에서 나는 하나님이 나를 점점 더 불안하게 만들고 계심을 느꼈다. 나는 안락한 교외에 매우 불편한 사람이 되었다. 그러나 나의 불편함이 냉소적인 판단에서 생긴 게 아니라 무언가를 더 갈망하는 마음에서 비롯되었다는 것이 다행이다. 나는 편안한 생활에 정착하길 원치 않았다. 빈민가의 신음이나 도심에서 소화전을 틀어 장난을 치고 블록 파티를 하는 즐거움에서 동떨어진 생활에 정착하고 싶지 않았다. 나는 윌로우 크릭 교회가 고통당하는 고독한 군중, 곧 그 교회의 도움을 절실히 필요하지만 배링턴까지 올 수 없는 사람들과 함께 나누는 것을 보기 원했다. 나는 성경을 읽으면 읽을수록 나의 편안한 삶이 마음에 더 걸렸다.

나는 대학 졸업반이 되었지만 졸업 후에 무엇을 할지 모르고 있었다. 리치와의 뮤지컬 공연이 끝난 뒤에 내가 브로드웨이에 진출할 가능성이 없다는 것은 분명히 알았다. 그리고 성경을 읽을수록 나의 장래 계획이 더욱 불확실해졌고, 심지어는 계획을 세울 만한 지혜가 있는지도 불분명해졌다. 하나님께서 모든 것을 엉망으로 만들어놓는 듯하다.

내가 인간의 상호작용을 연구하는 사회학을 전공하고 있다는 점

믿음은
행동이 증명한다

도 도움이 되지 않았다. 사람들은 나에게 졸업 후에 무엇을 할 계획이냐고 묻고 있었다. 사람들은 당신을 직업으로 규정짓고 싶어 한다. 그래서 "나는 무슨 일을 할지에는 큰 관심이 없어요. 어떤 사람이 되는지에 더 관심이 있지요. 나는 하나님과 사람들을 사랑하는 사람이 되고 싶어요!"라고 대답하기 시작했다.

나는 무슨 일을 하느냐가 어떤 사람이 되느냐 만큼 중요하지 않다고 확신했다. 문제는 당신이 의사나 변호사가 될 것인지 여부가 아니라 어떤 의사나 어떤 변호사가 될 것인가 하는 것이다. 만일 예수가 스무 살 때 "어른이 되면 무슨 일을 할 거니?"라는 질문을 받았다면 어떻게 대답했을까? 나도 모르지만, "세상을 거꾸로 뒤집어 놓을 겁니다. 사람들이 나를 죽일 때까지 창녀들과 세리들과 어울릴 겁니다"라고 대답하지 않았을까? 베드로는 어떻게 대답했을까? "나는 어부가 되려고 했었죠. 그런데 이 사람을 만나는 바람에 모든 것이 엉망이 되었죠"라고 대답하지 않았을까?

캘커타에서 테레사 수녀가 한 말이 기억났다. "직업에 대해선 걱정하지 말아요. 그 대신 당신의 소명에 관심을 가지세요. 그것은 예수님을 사랑하는 사람이 되는 것입니다." 그래서 나는 스스로를 '사랑하는 직업을 가진 자(vocational lover)'로 부르기 시작했다. 대학 4학년 때 온갖 지원서를 작성할 때마다 직업란에 '사랑하는 사람'이라 기입하곤 했다. 고등학교 동창회 수첩에도 내 직업이 '사랑하는 사람'으로 되어 있다. 그래도 괜찮다.

나의 애인

"당신은 무슨 일을 할 것인가?"라는 질문에 바로 이어지는 것은 "숙녀를 만났는가?"라는 질문이었다. 나는 이렇게 대꾸하곤 한다. "그럼요. 많은 숙녀를 만났지요. 내가 만나는 사람 중 절반은 숙녀니까요!" 그들은 실망한 듯이 멍한 눈초리로 나를 응시하곤 한다. 사실 나는 양가를 통 털어서 외아들이자 유일한 손자라서-사촌이 없다- 가계의 혈통을 이어야 할 사람이다. 그래서 많은 것이 걸려 있었다. 한 몸에 큰 기대를 받았고, 그것은 젊은이로서는 감당하기 어려운 짐이었다. 친척들은 내가 동성애자이거나 가톨릭 사제가 되면 어떻게 할지 고민했다. 테네시 동부에서는 그 어느 쪽도 바람직한 선택이 아니었을 것이다.

그러나 싱글에 대한 생각은 좀 달랐다. 내가 존경하게 된 사람들 가운데 다수가 싱글로 아름다운 삶을 살았다. 그리고 그들이 결혼했더라면 그들의 삶이 달라졌을 것이다. 리치 멀린스도 그중 한 사람이었다. 어느 날 점심을 먹다가 리치에게 싱글로 사는 이유를 묻자 우습다는 표정을 지으며 "성경을 펴봐"라고 말했다. 나는 그가 바울의 가르침, 곧 독신으로 지내며 하나님을 섬기는 것이 더 좋다는 가르침이 나오는 대목(고전 7장)을 펼칠 것으로 생각했다. 그런데 우리는 마태복음 19:10-12를 폈다. 예수께서 결혼과 이혼에 대해 가르치시자 제자들이 "남편과 아내 사이가 그러하다면, 차라리 장가들지 않는 것이 좋겠습니다"라고 말하는 장면이다. 그러자 예수께서 처음부터 고자로 태어난 사람도 있고,(5) 하나님 나라를 위해 결혼을 포기한 사람도 있으니 "이 말을 받을 만한 자는 받을지어다"라고 말씀하신다. 나는 그 말씀에 대해 생각해본 적이 없었다.

교회가 나에게 그것을 가르쳐주지 않았었다. 나는 어린 시절 연합감리교회에서 드렸던 한 어린이 예배가 기억난다. 목사님이 아이들을 모두 강단 앞으로 나오게 해서, 엄마와 아빠와 두 자녀로 구성된 완벽한 전통적인 가족의 초상화를 보여주셨다. 그는 가족의 중요성에 관해 얘기한 뒤에 모든 아이들이 하나님께서 예비하신 특별한 사람을 만날 수 있게 해달라고 다함께 기도했다. 나는 그날부터 두 눈을 부릅뜨고 다니겠다고 결심했다. 내가 특별한 누군가를 만나지 못한다면, 나는 하나님을 찾고 있지 않거나 그들이 하나님을 찾지 않거나, 어쩌면 그들이 일찍 죽었을 것이다. 이 경우라면 내가 잘 극복해야 한다고 생각했다. 선한 크리스천은 누구나 결혼해야 하는 것처럼 보였지만, 역사상 훌륭한 크리스천들을 보면 볼수록 그런 확신이 약해졌다. 싱글 사역은 언제나 결혼 상대를 만나는 장소가 되어왔다. 데이트 상대를 찾는 것이 10대들이 청소년부에 가는 첫 번째 이유는 아닐지 몰라도 다섯 번째 이유 중에는 속할 것이다. 처음으로 고백하지만 그 시절에 교회에서 짝 기도를 할 때면 마음에 드는 여학생 옆에 앉으려고 전략적으로 생각했다.

아무튼 나는 독신이 제자의 길을 걷는 아름다운 수단이었고 교회사에 싱글로 하나님을 따랐던 사람들이 가득하다는 사실을 놓쳤었다. 예수님, 많은 제자들과 순교자들, 아시시의 프랜시스와 클레르, 사막의 수도자들 등이다. 만약 마더 테레사가 결혼을 했다면 그녀의 삶은 어떤 모습이었을까? 확실히 달라졌을 것이다(나쁘다는 뜻이 아니라 그냥 다르다는 뜻이다).

처음에는 그것이 이성적인 것이었다. 나는 하나님은 사랑하는 분이란 개념에 매력을 느꼈던 것이다. 이후 나는 하나님을 사랑하는 분으로 경험하기 시작했고, 곧 그 사랑하는 분(the Lover)에게 마음이 끌리게 되었다. 호세아서를 읽고 인생은 하나님과의 낭만적인 사랑이란 것을 느꼈다. 그리고 청빈과 독신을 서약한 한 가톨릭 수도사를 만나기 시작했다. 그는 "우리는 섹스 없이는 살 수 있습니다. 하지만 사랑이 없으면 살 수 없습니다. 하나님은 곧 사랑입니다"라고 말했다.

나는 하나님을 연인이자 공급자로 보게 되었고 독신과 청빈의 삶을 열망하게 되었다. 부모님께는 좋은 소식이 아니었다. 최고의 교육을 받고 생애의 반려자를 만나고 출세하라고 대학에 외아들을 보냈는데….

•

토템 기둥에 묶인 예수

•

시카고에서 마지막으로 한 일 가운데 하나는 사회학 졸업논문을 쓰는 것이었다. 사회학 서적을 읽으며 거리를 두고 교회를 지켜본 결과 내가 통속적인 기독교와 시장문화에 현혹 당했었다는 사실을 알고 논문 제목을 "미국의 예수"로 정했다. 나는 "우리는 십자가 밑에서 보혈을 걷어다가 청량음료로 바꾸어 전 세계에 내다 팔았다"라는 코넬 웨스트 교수의 지적이 무슨 의미인지 알았다. 그리고 "그들은 소유할 수 있는 것만 원해요. 하지만 당신을 소유하진 못해요"라고 노래한 리치 멀린스의 의도도 알고 있었다. 나는 고전 사회학자들이 '하나님의 상품화'에 대한 내 생각을 이미 분명하게 밝혔다는 것을 발견했다.

고전 사회학의 아버지인 에밀 뒤르켐은 인간이 하나님의 개념을 인간의 형상으로 만드는 경향, 즉 '토테미즘'에 대해 광범위하게 저술했다. 그는 정글의 원시부족이든 현대 산업국가의 세련된 씨족이든, 인간은 종종 우리 자신에 대해 가장 동경하는 가치들과 전통들을 취해서 토템에 투사한다고 말했다. 결국 우리는 그 토템을 경외하게 되고 마침내 우리가 스스로에 대해 사랑하는 것들이 구현된 그 실체를 숭배하게 된다는 것이다.

평론가이자 극작가인 조지 버나드 쇼는 "하나님은 우리를 그의 형상대로 만들었고 우리는 그 은혜를 되갚기로 결심했다"라고 말했다. 우리는 2천 년 전 지중해 지역에서 살았던 혁명가 목수를 서구적인 개념으로 재창조한다. 우리가 공감할 수 있고 우리가 관심을 갖는 것에 관심을 갖는(맥도널드에서 먹고 공화당을 찍어주는) 그런 인물로 만드는 것이다. 또는 펑크록 밴드인 배드 릴리전이 풍자하듯이 "우리는 대통령의 저택을 짓도록 도와주는 미국의 예수를 가졌다."

단기 선교여행을 갔을 때의 일이다. 어떤 교회에서 한 무리의 아이들이 복음서에서 읽은 이야기를 기초로 촌극을 준비하고 있었다. 그 애들이 내게 오더니 "쉐인 아저씨, 예수님 역할을 해주세요. 아저씨는 백인이고 또 미국 사람이니까요!"라고 말하는 게 아닌가. 아이쿠! 하나님, 저희를 용서하소서. 친구 예수가 미스터 로저스를 닮은 백인 미국인이 되고 말았던 것이다! 도대체 우리가 무슨 짓을 한 것일까? 나쁜 소식은 내가 이런 예수에게 신물을 느꼈다는 것이다. 좋은 소식은 또 다른 예수가 있다는 사실이었다. 나는 역사적인 예수를 발견하는 최선의 방법은 미국의 토템을 해체하고, 우리가 그분을 못 박았던 토템 기둥에서 그분을 끌어내리는 것이라고 생각했다.

그래서 나는 여론조사를 했다. 크리스천들이 품은 예수의 개념에 대해 자세히 조사했다. 얼마나 많은 사람들이 예수가 동성애자들을 사랑했거나 코쉐(유대인의 율법에 맞는 음식)를 먹었다고 생각하는지를 보는 것만도 흥미로웠다. 여론조사를 통해 한 가지 충격적인 사실을 알았다. '예수의 강한 추종자'로 자처하는 참여자들에게 예수께서 가난한 사람들과 시간을 보내셨는지 물었더니 응답자 가운데 80퍼센트가 그렇다고 대답했다. 그리고 나중에 똑같은 그룹에게 가난한 사람들과 시간을 보내고 있는지 묻자 응답자들 가운데 그렇다고 대답한 사람은 2퍼센트도 되지 않았다. 나는 거기서 큰 교훈을 배웠다. 우리가 예수님이 행하셨던 일을 하지 않으면서도 예수님을 흠모하고 예배할 수 있다는 점이다. 우리는 예수님이 전파한 메시지와 옹호한 것에 신경을 쓰지 않으면서도 그런 것에 갈채를 보낼 수 있다. 우리는 우리의 십자가를 지지 않은 채 예수님의 십자가를 우러러볼 수 있다. 나는 교회의 크나큰 비극이 부유한 크리스천들이 가난한 사람들을 돌보지 않는 게 아니라 그들이 가난한 사람들을 모른다는 것임을 깨닫게 되었다.

　가난의 세계와 부의 세계가 충돌할 때 나오는 강력한 융합이 온 세상을 바꿀 수 있다. 그러나 이런 충돌을 거의 일어나지 않는다. 나는 그 충돌이 내면에서 발생하는 걸 느낄 수 있었다. 펑크 록에 빠진 한 친구가 왜 그토록 많은 부자들이 나와 얘기하는 걸 좋아하는지 물어서, 내가 그들에게 잘해주기 때문이라고 대답했다. 나는 그들 속에서 나 자신을 볼 수 있기 때문이라고 말했다. 그래서 나에게 약간의 인내심과 너그러움이 생겼다. 나는 캘커타의 빈민가가 시카고 교외를 만나기를, 나환자들이 부유한 지주들을 만나 한편이 다른 편 속에서 하나님의 형상을 보게 되기를 갈망한다. 예수께서 세리를 만났다가 나환자에게 발걸음을 옮긴 것은 놀랄 일이 아니다. 나는 가난한 사람이 부유한 사람을 만날 때 부(富)가 아무런 의미도 갖지 못할 것이라고 믿는다. 그리고 부유한 사람이 가난한 사람을 만날 때 우리는 가난이 끝장나는 것을 목격할 수 있을 것이다.

또 다른
삶의 방식

·

·

·

교리와 삶

사람들에게 "크리스천들은 무엇을 믿는가?"라고 물으면 "예수가 하나님의 아들이고 또 부활했다고 믿는다"라고 대답할 것이다. 그런데 보통 사람에게 "크리스천들은 어떻게 살고 있는가?"라고 물으면 침묵을 지킨다. 우리는 세상에 또 다른 삶의 방식을 보여주지 못했다. 크리스천들은 가끔 예수님을 언급하지만 다른 사람들과 똑같이 살고 있다. 그리고 교리는 진리라 할지라도 별로 매력적이지 않다. 사람들은 세상에 할 말이 없는 종교, 단지 죽음 이후의 삶만 제공하는 종교에는 관심이 별로 없다. 그들은 죽기 전에 과연 진정한 삶이 있는지 정말 궁금하기 때문이다.

나의 스승 토니 캠폴로 교수는 이런 질문을 던지곤 했다. "천국과 지옥이 없다고 해도 당신은 예수님을 따르겠는가? 예수님이 지금 여기서 주시는 생명과 기쁨과 만족 때문에 그분을 따르겠는가?" 나는 따르겠다고 날마다 더 다짐하고 있다. 오해는 말라. 나는 내세를 생각하면 가슴이 뛴다. 우리는 마치 내일이 없는 것처럼 파티에 갈 것이다(사실 내일은 없을 것이다).

하지만 예수께서 우리에게 죽을 준비를 시키려고 오신 게 아니라 사는 법을 가르치기 위해 오셨다고 나는 확신한다. 그렇지 않다면, 예수님의 지혜의 상당 부분이 내세에는 불필요한 것으로 입증될 것이다. 아니, 천국에서 원수를 사랑하는 게 얼마나 어려울까? 그리고 예수께서 자주 말씀하시는 하나님 나라도 우리가 죽은 후에 소망하는 것이 아니라 우리가 현재 구현해야 할 것이다. 사람들이 나에게 왜 이 단어(구현하다, incarnate)를 쓰느냐고 물었다. 특히 교회 밖에 있는 사람들은 익숙하지 않은 단어라고 한다. 하지만 그것은 우리의 믿음을 실천에 옮기는 것과 관계가 있는 중요한 단어이다. 주로 스페인어를 사용하는 한 이웃이 이 단어를 잘 분해했다. 그녀는 스페인어 en carne이 "고기와 함께"란 뜻이라고 했다. 당신이 부리토 콘 카르네(con carne)를 주문하면 고기와 함께 나온다. 구현(성육신)은 육신으로 오신 하나님, 고기를 지닌 하나님과 관계가 있다. 예수님 안에서 말씀이 육신이 된다. 하나님이 피부를 입고 우리 가운데 사시려고 이웃으로 이사를 오신다. 이제는 우리가 성육신에 합류할 차례다. 우리는 "그리스도의 몸", 예수님의 손과 발이 되어야 한다. 하나님은 살아계시다. 지금 우리 안에. 우리는 하나님의 사랑에 살을 덧입혀야 한다. 그래야 그들이 우리가 크리스천임을 알 것이다. 우리의 범퍼 스티커나 티셔츠나 문신이 아니라 우리의 사랑으로 알게 되리라. 예수님은 하나님 나라가 '우리 안에', '우리 가운데', '가까이' 있다고 말씀하시고, 우리는 '그것이 하늘에서 이뤄진 것처럼 땅에서도 이루어지도록' 기도해야 한다.

초대교회가 '그 길(道)'로 알려졌던 것은 놀랄 일이 아니다. 그들은 세상과는 현격히 대조되는 삶의 방식을 영위했다. 그들은 로마제국을 비난하는 동시에 "우리는 또 다른 삶의 방식을 갖고 있다. 여러분이 로마제국이 제공하는 것에 싫증이 난다면 우리는 여러분을 그 길(the Way)로 초대한다"라고 말할 수 있었다. 이교도 황제들조차 그 작은 사랑의 혁명을 무시할 수 없었다. 율리아누스 황제는 "갈릴리의 무신론자들이 그들의 가난한 자들뿐 아니라 우리의 가난한 자들도 먹이고 있다"라고 고백했다. '그 길'은 로마제국 전역에서 급증하는 작은 세포조직들을 갖고 있었다. 물론 누구나 이 나라에서는 모든 것이 거꾸로 되고 또 뒤집어진다는 경고를 미리 받았다. 꼴찌가 첫째가 되고 첫째가 꼴찌가 되며, 가난한 사람이 복을 받고, 강한 자들이 권좌에서 내쫓긴다. 그런데도 사람들이 그 길에 매료되었다. 그들은 로마제국이 제공한 것과 다른 무언가를 받아들일 준비가 되어 있었다.

대학을 졸업한 후에 친구들과 나는 성경이 말한 대로 "이 세대를 본받지 말자"(롬 12:2)고 굳게 다짐했다. 우리는 많은 사람이 사망에 이르는 넓은 길을 택할 것임을 너무도 잘 알고 있었고, 우리는 생명에 이르는 좁은 길을 찾기를 원했다(마 7:13-14).

졸업할 무렵 사람들이 우리의 작은 학생운동이 일으킨 파동에 주목하기 시작했다. 나는 이스턴 대학 졸업식에서 대표연설을 해 달라는 요청을 받았다. 나는 친구들과 밧줄을 타고 기숙사 창문을 통해 밖으로 나가다가 학장에게 발각되었던 이야기를 했다. 학장

믿음은
행동이 증명한다

은 우리에게 "여러분도 다른 학생들처럼 문으로 건물을 출입하길 바란다"는 경고장을 보냈었다. 그래서 나는 연설의 제목을 "창문으로 기어라"로 잡았다. 그 내용은 이랬다.

정상적이고 관습적인 문은 죽었다. 이제는 그 문들을 포기하고 넘어갈 창문을 찾을 때가 되었다. 그건 다소 위험하고 곤경을 선사할 수도 있지만 훨씬 더 재미있는 모험이다. 그리고 세상을 바꾼 사람들은 다른 모든 사람들이 그냥 문으로 출입하는 동안에 언제나 창문으로 넘어가는 위험을 감수한 자들이다. 연설이 끝나자 학장만 빼놓고 모두 환호와 갈채를 보냈다. 우리는 새로운 것을 받아들일 준비가 되어 있었다. 몇 년 전 나는 이스턴 대학교에서 명예 박사학위를 받았는데, 당시에 내가 졸업식 연설을 맡았다. 나는 "거룩한 불순응"에 관해 연설하면서 그 창문 이야기를 다시 했다. 학장(그녀는 여전히 학장이다)이 달가워하지 않았다. 그 이후 우리는 서로 화해해서 지금은 괜찮다. 그런데 그녀가 모르는 게 있다. 우리가 다른 3층짜리 빌딩에서도 2단 침대를 이용해서 밧줄로 나갔다는 사실이다. 그녀는 아직까지 그에 관해 알지 못했다. 지금까지. 아이쿠.

•

심플 웨이-소박한 길

•

인생에는 사람들이 추구해온 것 이상의 무엇이 있다는 것을 친구들과 나는 직감하고 있었다. 우리는 세상이 아메리칸 드림을 제공

또 다른
삶의 방식

할 수 없음을 알았고, 또 다른 꿈이 있다는 좋은 소식도 알고 있었다. 그래서 그 꿈을 찾기 위해 초대교회와 성경과 가난한 사람들을 주목했다.

도로시 데이는 가톨릭 노동자운동의 초창기를 회상하며 "우리는 거기서 그저 얘기만 나눴는데 그런 일이 일어났다. 우리는 거기에 앉아 얘기를 나눌 뿐이었는데 사람들이 줄을 서기 시작했다…" 라고 겸손하게 말했다. 그녀의 자서전 마지막 줄은 "우리가 거기에 앉아 얘기하는 동안 그것이 일어났고 지금도 계속되고 있다"이다. 나는 그게 무슨 뜻인지 알고 있다.[1]

그래서 이스턴 대학 출신 30여 명이 또 다른 삶의 방식을 다함께 꿈꾸는 일을 계속했다. 우리는 웃고 토론하며 많은 밤을 지새웠고, 마침내 동성애의 원인이나 아담에게 배꼽이 있었는지 여부에 관해서는 절대로 의견이 일치할 수 없다는 것을 알기에 이르렀고, 그래서 일단 우리의 비전을 실천에 옮겨보기로 결정했다. 그뿐만 아니라, 우리 대부분은 얘기를 나누는데 지쳤고 삶으로 실천할 준비가 되었다. 나는 당시에 승합차에서 생활하고 있었으므로 거주할 집을 물색하기 시작했다.

우리가 처음으로 한 일 가운데 하나는 수많은 후원자들과 우리의 이야기와 필요를 나누기 위해 편지를 발송하는 것이었다. 첫 뉴스레터 중의 하나는 이런 내용이었다.

"언젠가 소그룹의 아이들이 도심에 있는 공원에 가서 춤추고 놀고 웃고 빙글빙글 돌기로 결심했습니다. 그들이 공원에서 노는 동안 어쩌면 지나가던 아이가 그들을 볼지 모른다고 생각했습니다.

어쩌면 그 애가 흥미를 느껴 함께 놀지도 모릅니다. 또 다른 아이도 그렇게 할지 모릅니다. 그리고 어떤 비즈니스맨이 높은 빌딩에서 그 소리를 들을지 모릅니다. 그 사람이 창문 밖을 내다볼지 모릅니다. 그가 애들이 노는 모습을 보고 서류를 내려놓고 아래로 내려올지 모릅니다. 애들이 그 사람에게 춤추는 법을 가르쳐줄지 모릅니다. 그리고 또 다른 비즈니스맨이 그 곁을 지나가다가 향수에 젖어 넥타이를 벗고 서류가방을 집어던지고 같이 어울려 춤을 추며 놀지도 모릅니다. 어쩌면 도시 전체가 함께 춤을 출지 모릅니다. 어쩌면 온 세상이. 어쩌면… 아무 상관없이 그들은 춤을 즐기기로 결심했습니다.”

시인 헨리 데이비드 소로우는 의도적인 삶을 살기 위해, 심호흡을 하기 위해, 삶의 정수를 빨아내기 위해 숲으로 들어갔다. 우리는 빈민가로 갔다. 우리는 우리의 비전을 세 가지로 줄였다. 하나님을 사랑하고, 사람들을 사랑하고, 예수님을 따르는 것. 그리고 우리의 작은 실험을 심플 웨이(the Simple Way)라고 부르기 시작했다. 1997년 1월, 우리 여섯 명은 켄싱턴에 있는 작은 연립주택으로 이사했다. 펜실베이니아에서 가장 가난한 동네이고 옛 성 에드워드 성당에서 10분 거리에 있었다. 우리가 2천 년 만에 처음으로 초대교회를 재현하고 있는 듯한 느낌이 들었다. (우리는 상당히 무지했다.) 감사하게도, 처음부터 우리와 나란히 걸었던 겸손한 장로들이 있었다. 내가 좋아하는 이야기들 중 하나는 베네딕트수도회 수녀들 몇 명이 우리를 방문한 이야기다. 그들은 내 친구 조나단 윌슨-하트그로브에게 접근해서 공동체로 살면서 기도하는 친구들의 새로운 운동에

또 다른
삶의 방식

대해 들어서 얼마나 기쁜지 모르겠다고 말했다. 이어서 겸손하게 이렇게 말하는 것이었다. "여러분이 우리와 얘기하고 싶으면 언제나 가능하다는 걸 알려주고 싶어요. 우리에게 여러분에게 줄 약간의 지혜가 있을지 몰라요. 우리도 공동체 생활을 한동안 해왔거든요. 대충 1600년 정도." 그 지혜로운 수녀들을 보내주신 하나님께 감사드린다.

•

평범한 날에 하는 일

•

우리는 무슨 일로 진입하고 있는지 잘 몰랐다. 대단한 프로그램이나 지역사회 개발을 위한 청사진도 없었다. 다만 하나님과 사람들을 뜨겁게 사랑하는 자들이 되고 복음적인 생활방식을 진지하게 영위하고 싶었을 뿐이다.

우리 중에는 대학을 졸업한 친구들과 중퇴한 친구들이 섞여 있었다. 어떤 친구들은 직장을 다니고 있었고, 또 어떤 친구들은 직장을 떠났다. 때로 사람들은 우리에게 '평범한 날'에 심플 웨이에서 온종일 무엇을 하는지 질문한다. 그럴 때마다 나는 아주 짧게 대답한다. '특별한 일'은 없다고 하거나 "평범한 날이 뭐지요?"라고 되묻는다. 우리의 생활은 뜻밖의 일과 돌발사건으로 가득해서 벌써 가슴이 설렌다. 복음서 이야기들 중에 뜻밖의 일과 돌발사건 때문에 발생한 것이 얼마나 많은지 생각해보라. 예수님이 어딘가로 '가

128

믿음은
행동이 증명한다

는 중에' 누군가 그의 셔츠를 당기고, 그를 자기네 집에 초대하고, 혼인식장에서 포도주가 떨어진다. 우리가 시간과 일과, 예측가능성과 일정에 묶여서 살면 그런 돌발사건을 놓치고 말 것이다. 우리는 그런 사건을 허용하기 때문에 지난 20년 동안 여기서 큰 일이 많이 탄생했다. 성 에드워드 성당 사건부터 5분 전에 내가 문을 열어주기로 한 순간에 이르기까지. 우리는 돌발사건이 단지 간섭이 아니라 하나님의 섭리일지 모른다고 늘 생각할 필요가 있다. 이제 최선을 다해 우리 생활의 면면을 기술해보겠다.

우리는 빈민가의 아이들과 함께 놀고, 우리 집 거실에서 같이 숙제를 하고, 더운 여름날에는 소화전을 틀어놓고 물놀이를 한다. 음식이 필요한 사람들과 먹을 것을 나누고, 이웃집 선샤인 할머니가 만들어주는 콩 요리와 밥을 먹는다. 할머니는 여전히 그 이름에 걸맞게 살고 있다. 우리에게는 할머니와 같은 분이다. 우리 블록에서 이사를 갔지만 일 년에 두세 번은 만난다. 그리고 우리는 새로운 아줌마와 아저씨, 형제와 자매를 많이 맞이했다. 이웃은 날마다 내게 감동을 준다. 이 글을 쓰는 순간에도 누군가 집에서 만든 비누와 수프를 갖다 주고, 한 아이가 성적표를 가져왔다. 사람들이 하루 종일 우리 집에 들러 인사하고, 편안하게 실컷 울고, 물을 마시거나 담요를 얻어간다. 그래서 지난 수년 동안 많은 이들이 이 사역에 기여하는 길을 발견했다. '내 형제를 지키는 자'란 단체는 폐물로 우리가 쓰는 모든 슬리핑백을 만들어준다. 또 다른 그룹은 비닐봉지로 매트를 만들어 거리에 사는 사람들에게 줘서 추위와 비를 막게 해준다. 얼마나 멋진 이야기인가! 때로는 우리가 사람들을 돌려보내기도 하고, 너무 피곤한 날에는 '가위바위보'로 문 열어줄 사람을 결정하기도 한다. 우리는 집에서 공동체 상점을 운영한다. 이웃들이 들어와서 1달러만 내고 옷 한보따리를 갖고 가고 소파나 침대나 냉장고도 챙겨간다. 사람들이 이웃과 나누라고 좋은 물건을 기부하지만 때로는 쓰던 칫솔을 내놓기도 한다. 우리가 운영하던 중고품 할인상점을 비롯한 몇 가지 사역에 지난 10년 동안 약간의 변화가 있었다. 매주 음식을 나누는 일은 여전하다. 지금은 음식을 수령하던 이웃들이 다른 이웃을 돕기 위해 그 일을 맡고 있다. 할인상점은 변동이 있었다. 우리는 여기서 가까운 써클 스리프트란 멋진 상점을 후원했다. 우리보다 공간도 훨씬 넓고 일도 훨씬 잘해서 그렇게 결정한 것이다. 그래서 이곳 가정들은 여전히 필요한 것을 구할 수 있고, 우리가 모든 것을 직접 할 필요가 없게 되었다. 한 가지 아쉬운 점은 계절마다 멋진 고전적인 옷을 공급하는데 사용했던 큰 벽장을 상실했다는 것이다.

　우리는 버려진 땅뙈기를 개간하여 콘크리트 잔해 속에 정원을 만든다. 자랑은 아니지만, 우리 정원들이 이 도시의 정원 겨루기에서 일등을 차지했다. 우리는 경쟁이 아닌 협동을 믿지만, 그건 큰 수확이다. 우리는 옥상에서 낡은 TV 스크린과 컴퓨터 모니터 안쪽에 꽃을 심는다. 나중에 TV에서 먹거리를 재배하면 암이 생길 수 있다는 것을 알았다. 그래서 당신도 TV와 컴퓨터에서 꽃만 가꾸기를 바란다. 우리는 이웃 친구들이 마약 중독으로 쇠약해지는 모습을 보고, 좋은 날에는 누군가 해방되는 모습을 본다. 지난 수년 간 많은 사람이 중독을 극복하는 것을 목격했다. 우리가 좋아하는 곳

믿음은
행동이 증명한다

들 중 하나는 '뉴 예루살렘'(www.newjeruslemnow.org)인데, 중독에서 해방되는 것을 돕고 우리 자신의 중독에 대해 알려주는 회복 공동체이다. 우리는 모두 무언가로부터 회복되는 중이다.

우리는 경찰관이 사람들을 위협하는 것을 보며, 좋은 날에는 한 경찰이 곤봉으로 애들과 함께 약식 야구놀이를 하는 모습을 본다. 정말로 내가 가장 기분 좋은 날은 경찰이 약식 야구놀이에 곤봉을 사용하는 것을 보는 날이다. 곤봉은 바로 그렇게 사용해야 마땅하다. 우리는 버려진 집들을 복원시킨다. 지금은 주택사역에 전념하는 심플 홈즈(Simple Homes)라는 비영리단체를 운영하고 있다. 우리는 때때로 단 1달러로 집을 구입할 수 있어서 수리한 뒤에 무주택자에게 주택을 소유할 기회를 준다. 한 집을 복원시키는데 평균 3만 달러가 드는데, 당신이 돕고 싶으면 우리에게 알려주길 바란다. 우리의 좌우명은 "더 나은 세계를 건설하자. 한 번에 한 집씩"이다. 그리고 우리는 이곳에서(내가 지금 글을 쓰고 있는 곳) 죽은 두 사람을 애도한다.[2] 나는 이 책의 초판을 누군가 죽임을 당했던 버려진 집에서 썼다. 나는 10주년 기념판에 들어갈 새로운 내용을 누군가 죽임을 당했던 또 다른 버려진 집에서 썼다. 우리는 그들을 되살리기 위해 일부러 가장 어두운 구석으로 이사한다. 초대교회의 크리스천들은 부활에 관해 말할 때 이천 년 전에 일어난 단 한 번의 사건으로만이 아니라 우리가 참여하도록 초대받은 그 무엇으로 얘기했다. 그래서 우리가 죽은 공간을 되살리거나 꼴사나운 것을 아름답게 만든다면, 그것은 언제나 예수님의 사역이다. 부활이 날마다 일어나는 것이다.

우리는 보기 싫은 것을 아름답게 만들고 벽화를 만들려고 애쓴다. 10년이 지난 지금은 거의 모든 벽에 벽화가 있다. 한 이웃은 벽화가 마치 스테인드글라스 창문과 같다고 말했다. 평방 9미터짜리 벽화도 있다. 유명한 낙서 미술가인 뱅크시도 우리 집에 작품을 남겼다. 우리가 녹은 권총들로 만든 벽화도 있다. 그 가운데 다수는 이웃의 아이들과 어른들이 그린 것들이고, 매년 히치하이킹으로 이곳에 오는 '주님을 위한 순회 미술가' 디미트레 카디에프의 작품도 있다. 당신이 꼴사나운 것을 접할 것임을 안다면 당신 자신을 아름다움으로 둘러싸는 것이 중요하다. 재미있는 일이다. 우리는 폭력 대신에 상상력과 나눔을 배운다. 우리는 이웃들과 삶을 나누며 서로를 돌보려고 노력한다. 우리는 거리를 어슬렁거리기도 한다. 허가 없이 음식을 유통했다고 과태료를 물고, 노숙을 했다는 이유로 감방에 가기도 한다. 우리는 공원에서 자고 음식을 나누다가 노숙반대 법을 위반했다고 여러 번 체포되었다. 그 법이 최근에 다시 떠올라 50개 주 이상에서 통과되었다. 나중에 더 얘기하겠다. 감옥에 친구들이 있고 사형을 기다리는 친구들도 있다. 처음부터 나는 이 책을 감옥에 있는 친구들과 사형선고를 받은 친구들에게 나눠주었다. 이 사람들과, 처형을 반대하는 폭력 피해자들이 이끄는 용감한 단체들이 내게 영감을 줘서 새로운 책「은혜를 처형하다」(Executing Grace)를 쓰게 되었다. 우리는 국가가 승인하는 처형과 감옥-산업 복합체를 반대하는 입장이다.

우리는 언제나 우리 자신을 세금을 면제받는 501c3 '반(反)'영리 단체라고 불러왔다. 10년이 흐른 지금도 스스로를 반영리 단체로 생각한다. (많은 비영리단체가 여전히 가난한 사람들과 일하면서 많은 이익을 챙기고 있다.) 우리는 대규모 자선을 물론, 무관심한 생활방식을 정당화하고 우리에게서 공동체를 빼앗아가는 초연한 자선행위로부터도 자유로워지려고 애쓴다. 우리는 부자들을 방문하고, 또 부자들이 우리를 방문하게 한다. 우리는 복음을 전하고 예언을 하며, 교회를 지독한 잠에서 깨울 방법에 대해 다함께 꿈꾼다. 때로 우리는 세상을 변화시키기 위해 강연을 하고, 또 때로는 세상이 우리를 변질시키지 못하도록 강연한다. 우리는 단지 가난의 문제를 관리하는 게 아니라 가난을 끝장내는데 관심이 있다. 우리는 사람들에게 물고기를 준다. 우리는 사람들에게 낚시하는 법을 가르친다. 우리는 물고기가 사는 연못 둘레에 세워진 장벽을 허문다. 그리고 누가 그 연못을 오염시켰는지 밝혀낸다. 최근에는 이른바 '음식 사막' 현상, 즉 도시의 인구밀도가 높아질수록 영양분 있는 음식에 접근하기가 더 어려워지는 현상을 다루고 있다. 어떤 사람이 "우리 동네에서 샐러드 한 그릇보다 총을 구하기가 더 쉬워지고 있다"고 말했다. 그래서 우리는 많은 식품을 키우고, 최신 프로젝트는 물고기와 식물이 함께 자라는 도시 아쿠아포닉(aquaponics) 시스템이다. 아래에는 물고기가 있고 위에는 온실이 있는 시스템이다.

우리는 테러리즘과 싸운다. 우리 각자의 내면에 있는 테러리즘, 기업의 탐욕의 테러리즘, 미국 소비주의의 테러리즘, 전쟁의 테러리즘 등과. 우리는 평화주의 히피족이 아니지만, 수동성과 폭력을 혐오하는 열정적인 '사랑하는 자들'이다. 우리는 테러리즘이든 테러와의 전쟁이든, 생명을 파괴하는 모든 것에 적극적으로 저항하는 삶을 영위한다. 우리는 세상을 안전하게 만들기 위해 노력한다. 절대 다수가 가난하게 사는 바람에 극소수가 자기네 마음대로 살 수 있는 한 이 세상이 결코 안전할 수 없다는 것을 알고 있다. 우리 는 또 다른 삶의 방식, 곧 이 어두운 세계의 통치자들과 권세자들과 지배자들과 맞서는 하나님 나라를 믿는다(엡 6:12).**3**

이것이 우리의 평범한 날이다. 내가 10년 후에 이 대목을 다시 읽으니 얼마나 많이 달라졌는지 놀랍고, 얼마나 많은 부분이 그대 로 남아있는지도 놀랍다. 내가 이 글을 쓰는 순간에도 거리에서 애 들이 노는 소리가 들리고 문을 두드리는 노크소리도 계속 귓전을 때린다. 창문 밖을 내다보니 10년 전에는 없었던 새로운 벽화들이 시선에 들어온다. 케티와 나는 지금 공동생활을 시작했던 옛 집 건 너편에 살고 있다. 우리는 한 블록 안에 있는 집 열두 채와 공동의 정원들과 곳곳에 그린 벽화들을 공동으로 소유하고 있다. 공동체 의 형태는 달라졌으나 그 정신은 변함이 없다. 이제는 우리가 의도 적인 공동체 집을 넘어서서 의도적인 공동체 마을을 키우고 있다 는 느낌이다.

심플 웨이를 창립한 이래 우리는 많은 실수를 범했고 서로에게 상처를 주지 않는 비결을 결코 배우지 못했다. 우리는 새로운 질문 을 제기하기 시작했고 서로에게 더 큰 위험을 감수하라고 도전했 다. 초창기 멤버 가운데 몇 사람은 바뀌었고 몇 사람은 아직 남아 있다. 몇 사람은 결혼했고, 몇몇은 싱글로 살기로 했고, 일부는 아 이들이 있다.**4** 독신을 선택한 사람도 있다. 우리는 이런 선택 하나 하나를 선물로 인정한다. 우리는 공동생활을 위해 안식일과 수정된 공동자금-매달 생활비로 각자 150달러씩 낸다-과 같은 건강한 구조와 리듬을 만들어냈다. "벽지장도 맞들면 낫다"라는 말처럼 지갑을 모으면 부담이 줄어든다. 우리는 많은 것-자동차, 세탁기, 연장 등-을 공유해서 적은 돈으로 살아낼 수 있었다. 구체적인 사안은 항상 변하지만 정신을 동일하다. 우리는 우리의 소유물을 열린 손으로 붙들고 필요가 생기면 서로 나누려고 애쓴다. 요즘에는 응급사태나 의료비 등을 위해 다양한 방법으로 돈을 공유한다. 나중에 더 얘기하겠다. 우리는 공동생활을 양파로 묘사해왔다. 그 중심에는 서로를 사랑하고 소중히 여길 것을(가장 어렵고도 가장 아름다운 일이다) 서약한 동료들이 있다. 우리는 각각 건강한 책임과 기대를 공유한다. 우리는 협상할 수 없는 신념에 대해 철저히 논의했고 서로 의견을 달리하는 사안은 이해하려고 노력했다. 우리는 사이비 종교 집단이 아님을 알리기 위해 신앙고백서를 만들었고, 평범한 신자가 아님을 인식시키고자 소박한 생활과 비폭력에서 아름다움과 놀이에 이르기까지 광범위한 실천 강령도 만들었다.[5]

새로운 친구들이 에너지와 상상력을 가져와서 우리는 새로운 비전이 탄생하는 것을 목격했다. 서커스와 극장 캠프로부터 슈퍼영웅들과[6] 새로운 수도원주의에 이르기까지. 내가 서커스를 좋아한다는(물론 동물 학대는 빼놓고) 말을 했던가? 서커스가 왜 중요한지에 대해 내가 만든 10분짜리 비디오를참고하라(http://www.youtube.com/watch?v=KuNPABbYcG8). 우리 프로그램은 공동체의 필요와 재능을 중심으로 돌아가며 늘 변한다. 프로그램들이 우리가 누군지를 밝히지는 않는다. 왜냐하면 우리는 프로그램을 시작하려고 출범한 게

또 다른
삶의 방식

아니라 좋은 이웃이 되기 위해 공동체를 만들었기 때문이다.

지난 10년 동안 많은 이웃이 우리 공동체에 왔다갔다. 때로 우리는 부엌에서 50명을 먹이고, 십여 명의 아이들의 숙제를 돕고, 버려진 집들을 보수하고, 또는 도시 정원들을 가꾸기도 한다. 여름에는 '예스! 앤드…'란 극단과 공동으로 미술캠프를 열어 교외와 도심에 사는 아이들을 섞어서 상상력과 꿈을 마음껏 펼칠 수 있는 자리를 마련한다. 아이들은 다함께 춤과 음악, 등장인물과 무대 세트를 창조해서 쇼를 만든다.[7]

우리는 지금 너무나 많은 공동체들[8]과 기관들과 협력하고 있어서 심플 웨이보다 훨씬 더 큰 운동을 하고 있는 느낌이다. 그리고 우리는 큰 몸(the Body) 속의 작은 세포에 불과하고, 생명력이 충만하지만 그래도 전체의 작은 부분일 뿐이다. 세포들은 태어났다가 죽지만 몸은 영원히 산다. 때로는 이 작은 장소가 꿈이 부화되고 날개가 자라도록 돕는 부화기의 역할을 한 것 같다. 심플 웨이란 우산 아래 17가지 사역이 진행되었던 적도 있다. 그리고 이제까지 우리 목표는 제국이나 프랜차이즈를 세우는 것이 아니라 운동을 지원하는 것이었다. 우리가 여러 훌륭한 비영리단체와 공동체들이 태어나거나 발전하도록 작은 부화기가 된 것을 영광으로 생각한다. 이를테면, 센추리온즈 길드(Centurion's Guild, 베테랑 지원 네트워크), 뉴 생츄리 운동(New Sanctuary Movement), 티모테오(Timoteo, 남성 멘토링 스포츠 리그) 등이다. 모두 한 몸이 된 크고 아름다운 가족이다.

믿음은
행동이 증명한다

삶으로 복음을 외쳐라

테레사 수녀가 호기심 어린 구도자들에게 "와 보라!"고 초대했던 것을 기억하고 우리도 처음부터 똑같이 그렇게 초대했다. 그러자 정말로 많은 사람들이 왔다. 복음주의자로서 내가 아는, 사람들을 신앙으로 초대하는 유일한 방법은 와서 보라는 것이다. 우리는 그동안 방문객을 위한 몇 가지 '진입로'를 개발했다. 예컨대, 이곳 심플 웨이에서 '오픈 홈'을 실시하고 있다. 아울러 곳곳에서 '회심 학교'(주말 모임)를 개설하고 있다. 그리고 젊은이들(18-30세)에게는 '선교의 해'가 가장 좋은 출발점이다(www.missionyear.org). 일종의 인턴 과정인 일 년짜리 공동체 체험이다. 나는 누구에게나 신앙고백서에 서명하라고 요구하지 않고, 오히려 성육하신 예수님 안에서 사랑과 은혜와 평화를 알고, 이제는 그 몸의 구현체인 교회에서 그런 것을 알기 위해 오라고 초대한다.

그래서 어떤 사람들이 내게 예수님을 소개해달라고 부탁하면 "와서 직접 보세요. 여러분에게 피부를 가진 예수님을 보여 줄게요"라고 대답한다. 때로는 (중산층과 상류층에 속하는) 복음주의자들이 찾아와서 허세를 부리며 우리에게 어떻게 "복음을 전하는지" 물어본다. 그러면 보통은 이렇게 대답한다. "우리는 당신네 같은 사람들을 여기에 불러와서 가난한 사람들로부터 하나님 나라를 배우게 한 다음, 당신네를 부자들과 힘 있는 자들에게 보내 변두리에서 태어난 또 다른 삶의 방식이 있다는 것을 전하게 합니다." 왜냐하면 예수님은 그의 나라를 흘러 보내려고 부자와 힘 있는 자들을 찾지 않았기 때문이다. 오히려 밑바닥 인생들, 버림받은 자들, 반갑지 않은 자들과 어울리셨고, 모두가 변두리 인생을 향한 그분의 사랑에 매료되었다. (우리는 모두 가난하고 외롭다는 것을 알지 않는가?)

그리고 그분은 누구나 하향성의 여정으로 초대해 가장 작은 자가 되라고 하셨다. 프랜시스 수도회가 표명하는 슬로건 "항상 복음을 전하라. 필요할 때만 말을 사용하라", 또는 칠십 세의 작은 혁명가 마가렛 수녀의 표현인 "우리는 삶으로 복음을 외치려고 노력하고 있다"를 실천하려고 애쓴다. 많은 구도자들이 크리스천의 말에 귀를 기울일 수 없었던 것은 크리스천들의 삶이 끔찍한 소음을 많이 내왔기 때문이다. 기독교계의 소음 속에서는 성령의 온유한 속삭임을 듣기 어려운 법이다.

•

목소리 없는 자들을 위한 목소리?

•

얼마 전, 심플 웨이에 몸담은 몇 사람이 어떤 교회에서 강연을 했다. 그런데 사회자가 우리를 "이들은 목소리가 없는 자들을 위한 목소리입니다"라고 소개했다. 그 말을 듣고 내 마음이 아팠다. 예의를 갖추어 그 말을 수정해주었다. 누구나 목소리를 갖고 있다. 물론 많은 훌륭한 사람들이 '목소리를 낼 수 없는 사람들을 위한 목소리'라는 해묵은 어구를 사용해왔다(오스카 로메로, 마더 테레사, 심지어 잡언까지). 그러나 나는 이상하게 느껴졌다. 어쩌면 사람들이 자기 목소리를 낼 수 없다고 우리가 섣불리 단정하는지 모른다.

우리는 목소리가 없는 사람들을 위한 목소리가 아니다. 문제는 시끄러운 소음이 너무 많아 조용한 목소리를 압도해버리고, 많은 사람이 이웃의 부르짖음에 귀 기울이길 그만두었다는 사실이다. 수많은 이들이 이웃의 고통을 듣지 않으려고 귀를 틀어막았고, 기관들은 거슬리는 부르짖음을 의도적으로 멀리해왔다. 바울은 로마서 8장에서 모든 피조물이 해방을 위해 탄식하고 있다고 말할 때, 이어서 "성령의 처음 익은 열매를 받은 우리까지도 속으로 탄식하고 있다"라고 한다. 이것이 바로 우리가 합류한 합창, 곧 소위 목소리가 없는 사람들이 대대로 부르는 합창이다. 그리고 하나님은 그들의 탄식 소리를 듣는 특별한 귀를 갖고 계신다. 내가 생각해낸 최고의 단어는 확성기다. 우리의 역할은 사람들이 듣지 않는 목소리를 키워주는 확성기가 되는 것이다. 퍼거슨에서 일어난 마이클 브라운의 죽음과 같은 사건들로부터 발생한 최근의 인종차별 반대운동에서 그런 것을 보았다. 사람들은 아무도 귀를 기울이지 않는다고 느끼면 더 크게 외친다. 그래도 우리가 귀를 기울이지 않으면 세상을 매우 부서지기 쉬운 곳으로 만들게 된다. 마틴 루터 킹은 "폭동은 무시당한 사람들의 언어이다"라고 말했다. 이런 일이 종종 일어난다. 억압당하는 이들이 고통과 분노를 표현하려고 하면 사람들은 귀를 막는다. 눈물을 흘리면 최루탄을 쏜다. 그러나 경청은 거룩한 행위이다. 목소리가 묵살된 사람들의 목소리를 증폭시키는 것도 마찬가지다. 우리가 억압당하는 자들의 목소리를 증폭시키는 것은 세상을 더 안전하고 더 낫게 만드는 일이다. 그런즉 사람들이 무시당한 이들의 목소리를 증폭시키는 확성기가 되게 하자.

가난한 사람들이 더 이상 선교 프로젝트가 아니라 우리와 함께 웃고 울고 꿈꾸고 씨름하는 참된 친구와 가족이 되는 것은 아름다운 일이다. 예수님은 제자들을 떠날 준비를 하시며 "이제부터는 너희를 종이라 하지 아니하리니…너희를 친구라 하였노니"(요 15:15)라고 말씀하신다. 나는 이 말씀이 정말 좋다. 처음 시작할 때는 종의 자세가 좋지만 점차 우리는 서로 사랑하고 참된 관계를 맺는 방향으로 움직인다. 언젠가는 우리도 룻이 나오미와 한동안 지낸 뒤에 했던 말—"어머니께서 가시는 곳에 나도 가고 어머니께서 머무시는 곳에서 나도 머물겠나이다. 어머니의 백성이 나의 백성이 되고 어머니의 하나님이 나의 하나님이 되시리니 어머니께서 죽으시는 곳에서 나도 죽어 거기 묻힐 것이라"—을 할 수 있을 것이다.

그리고 그럴 때 문제가 복잡해진다. 사람들이, 예수님이 그랬듯이, 자선을 넘어 가난하고 억눌린 이들과 연대를 이루고 정의를 위해 움직이기 시작하면 곤경에 빠지게 된다. 우리가 일단 어려운 사람들과 친구가 되면 사람들이 왜 가난한지를 묻기 시작하는데, 이는 자선을 베푸는 것처럼 인기가 있는 일이 아니다. 내 친구는 브라질 민중 해방을 위해 싸웠던 카마라 주교의 말이 새겨진 티셔츠를 입고 있다. "내가 배고픈 사람들을 먹이면 그들이 나를 성자라고 부른다. 내가 왜 사람들이 배가 고픈지 물으면 그들은 나를 공산주의자라고 부른다!" 자선에는 상급과 갈채가 따른다. 그러나 가난한 사람들에게 합류하면 죽임을 당한다. 사람들은 자선을 베풀었다고 십자가에 달리지 않는다. 그러나 새로운 세상을 불러일으키려고 사회 질서를 어지럽히는 사랑으로 행동하면 십자가에 매달리게 된다. 사람들은 가난한 이들을 도왔다는 이유로 십자가에 못 박혀 죽지는 않는다. 그들과 한패가 되면 십자가에 못 박힌다.

유랑하는 전도자와 지방의 동조자

때로는 사람들이 심플 웨이 공동체 식구들을 급진주의자라고 부른다. 앞서 말한 대로 이 단어가 '뿌리'를 의미한다면 우리가 하려고 하는 일, 즉 그리스도의 제자가 된다는 뜻의 뿌리까지 도달하려는 것에 딱 맞는 단어라고 생각한다. 그러나 우리가 하는 일이 급진적으로 보인다면, 그것은 우리 제자도의 성격보다 서구 기독교의 무감각에 대해 더 많은 것을 말해준다. 이 때문에 '급진주의자'라는 단어 앞에 '평범한'이라는 수식어를 붙이는 것이다. 우리의 생활방식이 예수 운동이 일어났던 초기에는 전형적이었다. 우리는 마리아와 마르다, 베드로의 가족과 비슷하다. 새로운 가족에게 모든 소유를 내놓았던 초대교회 크리스천들, 그들이 기본적으로 행했던 손님대접의 집이다. 그들 밖에도 수많은 사람이 모든 것을 포기하고 돈이나 양식이나 샌들도 없이 집을 떠나 예수님을 좇았다는 것은 말할 필요가 없다. 그러나 오늘의 기독교 세계는 복음을 그만큼 진지하게 여기는 이들을 수용할 준비가 되어 있지 않은 것 같다.

내가 초대교회에 매료된 한 가지 이유는, 예수님을 좇으려고 집과 소유를 버린 사람들이 자기네 집을 그들과 가난한 이들에게 개방한 사람들과 하나가 되어 살았기 때문이다. 신학자 게르트 타이센은 두 집단을 가리켜 '유랑하는 전도자들'과 '지방의 동조자들'이라 불렀다.[9] '유랑하는 전도자들'은 순회하는 사도들이었고 지방의 동조자들의 후원에 의존했다. 두 집단이 초대교회를 형성했다. 그들은 서로를 낮추어 보지 않았다. 지방 동조자는 유랑자를 급진주의자나 변종으로 치부하지 않았고, 유랑자는 동조자를 배신자로 매도하지 않았다. 그들은 서로 사랑했고 후원했다.

우리는 초창기부터, 사도들이나 훗날의 순회설교자처럼 여행하며 복음을 전하는 유랑자들을 파송하면서 그러한 동반자관계가 중요하다는 것을 깨달았다. 이 새로운 순례자들은 우리의 공동체와 삶을 다른 지역에 심는 일을 돕고 있다. 이런 순례자들은 자전거로, 자동차로, 걸어서, 바이오디젤을 이용해서, 레저용 차량으로 여행하며 우리의 삶을 기독교의 땅에 뿌리려고 한다. 나는 지금 디젤엔진을 개조하여 식물성 폐유로 움직이는 버스를 타고 여행하면서 이번 장을 쓰는 중이다. (우리는 방금 폐유를 구하려고 음식점에 들렀다가 잠깐 서커스를 해서 저녁을 얻어먹었다.)[10]

어떤 이들은 늘 유랑생활을 한다. 우리의 자매 공동체인 '솔터즈' (Psalters)가 그런 예이다.[11] 많은 솔터즈 친구들은 계속 놀라운 음악과 예언적 예술을 만들고 있고, 다수는 필라델피아 지역에 있다. 내가 2008년 「대통령 예수」를 출판할 때 우리는 다함께 식물성 폐유

믿음은
행동이 증명한다

로 움직이는 버스를 타고 전국 투어를 다니며 서른 도시 정도를 방문했다. 「대통령 예수」의 오디오와 비디오 판과 영화 '평범한 급진주의자'에 나오는 솔터즈의 음악은 언제든 들을 수 있다. 솔터즈는 「예수, 폭탄, 그리고 아이스크림」에도 등장한 바 있다. 솔터즈 출신 여러 명은 현재 '저항의 카니발'이란 순례자 서커스의 일원으로 활동한다. 그리고 솔터즈 클래식 음악은 온라인으로 쉽게 감상할 수 있다. 그 친구들이 내 결혼식 때 음악을 연주했다. 지난 달, 우리는 캠덴에 있는 '세크리드 하트' 가톨릭 교구의 후원을 받아 한 형제에게 자전거로 전국을 여행하며 캠덴과 필라델피아에서 일어나는 일의 소식을 전파하고 다른 곳 사람들의 이야기를 가져오라는 임무를 주었다. 그는 오직 믿음과 자전거만 갖고 하나님의 섭리와 교회의 환대에 의지하여 길을 떠났다. 덧붙이고 싶은 말이 있다. 유랑자의 삶은 건강하게 보내기가 매우 어렵다. 길에서 건강한 리듬을 유지하고 숙소에서 건강한 관계를 맺으려면 상당한 절제가 필요하다. 나는 유랑자의 생활을 좋아하듯이 안정된 생활도 좋아하게 되었다. 우리는 종종 '장소의 신학'을 논하면서 우리의 도시와 동네를 사랑하고 그것을 집으로 삼는 것의 중요성에 관해 얘기한다. 복음의 사건이 실존하는 장소들, 집과 마을-베다니, 가버나움, 갈릴리 같은-에서 발생했다는 것은 중요하다. 때때로 우리는 한 장소에 한동안 지내면서 정원을 가꿔야 과실을 수확할 수 있다. 옛 수도원의 서약 중 하나는 안정이고, 내 친구 조나단 윌슨-하트그로브가 「안정성의 지혜」라는 멋진 책을 썼다. 이것은 젊은이가 직면하는 도전 중 하나이다. 누구나 6개월 동안…모든 것을 한 후에 이동하고 싶

로 다른
삶의 방식

어 한다. 그러나 관계상의 신뢰를 쌓는 데는 시간이 필요하다. 상처를 치유하는 데도 시간이 든다. 유랑 생활을 하는 것도 급진적이지만 한 장소에서 5년 이상 지내는 것도 급진적이다.

•

구경거리?

•

사람들은 이런 모습을 구경거리로 보기 쉽다. 이는 우리가 상상력을 상실한 세상에 살고 있기 때문이다. 이런 것이 초대교회에서는 정상이었다. 회심의 모습이다. 교회 역사와 오늘날의 기독교 세계에 평범한 급진주의자들이 가득한 만큼 우리가 급진주의자로 치부되는 것은 바람직하지 않다. 그런데 현대인은 구경거리를 갈구한다. 사람들은 스타와 유명 인사, 그들의 무대와 대형교회에 끌린다.

예수님은 광야에서 사람들에게 충격과 놀라움을 주기 위해 구경거리를 보이라는 유혹을 받으셨다. 성전 꼭대기에서 뛰어내려 사람들이 믿게 하라는 유혹이었다. 오늘날의 교회도 구경거리를 보이라는 유혹을 받고 있다. 사람들이 믿을 수 있도록 큰 기적을 보이라는 유혹을 받고 있다. 그러나 예수님은 우리에게 작아지라고 말씀하시고, 우리의 혁명을 이 어둔 세상을 사랑으로 전염시키는 작은 겨자씨와 누룩에 비유하셨다. 따라서 지배적인 문화와 차별된 모습으로 사는 우리가 수행할 과제가 있다. 그것은 우리 삶의 모습을 구경거리에서 탈피시켜 다른 평범한 급진주의자들도 이 소박한

믿음은
행동이 증명한다

길에 최대한 접근할 수 있게 해주는 일이다.

●

우리는 성자가 아니다

●

때로는 사람들이 심플 웨이 식구들을 성자로 부르기도 한다. 우리에게 갈채를 보내거나 우리를 통해 대리만족을 얻거나 우리를 초인으로 제쳐놓고 안전한 거리를 확보하길 바라서일 것이다. 우리 집 벽에는 내가 좋아하는 인용문이 적혀 있는데, 도로시 데이가 한 말이다.

"우리를 성자로 부르지 말라. 우리는 그렇게 쉽게 제치고 싶지 않다."

사람들이 우리를 희생적인 종인 것처럼 바라볼 때는 웃지 않을 수 없다. 우리는 그저 하나님과 이웃과 사랑에 빠졌을 뿐이고, 그래서 우리의 삶이 변하고 있는 것이다. 더욱이, 수용시설을 탈피한 이후 우리와 살아온 아름다운 가족인 아드리앤과 아이들을 사람들이 알면, 그들도 우리처럼 할 것이다. 우리에게 여분의 침실이 있다면 노숙자 가족을 거리나 버려진 집에 내버려두지 않는 것이 타당하다. 솔직히, 우리가 선택한 생활방식이 다른 대안보다 더 자연스러워 보인다. 그 대안-교외로 이사해서 사는 것-은 굉장히 희생적인(또는 고통스러울 만큼 텅 빈) 생활방식으로 보인다. 이 대목을 다시 읽어보니 꽤 가혹한 소리로 들렸다. 나는 몇몇 훌륭한 교외 실험과 책임 있는 삶을 방문한 적이 있는데, 많은 주민들이 놀라운 일을 하고 있는 모습을 목격할 수 있었다. 이렇게 말하면 나에게 중상류층 친구들이 있는 것처럼 들릴 수 있겠다. 하지만 많은 연구에 따르면, 교외에 사는 사람들이 매우 외롭고 다른 지역과 마찬가지로 중독과 가정폭력 등의 문제에 시달린다고 한다. 우리 동네와 다른 점은 교외에는 몸을 숨길 방이 있다는 것이다. 그리고 역사적으로, 교외가 널리 뻗어나간 계기는 사람들이 범죄율이 높고 가난에 찌든 동네에서 떠난 것이었다. 그리고 그런 중력은 복음의 중력과 매우 다르다. 후자는 우리에게 고통을 외면하지 말고 그 속으로 들어가라고 부르기 때문이다. 동네잔치가 없는 생활, 이웃들을 모르는 생활은 과연 어떨까? 한때 나는 소유물을 축적하는 부자들 때문에 좌절한 적도 있었다. 그러나 지금은 많은 부자가 외로움에 시달리고 있다는 사실을 알 만큼 그들에 대해 잘 안다.

언젠가 사회의 건강도와 경제수준을 비교한 연구결과를 읽은 적이 있다. 그 연구에 따르면, 우리처럼 부유한 나라일수록 우울증과 자살과 외로움에 빠질 비율이 더 높다고 한다. 우리는 세계에서 가장 부유하면서도 가장 비참한 사람들이다. 우리는 공동체와 상호의존을 중심으로 풍성한 삶을 살 수 있는데도 너무도 많은 사람들이 독립성과 부를 추구하는 외로운 세계에 정착한 모습을 보면 안타까움을 금할 수 없다. 내가 자전거를 탈 수 있는데 왜 멋진 자동차를 원하겠는가? 밖에 나가 분필을 갖고 놀 수 있는데 왜 TV를 원하겠는가? 그렇다. 나는 아직도 옥상에 온수욕조를 놓고 싶을 때가 있지만 그 나머지 것들은 없어도 살 수 있다.

믿음은
행동이 증명한다

한번은 어떤 사람이 테레사 수녀의 등을 토닥이며 "백만 달러를 준다고 해도 수녀님처럼 살고 싶지 않아요"라고 말했다. 그러자 테레사 수녀가 싱긋 웃으며 "나도 마찬가지예요"라고 대답했다. 나는 공동체라는 선물을 받아서 이기적인 사람이 된 듯이 느낄 때도 있다. 좋은 소식은 이 선물은 충분히 돌아갈 만큼 많다는 것이다.

•

공동체

•

사람들은 보통 이런 공동체를 반체제적이고 반동적인 반(反)문화적 패러다임으로 치부한다. 하지만 우리가 일단 그런 편견을 뛰어넘고 새로운 삶의 방식을 시도하겠다고 용기를 낸다면, 공동체는 우리에게 매우 자연스럽고 타당하며 결코 이질적이지 않다는 것을 깨닫게 된다. 우리는 공동체를 위해 창조되었다. 우리는 공동체이신 하나님의 형상을 따라 창조되었다. 최초의 인간이 창조되었을 때는 하나님이 보시기에 좋지 않아서 또 하나의 인간을 만들어 서로 돕게 하셨다.

성경은 처음부터 끝까지 공동체 이야기이다. 예수님은 제자들과 함께 살면서 공동체의 모델을 보여주셨다. 그분은 언제나 제자들을 짝 지어 보내셨고, 초대교회는 한 마음으로 하나가 되어 모든 것을 공유한 사람들의 이야기이다. 그 이야기는 요한계시록의 새로운 공동체에 대한 비전으로 끝난다. 그곳은 하나님의 도시가 연인을 위해 아름답게 치장하고, 하늘이 땅과 만나고, 사람들이 하나님과 서로와 완전히 화해하고, 사자가 어린 양과 함께 눕고, 슬픔이 기쁨으로 변하고, 정원이 콘크리트 세상을 대치하는 그런 곳, 곧 예루살렘이라 불리는 새로운 공동체이다! 그렇다고 해서 공동체 생활이 쉽다는 뜻은 아니다. 왜냐하면 이 세상의 모든 것이 우리를 공동체에서 떼어내려고 애쓸 뿐 아니라, 우리 자신을 타인들보다 먼저 생각하라고, 상호의존적인 삶보다 독자적인 삶을 선택하라고, 작은 것보다 큰 것을 선택하라고, 다함께 멀리가기보다 혼자 빨리 가는 것을 선택하라고 떠밀기 때문이다. 소박한 길은 편한 길이 아니다. 아무도 공동체나 제자도가 편할 것이라고 약속한 적이 없다.

예수님은 제자들에게 이렇게 말씀하신다. "수고하고 무거운 짐 진 자들아 다 내게로 오라 내가 너희를 쉬게 하리라. 나는 마음이 온유하고 겸손하니 나의 멍에를 메고 내게 배우라. 그리하면 너희 마음이 쉼을 얻으리니, 이는, 내 멍에는 쉽고 내 짐은 가벼움이라." 그런데 흔히 이 구절의 의미를 오해하고 있다. 사람들은 우리가 만일 예수님께 나아가면 모든 것이 쉬워질 것이라고 해석한다. (나의 멍에는 '좋다'를 종종 '쉽다'로 오역한다.) 나의 삶이 예수님을 만나기 전에는 편했다. 어느 의미에서, 우리가 세상의 짐을 다함께 지기 때문에 짐은 더 가벼워졌다.

그러나 예수님은 여전히 우리에게 멍에를 메라고 말씀하고 계신다. 멍에는 다양한 의미를 지니고 있었다. 그것은 농사를 위해 짐승에게 채우던 도구였다. 그것은 랍비의 가르침을 받아들일 때 사용되던 단어였다(예수님이 이런 뜻으로 사용한 것 같다). 멍에는 또한 선지자들

믿음은
행동이 증명한다

이 깨뜨리라고 촉구했던 잔인한 노예제와 압제를 상징하기도 했다 (예, 사 58). 예수님이 하시는 일 중에 하나는 우리를 억압적인 생활방식이란 무거운 멍에에서 해방시키는 일이라고 나는 생각한다.

나는 성공과 출세의 무게에 짓눌리고 스스로 짊어진 헛된 수고와 소비의 무거운 짐에 허덕이는 많은 부자와 가난한 자들을 알고 있다. 예수께서 우리를 이 멍에에서 풀어주고 있는 것이다. 그렇다고 해서 새로운 멍에가 결코 편한 것은 아니다. 하지만 우리는 그것을 다함께 메고 있고, 그것은 좋고 우리를 쉼으로 인도한다. 특히 많이 지친 여행객에게 그렇다. 최근에 누군가가 예수님조차 그의 십자가를 홀로 지지 않았다고 말하는 것을 들었다. 시몬이란 친구가 십자가를 지는 것을 도와주었다. 우리는 도대체 누구이길래 우리 십자가를 홀로 지려고 하는가?

만일 우리의 삶이 편하다면 무언가 잘못된 것이 분명하다. 테레사 수녀는 "예수님을 따르는 것은 단순하지만 결코 편하지 않다. 아플 때까지 사랑하라. 그리고 더 사랑하라"고 말하곤 했다. 나와 함께 인도에 갔다가 훗날 심플 웨이를 함께 시작했던 친구 브루크는 그녀의 벽에 "단순하지만 편하지 않다"라는 문구를 붙여놓곤 했다. 그리고 언젠가 우리의 삶이 무척 힘들어졌을 때, 내가 그 위에 "단순하고 지독하게 어렵다"라고 써 놓은 적도 있었다. 가톨릭 노동자운동을 주도했던 도로시 데이는 이 말을 잘 이해했다. 그녀는 "사랑은 우리에게 가혹하고 두려운 것을 요구하지만 그것만이 유일한 정답이다"라고 말했다.[12] 이 사랑은 감상적인 것이 아니라 심장을 도려내는 듯한 고통이다. 그야말로 세상에서 가장 어렵고

또 다른
삶의 방식

또 가장 아름다운 것이다.

•

다양한 차원의 제자도

•

우리 심플 웨이 식구들은 '급진적인 기독교'를 팔고 있는 듯한 인상을 주거나 새로운 브랜드나 모델을 퍼뜨리려고 한다는 느낌을 주지 않으려고 매우 조심해왔다. 그런데 놀랍게도, 평범한 급진주의자들의 이야기들은 곳곳에 널려있다. 그들의 삶과 재능과 직업을 통해 큰 사랑으로 작은 일을 행하는 보통 사람들의 이야기들이다. 나는 어떤 마사지 치료사들이 피곤에 지친 노숙자들의 발을 씻고 마사지해준다는 이야기를 들었다. 또 어떤 미용사들은 가족이나 방문객이 없이 혼자 사는 노인들을 찾아가 말동무가 되어주고 손톱을 손질해준다. 우리가 평화와 정의를 위한 행진을 할 때면 저녁에 지압사들이 찾아와서 다음 날의 행진을 위해 피곤한 몸을 풀어준다. 우리와 가까운 그레이스 가톨릭 노동자의 집은 우리 동네에서 무료진료소를 개설하고, 의사와 간호사와 지압사와 치과의사들이 건강보험이 없는 사람들을 보살핀다. 10년이 지난 지금도 이 무료진료소는 잘 운영되고 있다. 최근에는 또 다른 진료소(Esperanza)가 개설되어 환자의 수입에 따라 적절한 치료비를 받고 치료해준다. 미국 전역에 기독교 진료소 운동이 전개되는 중이다. https://www.cchf.org. 이런 선교 의료로 인해 하나님을 찬양하고 싶다. 다른 한편, 어떤 변호사들은 보석금으로 우리를 유치장에서 꺼내주고, 인권을 위해 싸우며, 우리와 함께 우리의 생활방식을 전혀 이해하지 못하는 건축규제위원회에 출두한다.[13] 어느 배관공은 갑자기 나타나서 우리와 한 달 동안 살면서 버려진 집들과 이웃집들의 배관을 다 고쳐주겠다고 제안했다. 그런데 결국 한 달 이상 걸렸다! 이런 선교적 배관공들로 인해 하나님께 감사드린다! 이를 계기로 우리는 선교사역이 선교사가 해외로 나가는 것만이 아니라 사람들이 국내에서 자기네 재능을 사용하는 것도 포함한다고 생각할 필요가 있다. 그래서 학교 선생들, 전기기사들, 우체국 직원들, 하수도 기술자들을 선교사로 파송하기 시작해야 하지 않을까? 이런 사례는 직업이 다양한 만큼 많다. 이 책의 초판을 쓴 후에 로봇 공학자들을 만난 적이 있는데, 그들의 분야에서 하나님 나라를 위해 일한다는 것이 무엇인지 곰곰이 생각하는 이들이었다. 그들은 아프가니스탄 전역에 있는 지뢰들을 어린이들이 돈을 받고 해체시킨다는 얘기를 들었다(그러다가 부상도 당하곤 한다). 그래서 그 로봇 공학자들은 흥분한 표정으로 지뢰를 해체할 수 있는 로봇을 설계하고 있다고 말했다. 그러면 어린이들이 손을 잃는 사고가 없을 테고 주민들이 두려움 없이 들판을 걸어 다닐 수 있을 것이다. 이것이 내가 얘기하고 있는 주제이다. 그러나 소명은 동일하다. 우리의 삶과 직업과 재능으로 하나님과 우리 이웃을 사랑하는 것이다.

심플 웨이 초창기에는 우리가 '급진적 제자'의 모형을 갖고 있어서 누구나 그 틀에 맞춰져야 한다고 생각했다. 그러나 우리가 점점 성숙하면서 제자도는 다양한 직업과 다차원적 성격을 갖고 있다는 것을 깨닫게 되었다. 우리 같은 공동체가 가장 잘 할 수 있는 일 중 하나는 사람들이 자기 소명을 분별하고 재정의할 수 있도록 공간을 만들어주는 것이다.

소명은 '목소리'와 같은 뿌리에서 유래하고 하나님의 부르심을 듣는 것을 의미한다. 우리 대다수는 우리 인생을 향한 하나님의 목적이 있다는 것만 알고 우리의 소명을 추구하기 위해, 특히 우리 이웃의 필요와 고통에 비추어 우리의 재능을 사용하는 법을 알기 위해 별로 노력하지 않는다. 이 세상에는 하나님의 부르심에 귀를 기울이지 않아서 직업 영역에서 비참하게 살아가는 사람들이 많다. 아울러 많은 크리스천들도 자신의 재능이나 인생 목적을 알지 못해서 영적 성취감을 얻지 못하고, 그들의 재능을 사용해 인생과 공동체를 변화시키기보다 영혼을 구하기 위해 선교지로 달려가는 경우가 많다. 둘 다 공허함과 탈진을 낳을 뿐이다. 프리드릭 뷰크너는 "하나님이 당신을 부르는 장소는 당신의 기쁨과 세상의 깊은 굶주림이 만나는 곳이다"라고 말했다. 바로 이것이 그냥 돈을 버는 직업과 하나님의 나라를 먼저 구하는 소명 간의 차이점임을 나는 깨닫게 되었다. 소명은 우리가 열정을 품고 그것을 세상의 고통에 연결시키는 일이다. 그러면 우리는 우리의 재능에 맞는 일을 하고, 그 일은 타인의 고통을 경감시키게 된다. 모두가 이기는 게임이다. 그런 직업에 안주하지 말고 당신의 소명을 찾아라.

다(多)인종적이고 다(多)세대적이며 싱글과 가족을 모두 포괄하는 급진적 제자도를 유지하는 법을 생각해보니 다차원적 제자도의 개념이 필수적임을 알게 된다. 사람들은 종종 나에게 배우자와 자녀들을 데리고 어떻게 공동체 생활을 할 수 있느냐고 묻곤 한다. 조금 우스운 질문이다. 이제껏 내가 본 대다수 공동체들에는 가족들과 자녀들이 있었다(물론 철저히 금욕을 요구하는 수도회들은 빼놓고). 여러 공동체는 자녀들이 어른보다 더 많은 것을 기뻐하기까지 한다. 현재 나는 몇몇 기혼자들이 「자녀들과 함께하는 혁명」이란 책을 쓰는 일을 돕는 중이다. 기독교 공동체 개발협회는 가족과 함께 급진적인 삶을 살려는 사람들에게 유익한 자원이다(www.ccda.org). 가족과 자녀들을 배제시킨다면, 우리는 우리와 비슷하게 생기고, 우리와 비슷하게 생각하고, 우리와 똑같은 방식으로 복음에 반응하는 사람들에게 둘러싸이고 말 것이다. 그러면 우리는 공동체의 선물을 강탈당하고 다양한 지체들을 지닌 한 몸이 된다는 말이 무슨 뜻인지 모를 것이다. 그 옛날 열심당의 혁명분자들과 로마의 세리들과 농부들과 사마리아인들과 창녀들과 어부들과 함께 탁자에 둘러앉아 급진적인 새로운 삶의 방식을 찾으려고 모의한 것은 진정 놀라운 일이 아닐 수 없었을 것이다.

．

회개와 삶의 방식

．

초대교회 당시 회심자들이 세례를 받으려고 할 때는 그들의 진로를 다시 구상했다. 세례가 옛 생활에 대해 죽고 새로운 생활로 살아나는 것을 상징하듯이, 정말로 옛 생활방식은 사라지고 여기에 새로운 생활방식이 있다는 인식이 생생했다. 예수님을 보려고 뽕나무에 올라갔다가 부름을 받고 내려왔던 세리 삭개오 같은 사람들은 예수님과의 일대일 접촉을 통해 그들의 진로가 사회적, 경제적, 정치적으로 완전히 재정립되었다. 그는 모든 것을 다 팔지는 않지만 모든 소유의 절반을 팔고, 사람들에게 빚진 것을 네 배로 갚으며, 빚을 면제하고 소유를 재분배하라는 고대 레위기에 나오는 희년의 가르침대로 실천했다. 삭개오는 여전히 세리였다. 그러나 그는 다른 종류의 세리였다. 다른 이들의 경우에는 예수님과 만나 직업을 그만두게 되었다. 레위(마태)라는 이름을 가진 세리가 그랬다. 그는 예수님을 만난 뒤에 모든 것을 버려두고 예수 운동에 참여하자고 동료 세리들에게 권유했다.

어떤 이들은 현재의 직업을 떠날 수 있다. 또 어떤 이들은 직업을 재정의할 수 있다. 우리 모두는 불순응(nonconformity)으로 부름을 받았다. 로마서 12장이 말하듯이 "이 세상을 본받지 말아야" 한다. 그러나 현상에 순응하지 않는 창조적 삶을 산다고 해서 모두 똑같은 일을 할 것이란 뜻은 아니다. 불순응이 곧 획일성을 뜻하진 않는다. 우리가 진정으로 예수님과 가난한 사람들을 만나면 여전히 세리로 남을 수도 있지만 전혀 다른 종류의 세리가 될 것이다. 우리가 여전히 의사로 남을 수 있지만 전혀 다른 종류의 의사가 될 것이다. 이와 관련하여, 우리가 하는 일보다 우리가 누군지에 대해 더 많이 생각하는 것이 유익하다. 중요한 질문은 당신이 자라서 무엇을 할 것인지가 아니라 어떤 사람이 될 것인가 하는 것이다. 당신이 의사나 변호사가 될 것인지 여부보다 어떤 종류의 의사나 변호사가 되는

지가 더 중요하다. 3세기의 교부 히폴리투스는 이렇게 말했다. "이 공동체에 들어오기를 희망하는 자들의 직업과 생업을 검토해야 한다. 각 직업의 성격과 유형을 정립해야 한다… 창녀, 우상 조각가, 전차 모는 전사, 육상선수, 검투사 등은 직업을 버리게 하거나 거부해야 한다. 군대의 사령관은 살인을 금해야 하고 맹세해서도 안 된다. 그가 만일 이 지침을 따르지 않는다면, 우리는 마땅히 그를 거부해야 한다. 자색 옷을 입고 칼로 다스리는 총독이나 치안관은 직위를 버리게 하거나 거부해야 한다. 세례를 받고 있거나 이미 받은 사람 중에 군인이 되길 원하는 사람은 돌려보낼 것이다. 그는 하나님을 멸시했기 때문이다."[14]

우리 가운데 많은 이들은 옛 생활과 새 생활 사이에게 갈등을 느낀다. 어떤 회사의 사장은 회사를 처분하고 한 푼도 남기지 않았다고 내게 말하면서, 돈이 그를 비참하게 만들었기 때문이라고 했다. 또 다른 사장은 모든 직원을 똑같이 중시하는 (가족 규모에 따른) 차등 임금제를 실시해서 최고 경영자가 청소부나 응접직원보다 돈을 더 벌지 못하게 하려 한다고 내게 말했다.[15] 군대에 있던 한 친구는 거듭났기 때문에 군대를 떠나서 지금은 벽화를 그리고 우리와 함께 비폭력 메시지를 전하고 있다. 로간 멜-라투리는 또한 현직 군인과 전직 군인들을 지원하는 단체인 '센추리온 길드'를 창립했다. 로간과 나는 무기도 없이 함께 이라크로 다시 여행했다. 그는 이미 평화 만들기에 관한 책을 여러 권 썼다. 그 중에는 「7월 4일에 중생하다」와 「하나님과 나라를 위해(이 순서로)」도 포함된다.

이는 마치 당신이 포르노 상점에서 일하다가 회심을 하는 것과 같다. 우리 대부분은 진로에 대해 재고하는 것이 좋겠다는 제안에 동의할 것이다 그런데 우리는 왜 다른 거듭난 제자들에게 그렇게 권유하지 않는가? 누군가 (세계 최대의 무기청부업체인) 록히드 마틴이나 인권유린으로 악명 높은 다국적기업들(코카콜라, 네슬, 디즈니, 갭 등)에서 일한다면 어떻게 할 것인가?[16] 많은 사람들-전문인, 부모, 경제학자, 간호사, 장교-이 우리 공동체를 방문해서 그들의 직업에 대해 신선한 질문을 던지면서 성령의 음성이 그들에게 무엇을 말씀하시는지 묻곤 한다. 내가 사형에 관한 책, 「은혜를 처형하다」를 썼을 때 여러 처형 집행자와 감옥 직원들을 인터뷰했는데, 그들은 마음의 갈등을 느껴 그 직업을 떠난 사람들이었다. 그리고 노스캐롤라이나에서는 의사들이 처형에 참여하길 거부하는 바람에 한동안 사형집행이 중지되었다. 그리고 의료 공동체가 그것은 "해를 끼치지 않겠다"는 서약을 위반하는 것이라며 그들을 지지했다. 우리 모두는 먼저 그리스도를 좇는 신실한 제자로 부름을 받았다. 그로 인해 우리의 직업을 잃을지라도.

모든 사람이 동일한 방식으로 반응하는 것은 아니다. 어떤 이들은 집을 포기하고 직장을 떠날 것이고, 또 어떤 이들은 재산을 공동체에 바치고, 마리아와 마르다와 베드로의 가족처럼 손님을 대접하는 집이 될 것이다. 다른 이들은 공동의 재산에서 얼마를 감추고 하나님께 거짓말을 하다가 아나니아와 삽비라처럼 죽임을 당할 것이다. 예수님을 만난 뒤에 모든 소유를 팔았던 마태와 같은 사람들도 있고, 예수님을 만나고 직업을 다시 정립한 삭개오와 같은 사람들도 있다. 그렇다. 모든 사람이 똑같은 방식으로 반응하는 것은 아니지만 우리는 반드시 반응해야 한다. 우리는 하나님의 음성과 고통당하는 이웃의 목소리를 들으며 우리의 소명을 찾아야 한다. 삭개오와 마태는 세상적인 방식에 순응하지 않는 급진적인 방식으로 예수님의 부르심에 응답했다.

이스턴 칼리지 동창 중에 브라이언 스티븐슨이란 친구가 있다. 그는 대학 졸업 후 하버드로 가서 법학을 전공했다. 아프리카계 미국인인 그는 자기가 원하는 직장을 잡고 고액 연봉을 벌 수 있었다. 그러나 앨라배마로 가서 사형수들과 좋은 변호사를 수임할 능력이 없는, 잘못 유죄판결을 받은 기결수들을 변호하기 시작했다. 「타임」지가 그 친구에 관해 보도하려고 그를 찾아갔다. 그가 작은 아파트에 사는 것을 보고 "당신은 왜 이런 변호사가 되길 좋아하는가?"라고 묻자, 그는 "내가 왜 이런 변호사가 되길 좋아하지 않겠는가?"라고 응답했다. 훌륭하다. 그는 현재 평등정의운동(Equal Justice Initiative)을 주도하면서 해방을 도모하는 뜻 깊은 활동을 펼치고 있다. 데스몬드 투투 주교는 최근에 그를 "미국의 젊은 만델라"라고 불렀다.

이곳 켄싱턴에 아톰이라는 친구가 있는데 거창한 말을 사용해서 통역가가 필요할 정도이다. 그는 스물한 살에 박사논문 작업을 시작했던 수재이다. 그런데 심플 웨이에서 친구들과 어울리다가 성경을 읽기 시작했다. 그의 첫 반응은 모든 것을 내려놓은 후 자전거 메신저가 되고 철야기도를 하고 싶은 마음이었다(최근에 그의 어머니가 나를 자기 아들을 망친 사람들 중 하나로 소개했다). 하지만 그는 하나님과 자신의 은사를 추구할수록 그의 소명이 더욱 뚜렷해졌다. 그는 지구촌 이웃의 맥락에서 과학을 공부하면서 깨끗한 물의 부족이 어린이들을 죽이는 주범임을 알았다. 현재 치료 가능한 물 관련 질병으로 매일 2만 여명이 죽고 있다. 경제학자들은 향후 10년 이내에 전쟁과 폭력의 주원인이 석유에서 물로 바뀔 것으로 예측한다. 그래서 아톰은 이 위기를 해결하기 위해 토착 공동체들과 함께 연구하고 일하는 것에 상당한 시간을 바쳤고, 그 모든 것이 필라델피아 도심에서의 소박한 삶에서 흘러나왔다.[17]

최근에 나는 멋진 새로운 차원을 더해주는 또 하나의 물 프로젝트에 관해 알게 되었다. 어떤 사업가들이 산업화된 국가들에서 사는 우리가 생수를 사는데 드는 돈을 다른 쪽으로 돌리면 온 세계에 물을 충분히 공급할 수 있다는 것을 발견했다. 그래서 그들은 생수 사업을 시작해서 그 이익을 토착민과 우물을 파는 일에 사용했다. 그리고 생수병에는 "내가 목마를 때 너희가 내게 마실 것을 주었다"는 글귀가 적혀 있다. 훗날 그들은 어떤 기술자들을 만났는데, 이들이 양수기의 역할을 하는 놀이터 시설을 설계해주었다. 그래서 아이들이 시소와 회전목마에서 놀면 마을을 위해 물을 길어 올리게 된다. 이것이 바로 당신의 열정을 품고 그것을 세상의 고통에 연결시키라는 말을 뜻이다.

얼마 후, 아톰의 누나 레이첼이 심플 웨이에 들어왔다. 그녀는 미국에서 유명한 명문 요리학교를 졸업한 후에 시내의 고급 레스토랑에서 일하고 있었다. 그런데 성경을 읽고 가난한 사람들과 어울리다가 그녀의 재능이 살아나기 시작했다. 그녀는 골목에서 아이들과 함께 과자를 만들었고 거리의 사람들에게 환상적인 식사를 대접했다. 아톰과 레이첼은 계속 그들의 소명을 깨닫는 가운데 다른 사람들을 위해 인생을 사는 평범한 급진주의자들이다.

•

교회로 파송된 선교사

•

우리는 스스로를 가난한 사람들에게 파송된 선교사로 생각한 적이 전혀 없다. 전통적으로는 선교와 선교사를 하나님이 없는 사람들이나 장소로 하나님을 모셔가는 일과 사람들로 생각했다. 그러나 하나님은 어디에나 계시고 항상 우리보다 앞서 가신다. 그래서 선교는 오히려 하나님이 일하시는 곳을 인식하고 그 일에 합류하는 것이다. 하나님이 버린 장소는 없고 교회가 버린 장소만 있을 뿐이다. 우리의 역할은 희망을 펼쳐주고, 꿈을 열어주며, 사람들이 있는 그곳에서 하나님의 말씀을 듣고 그분을 볼 수 있도록 도와주는 일이다. 선교사역을 우리의 삶과 분리된 활동으로 간주하는 사고방식을 탈피할 필요가 있다. 우리의 삶 전체가 선교적 성격을 띠어야 한다. 이제는 선교사역을 어떤 위원회나 행사 또는 단기선교에 국한시키지 말고 선교를 우리의 모든 일과 통합시키도록 하자. 그리고 선교사들을 하나님의 엘리트 팀으로 바라보는 것을 그만두자. 우리 모두가 하나님의 사명을 받은 선교사들이다. 이것이 바로 성경이 '모든 신자의 제사장직'이라 부르는 것이다. 한 친구는 이렇게 말한다. "모든 사람에게 안수를 주고, 모든 사람을 사역자로 부르고, 모든 교인을 교역자 팀으로 초대하자." 각 순간은 영원한 가능성을 품고 있고 잠재력으로 충만하다. 예수님은 단지 가난한 사람들에게 파송된 선교사가 아니었다. 예수님 자신이 가난했다. 나사렛의 불모지 출신의 피난민으로 태어나서, 집 없는 랍비로 세상을 유랑하다가, 폭도와 악당처럼 십자가에서 처참한 죽임을 당했고, 압제적인 제국에 의해 처형되어 빌린 무덤에 장사되었다. 예수님은 가난한 사람들을 도와줬기 때문이 아니라 그들과 한패가 되는 바람에 십자가에서 죽임을 당했다. 이분이 바로 우리가 따르는 예수님이다.

오랫동안 심플 웨이를 후원한 우리의 친구(창립 멤버의 아버지이다)인 한 목사는 이렇게 말했다.

"나는 여러분 모두가 이웃에게 복음을 들고 가는 선교사라고 생각하곤 했다. 그러나 지금은 여러분이 동네에서 복음을 배워왔고 실은 교회로 파송된 선교사란 것을 알게 되었다."

우리 가운데 다수는 가톨릭에 환멸을 느낀 사람들이고, 또 어떤 이들은 복음주의에 대한 실망에서 회복되고 있는 사람들이다. 예전에 사람들이 나에게 우리가 개신교인인지 가톨릭 교인인지 물었을 때는 내가 양자 모두에 실망했기 때문에 "아니오, 우리는 그냥 예수님을 따르는 사람들입니다"라고 대답하곤 했다. 지금은 내가 하나님의 교회가 살아있고 하나가 되기를 갈망하는 만큼 그런 질문을 받으면 그냥 "네"라고 대답한다. 내가 윌로우 크릭에서 처음 만났고 훗날 캄덴으로 이동해서 캄덴 공동체를 시작한 친구, 그리고 나와 함께 「대통령 예수」를 쓴 크리스 호(Chris Haw)는 가톨릭 교인이 되는 여정을 담은 훌륭한 책을 집필했다. 그 제목은 「윌로우 크릭에서 거룩한 마음으로」이다. 그는 현재 미국에서 가장 날카롭고 참신한 신학자 중 하나이다. 그리고 사람들이 나에게 복음주의자인지 물으면, 이 책의 머리말에서 묘사한 것처럼 "물론입니다. 우리는 하나님의 나라를 미친 듯이 전파하기를 원합니다"라고 대답한다.

우리는 우리 자신을 '개척교회'로 여긴 적이 단 한 번도 없었다. 어디를 가든지 교회가 없는 곳이 없다. 우리에게 교회가 더 필요한지 모르겠다. 우리에게 정말로 필요한 것은 '한 교회'이다. '한 교회'가 50개의 교회들보다 낫다고 나는 말한다. 내 어휘에서 '교회들'이라는 복수형을 제거하려고 노력해왔으며, 예수님과 초대 교인들처럼 유일한 교회(the church)로 생각하려고 스스로를 훈련해왔다. 교회에 대한 비유들도 한 몸, 한 신부 등 언제나 단수형이었다. 어떤 설교자가 진땀을 흘리며 "우리는 한 몸으로 연합해야 합니다. 예수님이 돌아오실 때 여러 첩들이 아니라 한 신부를 맞으러 오실 것이기 때문입니다"라고 말했던 것이 기억난다. 그래서 우리는 우리 동네에서 예배를 드린다.

우리 가운데 몇 사람은 루터파 교회에, 또 몇 사람은 이글레시아 델 바리오(이웃의 교회)에 출석한다. 다수는 '써클 오브 호프'[18]라 불리는 형제 교회 소속 셀 교회에 몸담고 있는데, 이는 우리가 210평 규모의 버려진 창고를 보수하여 주일 저녁마다 예배를 드리는 곳이다. 또 어떤 이들은 가톨릭교도라 미사에 참석하고, 가톨릭교도가 아닌데도 미사에 가는 사람들도 있다. 우리는 근처의 장로교회

또 다른
삶의 방식

건물에서 숙제 클럽을 운영하고 성공회 교회에서 방과 후 프로그램을 꾸려나가고 있다. 루터파 교회는 우리가 큰 규모로 철야집회를 할 수 있도록 샤워시설을 설치했다. 우리 중 몇 사람은 가톨릭 노동자 단체가 운영하는 무료진료소에서 일하고, 또 몇 사람은 '새 예루살렘'[19]이라 불리는 약물중독회복 사역을 하는 자매단체와 협력한다.

우리는 한 몸, 대가족처럼 느껴진다. 우리는 몇 달에 한 번씩 '축하의 밤' 또는 '애찬식'을 열어 음식을 먹고 서로의 이야기를 나누고 찬양을 하며 하나님께서 우리 가운데서 하고 계신 일을 기뻐한다. 그리고 일 년에 한 번씩 온 가족 재회를 개최한다. 운동가형 신학자들, 새로운 수도자들, 학생들, 옛 친구들, 유랑 전도자들, 혁명가들, 일반적인 옛 그리스도인들 등이 모두 모이는 굉장한 집회이다. 그런데 최근에는 한동안 개최하지 못했다. 이제 모일 때가 된 것 같다. 지역별 모임과 전국 모임은 이따금 개최하지만, 이제는 규모가 너무 커져서 요즘에는 다른 집회들과(예. 크리스천 지역사회 개발 협회) 나란히 모이는 경우가 많다. 하지만 이런 집회들로부터 「공동기도문」과 같은 프로젝트들이 태어났다.[20] 그리고 새로운 공동체들이 많이 탄생했고 우리의 도움으로 결혼하게 된 커플들도 있다. 이들 모두가 한 몸을 이루는 유기적 세포조직들이다. 우리는 예수님이 기도하셨듯이 서로 하나가 되도록 계속 서로를 위해 기도한다. 기성교회의 신실한 제자들과 하나가 되도록, 지하교회의 신실한 제자들과 하나가 되도록, 고대의 교회와 하나가 되도록, 모두 한 교회가 되도록 기도한다. 세상에 정말로 필요한 것은 '더 많은 교회들'이 아니라 '한 교회'이다.

•

새로운 문화

•

우리가 급진주의자로 회심할 때마다 사람들은 우리가 세뇌를 당하거나 사교(邪敎)에 빠지고 있다고 우려의 목소리를 높인다. 그런데 실은 우리 문화에 몸담은 모든 사람이 세상의 소음과 쓰레기에 깊이 오염되어서 우리 모두 깨끗이 씻겨야 한다. 우리의 지성이 새롭게 되고 말끔히 정돈되어 다시 자유롭게 꿈꿀 수 있어야 한다. 새로워진 마음, 정돈된 마음이 필요하다. 그리고 '사교'(cult)라는 단어가 '문화'(culture)와 어원과 동일하다는 사실을 잊지 말자.

그래서 우리는 UFO의 착륙을 기다리거나 집단자살을 준비하거나 살상무기를 비축하는 것이 아니라 대안 문화를 만들고 있는 중이다. 이는 단지 지배 문화에 반발하는 반(反)문화가 아니다. 우리는 지금 새로운 문화를 만들어가고 있다. 여러 면에서 이것은 민족주의보다 더 넓고 더 지속가능하고 덜 '부족적'이며, 오늘의 교회를 오염시키는 시민종교라는 사교보다 훨씬 덜 위험하다. 그리고 제국적인 사교는, 자기네를 죽이는 망상에서 해방시킬 모든 진리에 대항해 튼튼한 요새를 쌓는 가운데 무기를 비축하고 집단자살의 날을 기다리는 악명 높은 사교들에 훨씬 더 가까운 편이다. 이런 사교들은 곧 사막의 모래 제단과 정글의 제단 위에 맘몬과 폭력의 우상들에게 계속 피의 제물을 바치고 있다. 「대통령 예수」는 그리스도인들이야말로 하나님의 거룩한 반(反)문화 공동체가 되어 세상에 사랑의 공동체가 어떤 모습인지 보여줘야 한다는 것을 역설하는 책이다. 이 책은 정치적 상상력을 다루고 있고 하나님의 특이한 백성이 되는 것이 무슨 뜻인지를 설파한다.

우리 공동체는 어린 양의 피를 마시지 않고 동물을 제물로 바치지 않는다는 것을 알리기 위해 신앙고백서를 갖고 있다. 대부분의 교회들과 공동체들 역시 정통 신앙을 진술하는 신앙고백서를 갖고 있지만 보통은 거기서 끝난다. 우리에게는 믿음이 하나의 출발점일 뿐이다. 정말로 중요한 것은 우리가 어떻게 사는가, 우리의 믿음이 어떻게 구현되는가 하는 것이라서 우리는 정통행습도 갖고 있다. 바로 이것이 대부분의 신앙 지향적 공동체들이 놓치고 있는 부분이다. 그들은 단지 자기네가 믿는 신조들만 말할 뿐 그들의 믿음이 그들의 생활방식에 어떤 영향을 끼치는지는 말하지 않는다.

교리를 갖고 있는 것만으로는 충분치 않으나 우리가 믿는 신조는 그래도 매우 중요하다. 정통교리는 중요하고, 우리 주변에는 엉성한 신학도 종종 눈에 띈다. 요즘 내가 사용하는 말은 우리는 '오직 믿음'을 넘어설 필요가 있다는 것이다. 그래서 예수님이 이런 말씀을 하신 것 같다. "내가 너희에게 이르노니 너희 의가 서기관과 바리새인보다 더 낫지 못하면 결코 천국에 들어가지 못하리라"(마 5:20). 전통적으로, 많은 기독교 공동체는 신조와 신앙의 행습을 모두 설명하는 '삶의 규칙'을 갖고 있다. 우리가 신앙 공동체에 소속한다는 것이 무슨 뜻인지를 생각할 때 그런 규칙에 관해 생각하는

믿음은
행동이 증명한다

것이 유익하다. 이 때문에 종교적 공동체에 정회원이 되는 데 몇 년
이 걸리는 경우가 있는 것이다. 우리 사회에서는 거의 전적으로 신
조에만 초점을 맞추고 있다. 우리가 직면한 도전은 올바른 생각만
이 아니라 올바른 삶이기도 하다. 우리가 공동체로, 가족으로, 개인
으로서 예수님을 좇는다는 것이 무슨 뜻인지를 생각하면서 믿음의
항목과 실천을 통합하는 삶의 규칙을 만드는 일이 필요하다. 우리
가 믿는 본질적인 신조와 신앙의 행습은 무엇인가?

새로운 문화를 창조한다는 점에서 우리는 지금 '공동체들의 공
동체'의 일부인데, 이는 전국에 퍼져있는 풀뿌리 단체들과 의도적
공동체들과 환대의 집들을 서로 연결시키는 하나의 그물망이다.
우리는 이런 단체들을 서로 연결시키려고 많은 일을 해왔다. 이는
하나의 브랜드를 만드는 것을 넘어 하나의 운동을 세우기 위한 것
이다. 그리고 수년 동안 전 세계에서 글을 기고하는 문학적 협동조
합과 같은 잡지("Conspire")를 발간해왔다. 우리의 친구 데이비드 잔
젠은 원로들로 구성된 공동체 양육 프로젝트를 개발해서 신생 공
동체들과 기존 공동체들을 돕고 있다. 그리고 우리는 이따금 다함
께 모이는 큰 집회를 연다. 페이스북, 트위터, 또는 우리 웹사이트
(www.thesimpleway.org)를 통해 계속 접촉하길 바란다. 그 가운데 다수
는 우리 공동체보다 더 오래 되었고, 일부는 이제 막 탄생했다. 내
가 어디서 강연을 하든지 청년들이 나와서 눈을 반짝이며 "우리도
똑같은 꿈을 꾸고 있었어요!"라고 말한다. 우리는 복음을 누구나
실천할 수 있는 삶의 방식으로 만들려고 노력하고 있다.

우리가 오늘날 발생하는 일을 이해하는데 도움을 준 것은 옛날

수도원 운동이다. 과거에 제자의 정체성을 거의 잃어버렸던 시기에 성령께서는 언제나 소수의 집단을 밖으로, 광야로, 사막으로, 또는 제국의 버려진 땅으로 이끌어내셨다는 것을 알았다. 지혜로운 할머니의 하나인 마가렛 수녀는 "도심지는 오늘날의 사막이다"라고 말하곤 한다. 버려진 장소에서 우리는 하나님과 공동체를 발견한다. 우리는 부활을 실천한다. 우리는 기적을 보고 마귀와 싸운다. 그리고 고대의 사막과 마찬가지로, 도심의 광야는 성자들과 온갖 불량배와 부적응자들로 가득하다. 선과 악이 날마다 싸우는 마법의 장소이다. 그래서 우리의 자매 공동체인 노스캐롤라이나의 루트바 하우스(Rutba House)는 일종의 수도원 규칙을 만들기 위해 모임을 결성해서 오늘날의 성령운동에서 보게 되는 믿음과 실천의 공통분모를 명료하게 설명했다.[21] 이는 그 무엇에서 도망치는 것이 아니라 새로운 어떤 것을 향해 춤추며 나아가는 것이며, 가톨릭 노동자 단체가 말하듯이 "옛 조개껍질 안에 새로운 사회를 건설하기 위한 것"이다. 선한 삶을 살기가 더 쉬운 문화를 창조하는 것이 목적이다.

•

회심을 위한 학교

•

몇몇 보수적인 복음주의자들이 '회심'이란 단어를 독점한 것은 무척 유감스럽다. 우리 중에는 그 단어만 들어도 고개를 흔드는 사람들도 있다. 그러나 회심은 '변하다', '바뀌다'라는 의미이다. 회심 이후에는 개조된 승합차나 환전된 화폐처럼 어떤 것의 모습이 이전과 달라지는 것이다. 우리에게는 최상의 의미에서의 회심자들이 필요하다. 곧 마음과 상상력이 새롭게 된 사람들, 이 세상을 파괴하는 풍조를 더 이상 따르지 않는 사람들이 필요하다. 그렇지 않으면 우리에게 신자들만 남을 것이다. 오늘날 신자들은 너무도 흔하다. 세상에 필요한 것은 또 다른 세상을 너무나 믿는 나머지 그 세상을 지금 재현하지 않고는 못 배기는 사람들이다.

그러면 우리는 진짜로 개조된 승합차, 즉 디젤 대신 식물성 기름으로 움직이는 차량을 보기 시작할 것이다. 그러면 우리는 개조된 집, 즉 재생 가능한 에너지를 연료로 사용하고, 고정식 자전거의 동력으로 작동하는 세탁기, 더러운 싱크대 물을 사용하는 변기를 보게 될 것이다. 그러면 우리는 칼을 쟁기로 만들고, 자동소총을 녹여 색소폰을 만들고, 경찰이 진압용 곤봉으로 야구를 할 때, 모든 눈물이 웃음으로 변하는 모습을 보게 될 것이다. 선지자들(이사야 2장과 미가 4장)은 회심의 통쾌한 모습을 이렇게 그렸다. 하나님의 백성이 "칼을 쳐서 보습을 만들고 그들의 창을 쳐서 낫을 만들며" 나라들이 싸움을 그치고 "다시는 전쟁을 연습하지 않는" 모습이다. 이는 너무도 가슴 벅찬 비전이라서 우리가 기다릴 필요가 없다고 생각했다. 그래서 몇 년 전 우리는 대장장이들과 용접공들을 모아서 무기를 전환시키는 작업, 곧 무기를 기구로 바꾸고 죽음의 도구를 생명의 도구로 전환시키는 일을 했다. 처음에는 AK47 소총으로 시작했다가 지금은 온갖 무기를 바꾸는 작업을 실행했다. 그림과 비디오는 www.rawtools.org에서 볼 수 있다. 여러분이 우리에게 권총을 보내주면 우리가 도구를 만들어 보내주겠다.

설사 온 세계가 부활을 믿는다고 해도 우리가 부활을 실천하기 전에는 변할 것이 별로 없을 것이다. 우리가 심폐소생술을 믿을 수 있으나, 누군가 사람들의 몸에 새로운 생명을 불어넣지 않으면 사람들은 죽은 상태로 있을 것이다. 그리고 우리는 죽음 이후에 삶이 있다고 세상에 전할 수 있으나, 세상은 죽음 이전에 삶이 있는지 의아해 하는 것 같다.

우리가 전하는 말 때문이 아니라 우리가 살아가는 모습 때문에 사람들에게 일어나는 그런 종류의 회심이 있다. 그리고 우리가 치르는 작은 진리의 실험이 회심을 도모하는 학교가 되어, 사람들이 옛 생활은 사라지고 새로운 삶이 도래한다는 것이 무슨 뜻인지를 배우고 또 더 이상 멸망으로 향하는 넓은 길을 택하지 않는 일이 가능해진다. 회심은 일회적 사건이 아니라 하나의 과정, 즉 문화의 손아귀에서 우리가 천천히 벗어나는 과정이다.

•

오늘날 선한 사마리아인이 된다는 것

•

우리가 손님대접을 실천하다 보면 주변의 고통당하는 사람들로 인해 세상을 재구상하는 데 무엇이 필요한지를 물을 때가 온다. 우리는 "배고픈 사람에게 물고기를 주면 하루의 끼니를 해결할 수 있지만 고기 잡는 법을 가르치면 평생의 끼니를 해결할 것이다"라는 말을 들은 적이 있다. 그런데 우리의 친구 존 퍼킨스는 한 걸음 더 나아가야 한다고 도전한다. 몇 년 전 퍼킨스 박사와 나는 「나를 좇아 자유에 이르라」는 책을 함께 썼다. 그는 "문제는 아무도 호수의 주인이 누군지를 묻지 않는다는 것"이라고 말한다. 우리가 경제 문제를 고려해보면, 우리 가운데 어떤 이들은 사람들에게 고기를 줄 것이고, 또 어떤 이들은 고기 잡는 법을 가르칠 것이다. 그러나 어떤 사람들은 누가 호수를 소유하고 있는지, 누가 호수를 오염시키는지도 살펴봐야 한다. 이런 것도 우리의 생존에 꼭 필요한 질문들이기 때문이다. 우리는 호수 주위에 세워진 울타리를 헐고 모든 사람이 그 호수에 접근할 수 있도록 해줘야 한다. 호수에는 우리 모두에게 필요한 물고기들이 충분히 있기 때문이다.

우리 모두가 사람들에게 양식을 주고, 사람들에게 고기 잡는 법을 가르치고, 호수의 문들에 돌진하게 될 것은 아니지만, 이런 일들을 하나로 묶는 것이 중요하다는 것을 나는 깨달았다. 만일 내가 매주 사람들을 먹이는 일만 하고 왜 사람들이 굶주리는지에 대해 무언가를 하지 않는다면 점점 피곤해질 것이다. 그리고 만일 내가 사회변동, 정책, 입법 등을 위해 싸우기만 하고 이웃과 함께 음식을 먹고 누군가의 눈물을 닦아주거나 아이들의 숙제를 도와주지 않는다면 점점 피곤해질 것이다. 거시적 차원과 미시적 차원은 음과 양과 같이 함께하는 관계이다.

어느 노숙자 엄마가 우리에게 가난의 문제를 다루는 것과 가난을 끝장내는 것은 큰 차이가 있다고 말한 적이 있다. "가난의 문제를 다루는 것은 큰일입니다. 가난을 끝내는 것은 혁명적인 일입니다." 지금까지 교회는 글로벌 시장 경제를 옹호하면서 그 제도의 피해자들을 돌보기만 했다. 우리가 무비판적으로 시장 경제의 부수적 피해만을 관리하는 한, 세상은 계속 피해자를 낳을 수 있다. 하지만 본회퍼는 당시의 불의의 시대를 살면서 이렇게 말했다. "우리는 불의의 바퀴에 깔린 사람들의 상처만 싸매줄 것이 아니라 바퀴 자체에 멈춤대를 꽂아야 한다."

그것은 마치 공동체에서 수십 명이 한 화장실을 사용할 때 변기의 물이 넘치는 상황과 같다. 변기의 물이 넘치기 시작하면 바닥을 닦기만 해서는 안 된다. 흘러넘치게 하는 그 물을 차단해야 한다. 이런 것은 다함께 일할 것을 요구한다. 홀로 할 수 없는 일은 다함께 할 수 있다는 것을 시인하는 겸손이 필요하다. 우리가 약물중독자들이 중독에서 회복되도록 돕는 일을 제대로 못 했을 때는 한 발짝 물러서서 "뭐 당연하지. 우리 중에 마약중독자가 없으니까"라고 말했었다. 그래서 우리는 우리에게 가르칠 것이 많은 친구들을 사귀기 시작했다.

혼자 있으면 우리는 일부밖에 보지 못한다. 그러나 여럿이 함께 하면 성경이 말하는 대로 사랑이 우리 가운데서 완성된다(요일 4:17). 우리의 자매단체 중 하나는 이곳 필라델피아에 있는 '새 예루살렘'인데, 마약과 알코올 중독에서 회복되고 있는 사람들로 구성되어 있다. 그들은 약물중독뿐만 아니라 우리 자신의 중독과 회복에 대해서도 많은 것을 우리에게 가르치는 중이다. 질병을 일으키는 원인을 보지 않으면 환자를 이해할 수 없다고, 죄는 개인적인 것이고 또 사회적인 것이라고 가르쳐주었다. (그들은 "마약의 정치"와 마약 산업의 복잡성에 관해 가르친다.) 사람들이 가난한 까닭은 그들의 죄 때문만이 아니라 우리의 죄 때문이기도 하다(그리고 사람들이 부유한 까닭도 우리의 죄 때문이다). '새 예루살렘' 공동체의 벽에는 이런 문구가 걸려있다. "우리가 병든 우리를 회복시킨 사회를 돕기 전에는 우리가 완전히 회복될 수 없다!"

　당신이 당신의 친구들이 마약중독으로 쇠약해지는 모습을 볼 때 도대체 마약이 어디서 유입되는지 묻기 시작할 것이다. 그것은 단지 골목의 아이들에게서 오는 것이 아니다. 우리는 문명의 역사에서 가장 큰 감옥의 모습, 2백만 명의 시민을 가둔 그 모습을 응시하게 된다. 대량 투옥은 우리 시대의 가장 시급한 정의의 이슈 중 하나가 되었다. 우리의 실정은 이렇다. 미국은 세계 인구의 5퍼센트인데 투옥된 죄수는 세계의 수감 인구의 25퍼센트에 달한다. 현재 투옥되었거나 사법적 구속을 받는 아프리카계 미국인의 수는 1850년의 노예들보다 더 많다. 한 사람을 감방에 유치하는 것은 한 아이를 학교에 보내는 것보다 돈이 네 배나 더 든다. 감옥 시스템을 유지하는데 매년 690억 달러가 소요된다. 과거에 필라델피아 학교들이 파산해서 예산을 모두 합치면 3억 달러가 되는 수십 개의 학교가 문을 닫았을 때, 도시 외곽에 4억 달러짜리 감옥을 짓고 있었다. 흑인 세 명당 한 명이 사법적 구속을 받고 있다. 그런데 한 사람이 유죄판결을 받지 않는 한 노예제와 강제노역이 불법이라고 명시한 헌법수정조항 제13조가 과연 효력을 발휘하고 있는 것인지 의심스럽다.

미셸 알렉산더의 「새로운 짐 크로우」와 더글라스 블랙몬의 「또 다른 이름의 노예제」와 같은 많은 책들은 노예제가 끝나지 않았고 진화했을 뿐임을 보여준다. 오늘날 투옥된 죄수의 절반은 경제나 마약 산업과 연루된 범죄로 갇힌 사람들이며, 이들은 시간당 23센트를 버는 일을 하던 사람들이었다(노조 노동자가 시급 20달러를 받는 것과 비교해보라.) 기업 전문가들은 죄수들이야말로 거의 아무 일도 하지 않기 때문에 수익성이 가장 높은 근로자들이라고 말한다. 죄수들은 얼마든지 위생과 관련된 일에 투입되어 수백 명의 일자리를 빼앗을 수 있는 상황이다. 이미 많은 기업들-AT & T, 스타박스, 마이크로소프트, 레블론, 보잉, 타킷, 빅토리아 시크릿 등-이 죄수들을 고용했다. 무척 거슬리는 사실은 군대가 죄수 노동을 계약한 최대의 계약자 중 하나라는 것이다. 죄수들은 전쟁 장비를 만드는데, 심지어 (이라크에 사용된) 패트리어트 미사일의 부품과 헬멧, 탄약 벨트, 군복, 군목의 의복까지 만들고 있다. (이에 대해서는 Prison Profiteers: Who Makes Money from Mass Incarceration을 참고하라.)

그런즉 죄수들은 빅토리아 시크릿의 속옷부터 스타박스의 커피 포장까지 온갖 일을 해왔다. 영화제작자 마이클 무어는 '다운사이즈 디스'에서 이런 구역질나는 추세를 지적했다. 우리는 공장들을 폐쇄하고(필라델피아에만 버려진 공장이 700개나 된다), 사람들은 일자리를 잃을 것이고, 다수는 어쩔 수 없이 범죄로 눈을 돌리거나, 마약이나 매춘이나 지하시장과 같은 대체 산업을 주목하게 될 것이다. 그러면 우리는 그들을 가두고 공장을 열어 그들을 고용해서 그들이 예전에 할 수 있었던 일을 시키고, 지금은 하루에 1달러를 지불하게

믿음은
행동이 증명한다

될 것이다. 현실에서 멀지 않은 이야기다.[22]

우리는 아이들에게 서로 때리지 말라고 가르치는데, 아이들은 정부가 변화를 일으키기 위해 폭력을 사용하는 모습을 보게 된다. 따라서 우리는 세상이 주는 평화와는 다른 평화를 증언하는 예수님 말씀(요 14:27)의 뜻을 곰곰이 생각하게 된다. 우리는 폐쇄되는 바람에 무려 20만 명이 일자리를 잃었던 옛 산업단지의 잔해에서, 그리고 지금은 700개의 공장이 버려진 지역에 살면서 통합된 지구촌 경제에 대해 의문을 제기하기 시작한다. 특히 이곳에서 우리의 이웃을 학대했던 그 기업들이 해외의 다른 '이웃들'을 학대하는 모습을 볼 때가 그러하다. 마틴 루터 킹 박사는 이렇게 말했다. "우리는 인생의 길에서 선한 사마리아인의 역할을 하라는 부름을 받았습니다…그러나 어느 날 우리는 이웃들이 계속 폭행과 강탈을 당하지 않도록 여리고로 가는 모든 길을 바꿔야 한다는 것을 깨달아야 합니다. 진정한 연민은 거지에게 동전을 던져주는 것 이상입니다. 그것은 거지를 낳는 제도를 재편성해야 한다는 것을 깨닫는 것입니다. 우리는 선한 사마리아인이 되라는 부름을 받았습니다. 그러나 당신이 아주 많은 사람들을 웅덩이에서 끌어낸 뒤에는 여리고로 가는 모든 길을 다시 포장할 필요가 있지 않을까 하고 묻기 시작하게 됩니다."[23]

Chapter 6

거듭남의
경제

-
-
-

중개인의 입장

얼마 전, 몇 친구와 나는 교회와 예수님의 제자가 되는 것이 무슨 뜻인지에 대해 매우 부유한 기업인들과 이야기를 나누고 있었다. 한 비즈니스맨이 "나는 예수님을 따르는 것의 의미에 대해 줄곧 생각하다가 이것을 만들었습니다"라고 털어놓더니 소매를 걷어붙이고 팔찌를 보여주었다. WWJD(예수라면 어떻게 할 것인가?)라는 글자가 새겨진 주문 제작된 순금팔찌였다. 어쩌면 우리도 이 사람에 공감할 수 있다. 예수님을 따르려는 진지한 열망, 우리 문화의 물질주의에 사로잡힌 모습, 그리고 그 열망을 왜곡된 형태로 표출한 것을.

　겹겹이 쌓인 절연체들이 부유한 사람과 가난한 사람의 진정한 만남을 차단한다. 높은 담벼락과 SUV차량과 같이 명백한 것들도 있고 자선처럼 미묘한 것들도 있다. 십일조, 면세용 기부금, 단기 선교여행 등은 어느 정도의 유익을 주는 한편, 우리의 양심을 달래면서 가난한 사람들로부터 안전거리를 유지하게 해주는 출구의 역

믿음은
행동이 증명한다

할을 하기도 한다.

다음과 같은 사례를 생각해보라. 월마트에서 해마다 3억 달러 이상의 매출을 올리는 캐시 리(Kathie Lee)의 옷들은 온두라스 착취공장의 열악한 환경에서 십대 소녀들이 만든다는 사실이 밝혀졌다. 13세의 소녀들은 무장 경비원의 감시 아래 하루 15시간씩 일하며 시간당 31센트의 임금을 받았다. 그런데 큰 아이러니는 그들이 만든 옷들에 "이 옷의 판매수익금 일부는 어린이 자선단체들에게 기부될 것"이라는 딱지가 붙어있다는 사실이다. 최근에는 캐시 리가 노동자들의 권익을 옹호하는 인물로 알려졌다. 자선은 위험한 절연체일 수 있다.

우리가 가난한 사람을 객체화하면 훨씬 편안해질 수 있다. 그러면 어떤 사람들은 침실이 남아도는 넓은 집에 살고 누군가는 거리에서 새우잠을 자는, 인간이 만든 재난에 대해 책임감을 느끼지 않아도 되기 때문이다. 우리는 자원봉사자로 일하거나 남는 음식과 의복을 자선단체에 기부하면서 우리 집과 침대와 식탁은 절대로 개방하지 않을 수 있다. 장차 우리가 천국에 가면, 예수께서 마태복음 25장에서 말씀하신 대로, 우리 가운데 있는 가장 작은 자들을 어떻게 돌봤느냐에 따라 양과 염소로 나뉠 것이다. 그때 예수님이 "내가 배고플 때 너희가 자선단체에 돈을 기부해서 그들이 나를 먹였다"라고 말씀하시거나 "내가 벌거벗었을 때 너희가 자선단체에 의복을 기부해서 그들이 나를 입혔다"라고 말씀하실까? 예수님은 자선이라는 거리감 있는 행위를 찾지 않으신다. 그분은 구체적인 사랑의 행위를 찾으신다. "내가 주릴 때에 너희가 먹을 것을 주었고… 내가 나그네 되었을 때에 너희 집으로 영접하였고, 내가 헐 벗었을 때에 옷을 입혔고… 내가 옥에 갇혔을 때에 와서 보았느니라."

정부의 보조금과 종교단체의 후원을 받는 사회복지 모델은 교회를 효율성의 함정에 쉽게 빠트릴 수 있다. 즉, '고객'과 '공급자'의 그물망을 통해 서비스와 자원을 중개하는 것의 효율성이 빠져서 우리가 속한 하나님의 중생의 비전을 보존하기 어려워질 수 있는 것이다. 나는 사회복지사들을 매우 존경한다. 그러나 나는 예수님이 그의 사회복지 과정을 밟는 일부 학생들을 '직업상의 거리'로 인해 낙제시켰을 것으로 생각한다. 내 경험상, 생명력을 주는 구속적인 순간은 우리 집의 저녁식탁에서, 즉 우리가 서비스만 제공하는 게 아니라 선을 넘어 실제로 친구가 되는 곳에 도래한다. 물론 경계선을 긋고 지혜가 필요한 경우도 있다. 최근에 내가 만난 훌륭한 사회복지사는 가족 여행에 '고객들'을 데려갔을 때 백 번의 상담보다 더 큰 변화를 초래했다고 한다. 신앙적인 비영리단체들 역시 세속 단체들의 모습을 반영하여 똑같은 권력의 위계질서를 유지하고 가난한 자와 부유한 자를 격리시킬 수 있다. 그들 역시 그저 물품과 서비스의 교환만 촉진시키고, 부유한 사람들이 가난한 사람들의 얼굴을 직면하지 않고 권력 이동이 발생하지 않도록 보장하기 위해 그 사이에 수많은 전문가들을 끼워 넣을 수 있다. 부유한 사람들과 가난한 사람들은 계속 격리되고, 불평등의 문제는 신중하게 다루지만 해결되지는 않는다.

교회가 유기적 공동체가 되지 않고 이런 중개 장소가 될 때는 생명력을 잃어버린다. 교회는 그 본연의 정체성, 곧 그리스도의 살아 있는 신부가 되기를 멈춘다. 그 대신 부자들이 물품을 쏟아놓으면 가난한 사람들이 주워가는 일종의 분배 센터가 되고 만다. 양쪽 모두 만족을 얻고 돌아가지만 어느 쪽도 변화되지 않는다. 따라서 급진적인 새로운 공동체가 형성되지 않는다. 그리고 예수님은 어떤 프로그램을 만들지 않았고, 하나님의 통치가 구현된 삶의 방식, 곧 사람들이 서로 화해하고 우리가 우리의 빚진 자들을 용서하듯이 우리의 빚도 용서받는(모두 경제적인 언어이다) 그런 공동체의 본보기를 보여주셨다. 하나님의 통치는 조직의 정립이나 구조적 시스템을 통해 확산되지 않았다. 그 통치는 전염병처럼 피부접촉과 호흡과 삶을 통해 확산되었다. 사랑에 감염된 사람들을 통해 퍼져나갔다.

　종종 부유한 사람들이 나에게 그들이 심플 웨이를 위해 무슨 일을 하면 좋겠느냐고 묻는다. 내가 그들에게 수천 달러를 요청할 수 있지만 그것은 양편 모두에게 너무 쉬운 일일 것이다. 그래서 그들에게 방문해달라고 요청한다. 우리가 기부금을 내면 기분이 좋아지고 우리가 가난한 사람을 사랑했다고 착각하기 쉽다. 길거리에서 구걸하는 거지들을 대할 때도 마찬가지다. 우리가 부담감을 덜려고 몇 달러를 줄 수 있지만, 그것은 사랑이 아니다. 만일 사랑이라면 값싼 사랑일 뿐이다. 사랑은 상호관계를 요구하고 책임감을 수반한다. 1달러를 던져주는 것 이상이다. 사랑은 우리가 관여한다는 것을 의미한다. 하지만 만일 당신이 우리에게 백만 달러(또는 백달러)를 주고 싶다면, 우리는 당신의 관대한 선물을 받을 것이다. 우리는 당신과 관계를 맺고 싶지만 누구에게서도 베풂의 기쁨을 빼앗고 싶지는 않다. 그러므로 우리는 당신의 기부금을 받겠지만 돈보다도 당신의 마음을 원한다 (www.thesimpleway.org/donate). 그러나 우리가 무허가 주택과 천막촌과 굶주린 아이들을 직접 본다면 우리의 삶이 변화될 것이다. 그러면 다시 태어나는 경제를 꿈꾸며 가난을 종식시키고 싶은 갈망을 품게 되리라.

•

가난한 자들은 항상 너희와 함께 있을 것이다

•

우리가 부유한 사람들에게 가난을 끝장내는 것이 하나님의 뜻이라고 얘기하면 어떤 사람은 "그런데 예수님은 가난한 자들이 항상 너희와 함께 있을 것이라고 말씀하지 않았습니까?"하고 반문한다. 성경에는 가난한 자에 대한 하나님의 관심을 언급하는 구절이 이천 개도 넘는데, 이 구절이 가장 많이 인용되는 것들 중의 하나이다. 잠시 후 우리가 이 구절을 살펴보겠는데, 예수님이 신명기 15장을 인용하고 있다는 점을 주목할 필요가 있다. 그 대목은 "너희 중에 가난한 자가 없으리라"는 하나님의 말씀으로 시작해서 "가난한 형제가 너와 함께 거주하거든…"으로 이어진 후, 끝으로 "땅에는 언제든지 가난한 자가 그치지 아니하겠으므로"라고 마무리된다. 하나님은 마땅히 이뤄져야 할 상황에서 죄로 물든 세상의 현실로 이동하시는 것이다. 그런데 이후에 나오는 대목은 어떻게 우리가 가난한 자를 돌보고, 열린 손으로 우리의 소유를 붙잡고, 가난한 자들을 보살필 시스템을 만들지에 관해 다룬다. 여기서 하나님의 뜻은 아무도 가난하지 않는 것이라고 분명히 밝히고 있고, 그날이 올 때까지는 그리스도께서 가난한 자들 사이에 계셨듯이 우리도 가난한 자들 사이에 있을 것이라고 말한다.

　이 구절을 휙 뽑아내는 많은 사람은 가난한 자들에게서 차단되어 있고 방어적인 태도를 취한다. 나는 보통 "가난한 자들이 어디에 있습니까? 그들이 우리 가운데 있습니까?"라고 부드럽게 묻곤 한다. 그러면 대체로 부정적인 대답이 들려온다. 우리는 성경을 공부할 때 우리가 듣고 싶은 말씀만 듣기 위해 얼마나 많은 구절들을 잘못 읽고 상황화하고 해석했는지 모른다. 그 대표적인 예가 가난한 사람들이 항상 우리 가운데 있을 것이라는 이 말씀, 곧 예수님이 한 문둥병자의 집에 있을 때 소외된 가련한 여자가 그의 발에 값비싼 향유를 부은 후에 하신 이 말씀이다. 예수님의 주변에는 늘 가난한 사람들이 있었다. 이는 가난한 자들이 항상 우리 가운데 있을 테니까, 예수님이 패배감에 빠져 우리가 가난한 자에 대해 염려할 필요가 없다는 뜻이 결코 아니고, 오히려 예수님이 교회를 향해 참된 정체성을 회복하라고, 즉 고통당하는 자들과 가까이 살라고 촉구하고 계신다. 가난한 사람들은 항상 우리와 함께 있을 것이다. 왜냐하면 거대한 제국이 항상 가난한 사람들을 양산할 것이기 때문이다. 그러나 그들은 교회 안에서 집을 찾을 것이고, '주리는 자를 좋은 것으로 배불리며 부자는 빈손으로 보내는' 하나님의 나라에서 시민권을 얻을 것이다.

　간디는 "당신은 크리스천입니까?"라는 질문을 받을 때 종종 "가난한 사람들에게 물어보십시오. 그러면 누가 크리스천인지 말해줄 것입니다"라고 답했다고 한다. 마더 테레사는 언젠가 "가난한 자들에 관해 얘기하는 것은 유행이지만 가난한 자들에게 얘기하는 것은 유행이 아니다"라고 말했다. 내가 문제로 삼는 바는, 정의에 관해 얘기하는 것은 유행일지 모르나, 그래도 많은 사람이 불의의 영향을 받고 있다는 사실을 개인적으로 모른다는 것이다. 우리가 안전한 거리를 둔 채 정의에 관한 집회는 열 수 있어도 우리 가운데 불의의 영향을 가장 많이 받는 이들의 목소리는 듣지 않을 수 있다. 인신매매에 관해 관심은 표명해도 변두리 인생과 진정한 관계는 맺지 않을 수 있다. 인종차별의 문제에 관해 얘기하면서도 여전히 백인만 있는 교회에서 예배드릴 수 있다. 진정한 정의는 더 깊이 들어간다. 그런 정의는 우리를 변화시키고, 우리를 한밤중에 잠들지 못하게 하고, 우리의 심장에 고통을 주고 영혼 깊숙한 곳에서 눈물을 흘리게 한다. 우리는 학대받는 이들을 개인적으로 알기 때문이다. 심지어는 우리가 그들을 치려고 달려드는 것을 막으려고 우리 몸을 던지다가 감옥에 가거나 그들과 함께 고통을 당할 수도 있다.

•

소박함이 너무 복잡하다

•

"다른 사람들도 소박하게 살 수 있도록 소박하게 살아라"는 말이 있다. 소박함은 요즘 인기가 많다. 그래서 나는 소박한 삶에 대해 강연해달라는 초대를 늘 받고, 강사료도 상당히 많이 받는 편이다! 사람들이 소박함에 대한 책을 써서 많은 돈을 벌기도 한다. 참으로 이상한 현상이다. 진보적인 사람들 중에는 가난과 불의에 대해 얘기하지만 가난한 사람은 거의 만나지 않고, 사회적 책임에 대해 초연한 채 안락한 소비를 즐기며 사는 이들이 많다. 크리스천들 중에도 하나님이 가난한 자들에게 얼마나 관심이 많은지를 얘기하면서도 가난한 사람을 하나도 모르는 사람이 많다. 고급 요리를 먹으면서 가난에 대해 논하는 것보다 더 욕지기나는 것은 없다. 언젠가 세계 기아문제에 대해 의논하자는 토론회 초대장에 '뷔페식사 제공!'이란 문구가 적힌 것도 본 적이 있다.

소박한 삶이 너무도 복잡해지는 것은 참으로 유감스럽다. 책임 있는 삶은 종종 특권에 대해 의문을 제기하기 때문에 하나의 역설이다. 요즈음에는 친환경적으로 살려면 많은 돈이나 땅이 필요하다. 내 이웃들은 유기농 식품을 먹지 못한다. 그들 대부분은 웰빙 식품점에서 쇼핑할 여유가 없다. 한 아프리카계 미국인 노파는 일단의 젊은 진보주의자들(나도 그들 중에 하나다)에게 "우리 조상들은 유기농 식품을 먹었고 그들의 양식을 길렀지요. 그건 급진적인 삶이 아니었고, 우리가 세상을 엉망으로 만들기 전의 생활방식이었어요"라고 말했다.

한번은 심플 웨이 식구 몇 명이 투쟁적인 채식주의자들(vegans) 사이에서 우리 자신을 '공짜식주의자'(freegans)라고 부른다고 말한 적이 있다. 우리는 공짜면 무엇이든 먹을 것이기 때문이다. 솔직히 생활 방식을 놓고 왈가왈부하는 것은 매우 어렵다. 자칫하면 우리가 죄책감과 특권의식에 빠질 수 있기 때문이다. 그러므로 서로 너그럽게 대하는 것과 약간의 유머도 필요하다. (그런데 당신은 이 책을 구입하는데 돈이 얼마나 들었는가?) 아울러 아름다움과 예술과 상상력이 들어설 자리가 있다는 것도 주목할 만하다. 우리는 수년 동안 거실에서 쥐들과 박스들과 함께 지낸 후에는 어느 정도 적응이 되었다. 좋은 음식과 아름다운 예술품을 배척하는 것은 아니다. 중요한 것은 당신의 그것을 누구와 나누느냐 하는 것이다. 당신이 무엇을 먹느냐 하는 것만큼 중요한 것은 당신이 누구와 먹느냐 하는 것이다. 요즘 내가 좋아하는 말은 "소박한 삶은 꼴사나운 삶이 아니다"라는 것이다. 우리는 소박하고 책임 있는 방식으로 살면서도 아름답게 살 수 있다.

　물질주의와 소박함에 대해 얘기할 때는 언제나 하나님과 이웃을 향한 사랑에서 시작해야 한다. 그렇지 않으면 그 동기가 율법주의적이고 죄책감에 찌든 독선이 되기 때문이다. 우리의 소박함은 개인적 경건에 이르기 위해 물질적인 것을 모두 포기하는 금욕주의가 아니다. 왜냐하면 우리가 모든 것을 팔아 가난한 사람들에게 주더라도 사랑이 없으면 무의미하기 때문이다(고전 13:3). 그리고 소박한 삶을 살면서도 가난한 사람들을 멀리하는 진보적 자유주의자들이 많은 실정이다. 우리는 유기농 식품을 먹고 재산을 공동으로 관리하면서도 여전히 맘몬의 노예가 될 수 있다. 또한 얼마나 많은 물건을 사야 하느냐는 질문에 예속되는 대신에 얼마나 소박하게 살아야 하느냐는 질문의 노예가 될 수 있다.

거듭남과 소유재분배

소박함은 오직 사랑과 진실한 관계와 상호의존에 토대를 둘 때에만 의미가 있다. 그러면 우리의 거듭남에서 소유의 재분배가 자연스럽게 흘러나오고, 생물학적 가족이나 민족주의보다 더 큰 가족에 대한 비전에서 그것이 발생하게 된다. 우리는 복음주의자의 상투어가 된 '거듭남'의 의미를 생각할 때, 우리의 형제자매들이 굶어 죽어가는 한 가족의 일원으로 다시 태어나는 것이 무슨 뜻인지 물어야 한다. 그러면 갈수록 더 많은 복음전도자들이 선포하는 것처럼, 거듭남과 소유재분배가 서로 불가분의 관계인 까닭을 알기 시작할 것이다. 아울러 어떤 식구들은 깨끗한 물조차 없는데 다른 식구들이 교회의 스테인드글라스와 건물에 엄청난 돈을 소비하는 것이 하나의 스캔들이 된다. 이처럼 역기능적인 하나님의 가족이 된 것을 환영한다!

그러므로 소유재분배가 공동체 이전에 오지 않고 공동체에서 나오는 것임을 깨닫는 것이 중요하다. 소유재분배는 공동체를 위한 처방이 아니다. 소유재분배는 사람들이 계층 간의 경계를 넘어 서로 사랑에 빠질 때 일어나는 일을 묘사한다. 성경이 사도행전에서 초대교회의 이야기를 들려줄 때 그들이 모든 것을 팔았기 때문에 마음과 뜻이 하나가 되었다고 말하지 않는다. 오히려 그들은 마음과 뜻이 하나가 되었기 때문에 모든 것을 공유했다. 부유한 자와 가난한 자가 거듭나서 한 가족이 된 것, 즉 일부는 여분의 것을 소유했고 다른 일부는 절박하게 어려운 상태에 있던 그런 가족이 된 것을 알았던 것이다. 소유재분배는 체계적으로 편성된 것이 아니라 하나님과 이웃을 향한 사랑에서 자연스럽게 흘러나왔다. 나는 공산주의자가 아니고 자본주의자도 아니다. 이곳 필라델피아에 있는 대안 신학교(Alternative Seminary)의 윌 오브라이언이 말하듯이 "우리가 참된 사랑을 발견할 때, 자본주의가 가능하지 않을 것이며 마르크스주의는 필요하지 않을 것이다."

몇 년 전 미국 기업연구소('미국 자본주의의 싱크탱크')가 나와 내 친구 피터 그리어를 불러 "예수님은 공산주의자였는가, 자본주의자였는가?"란 제목으로 논쟁을 벌이는 자리를 마련했다. 그 논쟁에 대해 알고 싶으면 다음 웹사이트를 보라. http://religion.blogs.cnn.com/2010/11/23/was-jesus-a-communist-or-a capitalist/), https://www.youtube.com/watch?v=52nCgezeDjU. 염려하지 말라. 예수님은 결코 –주의자로 끝나는 인물이 아니었다. 우리는 그런 논쟁을 몇 번 했는데 그때마다 신나는 시간을 보낸다.

•

진정한 관대함

•

관대함은 특별한 영적 은사를 가졌거나 너그러운 자비심을 품은 사람들만의 미덕이 아니다. 그것은 우리 거듭남의 중심에 있다. 대중문화는 우리에게 자선이 미덕이라고 가르쳐왔다. 그러나 크리스천들에게는 그것이 당연한 일이다. 진정한 관대함은 우리가 얼마나 많이 주느냐가 아니라 얼마나 많이 남기느냐에 의해 측정된다. 우리는 자선을 베풀지 않을 권리가 없다. 초대 크리스천들은 자선은 우리가 훔친 것을 돌려주는 것일 뿐이라고 가르쳤다. 17세기 초에 자선활동에 앞장섰던 성 빈센트 드 폴은 거지들에게 빵을 나눠줄 때 무릎을 꿇고 그들에게 용서를 구했다고 한다.

초대 크리스천들은 배고픈 이웃에게 줄 만한 음식이 없을 때는 다함께 식사를 할 수 있을 때까지 온 공동체가 금식을 하곤 했다고 한다. 얼마나 놀라운 사랑의 경제인가. 초대 크리스천들은, 한 어린이가 굶는데 한 크리스천이 여분의 양식을 갖고 있으면 살인죄에 해당한다고 말했다. 교부의 한 사람인 대(大) 바질은 4세기에 쓴 글에서 이렇게 말했다. "어떤 사람이 다른 사람의 옷을 훔치면 우리는 그를 도적이라고 부른다. 그리고 헐벗은 사람에게 옷을 줄 수 있는 사람이 그렇게 하지 않으면 그 역시 그렇게 불려야 하지 않을까? 당신의 찬장에 있는 빵은 배고픈 사람의 것이다. 당신의 옷장에 걸린 외투는 헐벗은 사람의 것이다. 당신이 신지 않는 신발은 맨발의 사람의 것이다. 당신의 금고에 있는 돈은 가난한 사람의 것이다." 도로시 데이도 "당신에게 외투가 두 개 있다면 한 개는 가난한 사람의 것이다"라고 말했다. 세례요한[1]이 소유재분배를 회개와 연결했다는 것은 놀랄 일이 아니다. "회개하라 천국이 가까이 왔느니라"(마 3:2)고 선포했고, "옷 두 벌 있는 자는 옷 없는 자에게 나눠주어라"(눅 3:11)고 촉구했다.

사람들은 부담감이나 죄책감 때문에 나눔을 시작하겠지만 나눔이 주는 비길 데 없는 기쁨 때문에 나눔을 계속할 것이다. 사람들이 하나님의 선물을 받는 모습을 볼 때 얼마나 기쁜지 모른다. 특히 그들이 너무 오랫동안 그런 선물이 없이 살았을 때가 그렇다. 언젠가 캘커타에서 한 거지가 내게 다가왔으나 나는 돈이 없었다. 그래서 주머니에 있던 껌 한 개를 건넸다. 나는 그 애가 마지막으로 껌을 씹어본 것이 언제였는지, 아니 껌을 씹어본 적이라도 있는지 몰랐다. 그 소녀는 나를 쳐다보며 환하게 웃었다. 그리고는 껌을 세 조각으로 나누어 하나는 내게 주고, 하나는 내 친구에게 주는 바람에 우리는 그 기쁨을 공유할 수 있었다. 소박한 즐거움조차 누리지 못한 사람들이 선물을 받으면 너무나 기뻐서 그것을 챙기기보다는 나눠줄 때가 많다. 인도에서 내가 아이들에게 아이스크림을 주면 그들은 달려가서 친구들에게 한 입씩 나누어주곤 했다.

내가 많은 학생들을 대상으로 자원의 불평등에 관해 강연했을 때, 세계 80퍼센트의 인구가 20퍼센트의 자원을 소유하고 20퍼센트의 인구가 80퍼센트의 자원을 소유한 현실을 주제로 모의실험을 했던 것이 기억난다. (우리는 학교의 지급품과 옷과 음식을 여러 파일로 나눴다.) 끝나기 전에, 내가 당신에게 외투가 두 개 있으면 하나를 훔친 셈이라는 도로시 데이의 글을 아이들에게 나눠주었을 때, 맨 앞줄에 있던 아이가 자기 재킷을 찢더니 무대에 던지면서 환하게 웃더니 "외투가 없는 애들한테 주세요!"라고 외치는 것이었다. 그것이 바로 베풂의 기쁨이다.

베풂은 부담이 아니라 기쁨이다. 우리가 만일 소유물을 나눠주

믿음은
행동이 증명한다

지 않으면, 소유물이 우리를 소유한다. 우리가 조심하지 않으면 우리의 소유물이 우리를 사로잡는다. 우리가 돈과 소유물에 힘을 실어주는 방법은 그것을 주먹으로 꽉 쥐는 것이다. 거꾸로, 우리가 소유물의 힘을 빼앗는 방법은 그것을 열린 손으로 잡고 기쁘게 나눠주는 것이다. 우리 마음에 사랑의 불이 붙으면 나눠줄 수밖에 없다. 우리가 무언가 좋은 것을 얻게 되면 본능적으로 그것을 남들과 나누게 된다. 우리가 그런 것을 나눠주는 이유는 그것이 너무 나빠서가 아니라 너무 좋아서다. 남들도 하나님의 선물을 경험하길 원해서다.

사막의 아버지와 어머니들, 곧 하나님을 찾으려면 사막으로 들어가야 한다고 생각했던 독실한 사람들로부터 내려오는 오랜 이야기가 있다. 그들은 작은 공동체들을 이루고 살았다. 누군가 한 공동체에 포도 몇 송이를 선물했다. 당시에 포도는 매우 귀한 것이었다. 그들은 매우 흥분했는데, 그 다음에 일어난 일이 참으로 흥미롭다. 그들은 포도를 먹어치우는 대신 단 한 알도 먹지 않았다. 그들은 포도를 이웃 공동체로 넘겨주었다. 그리고 그 공동체 역시 이웃의 공동체에게 주었다. 그래서 마침내 그 포도가 각 공동체를 거쳐 고스란히 맨 처음의 공동체로 되돌아오게 되었다. 누구나 다른 사람들이 그 선물의 기쁨을 맛보기를 원했던 것이다. 그 포도가 결국 어떻게 되었는지 나는 모른다. 아마 큰 파티를 열었거나 포도주를 만들었을 것이다. 하지만 하나님은 기뻐했을 것이 틀림없다. 우리 벽에 걸린 글귀 하나가 이것을 매일 상기시켜준다. "인생에서 최선의 것으로 할 수 있는 최선의 것은 나눠주는 일이다!"

하나님이 기뻐하시는 금식

테레사 수녀는 너무도 큰 필요에 마주치는 바람에 큰 특권을 포기한 사람들 중의 하나였다. 사람들은 나에게 마더 테레사가 어떤 모습이었는지 종종 묻는다. 그녀가 어둠 속에서 빛나는 인물이었는지 또는 후광을 가진 인물이었는지 궁금해 하는 것 같다. 그녀는 작고 주름이 많고 고귀한 사람이었고, 아름답고 지혜로운 할머니처럼 약간 고약하기까지 했다. 그런데 내가 결코 잊지 못할 것이 하나 있다. 바로 그녀의 발이다. 그녀의 발은 기형이었다. 나는 아침마다 미사를 드릴 때 그 발을 응시했다. 혹시 나병에 전염된 것은 아닌지 궁금했다. 그러나 나는 "수녀님, 발이 왜 그래요?"라고 물어볼 생각이 없었다. 어느 날 한 수녀가 우리에게 "테레사 수녀님 발을 봤나요?"라고 물었다. 그래서 고개를 끄덕였더니 그녀가 이렇게 설명했다. "이곳에 기부된 신발은 모든 사람이 신고도 남을 만큼 충분해요. 하지만 수녀님은 아무도 상태가 나쁜 신발을 신는 것을 원치 않으세요. 그래서 한 켤레씩 일일이 다 신어보지요. 수십 년 동안 그 일을 반복하다 보니 발이 그렇게 된 거예요." 오랫동안 이웃을 자신처럼 사랑하다 보니 발이 일그러진 것이다.

이것은 정의를 향한 숭고한 갈망을 낳는 일종의 금식이다. 우리의 이웃을 우리 자신 위에 놓는 사랑으로 우리의 발이 기형이 되는 것, 우리의 위장이 세상의 굶주린 배와 함께 신음하는 것이다. 아마

믿음은
행동이 증명한다

이것이 "의(또는 공의)에 주리고 목마른 자는 복이 있다"(마 5:6)는 예수님의 말씀에 담긴 뜻일 것이다.[2] 우리 중에 정말로 정의에 굶주린 사람이 몇 명이나 될까? 우리가 피조물의 탄식에 대한 로마서 8장의 텍스트에서 보았듯이, 우리가 그 탄식에 더 가까이 갈수록 우리도 더 많이 합류하게 된다. 아마 이것이 금식의 신비일 것이다. 이사야 선지자는 이렇게 말한다. "내가 기뻐하는 금식은 흉악의 결박을 풀어주며 멍에의 줄을 끌러주며 압제당하는 자를 자유케 하며 모든 멍에를 꺾는 것이 아니겠느냐? 또 주린 자에게 네 양식을 나누어주며 유리하는 빈민을 집에 들이며 헐벗은 자를 보면 입히며 또 네 골육을 피하여 스스로 숨지 아니하는 것이 아니겠느냐?"(사 58:6-7). 진정한 금식은 우리 자신의 특권을 포기하는 것뿐 아니라 불평등의 악순환을 종식시키고 피조물의 탄식과 굶주린 배의 신음소리를 끝장내기 위해 희생적으로 나누는 것이다.

금식이 초래하는 한 가지는 특권을 희생하는 것이다. 우리 중 일부는 하나님과 연결되기 위해서뿐만 아니라 굶주린 이웃과 연결되기 위해 금식할 필요가 있을 것이다. 또 다른 일부는 굶주리고 있어서 이제 주님의 풍성한 식탁에서 먹을 수 있을 것이다. 오늘 굶어죽는 3만 5천 명의 어린이들은 하나님과 연결되기 위해 금식할 필요가 없다. 오히려 우리가 하나님과 그들과 연결되기 위해 금식할 필요가 있다. 고린도교회가 주의 만찬을 더럽혔다는 이유로 책망당한 것은 놀랄 일이 아니다. 어떤 사람들은 배가 가득 차는 동안 다른 사람들은 굶주린 상태로 식탁에 오도록 허용했기 때문이다(고전 11:21-22). 그들은 서로 융화되지 못했으므로 먼저 제단을 떠나 이웃

거듭남의
경제

을 돌볼 필요가 있었다.

•

가난의 원인

•

소박함을 사랑에 뿌리박는 것과 더불어 경제적 행습이 신학적 토
대를 갖는 것 또한 중요하다. 나는 그리스도와 기독교의 이름으로
세상에서 일어나는 온갖 거슬리는 일들이 주로 악한 사람들 때문
이 아니라 나쁜 신학에서 비롯된 것이라고 확신한다. (적어도 나는 그렇
게 믿고 싶다.) 그리고 나쁜 신학에 대한 해답은 신학의 부재가 아니라
좋은 신학이다. 당신이 이 문제에 관심이 많으면 몇 가지 자원을 소
개하고 싶다. 하나는 내가 나눔에 관해 가르치는 '생기를 불어넣어
라: 실천방안'이란 프로젝트로서 내 친구 폴 수퍼세트가 만든 애니
메이션과 함께한다. 다른 하나는 '사랑의 경제'라고 불리는 비디오
겸 공부교재이다. 나쁜 신학은 위험하다. 그것은 '번영의 복음'과
같은 것들을 낳는다. 크레플로 달러라는 설교자는 최근에 자가 항
공기를 구입하기 위해 6000만 달러 기금모금 캠페인을 발표했다.
나쁜 신학은 또한 폭력을 정당화할 수 있다. 이에 대해서는 나중에
살펴볼 것이다. 85퍼센트의 처형이 바이블 벨트에서 일어났다. 사
형제도는 크리스천들에도 불구하고가 아니라 크리스천들 때문에
성공했다. 그리고 우리 때문에 생긴 나쁜 신학도 있다. KKK조차 그
들의 웹사이트에 신학에 관한 부문을 갖고 있다. 우리는 좋은 신학

으로 나쁜 신학에 대처할 필요가 있다.

그러므로 우리는 종교적 언어와 성경공부를 멀리하지 말고 다함께 성경에 뛰어들어 나쁜 신학을 좋은 신학으로 수정하고, 전사 하나님에 대한 왜곡된 이해를 죽임당한 어린양에 대한 충성을 내면화시킴으로써 바로잡고, 건강과 부의 복음을 노숙자 랍비(예수님)를 따름으로써 수정하도록 하자.

나는 세상이 엉망이 된 것이 하나님께서 인간을 너무 많이 만들고 충분한 식량을 만들지 않기 때문이라고 생각하지 않는다. 가난은 하나님이 만든 게 아니라 이웃을 우리 자신처럼 사랑하는 법을 배우지 못한 당신과 내가 만든 것이다. 간디는 이렇게 잘 표현했다. "모든 사람의 필요를 채울 만큼 충분히 있으나 모든 사람의 욕심을 채울 만큼 충분하지는 않다." 이스라엘 백성이 (십계명을 받기 전에) 바로의 제국과 약속의 땅 사이의 광야에서 처음 받았던 명령들 중의 하나는, 각 사람은 필요한 만큼만 거두라는 것이었다(출 16:16). 출애굽기 이야기를 읽어보면 하나님이 하늘에서 만나를 내려주시면서 이스라엘 백성에게 충분할 것이라고 안심시켜주신다. 그런데 백성들이 다음 날 먹으려고 만나를 비축하자 하나님께서 구더기를 보내 그것을 상하게 하셨다. (어쩌면 오늘날에도 우리에게 구더기가 필요하다.) 그들은 일용할 양식의 상징으로 만나 한 오멜(약 1.3킬로그램)을 거두라는 명령을 받았다. 우리에게 일용할 양식을 위해 기도하라는 주님이 가르친 기도에도 이것이 은근히 반영되어 있다. ("나의" 일용할 양식을 위해 기도하는 것은 왜곡된 것인즉 우리 모두를 위해 "우리의" 일용할 양식을 위해 기도해야 한다.) 만일 우리가 필요한 것만 취하면 모두에게 충분히 있을 것이란 약속을 거듭해서 듣고 있다.

신명기 15장은 가난이 발생하는 또 다른 원인을 보여준다. 하나님은 "너희 중에 가난한 자가 없으리라"고 말씀하신 후 "가난한 형제가 너와 함께 거주하거든"과 "가난한 자가 그치지 아니하겠으므로"라고 말씀하신다. 모든 사람에게 돌아갈 만큼 충분한데도 불구하고, 탐욕과 불의가 항상 가난한 사람을 만들 것인즉 하나님이 우리에게 가난한 이웃에 대한 개인적 책임을 가르치시는 것이다. 하나님은 또한 땅을 위한 안식의 주기를 정하시고, 가난한 사람들이 들판에서 양식을 얻도록 이삭을 남겨놓는 것과 같은 제도를 만드신다.

그리고 하나님은 희년을 위한 계획을 만드셔서 정기적으로 불평등을 제거하신다.[3] 하나님은 빚을 탕감하고, 노예를 풀어주고, 재산을 재분배하는 등 조직적으로 가난을 낳는 인간 제도에 개입하신다. 사람들은 이스라엘 백성이 희년을 완전히 지킨 적이 없다고 늘 말한다. 그러나 우리의 친구 체드 마이어스는 "그것은 하나님의 명령을 무시해도 좋은 변명이 아니다. 그것은 마치 크리스천들이 산상수훈을 온전히 실천한 적이 없기 때문에 우리가 그에 대해 신경을 쓸 필요가 없다고 말하는 것과 같다"라고 말한다.

초기 사막교부들의 금욕과 오랜 수도원운동의 청빈 서약에는 심오한 지혜가 담겨 있다. 그런데도 내가 이웃들과 노숙자 친구들에게 "청빈 서약"에 대해 얘기하면 그들은 피식 웃거나 어리둥절한 표정을 짓는다. 어떤 이들은 "당신은 가난했던 적이 있소?"라고 묻는다. 나는 내 안목이 매우 근시안적이고 내 언어가 편협하다는 것을 알기 시작했다. 특권의 악취를 풍겼던 것이다. 그래서 우리에게 제3의 길이 필요하다고 제안하고 싶다. 번영의 복음도 아니고 가난의 복음도 아닌 제3의 길, 즉 충분함의 신학에 뿌리박은 풍성함의 복음이다. 이는 잠언의 말씀과 같다. "나를 가난하게도 마옵시고 부하게도 마옵시고 오직 필요한 양식으로 나를 먹이시옵소서. 혹 내가 배불러서 하나님을 모른다 여호와가 누구냐 할까 하오며"(잠 30:8-9). 오늘날 많은 가난한 사람들이 가난 때문에 경제적인 범죄에 빠지게 되고, 많은 부자들이 돈에 만족하여 하나님이 필요하다는 것을 잊고 있는 현실을 보면, 우리 모두 무언가 새로운 것을 맞이할 준비가 되었다고 생각한다.

•

하나님의 경제

•

나는 성경공부를 좋아하게 되었다. 필라델피아에는 '대안 신학교'가 있는데, 다함께 성경을 공부하는 사람들의 느슨한 네트워크이다.[4] 이 신학교는 갈수록 번성하고 있는데 주로 나의 신학자 친구인 윌 오브라이언 덕분이다. 언제나 성경공부반과 온라인 모임과 행사가 진행되고 있다. 하루 집중코스도 있고 6주짜리 과정도 있다. 가끔 일 년 동안 계속되는 코스도 있다. http://www.alternativeseminary.net. 학문기관에서 배운 지식이든 거리에서 얻는 지혜이든 누구나 선생과 학생으로 존중을 받는다. 한번은 버려진 집에서 경제를 다룬 성경구절들을 공부한 적이 있었는데, 노숙자, 서민, 기업체 임원, 성경학자, 젊은 급진주의자, 가톨릭신자, 개신교신자 등이 참석했다. 그런 모습을 보면서 예수님 당시 세리와 농부와 열심당원과 창녀가 한 식탁에 둘러앉은 것이 얼마나 도전적이고 고무적인 모습이었을지 생각하게 되었다.

우리는 사복음서에서 거듭남과 소유재분배가 서로 결합되어 있음을 보게 된다. 앞에서 살펴보았듯이, 세례 요한은 예수님의 길을 예비하면서 회개를 전파하는 동시에 여분의 겉옷을 이웃에게 나눠주라고 촉구했다. 물론 예수님의 가르침에도 빚, 임금, 재분배, 가난한 사람 돌보기가 가득하고, 내세에 대한 두 이야기(부자와 나사로, 양과 염소 이야기)에도 경제적 차원이 내포되어 있다. 신약성경 전반에 거듭남과 소유재분배가 서로 결합되어 있음을 알 수 있다. 우리는 하나님을 사랑한다고 말하면서 굶주린 이웃을 그냥 지나칠 수 없다. 아무도 하나님을 본 적이 없지만, 우리가 서로 사랑하면 하나님이 우리 안에 살아 계신다. 오순절의 특징 중 하나는 그들이 모든 것을 공유해서 그들 가운데 가난한 사람이 없었다는 사실이다.

이처럼 성경에는 경제에 관한 가르침이 가득하지만, 성경적 경제관의 분석에 흥미를 느끼는 사람이나 나처럼 성경공부에서 자극을 받는 사람은 그리 많지 않을 것이다. 그래도 특별히 한 대목은 하나님의 풍성함의 비밀을 드러내고 있어 당신의 허락한다면 잠시 곁길로 나가고 싶다. (허락하지 않는다면 다음 장으로 넘어가되 시험에 합격할 것은 기대하지 말라.) 그 본문은 마가복음 10장인데, 특히 29-31절이 그러하다.

"내가 진실로 너희에게 이르노니 나와 및 복음을 위하여 집이나 형제나 자매나 어머니나 아버지나 자식이나 전토를 버린 자는 현세에 있어 집과 형제와 자매와 어머니와 자식과 전토를 백배나 받되 박해를 겸하여 받고 내세에 영생을 받지 못할 자가 없느니라. 그러나 먼저 된 자로서 나중 되고 나중 된 자로서 먼저 될 자가 많으니라." 나는 이 구절이 소유재분배의 필요성과 그것이 칭송을 받아야 할 이유를 가장 명료하게 보여준다고 생각한다.

이 대목 바로 앞에는 예수님과 부유한 관원이 만나는 장면이 나온다(우리가 이미 살펴본 대목이다). 이 이야기는 부자들이 환영받는지 여부가 아니라 하나님 나라의 성격에 관한 것으로서, 하나님 나라의 경제는 세상의 경제와 정반대라는 것이다. 예수님의 추종자들은 자기를 위해 물건을 축적하지 않고, 모든 것을 버리고 오직 하나님이 공급해주실 것을 신뢰한다. 제자들이 그것을 깨닫고는 "보소서 우리가 모든 것을 버리고 주를 따랐나이다"라고 말한다. 이어서 29-31절이 나온다.

이 본문에서 주목을 끄는 것이 두 가지다. 우리가 하나님 나라에 충성해서 우리의 소유와 가족을 버리면 새로운 풍성함의 경제에 들어가게 된다고 한다. 그런데 본문을 자세히 살펴보면 거의 동일한 두 목록 사이에 약간의 차이점을 발견할 수 있다. 첫째, 두 번째 목록에 박해라는 '보너스' 항목이 추가되어 있다. 그렇다! 우리가 세상의 방식과 다른 경제 질서를 선택하면 박해를 받게 된다. 그리고 둘째 목록에 빠진 것이 있다. '아버지'이다, 학자들은 마가가 일부러 빼뜨렸다고 생각한다. 우리는 거듭날 때 생물학적인 가족을 떠난다. 이제 우리는 세계 전역에 형제들과 자매들과 어머니들을 갖고 있다. 그런데 아버지의 누락은 마태복음에 나오는 예수님의 가르침-"땅에 있는 자를 아버지라 하지 말라 너희의 아버지는 한 분이시니 곧 하늘에 계신 이시니라"(마 23:9)-과 일치한다. 아버지를 가족의 생명줄로, 필수불가결한 권위와 부양의 중심으로 여기던 시대에, 이 진술은 가부장제를 물리친 하나님의 궁극적인 승리이다. 오직 하나님만이 아버지로서, 부양자와 권위자로 인정받을 자격이 있는 것이다.[5]

이 대목의 압권은 "현세에 있어 …백배나 받되"라는 부분이다. 황금의 거리, 하늘의 저택, 멋진 자동차, 면류관 등 자원의 증식이 내세에만 속한 게 아니라 현세에 시작된다는 것이다. 나는 친구들과 체드 마이어스[6]와 크리스틴 폴[7] 같은 학자들과 이 대목을 묵상하면서, 그리고 소유물을 서로 공유하는 친구들과 공동체에서 살면서, 하나님의 축복이 말 그대로 또 실제로 지금 시작된다는 것을 알게 되었다. 건강과 부의 복음을 믿는 자들과 참회하는 금욕주의자들 모두 근본적으로 새로운 경제적 비전을 가르치는 이 대목의 진리를 놓치고 있다. 우리가 우리의 소유물과 생물학적 가족을 버릴 때, 우리는 다른 사람들 역시 그렇게 할 것으로, 그리고 지금 시작해서 영원히 지속될 풍성함이 있게 될 것으로 믿는다.

신비로운 증식

나는 "예수님은 노숙자였다"라고 늘 말하곤 했다. 이 말이 진실이라고 믿지만 더 깊은 진실은 예수님은 어디를 가시든지 집이 있었다는 것이다. 예수님은 제자들을 파송하실 때 가방과 음식, 의복과 돈, 신발 등 아무것도 가져가지 말라고 명령하심으로써 이 진실을 명심시켰다. (단 마가복음에서는 그들이 신발은 가져가도록 허락하셨다.) 예수님이 그런 명령을 하셨다는 것은 제자들 중 일부는 그런 물건을 갖고 갈 수 있었음을 뜻한다. 그렇다고 예수께서 금욕생활을 하라고 제자들을 보내신 것은 아니었다. 제자들은 상호의존이라는 새로운 비전을 갖고 하나님의 공급을 신뢰하며 길을 떠났다. 제자들이 마을에 들어가면 사람들이 집을 개방할 터였다. 그리고 사람들이 영접하지 않으면 제자들은 발의 먼지를 털고 다른 곳으로 이동하라는 지시를 받았다. 놀라운 것은 이로써 교회가 환대를 실천할 뿐 아니라 교회도 환대에 의존하게 된다는 점이다. '우리'와 '그들'을 나누는 선이 제거되었다. 모두가 새로운 경제 안에서 하나님과 서로서로에게 의존했다.

신학자들과 학자들이 오병이어 기적의 본질을 놓고 논쟁할지 몰라도, 나는 한 가지만은 놓칠 수 없다고 생각한다. 하나님의 경제는 '풍성함의 경제'라는 점이다. 제자들이 예수님께 군중이 배가 고프다고 지적하자 예수님은 제자들에게 먹을 것을 주라고 말씀하신다. 시장경제의 의식구조를 가진 제자들이 돈이 없다고 투덜거리자 예수님은 그들 수중에 있는 것을 가져오라고 말씀하신다. 제자들이 한 꼬마의 도시락(빵과 물고기)을 가져왔고, 이제 신비로운 증식이 일어날 것이었다.[8] 그것이 바로 기적이다. 우리가 소유물을 포기할 때는 다른 사람들 역시 그럴 것임을 알면서 믿음으로 그렇게 하는 것이다. 사실 예수님이 광야에서 받은 가장 큰 유혹의 하나는 그의 능력으로 돌을 떡으로 만들어 배고픈 자들을 먹이라는 것이었다.[9] 그러나 예수님은 그리스도의 몸(교회)이 '오늘 우리의 일용할 양식'을 공급할 것으로 신뢰하라고 역설하신다.

이제 우리는 어디를 가든지 집이 있다. 예수님을 따르는 사람들은 도시에 들어가면 가족과 함께 묵을 수 있다. 요즘에는 온갖 실험이 있다. 많은 도시는 자동차 공유나 자전거 공유 시스템이 있다. 인터넷을 이용한 자동차 공유에 대해서도 들어봤다. 한 사람이 공항에 차를 주차하면 그 공항에 도착하는 누군가가 차를 대여하는 대신 그 차를 이용하는 것이다. 인터넷 덕분에 이처럼 무언가를 공유하고 또 양질을 유지하게 만드는 온갖 방법이 생겼다. (고객과 주최 측이 모두 평가를 받거나 보고되어 당신이 그 실적을 볼 수 있다.) 사람들은 창조적인 방법으로 집을 빌려주고, 무료숙박 여행 네트워크 같은 것이 생겨 손님대접을 주선하고 있다. 굉장한 현상이다. 이 세대는 서로 협력하는 방안을 잘 만든다. 많은 회사들은 그들의 DNA 속에 협력을 내장했는데, 모래알 같은 개인들보다 다함께 협력하면 더 많은 일을 더 잘 할 수 있기 때문이다. 나는 강연 요청을 받을 때 항상 호텔보다 가정에 묵기를, 시장경제가 아니라 교회의 환대에 의존하길 원한다고 말한다. 나는 보통 강연을 요청하는 사람들에게 "내가 머물 가정을 찾을 수 없으면 강연할 수 없을 것"이라고 딱 잘라 말한다. 그리고 한 가정에서 그 가족과 저녁시간을 보내는 것이, 호텔방에 홀로 앉아 채널을 돌리며 저속한 영화와 지저분한 광고에 유혹당하지 않으려고 애쓰는 것보다 훨씬 더 아름답기 때문이다.

•

또 다른 경제의 속삭임

•

이런 급진적 상호의존이 어떤 모습일지를 꿈꾸려면 우리에게 상상력이 필요하다. 심플 웨이 공동체에서 우리가 계속 던지는 한 가지 질문은 건강보험이다. 우리 중에 다수가 건강보험이 없는 것을 불편하게 느끼고, 특히 아이들이 생길 때에는 더욱 그렇다. 그런데 우리의 많은 이웃들이 건강보험이 없이 지내는데 우리만 그 특권을 이용하기도 어렵다. 나는 서로를 돌보는 것이 새로운 공동체의 일차적 책임이라 믿는 만큼 정부의 지원을 받는 것은 내 정신과 갈등을 일으킨다.

그런데 몇 년 전 나는 수천 명의 크리스천들이 매달 일정액을 적립하여 서로의 의료비를 충당하는 공동체에 대해 알게 되었다. 이는 초대교회의 정신과 잘 조화되고, 큰 지갑을 가진 한 부모와 함께하는 대가족이 된다는 느낌이 들었다. 그래서 나는 그 공동체에 가입해서 매달 소식지를 통해 누가 병원에 입원했는지, 내 돈이 어디에 쓰이고 있는지, 형제자매들을 위해 어떻게 기도할지에 대해 알게 된다. 나는 하나님이 일으키는 '증식의 기적'이 사람들의 필요를 충족시키는 것을 계속 목격하고 있다. 그리고 몇 년 전 내가 교통사고를 당해 병원비가 1만 달러나 나왔을 때 그 공동체가 전액을 지불해주었다. 이런 훌륭한 의료조합이 많이 있다. 내가 가입한 한 조합은 35년의 역사를 갖고 있고 그동안 의료비로 5억 달러 이상을 공동 부담했다. 현재 우리는 매년 1500만 달러 정도를 함께 나누고 있다. 지금도 여전히 매달 소식지를 통해 누가 입원했는지를 알고 서로를 위해 기도하고 있고, 우리의 공동 자금이 어디에 사용되고 있는지를 알게 된다. 그 자금은 임원들을 위한 요트와 개인 비행기가 아니라 형제와 자매들의 의료비로 사용되고 있다.

필라델피아에서 우리는 물물교환을 하고 서로 필요한 것을 나누는 등 공동체들의 마을을 만드는 문제에 관해 계속 대화를 나누고 있다. 심지어 새로운 화폐를 만들어서 사람들이 수고한 것을 가치로 환산하되 그들이 돈이 있기 때문이 아니라 다른 이들을 위해 기꺼이 시간을 내놓은 것을 존중하기 때문에 그렇게 한다.[10] 어떤 공동체는 배관공이 있지만 정원사가 필요할 수 있고, 어떤 공동체는 정원사가 있지만 담요가 필요할 수 있고, 또 어떤 공동체는 담요는 있지만 배관공이 필요할 수 있다. 하나님의 풍성하심과 그의 자녀들의 은사들이 사람들의 필요를 신비롭게 공급하는 모습은 하나의 기적임에 틀림없다.

우리 가운데 몇 사람은 대안적 경제를 만드는 일에 대해 책임감을 느끼고 깊이 생각해왔다. 예컨대, 옷을 만드는 문제와 같은 것이

믿음은
행동이 증명한다

다. 우리는 외국에서 우리의 옷을 만드는 노동자들에 관한 거슬리는 뉴스를 접할 때마다 다양한 방식으로 반응하려고 노력해왔다. 한 친구는 전 세계의 국가별로 최저생계비를 산출해서 회사들로 하여금 노동자들에게 생활 임금을 지불하도록 촉구하고 있다. 어떤 친구들은 회사들의 근로자 억압에 반발하여 그들이 돈을 벌지 못하도록 중고품 가게에서 물건을 구입한다. 그러면 돈이 어느 가정이나 자선단체로 들어갈 것이다. 또 어떤 친구들은 브랜드의 상표를 가리는데, 그 회사가 하나님의 나라의 가치관을 구현하는지 알 때까지 그 회사를 광고하지 않기 위해서다. 우리 중 일부는 손수 우리의 옷을 만든다. 거리에서 시위를 벌이는 것과 더불어 사람들에게 더 생명력 있고 더 흥미롭고 지속 가능한 대안을 보여줄 수 있기 때문이다. 언젠가 한 청소년 단체가 내게 편지를 보내 자기들은 직접 옷을 만든다고 알려주었다. 그래서 내 바지는 비눗방울과 분필에 딱 맞는 특수 주머니가 달려있고, 우리 공동체의 한 친구는 발레용 치마를 입고 지낸다. 다른 어디에서 그런 옷을 찾겠는가?

•

급진적 상호의존

•

신비로운 증식의 기적은 오직 우리가 하나님을 의존하고 서로를 의존할 때에만 실현된다. 나는 그것을 캘커타의 나환자촌에서 목격했고 지금은 우리 동네에서 목격하고 있다. 켄싱턴은 펜실베이니아 주에서 가장 가난한 지역 중 하나이자 필라델피아도 의도적으로 외면하는 동네이다. 거리에는 종종 쓰레기가 쌓이고, 벽은 낙서로 얼룩져 있다. 어떤 사람들은 다른 동네의 사람들보다 못났다는 열등감을 느끼고 있다. 하지만 우리 같은 이들에게는 이러한 냉대가 오히려 우리를 단결시키는 촉매제가 된다. 시청이 우리 동네의 제설작업을 거부하면 우리가 뛰어나가 눈싸움을 하고 스스로 눈을 치웠다. 쓰레기들이 쌓이면 그 핑계로 우리는 블록파티를 열고 쓰레기를 치우고 소화전을 틀어놓고 물놀이를 했다.

내가 기억하는 가장 생생한 경험은 2007년에 일어난 사건이다. 시청 소유의 버려진 한 공장에서 큰 불이 나서 그 블록에 속한 집들을 다 태우고 그 곁의 수십 가구에 큰 피해를 입혔다. 모두 백 명 이상이 피해를 봤다. 다수가 피신했고 대다수가 전기를 쓸 수 없었다. 그런데 놀라운 현상은 온 동네가 서로 돕는 모습이었다. 사람들이 자기 집을 서로에게 개방했다. 한 가족은 집을 잃은 애완동물들을 다 맡았다. 또 한 가족은 모든 사람을 위해 음식을 만들기 시작했다. 우리는 대가족처럼 서로 협력했다. 적십자가 비상용 숙소를 개설했으나, 몇 시간 후 자원봉사자들이 우리에게 와서 놀란 표정으로 이렇게 말하는 것이었다. "아무도 결국 그 숙소에 머물 필요가 없어졌어요. 당신네 이웃들이 잘 대처해서 서로를 돌봐 주었기 때문이지요." 아름다운 이야기다. 나는 우리 동네에서 중요한 교훈을 배웠다. 경제적으로 가난한 많은 이웃들이 공동체 안에서는 부유하다는 것. 그리고 거꾸로 뒤집어도 옳다. 재정적으로 부유한 많은 이웃들이 공동체에 관한 한 가난하다는 것이다. 부유한 동네 사람들은 서로를 모르고, 어쩌면 서로가 필요하지 않다고 생각하는지도 모른다. 화재가 난 지 몇 년 만에 우리는 그 블록을 완전히 재건했다. 그래서 지금은 공장이 있었던 (여전히 시청이 소유한) 땅을 재생하고 있는 중이다. 우리는 그 땅을 피닉스 파크(재에서 일어났다는 뜻)라고 부른다.

우리에게 매우 소중한 스페인계 가족이 우리 집 건너편에서 작은 가게를 운영하고 있다. 우리는 여러 해에 걸쳐 떨어질 수 없는 사이가 되었다. 그 집 아이들은 우리 집에 와서 숙제를 하고, 우리의 연극 캠프에 참여하고, 우리와 보드게임을 한다(가끔 속이긴 하지만). 우리는 그 집을 보수하는 일을 도왔고, 그들은 우리에게 스페인어를 가르쳤다. 종종 그들은 창고에 물건을 쌓거나 아이들을 학교에서 데려오기 위해 운송수단이 필요했다. 우리는 우리의 정책에 따라 그들과 보험 계약을 할 수 있다는 것을 알았다(물론 보험료가 없이). 그래서 우리는 자동차를 공유하고, 그들은 식료품 값을 받지 않는다. 우리는 선한 사마리아인도, 효율적인 비영리 자선단체도 아니다. 우리는 그들과 가족관계라서 돈이 그 의미를 상실하게 된 것이다. 그로부터 10년이 지난 지금 그 가족은 더 이상 그 가게의 소유주가 아니지만 우리와 여전히 가까운 친구이다. 아이들은 모두 성인이 되었다. 그 모든 추억에 감사한다. 지금은 다른 가족이 그 가게를 운영하는데, 우리는 처음 관계를 맺기 시작한 상황이다. 이제까지는 잘 지내고 있다. 한참 전에 그 가게가 도둑을 맞아서 온 동네가 십시일반으로 돕기도 했다. 이것이 공동체다.

얼마 전 우리가 자동차를 정비소에 맡긴 적이 있는데, 수리가 끝

거듭남의
경제

205

난 뒤에 청구서가 오지 않았다. 내가 정비사에게 물었더니, 정비사
는 자기가 무척 소중히 여기는 가족을 우리가 돌보고 있어서 그 수
리비를 우리에게 주는 선물이라고 말했다. 우리가 서로를 돌보는
것이 합당하다고 덧붙였다. 이렇게 해서 돈이 그 위력을 상실한다.
초대교회의 누군가는 "당신의 사랑으로 맘몬을 굶겨라"고 말했다.
나는 여기서 맘몬이 굶는 모습을 보고 싶다.

　예수님이 그 부유한 관원에게 말씀하셨듯이, 부자가 하나님의 나
라에 들어가기가 낙타가 바늘구멍으로 들어가는 것보다 더 어렵다
는 것은 놀랄 일이 아니다. 이는 부유한 사람들이 하나님 나라에서
배제되거나 환영받지 못한다는 뜻이 아니다. 이는 부자들이 상호
의존적인 공동체, 즉 하나님과 서로를 의존하는 공동체의 비전을
품는 것이 거의 불가능하다는 뜻이다. 부유한 사람들이 영적으로
하나님과 공동체를 갈망할지라도, 그들은 홀로 충분히 살 수 있는
자율적인 개인들이란 환상을 여전히 믿고, 그 믿음은 두세 사람이
모인 곳에 하나님께서 함께하신다고 말하는 복음과 도무지 양립할
수 없다. 그러나 마가복음 10장의 말씀처럼 하나님께는 모든 것이
가능하다. 돌들이 소리칠 수 있고, 당나귀가 말할 수 있고, 죽은 자
가 살아날 수 있으며, 부자들이 가진 것을 내려놓고 하나님의 나라
에 들어갈 수 있다.

　내가 알게 된 공동체 가운데 하나는 공동체 실험을 해보기로 결
심한 교외에 사는 중년 가족들로 구성된 공동체이다. 그들은 먼저
정원용 도구들과 잔디 깎는 기계를 공유하기 시작했고, 다함께 세
탁을 하고 기계도 공유했다. 다함께 세탁을 할 때 기다리는 동안 서

로 시간을 보내는 것이 더 재미있다는 것을 알았다. 얼마 후 그들은 공동의 정원을 소유하게 되고 공동탁아소를 설립했다. 심지어 몇 가정은 한 집에서 생활하기도 했다. 너무나 자연스러웠다. 마침내 그들의 이야기가 지역신문의 헤드라인을 장식하게 되자 창립자들 중 한 사람이 내게 이렇게 말했다. "참 이상하지요? 우리가 하는 일이 신문 전면을 장식하다니? 조금 의미 있는 일일 뿐인데."

신용조합과 보험조합과 같은 많은 단체들이 그와 비슷한 비전을 갖고 시작했다. 돈을 공유하고, 서로의 짐을 지고, 개인의 이익을 향한 충동과 그 속에 내재된 외로움에 집단적으로 저항하려는 몸짓이었다. 공동선은 놀라운 아이디어이다. 그러나 우리 이웃을 우리 자신처럼 사랑하고 공동선을 우리의 유익만큼 추구하는 일은 언제나 버거운 것이다. 우리는 신용카드 회사들과 단기 대출업체들보다 더 혁신적일 필요가 있다(사람들로 갖고 있지도 않은 돈을 쓰게 만들려면 상상력이 필요하다). 사랑은 우리가 이익보다 사람을 더 배려하도록 만든다. 그러므로 우리는 신용카드 회사가 사람들을 빚에 빠지게 하는 방법에 못지않게 그들을 빚에서 벗어나게 하는 강력한 방법을 고안해야 한다. 그래도 우리는 할 수 있다! 우리는 '빚 소멸팀'까지 있는데, 이 팀의 사명은 집단적으로 사람들을 빚에서 해방시키는 것이며 거기에는 나름의 기술이 있다. 그들의 모토는 성경 텍스트이다. "피차 사랑의 빚 외에는 아무에게든지 아무 빚도 지지 말라"(롬 13:8). http://www.circleofhope.net/compassion-teams/. 우리는 또한 온갖 토지신탁 회사들과 새로운 토지저당 은행을 갖고 있으며 모두가 우리 도시의 유익을 위해 다함께 일하는 것을 목표로 삼고 있다. 사실 펜실베이니아는 연방(commonwealth)으로 시작되었기 때문에 우리 중 일부는 여전히 퀘이커교도들의 원초적인 꿈, 즉 모든 사람의 공동의 복리를 핵심가치로 삼는 사회를 만들 수 있다고 믿었던 그 꿈을 품게 되길 희망한다.

이들과 마찬가지로 다양한 경제여건과 사회형편 속에서 공동생활과 환대를 실험하는 사람들이 무척 많아서 일일이 소개할 수 없기에 나는 그 단편만 보여줄 수 있을 뿐이다. 하지만 언급하지 않을 수 없는 아름다운 이야기가 하나 있다. 아이를 낳을 수 없는 부부가 한 여인을 만났는데, 임신 6개월째로 집이 없는 여인이었다. 그 부부는 그 여인을 집으로 초대해 함께 살았다. 공동생활이 무척 아름다운 경험으로 드러나서 그들은 아기를 키우면서 계속 함께 사는 동안 그 여인은 중단했던 간호사 공부를 계속하기 위해 학교를 다니게 되었다. 그들이 함께 생활한 지 올해로 벌써 10년째다. 그들은 한 가족이다. 뱃속에 있던 아기는 지금 십대이고 엄마는 간호사이다. 그런데 슬프게도, 그 집 부인이 다발성경화증이라는 중병에 걸리고 말았는데, 현재 그 집에 동거하는 간호사가 예전 그 부인이 자기를 돌본 것처럼 그녀를 정성껏 보살피고 있다. 이것이 바로 신비로운 섭리와 급진적 상호의존이란 하나님의 선물이다. 그 부인은 이 책의 초판이 출판된 직후에 죽고 말았다. 하지만 예전에 노숙자였던 여인이 그녀가 죽는 순간까지 돌본 담당 간호사였다.

내가 사랑하게 된 또 하나의 그룹은 영국의 보석 상인들로 구성된 그룹이다. 그들 중 다수는 세계의 시장경제에 몸담아온 사업가들이었다. 보석 산업은 부도덕하기로 악명이 높아 종종 '피의 다이

아몬드' 시장이라 불린다. 그들은 수많은 인간의 고통에 책임이 있는 자들이다. 왜냐하면 전 세계의 광산 노동자들이 자신은 구입할 수도 없는 보석과 광석을 채굴하기 위해 피와 눈물과 생명을 쏟아 붓기 때문이다. 그런데 영국의 사업가들은 그들의 신앙과 그 산업이 충돌하고 있다는 것을 느꼈다. '하나님과 맘몬을 겸하여 섬길 수 없다'는 말씀이 마음에 걸린 것이다. 그들은 그 산업을 통째로 버리기보다는 변혁시키기로 결심했다. 즉 '부활을 실천하기로' 결심한 것이다. 그래서 볼리비아와 콜롬비아와 아프리카 전역을 다니며 다이아몬드 산업에 종사하는 사람들을 만났다. 그들은 그 사람들과 개인적인 관계를 맺고 지금은 크레드(Cred)라 불리는 놀라운 보석 사업을 개척하고 있다. 우리가 영국에 있는 그들의 보석상점을 방문했을 때 창립자 가운데 한 사람이 이렇게 말했다.

"당신이 결혼반지를 낄 때 그 다이아몬드가 채굴된 순간부터 그 반지가 당신 손에 끼워지는 순간까지 수고한 모든 노동자가 존엄한 대우를 받았다는 사실을 알 때 얼마나 만족하게 될지 상상할 수 있습니까?"

내 친구 그레그 발레리오는 이제 보석 산업 분야의 전설적인 인물이다. 그는 공정무역 보석 운동가로서 온갖 상을 받았다. 「말썽 피우기」(Making Trouble)란 책도 썼다. 어떤 피도 흘리지 않을 것이다. 그의 아내는 신학자라서 그들의 비전 배후에 있는 신학과 철학을 글로 표현하고 있다. 로스 발레리오는 보석이다. 그녀는 생태-전사-운동가-신학자이다(http://ruthvalerio.net/). 이런 운동은 우리가 전하는 복음에 온전함을 덧입힌다. 그들은 예수님과 지구촌 이웃들의 신성함을 접한 만큼 지금은 다른 종류의 보석상이 된 것이다.

•

신학적 단상

•

나는 예수님이 상상력을 동원하고 무척 명민하게 돈을 다루시는 모습이 좋다. 무엇보다 먼저, 예수님은 정말로 신중하시다. "유다야, 네가 돈을 맡아라." (물론 유다가 은전 서른닢에 형제를 팔지만, 여기서는 다루지 않겠다.) 예수님은 유대 종교지도자들이 계략을 꾸며 함정에 빠뜨리려 할 때마다 항상 현명하게 대처하셨다. 한번은 그들이 예수님을 함정에 빠뜨리려고 세금 문제로 시비를 걸었다. 그들은 가이사에게 세금을 바치는 것이 옳은지 물었다. 그러자 예수님은 동전을 달라고 하신 다음, "이 형상과 글이 뉘 것이냐?"라고 되물으셨다. 그들이 가이사의 것이라고 대답하자 예수님은 "가이사의 것은 가이사에게 바쳐라"고 대답하셨다. 나는 예수님의 이 대답이 정말로 좋다. 가이사의 형상이 새겨진 동전은 가이사에게 돌려주어라. 가이사는 그의 동전을 가질 수는 있지만 하나님의 것을 가져갈 권리가 없다. 그리고 생명은 하나님의 것이다. 가이사는 좀과 녹이 해칠 이 땅의 물질에 자기 형상을 새길 수 있지만, 가이사는 하나님을 형상을 갖고 있다. 하나님이 가이사를 만드셨기 때문이다. 그리고 이는 가이사가 하나님이 아니라는 뜻이다.

나는 "하나님의 형상과 가이사의 짝퉁"이란 제목의 설교를 글로

믿음은
행동이 증명한다

쓴 적이 있는데, 아더 와스코우란 랍비의 가르침을 기반으로 이 동전 이야기를 더 깊이 탐구한 내용이다. 가이사의 형상은 생명이 없는 금속에 새겨져 있지만, 하나님의 형상은 생명 자체에 새겨져 있다. 우리는 하나님의 동전들, 하나님의 형상을 지닌 자들이다. 가이사의 동전은 다 똑같지만 사람들은 그렇지 않다. 가이사는 획일성, 대량 생산, 동일함과 관련이 있지만, 하나님은 다양성, 독특한 DNA를 지닌 한 사람 한 사람, 지문도 제각기 다른 사람들과 관련이 있다. 또 한 가지는, 황제의 동전이 얼마나 멀리 보급되었는지에 따라 제국의 크기를 말할 수 있다. 그런데 하나님이 만일 우리에게 "땅을 가득 채우고 메뚜기처럼 재생산하라"고 명령하셔서 우리가 땅 끝까지 가는 곳마다 하나님의 형상을 갖고 간다면, 그리고 한 생명이 사라지면 우리가 하나님의 형상의 일부를 잃게 되는 것일까? 하나님의 제국은 가이사의 제국과 매우 다르다. 이 설교를 듣고 싶으면 다음 사이트를 참고하라. http://www.youtube.com/watch?v=AymaUg3quJ4.

또 한 번은(마 17:24-27) 유대 당국자들이 베드로를 찾아와 예수님이 성전 세금을 바치는지 묻는다. 베드로는 본능적으로 그렇다고 대답한다. 그런데 베드로가 잠시 후 예수님을 만날 때, 예수님이 (늘 그렇듯이) 엉뚱한 일을 하신다. 그분은 베드로에게 가서 물고기를 잡으면 그 물고기가 "네 드라크마짜리 동전을 물고 있을" 것이라고 말씀하신다. 이는 성전 세금에 딱 맞는 금액이다. 너무나 이상한 말씀이 아닌가?[11] 보통은 물고기가 돈을 물고 있지 않다. 이 장면 전체는 길거리 연극에서 다음과 같은 풍자로 표현되었다.[12] 비린내 풍기는 물고기가 입에 돈을 물고 있는데 세금 따위가 무슨 상관인가! 이런 생각이 든다. 예수님이 "너는 네 돈을 가져가라. 그런데 내가 저 물고기를 만들었다!"라고 말씀하시는 것처럼. 하나님이 가이사를 창조하셨고, 하나님이 땅과 하늘을 창조하셨다. 가이사는 그런 일을 할 수 없다. 가이사에게 가이사의 것을 주어라! 가이사는 그의 동전을 가질 수 있으나 생명은 하나님의 것이고, 가이사는 생명을 가질 권리가 없다. 일단 우리가 하나님의 것을 하나님께 드리면 가이사에게 줄 것은 별로 남지 않는다.

나는 때때로 크리스천들도 세금을 내야 하는가 하는 질문을 받는데, 그들은 종종 이 텍스트("가이사의 것은 가이사에게 주라…")를 인용한다. 나는 세금과 "혁명적 순종"에 관해 「대통령 예수」와 「레드레터 혁명」에서 더 많이 다루었다. 그리고 "엉클 샘의 것은 엉클 샘에게 주라"는 글도 쓴 적이 있다.

우리도 경제에 대해 얘기할 때, 우리가 만든 진흙탕에서 벗어나려면 그런 상상력과 창의력이 있어야 한다. 우리가 재물축적을 뛰어넘고 아메리칸 드림보다 더 자유케 하는 꿈을 찬미하기 위해 예수님이 지녔던 그런 상상력을 갖기 전에는 아무것도 변하지 않을 것이다. 우리가 사람들이 재물을 긁어모으려는 그 열정과 치열함으로 위험을 감수할 용기와 소유재분배의 방법을 고안하기 전에는 시장이 하나님의 희년 비전을 압도하고 말 것이다.

월스트리트에서 거행한 희년의식

재작년에 두 가지 사건이 일어났다. 첫 번째는 뉴욕에서의 경찰의 직권남용에 대해 내가 기소한 재판에서 승소한 것이다. 경찰이 노숙자들을 공공장소에서 잠을 잤다는 이유로 체포하고 무질서한 행동을 했다는 혐의를 씌우고 있던 상황이었다. 수백 명의 시민들이 시위를 해서 이런 상황에 주목하게 했고, 우리는 공공장소에서 잠자는 것이 범죄가 아님을 주장하기 위해 바깥에서 잠을 잤다. 어느 날 밤, 나는 거리에서 잠을 자다가 체포되었다. 나는 오랜 법정투쟁 끝에 무죄판결을 받았고, 이후에 불법체포와 불법기소와 경찰의 직권남용에 대해 민사소송을 제기했다. 그리고 우리가 승소해서 전례를 만들었을 뿐 아니라 1만 달러의 손해배상금도 받았다. 하지만 그 돈은 나의 것이나 심플 웨이의 소유가 아니라 뉴욕에 거주하는 노숙자들의 것이었다. 그것은 그들의 승리였다.

두 번째 사건은 우리가 성경적 경제학에 대해 공부한 후에 익명의 기부자가 보낸 1만 달러를 받은 것이었다. 주식에 투자되었던 돈이 이제 가난한 사람들에게 돌아온 것이었다.

그렇게 우리는 2만 달러를 갖게 되었고 그 돈은 우리의 상상력을 자극하기에 충분했다. 오늘날 작은 희년의식을 거행한다면 어떤 모습일까? 이 아이디어는 심플 웨이를 넘어 멀리까지 퍼져나갔고, 곳곳의 친구들도 미소를 지으며 그에 대해 생각하고 있었다. 어디서 거행할 것인가? 세계경제의 심장부인 월스트리트가 아니면 어디서 하겠는가? 우리는 또한 그것이 일회적인 행사가 아니라 레위기 25장에 나오는 고대의 행사가 되고 새 예루살렘의 영원한 의식이 되어야 한다고 의견을 모았다. 우리는 1만 달러를 희년 정신과 사랑의 경제를 실천하는 100개의 공동체에 100달러씩 보내기로 결정했다. 100달러 지폐마다 "사랑"이란 글자를 썼다. 그리고 우리는 희년의식을 거행하기 위해 모든 사람을 월스트리트로 초대했다.

웃음과 꿈으로 몇 달을 보낸 후 우리는 실제로 희년의식을 거행했다. 내 평생 잊지 못할 날이었다. 우리는 준비가 되어 있었다. 40여 명의 친구들이 3만여 개의 동전이 든 가방들, 머그잔, 서류가방, 배낭 등을 운반했다. 다른 50명의 친구들은 월스트리트에서 우리와 만날 예정이었다. 열두 명의 '비밀 요원들'이 맨해튼의 공원과 식당의 냅킨꽂이와 공중전화를 분주히 뛰어다니며 2달러짜리 지폐 수백 장을 몰래 숨겼다. 오전 8시 15분, 우리는 뉴욕증권거래소 정문 앞에 있는 광장으로 하나둘씩 모이기 시작했다. 우리는 사람들과 잘 어울리도록 일부러 그들처럼 옷을 입었다. 일부는 노숙자 복장을(몇 명을 실제로 노숙자였다), 일부는 관광객 복장을, 일부는 회사원 복장을 했다. 소유를 재분배한다는 소문이 뉴욕 전역에 퍼져나갔고, 인근 골목과 공사장에서 순식간에 백여 명이 모여들었다. 우리는 연극 연출을 하듯이 안무 공연을 하면서 월스트리트를 반(反)테러 연극의 무대로 삼았다. 오전 8시 20분, 일흔 살의 마가렛 수녀와 내가 희년을 선포하기 위해 앞으로 나갔다.

"우리의 일부는 월스트리트에서 일을 해왔고 일부는 월스트리트에서 잠을 잤습니다. 우리는 다함께 몸부림치는 공동체입니다. 우리의 일부는 고독에서 벗어나려고 애쓰는 부자들입니다. 일부는 추위를 피하려고 애쓰는 가난한 사람들입니다. 일부는 마약에 중독되었고, 일부는 돈에 중독되었습니다. 우리는 하나님과 서로를 필요로 하는 깨어진 인간들입니다. 왜냐하면 우리가 우리의 세상을 엉망으로 만들었고 그 결과 몹시 고통당하고 있다는 것을 깨달았기 때문입니다. 이제 우리는 낡은 껍데기 안에서 새로운 사회를 탄생시키려고 다함께 일하고 있습니다. 또 다른 세상이 가능합니다. 또 다른 세상이 필요합니다. 또 다른 세상이 이미 여기에 있습니다."

그 때 마가렛 수녀가 (우리의 유대인 조상들이 그랬듯이) 뿔 나팔을 불었고, 우리는 "희년의식의 시작이다!"라고 일시에 외쳤다. 위쪽의 발코니에 있던 열 명의 친구들이 지폐 수백 달러를 공중에 뿌렸다. 이어서 현수막을 내려뜨렸다. 거기에는 "테러를 중지하라!", "나누라!", "사랑하라!"는 표어와 "모든 사람의 필요를 채울 만큼 충분히 있으나 모든 사람의 욕심을 채울 만큼 충분하지는 않다-간디"란 말이 씌어 있었다.

거리가 온통 은빛으로 변했다. 보행자, 회사원, 노숙자, 관광객 등으로 변장했던 우리 친구들이 그 많은 동전을 거리에 쏟아내기 시작했다. 우리는 거리를 분필로 장식했고 비눗방울로 허공을 가득 채웠다. 기쁨은 전염성이 강했다. 누군가 베이글을 사서 사람들에게 나눠주기 시작했다. 사람들은 자기네 겨울옷을 나눠주기 시작했다. 한 청소부는 쓰레받기에 동전을 가득 채운 채 우리에게 살짝 윙크를 보냈다. 또 어떤 남자는 누군가를 끌어안으며 "이제 약을 살 수 있게 되었어요!"라고 소리쳤다.

우리는 무슨 일이 일어날지 알지 못했지만 희년의식은 효과가 있었다.[13] 우리는 의도적으로 하나님과 맘몬이 얼굴을 맞대게 하는 것이 위험하다는 것을 알고 있었다. 그러나 우리가 일생을 바쳐 전념하는 일이 바로 그것이다. 그건 위험한 일이다. 하지만 우리는 베푸는 것이 축적하는 것보다 더 전염성이 강하고, 사랑이 미움을 바꿀 수 있고, 빛이 어둠을 이길 수 있고, 잡초가 콘크리트를 뚫을 수 있고… 월스트리트에서도 그럴 수 있다고 믿는 신앙의 사람들이다.

이 행사는 '월스트리트를 점령하라'는 구호와 불평등을 가리키는 99퍼센트와 1퍼센트란 말이 나오기 십년 전의 일이다. 지금은 엄청난 부자와 엄청난 빈자 간의 간격이 더 벌어졌다. 포브스(Forbes) 잡지에 따르면 세계의 최고 부자 86명이 세계 인구의 절반(35억 명)과 똑같은 부를 소유하고 있다고 한다. 어쩌면 월스트리트에서 희년의식을 또 한 번 거행해야 할 때인 듯하다. 우리가 거행한 행사는 다음 사이트를 참고하라. http://www.youtube.com/watch?v=4ETBMhEzYKU.

믿음은
행동이 증명한다

Chapter 7

두 왕국이
충돌할 때

-

-

-

누구에게 충성하는가?

나는 미국 복음주의 교회의 이원론에 대해 잘 알게 되었다. 전쟁에 항의하기 위해 이라크를 다녀온 후 윌로우 크릭 교회에서 '은혜의 스캔들'이라는 제목으로 강연을 했다. 강연이 끝나자 그들이 강단은 정치적 메시지를 전하는 곳이 아니라고 나에게 설명했다. 나는 만약 마틴 루터 킹 목사가 복음이 정치적이 되는 걸 허락하지 않았다면 어떻게 되었을지 생각해보았다. 내가 로비로 나오다 예전에 본 적이 없는 광경을 보고는 가슴이 철렁 내려앉았다. 강단 맨 앞에 성조기가 위풍당당하게 서 있는 것이 아닌가? 십자가가 없다고 그토록 마음이 아팠던 적은 예전에 없었다. 국기와 십자가는 모두 영적인 것이다. 그리고 둘 다 정치적인 것이다.

교회에서 국기보다 십자가를 더 쉽게 제거할 수 있는 때는 위험한 시대이다. 요즘 구도자들이 하나님을 찾기 어려운 것이 놀랄 일이 아니다. 기독교가 어디에서 끝나고 미국이 어디에서 시작하는

지 알기가 어렵다.[1] 미국의 돈은 "우리는 하나님을 믿는다"라고 말한다. 하나님의 이름이 미국의 돈에 새겨져 있고, 미국의 국기가 하나님의 제단 위에 우뚝 서 있다.

'정치'라는 말만 들어도 메스꺼워하는 크리스천들을 위해 이 용어를 분석하는 것이 좋겠다. 그리고 정치에 관한 생각하길 좋아하고 더 깊이 들어가고 싶은 사람들에게는 「대통령 예수」를 권하고 싶다. 이는 내 친구 크리스 호(Chris Haw)와 함께 쓴 책으로, 정치적 상상력, 충성, 제국의 뱃속에서 특이한 하나님의 백성이 된다는 것이 무슨 뜻인지를 다룬 것이다. 정치(politics)라는 단어는 그리스어 '폴리스(polis)'에서 파생되었고, '도시', '시민', '공민' 등의 개념에 뿌리를 둔 것으로 기본적으로 '사람들의 사회'라는 뜻이다. 인간들이 어떤 목적으로 갖고 다함께 사는 것과 관련이 있는 것은 무엇이든 정치적이다. 하나님의 백성으로서 우리는 낡은 껍데기 안에서 새로운 사회, 즉 새로운 폴리스, 새 예루살렘, 하나님의 도시를 건설하고 있다. 이는 본질적으로 정치적인 행위이다. 하나님 나라의 급진적인 반문화적 가치관을 구상하는 것 또한 본질상 정치적 행위이다. 사복음서에서 왕, 왕국, 주, 구세주, 왕관, 깃발, 왕좌 등의 용어들(모두 제국의 사전에 나오는 단어들)이 모두 삭제되었다고 상상해보라. 정치적이지 않은 복음은 전혀 복음이 아니다. '충성'이라는 단어의 어원은 '주(Lord)'를 의미한다. 초대교회 크리스천들이 처형을 당한 이유가 바로 여기에 있다. 또 다른 나라와 또 다른 주님에게 충성을 서약한 것은 반역행위였기 때문이다.

2004년 미국 전역이 대통령 선거로 들썩일 무렵, 우리는 성경을 공부하면서[2] 예수님을 우리의 주님으로 또는 우리의 대통령으로 주장하는 것이 무슨 뜻인지 생각해보았다. 사람들이 나에게 누구를 찍겠느냐고 물어볼 때 나는 이렇게 대답하곤 했다.

"나의 대통령은 이미 보좌에 오르셨고 이미 국정연설을 끝내셨습니다. 나는 하나님이 워싱턴에서 군사령관이나 억만장자들을 필요로 하신다고 생각하지 않습니다. 그리고 어느 후보든지 팔복과 산상수훈과 성령의 열매를 구현할 것이라고 믿지 않습니다. 나는 산꼭대기에서 성도들과 순교자들의 합창에 합류해 내 충성을 선언할 것입니다. 그리고 모든 깃발 위에 사랑의 기치를 드높일 것입니다!" 결국 우리는 어떻게 살아가는지, 무엇을 구입하는지, 누구에게 충성을 서약하는지 등으로 날마다 투표를 하는 셈이다. 그래서 나는 투표용지에서 그런 글귀를 찾을 수 없어서 그것을 써넣기로 결심했다. 그리고 내 투표가 사적인 투표용지 부스, 비밀 투표용지, 또는 금지된 대화에 가둬지지 않게 하겠다고 결심했다.

•

바벨론 밖으로 나오라

•

'정치'라는 말 말고도 때때로 사람들을 불편하게 하는 단어들이 있다. 믿음, 신실한, 신실함과 같은 기독교 전문용어들은 그 뜻을 파악하기가 쉽지 않다. 이런 것은 복잡한 단어들이고, 특히 기독교 세계 밖에 있는 사람들에게 그렇다. 사전에서 '믿음'이란 단어를 찾아보면 "완전한 신뢰, 의문의 여지가 없는 충성, 확신 있는 충절"로 정의된다. 고정관념을 가진 사람들에게는 약간 지나칠지 몰라도, 믿음은 충성을 뜻한다고 생각해보자. 우리는 무엇에 충성하는가? 많은 사람은 정당에 충성하고 다수는 친구들에게 충실하다. 애국자는 국가에 충성한다. 그러면 크리스천들은 무엇에 충성하는가?

1세기 지중해 지역에서는 로마제국에 대한 믿음이 중추적인 미덕이었다. 믿음을 뜻하는 그리스어 '피스티스'는 시저 황제에 대한 충성을 묘사하는 데 사용되었다. 사람들은 황제에 대한 믿음을 가졌고, 황제는 그에 대한 보상으로 평화와 번영을 지키는 데 충실했다. 그리고 많은 사람들이 믿음이 없다는 이유로 죽임을 당했다. 요한계시록의 저자인 요한이 도미티아누스 황제에게 박해받아 유배당한 것도 로마에 대한 믿음은 없고 예수에 대한 믿음만 있다는 이유 때문이었다. 로마의 관리들이 초기 크리스천들에게 '믿음이 없는 자들'이라는 딱지를 붙인 것은 이상한 일이 아니다.

초기 기독교 저작들은 크리스천들이 제국의 법정에서 무신론자라는 낙인을 받았고, 이런 중죄로 처형을 당했다고 거듭해서 전하고 있다. 그들은 로마제국에 대한 모든 믿음을 버렸고 하나님만을 평화와 번영을 지켜줄 수 있는 분으로 믿고 그분께만 충성했다. 그들은 예수님을 그들의 유일한 황제로 선언했고(행 17:7), 하나님의 나라를 전파했고, 죽임당한 어린양에게 충성을 서약했다. 요즈음 유행하는 '아름다운 미국'이란 노랫말에는 마음에 드는 구절들이 많다. 그러나 요한계시록은 우리에게 오직 하나님께만 속한 영광을 바벨론에게 주면 안 된다고 엄중히 경고한다. 내 친구 토니 캠폴로 교수가 말하듯이 "우리가 세계에서 가장 좋은 바벨론에 살고 있을지 몰라도 그것은 여전히 바벨론이다. 우리는 '거기서 나오라'는 부름을 받았다!"

요한은 소아시아의 교회를 향해 "죽도록 충성하라"(계 2:10)고 경고한다. 그는 하나님과 그의 백성을 혼인관계로 묘사한다. 하나님의 백성은 그들의 연인이신 하나님께 충성하고, 오직 하나님만을 믿고, 신부로서 단장한 새 예루살렘이 되어야 한다. 요한은 로마를 가증한 음녀 "큰 바벨론"으로 묘사하면서 그녀가 사이비 광채로 교회를 유혹할 것이라 경고하고, 그녀가 주는 쾌락과 보화는 곧 파괴될 것이니 그런 것에 놀아나지 말라고 경고한다. 하나님의 백성은 바벨론의 권력에 놀라고 두려워하면 안 되고 그 보석에 현혹되어서도 안 된다. 그들은 그녀의 황금 잔으로 성도들의 피를 마시기보다(17:6) 새 언약의 피로 가득한 성만찬의 잔을 마시기로 결단해야 한다. 우리는 의기양양한 황금 독수리(로마제국 권력의 상징)에게 충성해서는 안 되고 죽임당한 어린양에게만 충성해야 한다.

•

왕국과 왕국이 충돌할 때

•

9/11참사 직후 중서부의 어떤 큰 교회에 설교를 하러 갔다. 내가 설교하기 전에 의장병 복장을 한 남자가 성조기를 제단에 꽂았다. '공화국 찬가'가 배경음악으로 울려 퍼지면서 붉은색, 흰색, 푸른색

가운을 입은 성가대원이 한 사람씩 등장했다. 나는 곤경에 처했다는 것을 알았다. 교인들이 국기에 대한 맹세를 했고, 나는 그 모든 것이 제발 꿈이기를 바랐다. 그런데 꿈이 아니었다. 하지만 감사하게도, 나는 크고 육중한 강대상 뒤에 설 수 있어서 누가 성경을 집어던져도 숨을 수 있을 것 같았다. 나는 후들거리는 무릎을 가까스로 진정시키며 사랑 안에서 진리를 전했는데, 무사히 끝나서 포옹도 많이 받고 거침없는 편지도 몇 통 받았다. 이것은 기독교와 애국심의 충돌을 보여주는 극적인 실례이다.

나는 이것이 예외적인 실례라고 생각했지만 이후 흥미로운 경험을 몇 번 했다. 언젠가 군사용 운송수단과 무기를 갖고 행진을 벌였던 사관학교에서 강연한 적이 있었다. 그들이 대포를 쏘고 국기에 경례한 후 내가 일어서서 강연했다. 나는 성령의 열매(사랑과 희락과 화평과 오래 참음과 자비와 양선과 충성과 온유와 절제)에 관해 강연해야겠다는 느낌이 강하게 들었다. 하나님의 어떤 분인지, 그리고 우리가 어떤 사람이 되길 바라야 하는지에 대해 다루고 싶었다. 나는 성령의 열매를 맺으려면 훈련이 필요하다고, 주변의 문화가 늘 그런 성품을 개발시켜주는 것은 아니라고 말했다. 나중에 한 젊은 군인이 눈물을 글썽이며 내게 오더니, 그가 성령의 열매의 목록을 들었을 때 자기가 받고 있는 훈련과는 거리가 멀다는 것을 알았다고 털어놓았다. 우리는 함께 기도했고, 내 머릿속에 지금도 종종 그 군인이 떠오른다. 그 젊은이만 그런 고민이 있는 것은 아님을 나도 안다.

9/11 참사 직후 나는 필라델피아 시청 청사 바로 옆 건물에 "그들을 모두 죽이고 하나님이 그들을 솎아내게 하라"는 현수막이 걸

린 것을 보았다. 한 범퍼 스티커에는 "하나님이 악을 행하는 자들을 심판하실 것이다. 우리는 그들을 하나님께 데려가기만 하면 된다"라고 적혀 있었다. 어떤 공군의 티셔츠에 "미국 공군… 우리는 죽지 않는다. 다만 지옥에 가서 다시 집결할 뿐이다"란 글귀가 쓰인 것을 보았다. 이보다 덜 극적인 글도 있었다. 빨간색과 흰색과 청색의 게시판에 적힌 "하나님은 우리 군대를 축복하신다"란 글귀. "하나님이 미국을 축복하신다"는 말은 마케팅 전략이 되었다. 한 가게는 창문에 "하나님은 미국을 축복하신다─ 1달러짜리 햄버거"라는 광고문을 내걸었다.[3] 애국심은 교회의 강단과 건물을 포함해 도처에서 눈에 띄었다. 9/11 사태 이후 대다수 기독교 서점들은 9/11 사태에 관한 책들과 캘린더, 경건서적, 버튼 등을 진열한 특별 코너를 만들었는데, 모두가 미국 국기 모양과 황금 독수리와 미국의 색채로 장식되어 있었다.

이러한 민족주의의 폭발은 우리 모두가 친밀한 교제와 공동체를 갈망하고 있음을 보여주는 명백한 징표였다. 이는 자유주의자들과 진보적 크리스천들이 훨씬 더 잘할 수 있었던 일이다. 9/11 사태는 자립적이고 자율적인 개인을 부서뜨렸고, 공동체를 갈망하는 깨어진 연약한 사람들의 나라가 눈에 띄었다. 다함께 울고 다함께 화내고 다함께 고통당하는 그런 공동체를 갈망하는 사람들이다. 사람들은 슬프거나 분노하거나 두려울 때 혼자 있기를 원하지 않았다.

그런데 9/11 사태 이후에 벌어진 일들은 내 가슴을 찢어놓았다. 보수주의 크리스천들은 전쟁의 북을 울리며 집회를 가졌고, 자유주의 크리스천들은 가두시위에 나섰다. 나중에 나는 자칭 '자유주의 크리스천들'로부터 이 문장이 불공평하거나 적어도 불분명하다는 불평이 담긴 편지를 몇 통 받았다. 그들의 지적이 옳다고 생각한다. 나는 가두시위가 옳지 않다거나 전쟁반대 시위자들이 성조기를 밟았다는 뜻으로 한 말이 아니었다. 분명히 말하자면, 이라크 전쟁은 역사상 가장 많은 반대에 부딪힌 전쟁들 중의 하나이고, 그래야 마땅했다. 전 세계에서 3000번의 공식적 시위가 있었고 3600만 명이 참여한 것으로 추정되고 있다. 내가 속한 공동체에서는 거의 모든 주민이 비폭력 시위 때문에 감방에 갔다. 그리고 우리가 지난 10년간의 전쟁이 우리에게 무엇을 남겼는지 생각해보면 우리가 더 많은 시위를 했어야 했다고 생각하지 않을 수 없다. 그럼에도 불구하고, 내가 개진하기 원했던 논점은 이것이다. 많은 크리스천들이 9/11 사태의 끔찍함을 입증하고 또 전쟁에 격분할 수 있는 기회를 놓치고 말았다는 것이다. 9/11 사태 이후, 많은 교회들은 그 공격의 희생자들에 대한 하나님의 관심, 그리고 임박한 전쟁의 희생자들에 대한 하나님의 관심을 증언할 수 있는 기회를 상실하고 말았다. 반전 행동파는 뉴욕시에 있는 추모 박물관을 방문하는 게 좋을 것 같다. 그리고 전쟁 독수리파는 바그다드에 있는 아메리야 쉘터를 방문하는 게 좋겠다. 잃어버린 생명은 하나도 예외 없이 우리가 슬퍼하고 분노할 이유가 된다.

십자가는 성조기에 덮이고 성난 군중의 발에 짓밟혔다. 교회 공동체가 자취를 감춘 탓에 배고픈 구도자들은 애국심을 부추기는 시민종교에서 공동체를 찾았다. 사람들은 상처를 받아 간절히 치료책을, 즉 구원을 찾고 있었다. 그것은 마치 상처에 바를 연고를 찾는 것과 같았다. 구원자를 갈구하던 사람들이 그들의 믿음을 취약한 인간 논리와 군사력의 손에 두고 말았는데, 이런 것들은 항상 우리를 실망시켰던 것이다. 그런 것들은 언제나 하나님의 영광에 미치지 못했다.

•

나쁜 것 두 개가 좋은 것 하나를 못 만든다

•

9/11 사태의 여파에 시달리던 내가 이웃에 사는 꼬마 스티브에게 어떻게 하면 좋을지 물었다. 그 아이는 도시 뒷골목에서 험한 꼴을 보며 자랐기 때문에 폭력에도 익숙한 편이었다. 현재 열세 살인 스티브는 항상 내게 많은 것을 가르쳐주었다. 여덟 살 때에는 누가 총을 발명했는지 알아내려고 한다고 말했다. 어느 날, 녀석이 내게 달려오더니 "아저씨! 알아냈어요. 누가 총을 발명했는지 알아냈다고요!"라고 소리쳤다.

"누군데?"

"사탄이에요… 사탄은 우리가 서로 죽이기를 바라잖아요. 하나님은 우리가 서로 사랑하기를 바라고요."

그래서 스티브가 열 살 때, 9/11 참사가 발생한 지 이틀 후에 내가 스티브에게 어떻게 하면 좋을지 묻자, 스티브는 곰곰이 생각하더니 "그 사람들이 매우 악한 짓을 했어요"라고 말했다.

나는 고개를 끄덕였다.

"그런데 나는 항상 [그는 열 살에 불과했다!] '나쁜 것 두 개가 좋은 것 하나를 못 만든다'라고 말해요. 우리가 그들에게 상처를 되돌려주는 건 의미가 없어요. 게다가 우리 모두는 한 대가족이잖아요."

스티브는 밝은 표정으로 눈을 커다랗게 뜨고 나를 바라보며 계속 말했다.

"쉐인 아저씨! 이 말은 아저씨하고 나하고 형제라는 뜻이에요!"

우리는 깔깔 웃었다. 나는 그렇게 웃으면서 생각했다.

'스티브, 세상을 향해 그렇게 외쳐다오!'

비전통적인 가족의 가치관

예수님은 새로운 가족의 비전을 제공하신다. 예수님은 니고데모에게 하나님의 나라에 들어가려면 거듭나야 한다고 말씀하신다(요 3:1-8). 누군가 예수님에게 생물학적인 어머니와 동생들이 밖에 있다고 말했을 때, 그는 "누가 내 어머니이며 동생들이냐… 누구든지 하나님의 뜻대로 행하는 자가 내 형제요 자매요 어머니니라"(막 3:31-35)고 대답하신다. 예수님은 가족의 개념을 새롭게 정의하셨다. 이 정의는 고아들이었던 우리가 하나님의 가족으로 입양되었고, 이 거듭남으로 생물학이나 지리나 민족보다 더 깊은 새로운 친족관계가 생겼다는 관념에 근거해 있다.

거듭남은 새로운 가족으로 입양된 것을 말한다. 새로운 시각으로 우리는 우리의 가족이 지역적이면서도 세계적이라는 것, 생물학이나 부족이나 민족을 포함하되 이런 범주를 초월한다는 것을 볼 수 있고, 아프가니스탄과 이라크, 수단과 미얀마, 필라델피아와 비버리 힐스에 사는 형제들과 자매들과 함께 하나님 나라의 비전을 품을 수 있다. 이에 못 미치는 비전은 예수님께 어울리지 않는 근시안적 안목에 불과하다. 예수님의 생물학적 가족이 그분이 전통적 가족의 가치관을 무너뜨리는 말을 했다고 그를 미친 사람으로 불렀던 것을 보면 그렇다.

예수님이 너희가 너희 가족을 미워하지 않으면 내 제자가 될 수 없다고 말씀하신 대목이 있다(눅 14:26). 내가 고등학교 시절에 좋아하던 구절이다. 어떤 사람들은 가족에 대한 사랑이 하나님에 대한 사랑보다 형편없어야 한다는 뜻으로 말씀하신 것이라고 설명한다. 일리가 있는 해석이다. 그러나 누가복음에는 '미워하다'라는 단어가 사용되었는데, 이는 예수님이 원수를 미워하는 것에 관해 얘기하실 때 썼던 단어와 동일하다. 물론 예수님이 가족에 대한 사랑을 금하고 있는 것은 아니다. 그분 자신이 어머니를 무척 사랑해서 십자가에 죽어가면서도 요한에게 이제는 네 어머니라고 말씀하신다 (요한과 예수님의 어머니는 혈연관계가 없으므로 이는 새로운 친족관계이다).

예수님이 여기서 강한 언어를 사용하는 까닭은 우리의 가족 사랑을 질식시키기 위해서가 아니라 가족과 친족에 대한 우리의 안목을 확장시키기 위해서다. 우리가 경험할 수 있는 가장 무한한 사랑은 아기를 향한 엄마의 사랑 또는 아내를 향한 남편의 사랑일 것이다. 우리가 거듭날 때 그와 동일한 사랑이 널리 확장되어야 한다고 말씀하고 계신다. 아기를 향한 엄마의 애틋한 사랑, 또는 부모를 향한 자녀의 극진한 사랑이 이제는 인류의 가족에게 확장되어야 한다.

생물학적인 가족 개념은 너무 편협하며, 애국심은 너무 근시안적이다. 친지와 동포를 향한 사랑은 나쁜 것이 아니지만 우리의 사랑이 국경에서 멈추면 안 된다. 우리는 생물학보다 훨씬 더 넓고, 민족주의보다 훨씬 더 깊은 가족을 갖고 있다. 예수님은 우리에게 이라크에, 아프가니스탄에, 팔레스타인에 가족이 있다고 말씀하신다. 우리는 지금 굶으면서 노숙하고 있는 가족들, 또는 에이즈로 죽어 가고 있거나 전쟁의 포화 속에 있는 가족들을 갖고 있다.

거듭남이 우리의 안락한 생활을 방해해야 한다. 실제로 그런 경우가 더러 있었다. 2004년에 인도양을 강타한 쓰나미로 전 세계가 비탄에 잠겼을 때다. 많은 사람이 그 재난으로 부모를 잃은 아이들을 입양하기 위해 줄을 섰으며, 연대감과 가족의식이 지구 전체에 확산되었다. 2005년 태풍 카트리나가 미국 남동부를 강타했을 때, 수백 가정이 재해로 고통당한 사람들에게 집을 개방했다. 전국의 많은 사람이 갈 곳을 잃은 이재민들을 집으로 영접하기 위해 엄청난 희생을 감수했다. 그 부담을 홀로 지기에는 너무 버거워서 더 많은 사람이 질수록 더 가벼워지기에 다함께 지기로 한 것이다.

근시안적 공동체 의식

예수님 시대에는 오늘날처럼 생물학적 가족이, 십자가의 길을 걷기 위해 모든 것을 버리려는 사람들에게 가장 큰 장애물의 하나였다. 그래서 예수님이 죽은 자들이 죽은 자들을 장사하게 하라든가, 우리의 부모와 "육신으로 난" 모든 것을 버려두라는 말씀 등 어려운 말씀을 하신 것이다. 이런 지상의 것들은 부족이나 혈족이나 민족보다 더 광범위한 하나님의 비전과 공의를 가로막는 근시안을 낳는다. 폭력은 언제나 근시안적인 공동체 의식에 뿌리박고 있다(민족주의와 갱과 같은 것들). 우리는 함께 싸우고 함께 슬퍼하고 함께 기뻐할 사람들을 갈망한다. 우리 동네에서는 아이들이 그들의 '가족'에 대해 말하곤 하는데, 이는 그들이 보호하기 위해 먼 길도 마다하지 않는 그들의 패거리를 가리킨다. 벽의 낙서와 베테랑 게시판은 죽어간 우리 부족의 사람들을 기억나게 한다. 마틴 루터 킹 목사는 빈민가와 베트남 전쟁에서 이러한 근시안을 감지하고 우리의 안목이 '가족'이나 국가보다 더 넓어지기를 갈망했다.

"우리는 민족주의보다 더 넓고 더 깊은 충성과 충절로 묶여 있습니다… 이웃에 대한 관심을 부족과 인종과 계급과 국가 너머로 확장하는 이런 범세계적인 교제로의 부르심은 사실상 모든 사람들을 조건 없이 포괄적으로 사랑하라는 부르심입니다."[4]

지금은 '국경 없는 친구들'이라는 세계적 운동이 있다. www.

믿음은
행동이 증명한다

friendswithoutborders.net. 국경 없는 세계에 대한 비전은 온 세계의 사람들에게 공감을 불러일으켰다. 내게 감명을 준 그룹은 '아프간 평화 자원자'로 알려진 아프가니스탄의 젊은이들이다. 이 운동은 30년 전쟁 이후 아프가니스탄의 젊은이들 사이에서 시작되었다. 그들이 간디와 마틴 루터 킹을 연구하기 시작해서 얼마 후 그들 나름의 평화 운동을 출범시킨 것이다. 그들의 모토는 "약간의 사랑이 세계의 모든 전쟁보다 더 강하다"이다. 파란 스카프가 그들의 상징이다. 이는 세계 전역에 있는 모든 사람을 형제와 자매로 연결시켜주는 한 파란 하늘이 있다는 것을 상기시켜준다. 미국의 모든 초등학교가 이 아프간 젊은이들에게 영감을 받아 그들의 건물을 파란 스카프로 장식하고 그들 자신을 국경 없는 친구들로 선언하는 모습을 우리는 보았다. http://ourjourneytosmile.com/blog/. 세계 전역의 사람들이 들어와 서로의 말에 경청하는 월례 집회를 방문해보라. www.globaldaysoflistening.org.

좋은 추억의 하나는 우리가 스카이프를 이용해 우리 동네 아이들과 아프가니스탄의 젊은이들을 연결시켜준 일이다. 그들은 공통된 희망과 두려움과 고통, 그리고 폭력 없는 세계의 꿈을 나눌 수 있었다. 흑인 청년 마이클 브라운이 백인 경찰의 총격에 숨진 후 내가 퍼거슨 시를 방문했을 때, 아프간 평화 자원자 단체는 내가 추도 기념물 앞에 파란 스카프를 놓도록 주선해주었다.

그들은 수년에 걸쳐 비폭력 훈련센터, 공동체의 집, 여성 단체, 난민들을 위해 담요를 만드는 프로젝트 같은 미소 사업 등을 시작했다.

카불에 있는 그들을 방문하는 것이 내 꿈이었는데, 드디어 2012년에 실현되었다.

9/11 참사에 대한 교회의 반응은 하나의 비극이었다. 우리가 뉴욕과 워싱턴 D C의 희생자 가족들 중심으로 집결했기 때문이 아니라, 우리의 사랑이 단지 국경과 지상의 것들에 대한 충성을 반영했을 뿐이기 때문이다. 우리는 이라크 전장에서 전사한 미군들을 애도했다. 이는 마땅한 행위였다. 그러나 우리는 이라크인의 죽음이나 아부 그라이브 형무소 사태에서 학대받은 죄수들에 대해서는 그런 분노와 아픔을 느끼지 않았다.

우리는 우리가 세운 우리의 합리적인 사랑과 경계선 너머로 확장되는 예수님의 비전에서 점점 더 멀어지고 있다. 우리는 9/11 참사의 희생자들과 이라크 전쟁에서 전사한 미군들을 위해 애도해야 마땅하다. 그러나 전쟁으로 목숨을 잃은 이라크인들에 대해서도 그와 똑같은 아픔과 분노로 애도해야 한다. 그들도 우리와 다름없는 귀한 생명이기 때문이다. 우리가 거듭나면 이라크에서 죽은 모든 생명이 뉴욕과 워싱턴 D C에서 죽은 생명만큼 비극적인 사건임을 알게 되리라. 그리고 매일 기아로 3만 명의 어린이가 죽어가는 비극은 날마다 여섯 번의 9/11 참사를 겪는 것과 같고, 매주 쓰나미가 발생하는 것과 마찬가지다.

믿음은
행동이 증명한다

●

구속적 폭력

●

나는 내 친구 스티브의 목소리를 반향하는 다른 목소리들도 듣기 시작했다. 우리는 밥 매클베인이라는 사람을 만났다. 그는 9/11 참사로 26세 된 아들을 잃었다. 나는 평화를 위한 철야농성과 시위에서 여러 번 그와 함께 연설한 적이 있어 그는 우리 공동체의 좋은 친구가 되었다. 그 친구가 연설할 때 아들의 야구 모자를 쓰고 항상 눈물을 글썽이던 모습이 떠오른다. 그는 아들을 잃은 아픔과 분노를 나눈다. 이어서 "그러나 단 한순간도 또 다른 폭력이 무엇이든 해결할 것으로 믿은 적이 없습니다. 어떤 아버지도 내가 지금 느끼는 고통을 느끼길 원치 않습니다"라고 말한다. 그는 이라크 국민들 역시 아버지요 가족이요 자녀라는 것을 강하게 느끼고 있다. 그는 가족의 일원을 잃은 다른 사람들과 '평화로운 내일을 위한 가족들'이란 단체를 출범시켜 그 슬로건을 "우리의 슬픔은 전쟁을 촉구하는 외침이 아니다"로 삼았다. 몇 사람은 이라크의 전쟁희생자 가족들과 함께하기 위해 그곳에 갔다. 평범한 이라크 시민들이 꽃다발과 포옹으로 반갑게 맞아주었고 9/11 참사로 가족을 잃은 사람들에게 전해달라며 선물을 가득 안겨주었다고 한다. 이런 이야기야말로 뉴스를 장식해야 했을 특종이었는데도 전쟁의 소음에 매몰되고 말았다.

나는 그 단체와 함께 여러 행사를 주관하는 영예를 누린 적이 있다. 9/11 사태의 십 주년 기념식에서 내 친구 벤 코헨과 나는 '예수, 폭탄, 그리고 아이스크림'이란 행사를 주최했다. 테리 록펠러(9/11 참사에서 자매를 잃은 사람)가 그 행사의 스타 중에 포함되어 있다. 9/11 참사의 생존자들이 그들의 고통을 이용해 보복이 아닌 화해를 도모하는 모습을 보면 큰 감동을 받게 된다. http://store.thesimpleway.org/collections/dvds.

당시 나는 이웃 아이들 때문에 무척 고심하고 있었다. 서로 때리지 말라고 아무리 가르쳐도 쇠귀에 경 읽기로 끝났기 때문이다. 우리 동네에 드리운 폭력의 어두운 기운을 느꼈고, '구속(救贖)적 폭력'이란 신화의 쓴 열매도 보았다. 그리고 한 아이가 상대방을 테러리스트라고 부르며 전쟁을 선포한다는 소리도 들었다. 솔직히 우리 동네와 세상에서 사람들이 서로 상처를 주고받는 모습에 신물이 났다. 그때 마틴 루터 킹 목사의 고백이 내 심령에 메아리쳤다. 그는 버림받아 분노한 청년들에게 폭력과 무기가 그들의 문제를 해결할 수 없다고 가르치다가 그들이 모순된 메시지를 받고 있음을 깨닫게 되었다.

"나는 화염병과 총이 그들의 문제를 해결하지 못한다고 말했습니다. 그러나 그들은 '베트남은 어떻게 된 거죠?'라고 옳게 물었습니다. 그들은 우리나라가 문제를 해결하기 위해 대규모 폭력을 사용하지 않느냐고 물었습니다. 그들의 질문은 정곡을 찔렀습니다. 그때 나는, 먼저 세계 최대의 폭력조달자인 우리 정부와 얘기하지 않고는 빈민가에서 짓눌려 사는 이들의 폭력에 반대하는 목소리를 다시 높일 수 없다는 것을 깨달았습니다."[5]

우리 정부가 이 세계를 변화시키기 위해 군사력을 사용하기로 결정할 때마다 우리 자녀들은 '구속적 폭력'의 신화, 곧 폭력이 선을 이루는 도구가 될 수 있다는 신화를 배우게 된다. 이것은 우리가 특별히 이곳 도심지 빈민가에서 벗어버리려고 하는 논리이다. 더욱이 세상의 칼보다 십자가에 충성하기로 서약한 사람들, "칼을 가지는 자는 다 칼로 망하느니라"(마 26:52)고 베드로를 꾸짖은 예수님의 경고에 귀 기울이는 우리들이 반드시 깨야 할 논리이다. 폭력은 전염성이 강하다. 일단 전염되면, 폭력이 우리 세상과 우리 동네와 우리 가정과 우리 마음에 평화를 가져올 수 있다고 믿게 된다.

우리 집에서 몇 블록 떨어진, 동네 학교 바로 옆에 전몰장병 묘지가 있다. 이 학교가 베트남 전쟁에서 전사한 군인들 중에 가장 많은 졸업생을 배출한 학교이다. 이곳이 이 도시에서 가장 가난한 동네의 하나인 것은 결코 우연이 아니다. 내가 거기서 만든 비디오를 보려면 다음 사이트를 참고하라. http://www.youtube.com/watch?v=IOwDeoeNLeo. 이라크 전쟁의 베테랑인 한 친구는 많은 젊은이들이 경제적 어려움 때문에 교육비와 소득을 보장하는 군대에 지원하게 된다고 말한다. "미국에는 징병 제도가 없지만 경제적 징병 제도는 있다"고 그는 말한다. 신병 모집자들이 나눠주는 전단지에는 이런 글이 적혀 있다. "그들이 당신에게 대학에 가라고 말했다. 하지만 등록금을 어떻게 지불할지는 말해주지 않았다. 해군에 입대하라." 이를 계기로 우리는 장학금을 모금하기 시작했다. 해마다 우리는 이스턴 대학교와 협력하여 우리 동네에서 한 학생을 뽑아 전액 장학금을 지급한다. 다음 사이트를 참고하라. CNN:

http://religion.blogs.cnn.com/2010/06/25/my-take-the-economic-draft/. 나는 베드로처럼 칼을 뽑아 누군가의 귀를 베고 싶을 때가 한두 번이 아니다. 하지만….

•

나는 이라크로 간다

•

나는 예수님과 십자가에 충성을 서약한다는 것이 무슨 뜻인지 생각하기 시작했다. 그리고 거의 일 년을 하나님과 친구들의 지혜를 구하면서 보낸 뒤에 '광야의 목소리'[6], '기독교 평화 사역팀'[7], '평화로운 내일'[8]과 같은 놀라운 증인들의 목소리에 합류하기로 결심했다. 이라크로 가는 것과 가지 않는 것의 대가를 계산한 후 나는 2003년 3월에 목사, 신부, 퇴역군인, 의사, 기자, 학생, 일반 시민들로 구성된 '이라크 평화 팀'과 함께 바그다드로 갔다. 나는 이라크로 가는 이유를 밝히는 성명서[9]를 작성했고, 그곳에서 내 평생 가장 아름답고 또 가장 끔찍한 한 달을 보냈다. 아마 이 글을 읽는 많은 독자는 바그다드 공습, 이라크 전쟁, 또는 9/11 참사를 잘 모를 것이다. 어떤 이들은 태어나지도 않았을 것이다. 2003년 3월에 있었던 이 공습은 전례가 없는 끔찍한 폭격이었다. 그 작전 기간 동안 하루에 평균 941개의 폭탄을 떨어뜨렸다. 그 기간에 죽은 전쟁 관련 사망자가 60만 명에서 100만 명 정도로 추산된다. 그리고 첫 폭격 때에 죽은 시민들만 해도 7천 명 이상으로 추산되었다. 당시에

믿음은
행동이 증명한다

나는 바그다드에서 가정과 병원과 가족을 방문했고, 거기서 만난 수백 명의 이라크 크리스천들과 예배를 드렸다.

내가 이라크에 간 이유는 '세상에 파문을 일으키는 은혜'의 하나님을 믿기 때문이었다. 내가 충성을 서약한 왕은 악을 행하는 사람들을 너무 사랑해서 그들을 위해 죽은 분이고, 우리가 목숨을 바칠 만한 대의는 있으나 우리가 사람을 죽일 만한 가치가 있는 것은 없다고 가르친 분이다.

나는 십자가에서 처형당했다 다시 살아나신 하나님의 발자취를 따라 이라크에 갔다. 변두리의 예수님은 부유하고 경건한 엘리트들로 구성된 압제적인 정권에 의해 고난을 당하셨다. 이제는 그분이 나에게 그분을 따라오라고, 나의 십자가를 지라고, 목숨을 얻으려면 목숨을 잃으라고 호소하시며, 생명이 죽음보다 강하고 원수를 죽이는 것보다 사랑하는 것이 더 용기 있는 일이라고 약속하신다.

나는 테러를 중단시키기 위해 이라크에 갔다. 자기네 신의 이름으로 사람을 죽이는 극단주의자는 이슬람교과 기독교 둘 다에 있다. 그들의 지도자들은 억만장자들인 반면 그들의 국민은 방치된 채 거리에서 죽어간다. 그러나 나는 가난한 자들과 평화를 도모하는 자들에게 속한 또 다른 나라를 믿고 있다.

나는 전쟁을 방해하기 위해 이라크에 갔다. 수천 명의 군인들이 정치적 충성심 때문에 전혀 모르는 사람들을 죽이려고 이라크에 갔다. 나는 영적인 충성심 때문에 전혀 모르는 사람들을 위해 죽으려고 그곳에 갔다.

나는 선교사로 이라크에 갔다. 곳곳이 전쟁으로 얼룩진 시대에 나는 평화를 도모하는 기독교가 세계선교의 새로운 얼굴이 되기를 소망한다. 우리가 제국의 진노에 직면한 사람들 곁에 서서 "하나님은 당신을 사랑합니다. 나도 당신을 사랑합니다. 우리나라가 당신 나라를 폭격한다고 해도 나는 당신과 함께 이곳에 있을 겁니다!"라고 속삭이길 바란다. 그렇지 않으면 우리의 복음은 설득력을 잃고 만다. 한 성도가 말했듯이, "만일 그들이 죄 없는 사람들에게 왔는데 우리의 몸을 넘어가지 않는다면, 우리의 종교는 저주를 받을 것"이기 때문이다.

　　나는 위기의 순간에 그리고 일상생활 중에, 크고 작은 다양한 방법으로 테러와 전쟁에 간섭하려고 이라크로 갔다. 나는 사랑의 극단주의자로 이라크에 갔다. '기독교 평화 팀'은 아직도 이라크에 있고 미국 내의 어려운 지역들에도 있다. 내 친구 론 사이더가 1984년에 열린 메노나이트 세계 대회에서 발표한 성명서를 여기에 싣는다. 이를 계기로 '기독교 평화 팀'이 탄생했기 때문이다. "만일 우리가 우리 사회가 유발한 불의에 비폭력적으로 대항하며 부상과 죽음을 감수할 준비가 되어 있지 않다면, 우리는 그런 지역에 있는 형제와 자매들에게 감히 평화주의에 대해 한 마디도 할 수 없을 것이다. 만일 우리가 국제 분쟁을 줄이기 위해 새로운 비폭력적 대책을 개발하면서 죽을 준비가 되어 있지 않다면, 우리는 십자가가 칼에 대한 대안이었다고 진심으로 말한 적이 없다고 고백해야 한다. 만일 핵무기를 가진 국가들에 사는 우리가 교회로서 핵무기 없이 살고 싶다고 외치는 바람에 사회적 비난과 정부의 공격을 받을 준비가 되어 있지 않다면, 우리는 평화를 도모하는 우리의 유산을 배

믿음은
행동이 증명한다

신했다고 슬프게 인정해야 한다. 평화를 도모하는 일은 전쟁을 벌이는 일만큼 큰 대가가 따른다. 우리가 그 대가를 지불할 준비가 되어 있지 않다면 그 메시지를 전파한다고 주장할 권리가 없다."

•

꼬마 친구 무세프

•

당시를 회고해보면 바그다드에서 내가 뜻밖의 친구들과 가족을 만난 것이 놀라웠다. 나는 이라크에 오사마 빈 라덴과 사담 후세인 같은 인간들이 가득하고 우리처럼 평범한 가족들과 아이들은 없을 것으로 생각했다.[10] 특별히 무세프란 이름을 가진 열 살배기 구두닦이 노숙자 꼬마와 가까워졌다. 첫 만남은 그 꼬마가 배가 고프다며 돈을 구걸하던 날에 이뤄졌다. 나는 우리 아파트 앞에 줄 선 아이들에게 돈을 주지 말라는 사전경고를 받았던 터였다. 내가 그 소년의 집요한 구걸을 단호하게 물리치자 그 애가 욕지거리를 퍼붓고는 휙 돌아섰다. 나는 충격을 받아 머리가 띵했는데 녀석은 벌써 달음박질치고 있었다. 첫 인상은 썩 좋지 않았다. 그런데 하루 이틀이 지나면서 우리는 서로 좋아하게 되었다. 우리는 함께 산책을 하고 재주넘기도 하고 비행기를 보며 "살람!(평화)"하고 외치기도 했다. 내가 밖에 나갈 때마다 그 애가 전속력으로 달려와 내 팔에 안기고 볼에 뽀뽀를 했다. 나는 바그다드에서 제일 반짝거리는 구두를 신고 있었다.

어느 날, 우리 그룹이 전쟁과 국제적인 제재로 시달리는 이라크 가족들과 어린이들의 사진을 들고 시내 중심가로 행진하고 있는데, 무세프가 우리 일행에 합류했다. 우리가 바그다드의 번잡한 교차로에 서 있을 때, 기자들이 몰려와 사진을 찍으며 우리에게 말을 걸었다. 무세프는 그 현상을 내면화시키기 시작했다. 해맑던 그의 얼굴이 어두워졌다. 내가 무슨 짓을 해도 웃지 않았다. 그 그룹이 흩어지고 카메라도 떠난 후 무세프와 나는 그 자리에 그대로 남았다. 그 아이는 손으로 폭탄이 떨어지는 시늉을 하고 폭발 소리를 내더니 눈에 눈물이 고였다. 그러더니 갑자기 빗장을 걸듯이 두 팔로 내 목을 휘감았다. 그는 울기 시작했다. 호흡을 고를 때마다 여린 몸이 내 품 안에서 몹시 흔들렸다. 나도 울기 시작했다. 우리가 평화운동가와 전쟁희생자가 아니라 친구와 형제로서 마음껏 울도록 이미 카메라들이 떠나간 것이 다행이었다. 잠시 후 나는 그 애를 음식점에 데려가서 푸짐하게 먹이고 내 친구가 환영을 받도록 종업원들에게 후한 팁을 주었다. 무세프는 5분 간격으로 "아저씨, 괜찮아요?"라고 물었다. 나는 고개를 끄덕이며 "너도 괜찮니?"라고 물었다. 무세프도 고개를 끄덕였다.[11]

이라크 사람들은 우리를 손님으로 환대했다. 우리는 집에서 음식도 대접받고 공짜 택시도 탔다. 평범한 시민들은 우리를 미국 정부와 별개로 생각했다. 그들은 매우 강인했다. 폭격을 받는 동안에도 결혼식을 올렸고, 음악 축제를 열었고, 거리에서 축구시합을 했다.

아말의 생일잔치

어느 날, 열세 살이 되는 아말이라는 소녀의 생일잔치를 열어주었다. 우리는 근처 공원에서 고기를 구워 먹고 비눗방울을 불고 저글링을 하고 공중제비를 하고 몇 바퀴를 달리는 등 다리에 힘이 빠져 기진맥진할 때까지 놀았다. 우리가 풍선으로 배구놀이를 하고 있을 때, 공원 뒤쪽에 폭탄이 떨어지기 시작했다. 어른들은 불안한 표정으로 서로를 바라봤지만 우리는 계속 놀았다. 그런데 우리 가까운 곳에 폭탄 한 개가 떨어졌다. 우리 중 두어 명이 어린 아이들을 데리고 급히 몸을 피했다. 내가 한 십대 소녀를 쳐다봤는데 그 애는 겁에 질린 내 눈동자를 응시하며 "괜찮아요. 겁먹지 마세요"라고 말하더니 풍선으로 내 머리를 툭 쳤다. 그 아이의 용기가 대단했다. 그 아이들은 1991년과 1998년에 폭탄이 터지는 소리를 들으며 자랐다. 그런데도 자기네 나라를 파괴하고 있는 나라에서 온 사람들과 공원에서 놀려고 했다. 아말은 만약 부시가 자기 학교를 폭격한다면 전쟁에 대해 달리 생각할 것이라고 농담을 했다. 우리가 그녀에게 생일선물로 무엇이 갖고 싶은지 묻자 그 애는 "평화요!"라고 대답했다. 우리가 가르쳐준 대답이 아니었다. 그 애는 사람들이 서로 죽이지 않을 날이 언젠가는 오리라고 진짜로 믿고 있었다. 나는 공원 뒤쪽에서 계속 터지는 폭탄 소리를 들으며, 생명이 죽음보다 더 강하다는 것과 어린이들이 늙은 폭군과 냉소주의자들에게 사랑하는 법을 가르칠 수 있다는 것을 상기했다. 아울러 모든 피조물과 인간의 화해에 대해 예언한 이사야 선지자의 말씀이 생각났다.

"그때에 이리가 어린 양과 함께 살며 표범이 어린 염소와 함께 누우며 송아지와 어린 사자와 살진 짐승이 함께 있어." 이 구절의 마지막 어구는 "어린아이가 그들을 이끌 것이다"란 말이다 (사 11:6).

•

우리 조상의 땅

•

이라크에 있는 동안 나는 거의 매일 예배에 초대받았다. 바그다드의 크리스천들은 내게 교회에 대한 소망을 심어주었다. 그중에서 집으로 돌아오기 며칠 전에 드렸던 예배가 가장 강렬한 인상을 남겼다. 중동 전역에서 온 수많은 크리스천들-개신교도, 가톨릭교도, 동방정교회 신자-이 모여 무슬림 사회를 향한 교회의 성명서를 낭독했는데, 그들이 무슬림을 사랑하고 무슬림도 하나님의 형상으로 창조되었음을 믿는다고 선언했다. 이어서 우리는 "어메이징 그레이스" 같은 낯익은 찬송들을 불렀고, 여러 언어로 주님의 기도를 드렸다. 그들은 우리를 십자가로 인도했고 예수님이 십자가 위에서 드렸던 기도와 비슷한 기도를 드렸다.

"주님, 우리를 용서하옵소서. 우리는 우리가 무슨 일을 하고 있는지 알지 못합니다."

믿음은
행동이 증명한다

예배를 드리는 동안에도 수백 명의 크리스천들이 계속 들어왔고 마침내 촛불을 들고 바깥에서 예배를 드리기에 이르렀다. 실로 거룩한 예배였다.

예배가 끝난 뒤에 나는 그 모임을 주관했던 주교들 중에 한 사람을 만날 수 있었다. 이라크에 그토록 많은 크리스천들이 있는 줄 몰라서 깜짝 놀랐다고 말했다. 그가 어리둥절한 표정으로 나를 쳐다보더니 이렇게 부드럽게 대답했다. "내 친구여, 그 모든 것이 이 지역에서 시작되었다오. 이곳은 당신네 조상들의 땅이오. 저기 티그리스 강과 유프라테스 강이 있는데, 성경에서 읽어본 적이 있죠?" 나는 쥐구멍에라도 들어가고 싶었다. 내 무식함이 부끄러웠고, 내 신앙의 뿌리가 바로 그곳인줄 알고 놀랐다. 이라크는 내 조상들의 땅이다. 기독교가 미국에서 태어난 것이 아니다. 그 주교는 중동에 있는 교회가 미국 교회를 매우 염려하고 있다고 얘기하고는 "많은 미국인들이 이 전쟁에 찬성한다"고 말했다.

나는 고개를 끄덕였다.

그러자 그가 다시 물었다. "그런데 크리스천들은 이 전쟁에 대해 뭐라고 말합니까?"

내 가슴이 철렁 내려앉았다. 나는 미국의 많은 크리스천들이 혼란스러워하고, 하나님이 이 전쟁을 통해 이라크 국민을 해방시켜주시기를 바란다고 설명하려고 애썼다.

그가 고개를 절레절레 흔들더니 겸손하게 이렇게 말했다.

"하지만 이곳의 크리스천들은 그렇게 생각하지 않습니다. 우리는 '화평케 하는 자는 복이 있다'고 믿습니다. 우리는 칼을 드는 자는 칼로 망한다고 믿습니다. 우리는 십자가를 믿습니다."

그가 다음과 같이 말할 때 내 눈에 눈물이 고였다.

"우리는 당신들을 위해 기도하겠습니다. 우리는 미국의 교회가…참된 교회가 되게 해달라고 기도하겠습니다."

루트바 마을 사람들

우리는 세 대의 자동차로 바그다드에서 출발하여 이라크 서부의 사막을 지나 요르단으로 향했다. 다리들이 끊어졌고, 건물 잔해가 거리를 덮었으며, 파괴된 수송수단들이 도로에 널브러져 있었다. 두어 시간이 흐른 후 우리는 주유소를 찾기 시작했다. 한 주유소는 폭격으로 파괴되었고, 두 번째 주유소는 버려져 있었으며, 세 번째 역시 마찬가지였다. 마침내 기름이 바닥나서 마지막 주유소에 멈췄으나 아무도 없었다. 그때 요르단의 난민캠프로 가던 바그다드 대학교 학생들을 가득 태운 승합차를 만났다. 곧 그들은 자동차 배터리를 연료펌프에 연결하더니 그 배터리 힘으로 우리 자동차에 가스를 채워주었다. 그래서 우리는 새로운 힘을 얻어 출발했다.

갈수록 도로 사정이 좋지 않았다. 폭격으로 부서진 버스들과 불 타버린 구급차들이 널려 있었다. 우리는 쓰러진 전봇대, 자동차 잔해들, 포탄파편들을 요리조리 피하며 길을 헤쳐 나갔다. 곧 우리는 가까운 지평선 너머에 시커먼 연기구름이 치솟는 것을 보았다. 몇 초 전에 불과 1킬로미터 정도 떨어진 곳에 폭탄이 떨어졌던 것이다. 운전기사들은 바짝 긴장해서 우리가 그 전쟁의 '부수적 피해자'가 되지 않도록 시속 130킬로미터로 달리기 시작했다.

우리 대열은 서로 떨어지기 시작했고, 갑자기 우리 자동차의 뒷바퀴가 터지면서 중심을 잃고 말았다. 자동차는 개천에 처박히고 옆으로 기울어졌다. 우리는 문을 열고 가까스로 밖으로 나와 다른 사람들을 꺼내주었다. 다섯 명 모두 부상을 당했고 덜덜 떨었다. 그중 두 사람이 중상을 당했는데 한 사람의 머리에서 피가 철철 흐르고 있었다. 자동차 한 대가 우리 옆에 멈췄다. 이라크 민간인들이 타고 있었다. (사고가 난 지 일분 만에 그곳을 지나던 첫 차였다.) 폭격기가 바로 머리 위를 날아다니는데도, 우리를 자기네 자동차에 태운 뒤 차창 밖으로 흰 천을 흔들면서 가까운 마을로 달렸다. 천만다행으로 근처에 루트바라는 마을이 있었다. 요르단 동쪽 국경에서 150킬로미터 정도 떨어진 인구 2만 명의 작은 도시였다. 그들이 우리를 병원으로 데려가는 동안 어쩌면 인질이 될지도 모른다는 걱정 등 온갖 생각이 떠올랐다. 그래서 나는 우리가 누구인지를 아랍어로 설명한 쪽지를 그들에게 건네주었다. 그들은 싱긋 웃으면서 고개를 끄덕였다.

우리가 병원으로 가면서 미군의 폭격으로 처참하게 파괴된 마을을 보고는 마음이 무척 심란했다. 우리가 차에서 내리기도 전에 의사들이 우리를 영접했고, 곧 작은 마을이 술렁이기 시작했다. 우리 가운데 여러 명이 미국인임을 알고는 고참 의사가 "왜 이런 짓을 하는 거죠? 왜? 당신네 정부가 왜 이런 짓을 하나요?"라고 큰 소리로 물었다. 우리도 종종 던지던 질문이었다. 바로 이틀 전, 병원에, 그것도 소아병동에 폭탄이 떨어졌다고 그 의사는 울먹이며 설명했다. 그래서 그들은 우리를 병원으로 데려갈 수 없었다. 그는 미소를 지으며 이렇게 덧붙였다.

"하지만 당신들은 우리의 형제입니다. 그래서 우리가 돌봐줄 겁니다. 우리는 모든 사람을 돌봐줍니다. 무슬림, 크리스천, 이라크 사람, 미국 사람…누구든 상관없습니다. 우리는 똑같은 인간이고 형제이며 자매입니다."

그들은 침대 네 개를 가져다가 임시 진료소를 만들었고, 국제제재 때문에 의료물자가 넉넉지 못하다고 계속 사과하면서 내 친구의 생명을 구해주었다. 이어서 마을 사람들이 담요와 물을 갖고 왔다. 우리가 여권과 가방을 찾으러 자동차로 돌아가겠다고 말하자, 지금 제정신이냐는 듯한 표정으로 우리를 바라보면서 자기네 구급차조차 폭격을 당했다고 설명하더니 미소를 지으며 우리에게 루트바에서 같이 살자고 했다.

그레그 바렛이란 재능 있는 저널리스트가 「루트바의 복음」이란 책을 썼고, 그는 우리와 함께 2012년에 다시 루트바를 방문했다. 미국은 한동안 루트바의 병원 폭격을 비롯한 잔학 행위들을 부인했지만, 그레그는 일일이 파헤쳐서 진실을 밝히는 놀라운 작업을 해냈다. 너무도 슬프고 끔찍한 진실이었다. 아울러 선한 사마리아인의 이야기의 현대판이라 할 수 있는 루트바 병원의 아름다운 이야기를 들려주기도 했다.

그럴 즈음, 따로 가던 일행이 우리 자동차가 전복되었다는 소식을 듣고 우리를 찾으러 되돌아왔다. 우리는 반갑게 재회했다. (우리 차를 본 후에는 우리가 아직도 살아있는지 확실히 몰랐다.) 우리는 사고 난 차로 가서 여권과 짐을 챙긴 뒤 공습지역을 통과하는 우리의 작은 여행을 끝냈다. 우리가 루트바를 떠나는 날, 마을 주민들이 따스한 포옹과 키스를 선사했고, 존경의 표시로 자기들 손을 가슴에 얹었다. 우리는 의사들에게 돈을 주었지만, 그들은 가족을 치료한 대가로 돈을 받는 의사는 없다며 한사코 거절했다. 대신 그들은 한 가지를 요청했다.

"세상에 루트바에 대해 말해주세요."

우리는 그들의 요청을 들어주었다. 그 여행에 동참했던 조나단과 레아 윌슨-하트그로브가 이라크에서 돌아온 직후 노스캐롤라이나 더함에서 '루트바 하우스'라는 이름의 공동체를 시작한 것이다. 그들은 우리가 그 작은 마을에서 받았던 환대를 실천하기 위해 최선을 다하고 있다.

의사들은 우리에게 "세상에 루트바에 대해 말해달라"고 부탁했고, 우리는 그렇게 했다. 우리는 그 이야기를 수백 번이나 했고, 더함에 있는 루트바 하우스는 그 경험이 얼마나 감동적이었는지를 생생하게 증언하고 있다. 그런데 우리는 루트바를 다시 방문하는 것을 늘 꿈꾸고 있었다.

7년이 흐른 후 2010년에 우리는 드디어 돌아가게 되었다. 2003년에 교통사고를 당했던 우리 다섯 명 모두 갈 수 있었고 다른 여러 친구들도 합류했는데, 그 중에는 이라크에 평화를 도모하는 자로 돌아가길 원했던 한 군인 출신과 「루트바의 복음」을 쓴 그레그 바렛도 포함되어 있었다.

우리는 요르단에서 출발해 그 사막 길로 가다가 안바르 지방을 거쳐 루트바에 들어갔다. 우리가 거기에 도착했을 때의 모습은 마치 영화에 나오는 장면 같았다. 온 마을이 우리를 왕족처럼 환영하려고 모였다. 그들은 우리의 목숨을 구했던 의사들을 찾았고, 우리는 눈물을 흘리면서 서로 포옹했다. 그들은 우리가 다시 온다는 소식을 처음 들었을 때, 우리가 컴퓨터나 카메라 같은 귀중품을 잊어버렸기 때문이라고 생각했다고 말하는 바람에 다함께 웃고 말았다! 하지만 우리가 돌아가는 것이 서로의 우정을 다지기 위해서라는 말을 듣고는 그들이 큰 감동을 받았다. 누군가 우리를 죽이고 싶어 할 만한 소수의 과격분자들이 있다고 말했다. 그래서 그들은 AK47 소총으로 무장하고 우리 침대 곁에서 잤다. (이것은 나의 비폭력 신학과 너무나 어울리지 않는다고 말하며 웃곤 하지만, 나는 그들의 환대에 무척 감사했다!)

그리고 그들은 우리가 루트바 시장을 만나야 한다고 고집했다. 우리가 온화한 미소를 띤 그 친절한 시장을 만났을 때, 그는 이와 같은 이야기, 우리가 다지는 그런 우정관계는 온 세상에 감동을 준다고 말했다. 평화를 가져오는 것은 전쟁이 아니라 사랑이다.

이어서 그는 루트바가 미국의 한 도시와 영구적인 파트너십을 맺어 '자매 도시'가 되기를 바란다고 말했다. 나는 필라델피아를 제안했다. '사랑의 도시'라고 설명하면서. 그러나 시장은 금방 거절했다. "필라델피아는 너무 크지요. 루트바는 작습니다. 미국에 있는 작은 도시가 필요해요." 그리고는 시장이 미국의 한 도시를 방문한 적이 있는데 그 도시를 좋아했다고 우리에게 설명했다. 그것은

믿음은
행동이 증명한다

루트바를 상기시키는 노스캐롤라이나의 작은 도시였다. 그 도시는 더함이었다.

참으로 기가 막힌 순간이었다! 나는 너무 놀라서 울기 시작했다. 그리고 루트바의 환대에 감동을 받아 더함에서 한 공동체가 시작되었다고 설명하며 그 공동체의 이름이 루트바 하우스라고 알려주었다.

시장의 얼굴이 환해지더니 공식적인 영향력을 발휘하는 어조로 "그럼 성사되었습니다. 우리는 더함과 자매 도시가 될 것입니다"라고 선언했다. 이어서 이렇게 덧붙였다. "그리고 우리는 루트바에서 평화와 화해 공동체를 시작할 것이고 그 이름을 더함 하우스라고 짓겠습니다."

이는 내가 여태껏 경험한 것들 중에 가장 감동적이고 초현실적인 경험의 하나였다. 또한 '앞으로 계속될' 이야기들 중에 하나이기도 하다. 루트바와 안바르 지방은 지금까지 세계에서 가장 어려움이 많은 지역 중 하나이고 커뮤니케이션이 지극히 힘들고 여행하기도 만만찮은 곳이다. 그러니 여러분의 기도를 부탁한다. 그리고 혹시 당신 주변에 10만 달러가 있다면, 우리가 중개역할을 해서 폭격으로 부서진 그 병원을 재건하는 일에 보태고 싶다. 이 일이 이뤄지기까지 우리는 계속 루트바 이야기를 들려줄 것이고, 우리는 그 작은 마을에서 우리에게 베푼 사랑에 힘입어 살아갈 것이다.

이 이야기는 이라크 국민들의 대단한 용기와 관대함을 보여주는 증언이다. 그들은 또한 우리에게 그것이 특별하고 예외적인 경험인 것처럼 얘기하지 말라고 당부했다. 그들이 옳다. 아랍의 환대는 우리가 거듭거듭 경험했던 것이다. 우리가 다른 마을에서 사고를 당했어도 거기에는 또 하나의 '루트바'가 있었을 것으로 나는 확신한다.

•

혁명적 순종

•

이것은 우리가 바그다드에서 지내는 동안 경험한 아름다운 일과 끔찍했던 일을 보여준다. 루트바 사람들이 존경의 표시로 손을 가슴에 얹은 모습은 우리가 국가에 충성을 서약하기 위해 국기에 경의를 표하는 것과 비슷했다. 그들이 우리에 대한 사랑과 돌봄을 서약하기 위해 가슴에 손을 대는 것처럼 보였다. 그것은 생물학적인 가족이나 민족보다 더 깊은 충성의 표시, 곧 오직 사랑의 깃발에 대한 충성의 서약이었다.

이라크에서 가족을 발견하고 그 형제와 자매들의 이야기를 집으로 갖고 오는 것은 무척 상쾌한 경험이었다.

아울러 미국에서 행해지는 많은 창의적이고 선지자적인 평화 운동에 관한 이야기를 이라크 사람들에게 전달하는 것도 상쾌한 경험이었다. 이라크에 있는 동안, 미국에서는 많은 사람들이 철야집회에 참석하고 로비를 하고 거리와 연방정부 건물에서 부르짖었다. 필라델피아에서는 연방정부 건물의 출입구를 봉쇄하다 백여 명이 체포되었다. 그들은 양극화를 낳은 분노의 가두시위를 한 게 아니라, 영향력 있는 메노나이트 신학자 존 하워드 요더가 말한 '혁명적 순종'[12]을 하려고 모인 사람들이었다. 혁명적 순종은 권력과 폭력을 반영하지 않은 채 양자의 사악함을 노출시키되 권력과 폭력이 스스로를 파괴하도록 허용하고 그 폐허 위에 일어섬으로써 그렇게 한다. 물론 이러한 접근은 '도살장으로 가는 어린 양'처럼 십자가로 끌려가신 예수님이 본을 보이신 것이다. 예수님이 십자가로 승리하여 "통치자들과 권력자들을 무장 해제시키고" 그들을 뭇사람들의 구경거리로 삼으신 것(골 2:15)도 혁명적 순종으로 이루신 일이다. '구속적 폭력'이라는 오만한 신화를 반대한 것은 예수님의 겸허한 구속적 고난이었다.

필라델피아의 시위대는 정부를 비난하거나 자기네는 "악행을 하는 자들과 같지 않다"고 하나님께 감사하지 않았다. 단지 세상을 엉망으로 만들어놓은 우리 죄인들에게 자비를 베풀어달라고 가슴을 치며 하나님께 간청했다. 사실 다수는 침묵의 목소리를 상징하기 위해 입을 테이프로 봉했다. 내가 이라크에 있을 동안 받았던 소식이 아직도 기억난다.

심플 웨이 공동체에 처음으로 들어온 아이인 알렉사는 "평화를 위한 걸음마 아기들"이란 글귀가 새겨진 피켓을 들고 있었고, 심플 웨이 식구인 미셸은 "이라크에 가족이 있다"라는 글이 새겨진 배지를 달고 있었다. 그녀가 나에 대해 생각하고 있음을 나는 알았다. 그리고 훨씬 더 넓게 생각하고 있다는 것도 알았다. 이라크의 아이들과 미군들, 우리가 무슨 짓을 하고 있는지 몰라서 너무나 큰 고통을 당하는 가족 등에 대해서.

내가 이라크에서 돌아온 직후에 실로 아름다운 순간이 있었다. 도시 빈민가에 거주하는 우리 동네 아이들이 분필로 거리를 "전쟁 반대, 영원히!"라는 문구로 장식한 것이었다. 다시 한번 잡초가 콘크리트를 관통하고, 사랑이 증오를 이기고, 비폭력이 빈민가 거리를 수놓는 순간이었다. 우리는 평화의 왕이 걸어가신 길을 배우고 그 길을 아이들에게 가르치고 있었다.

•

하나님은 어떤 분입니까?

•

이라크에서 선명하게 다가온 가슴 아픈 한 가지 사실은 오늘날 미국의 평판만이 아니라 기독교의 평판이 위태로워졌다는 것이었다. 그래서 나는 뜬눈으로 밤을 지새우곤 한다. 우리가 이라크 지도자들을 '무슬림 극단주의자'라고 부르듯이, 이라크 사람들은 미국 지도자들을 '크리스천 극단주의자'라고 부른다. 누구나 전쟁을 선포하고는 하나님의 복을 구하고 있다. 이라크의 한 아름다운 엄마는 허공에 손을 저으면서 이렇게 말했다. "당신네 나라는 하나님의 이름으로 전쟁을 선포하고 하나님의 복을 구하고 있고, 우리나라도 똑같이 하고 있습니다. 이 하나님은 도대체 어떤 분입니까? 사랑의 하나님, 평화의 왕은 어디로 간 것입니까?" 그녀의 질문이 뇌리에서 떠나지 않는다.

내가 미국으로 돌아와 이라크에서의 경험에 대해 강연한 후에

믿음은
행동이 증명한다

어떤 여성이 내게 다가와서 매우 진지하게 이렇게 말했다. 그녀는 그리 정치적인 사람이 아니고 단지 이라크 사람들이 예수님의 사랑과 은혜를 알게 되기를 바란다는 것이었다. 내가 원하는 것도 바로 그것이라고 그녀에게 말해주었다. 우리는 함께 세상의 풍조에 대해 곰곰이 생각한 뒤에 "과연 무슬림들은 평화의 복음과 사랑의 하나님을 더 잘 이해하고 있을까?"라는 질문을 던졌다. 그리고 우리는 조용히 기도하는 가운데 명백한 답을 얻을 수 있었다.

수십 년 동안 여러 단체들이 이라크에서 평화와 부활을 위해 대단한 사역을 해왔다. 크리스천 평화 만들기 팀들, 무슬림 평화 만들기 팀들, 창의적 비폭력의 목소리들, 메노나이트 중앙위원회, 국경없는 의사들 등이다. 그뿐만 아니라 최근에는 '선제적 사랑 연합'과 같은 기관들도 등장했다. 이 단체의 모토는 "지금은 사랑하고 질문은 나중에"이다. 그들은 목숨을 구하기 위해 이라크인 의사들과 나란히 일하는 많은 국제적인 의사들을 묶어서 조직을 만들었다. 그들은 수술을 받지 않으면 죽게 될 어린이 3만여 명의 명단을 갖고 있으며 부모가 누구든지 상관없이 수술해주고 있다. 그리고 그들이 들려준 몇몇 이야기는 구속(救贖)의 뜻이 가장 돋보이는 이야기들이다. 그들이 '적국'에서 온 사람들이 자기네 가족의 생명을 구해주는 모습을 보면서 굳었던 마음이 눈처럼 녹았다. 무슬림 지도자들은 잠자는 동안 예수님이 찾아오는 환상을 보고 꿈을 꾸었다. 얼마나 놀라운 일인가! 이에 대해서는 내 친구 제르미 코트니가 쓴 「선제적 사랑」을 참고하라.

하나님이 복 주시는 사람

우리는 종종 우리에게 의미 있는 일만 하면서 하나님께 복을 구한
다. 하나님은 팔복을 통해 누구에게 복을 주시는지를 알려주신다.
가난한 자, 화평케 하는 자, 배고픈 자, 슬퍼하는 자들, 자비를 베푸
는 자들이다. 그러므로 우리가 악을 행하는 자들에게 자비를 베풀
지 않겠다고 선언하고는 우리에게 복을 달라고 하나님께 간구하면
안 된다. 우리는 하나님께서 악을 행하는 자들에게 자비를 베푸신
다는 것을 너무나 잘 알고 있다. 만일 그렇지 않다면 우리는 큰 곤
경에 처할 것이다. 그래서 나처럼 악을 행하는 자도 기쁘다. 그런
즉 우리에게 의미 있는 일만 하면서 하나님의 복을 구하기보다는,
우리가 하나님이 축복하겠다고 약속한 사람들로 둘러싸는 편이 낫
고, 그러면 하나님의 복을 구할 필요가 없다. 하나님이 약속대로 복
을 주시기 때문이다.

　나는 이라크에서 돌아온 후 대형교회로부터 행동주의자들의 집
회와 국제연합에 이르기까지 도처에서 강연을 했다. 그동안 용기
를 발휘한 사람들의 아름다운 이야기를 많이 들었다. 어떤 교회들
은 하나님의 국경 없는 사랑의 비전을 포착하고 강단에 성조기와
나란히 이라크와 아프가니스탄의 국기를 세워놓았다. 본래 나는
이라크 국민들과 우리 동네 어린이들을 위해 이라크에 간 것이라
고 생각했다. 그러나 미국을 두루 다녀보니 내가 전쟁에 참전했던

믿음은
행동이 증명한다

우리 친구들과 가족들을 위해 거기에 갔다는 것도 알게 되었다. 가는 곳마다 군인들이 나에게 와서 눈물을 흘리면서 그들 마음속에서 영적 충성심과 국가적 충성심이 격돌한다며 내적인 갈등을 쏟아놓았다. 그들은 이라크에서 행한 일에 대해 용서를 구하려고 제단으로 나왔다.

한번은 내가 사람들에게 "무장해제하고" 그들의 짐을 제단에 내려놓으라고 초대하자 한 젊은 군인이 제단으로 나왔다. 그는 내가 이라크에 있던 동안 바그다드에 토마호크 미사일을 발사했던 군함에서 근무했다고 말하면서, 지금은 그 괴로움을 안고 살아가고 있다고 했다. 우리는 함께 기도하며 하나님께 부르짖었다. 어떤 노병은 "나는 군인으로 근무하면서 아프가니스탄과 이라크는 물론 세계 전역을 돌아다녔다"고 말했다. 이어서 정체성의 문제로 너무 괴로웠다고 눈물로 고백하며 목에 걸고 있던 인식표를 벗어 내게 건네주었다.

이라크 전쟁에 참전했던 군인들이 거듭해서 심플 웨이를 방문하여 우리와 함께 지내곤 한다. 몇 명은 군대를 떠나도록 우리가 도와주었다. 어떤 군인들은 선교사의 사명을 안고 돌아가 마치 지하교회처럼 군대 내에서 성경공부 모임을 이끌고 있다. 지금도 공군에서 근무하는 한 친구는 내게 성경공부 모임에 대해 이야기하며, 월터 윙크와 존 하워드 요더 등 평화를 도모하는 선지자들의 책을 읽는다고 말했다.[13]

이라크에서 나와 함께했던 사람들 중 하나는 찰리 리트키이다. 찰리는 1968년 린든 존슨 대통령에게 명예훈장(군인에게 주는 최고의 훈

^{장)}을 받았던 사람이다. 영화 '포레스트 검프'에서는 찰리가 수상하는 장면을 톰 행크스가 맡았다. 그만큼 알려지지 않은 사실은 찰 리가 1986년에 다른 유명한 베테랑들과 함께 명예훈장을 반납하고 모든 전쟁과 단절했다는 것이다.

찰리와 나는 어쩌다 2003년에 이라크 평화 팀과 함께 있게 되었다. 찰리가 내게 가르친 것 중의 하나는 베테랑들이 전쟁의 공포를 누구보다 더 잘 안다는 점이다. 이는 자살률(군인은 하루에 한 명, 베테랑은 하루에 22명)과 노숙 및 중독의 비율(현재 노숙자 베테랑이 5만 명이나 된다)로 잘 나타난다.

우리가 평화를 위해 싸우는 것은 곧 그들을 위해 싸우는 셈이다. 우리는 전쟁을 끝장내려고 노력함으로써 군복을 입은 남자와 여자들에게 경의를 표한다. 당시에 찰리는 "나는 전쟁 베테랑으로서 전쟁을 미워한다"는 표지판을 들고 있었다. 이 표지판을 보니 헤밍웨이의 글이 생각났다. "전쟁이 아무리 필요하고 또 아무리 정당화될지언정 전쟁은 범죄가 아니라고 결코 생각하지 말라. 보병대에게 물어보고 죽은 자에게 물어보라."

나는 지금 인식표를 한 보따리 갖고 있는데, "그들의 사슬에서 해방되고" 싶다고 말한 이들이 내게 준 것이다. 그리고 나는 내 친구 로간과 벤 코리처럼 평화를 천명한 용기 있는 베테랑들에게 너무나 감사한다. 베테랑들을 위한 자원이 수없이 많은데, 최신 단체 중 하나는 현역 및 전역 군인들이 이끄는 '센추리온즈 길드'이다. 그들은 방아쇠를 당기는 사람은 그들의 일부가 죽는 것처럼 느낀다고 가르쳐주었다. 어쩌면 그래서 군대에서 자살률이 그토록 급증하는지 모른다. 「타임」 잡지가 표지에 "하루에 한 명"이란 제목을 실은 적이 있는데, 거기에는 현역 군인이 하루에 한 명씩 자살하고, 베테랑까지 포함하면 하루에 22명이 자살한다고 보도되어 있다. 이제 우리는 전쟁 없는 세상을 세우기로 헌신함으로써 보병대와 죽은 자들에게 경의를 표하기로 다시 다짐하자.

•

'우리'와 '그들'

•

거듭남이란 '우리'와 '그들'에 대한 새로운 패러다임을 갖게 되었음을 뜻한다. 우리의 핵심 정체성은 더 이상 생물학적인 것이 아니다. 우리의 핵심 충성심 또한 국가적인 것이 아니다. 우리의 대명사들이 바뀌게 된다. 예수님의 가르침대로, 새로운 '우리'는 교회, 곧 아버지의 뜻을 행하는 하나님의 백성이다. 물론 미국이 그렇게 할 때가 있다. 그리고 그렇게 하지 않을 때도 있다. 그런데 '우리'가 공격을 받았다는 말을 들을 때, 우리는 교회로서의 '우리'를 생각하는가, 아니면 미국인으로서의 '우리'를 생각하는가? 우리의 일차적 정체성은 무엇인가?

부시 행정부는 "삶의 방식이 공격을 받고 있다"라고 말했다. 그것은 사실이었지만, 복음이 공격받고 있는 것은 아니었다. 공격을 받은 것이 세계교회협의회가 아니라 글로벌 경제의 상징들과 그것을 보호할 무기들이었다는 사실은 우연이 아니다. 이제 우리는 무엇이 더 안전하고 더 지속가능한 세계를 만들 수 있을지 물어야 한다. 그리고 나는 하나님께서 우리에게 아메리칸 드림과는 전혀 다른 비전을 주셨다고 믿는다. 이라크에서 돌아온 한 군인을 만났는데, 그는 심란한 어조로 "나는 아메리칸 드림을 위해 목숨을 걸었지만, 이제는 내가 그것을 믿는지조차 모르겠어요. 그리고 세상이 그것을 줄 수 없다는 것을 확신해요"라고 말했다. 예수께서 예루살렘을 굽어보시면서 "너도 오늘 평화에 관한 일을 알았더라면 좋을 뻔하였거니와"(눅 19:42)라고 외치며 우신 것은 놀랄 일이 아니다.

내가 이라크에 다녀온 후 2년 동안, 전쟁의 북소리는 잦아들었고 외로운 생존자들의 절규가 지구 곳곳에 퍼져나갔다. 그리고 이 고통스러운 때에, 나는 역사가 더 이상 소중한 피를 흘리는 일을 되풀이하지 않을 것이라는 희망의 징조를 많이 목격했다. 세계교회협의회에 속한 거의 모든 교파가 이라크 전쟁은 하나님의 뜻이 아니었고 정당한 전쟁론을 포함한 기독교의 모든 전통과 일치하지 않는다고 선언했다.[14] 우리가 바그다드에 있는 동안 교황은 공개 발언을 한 후 호위대를 파견했다. 전 세계의 복음주의자들은 이라크 전쟁과 그 대안들에 대한 글을 저술했고(아르헨티나에 사는 내 친구 르네 빠디야는 「전쟁과 테러: 라틴의 관점」을 썼다), 이런 목소리는 우리와 같은 미국 기독교의 한 분파에 신빙성을 부여한다. 나는 여러 나라를 다닌 후에 글로벌 교회가 그런 고결성을 지니고 있는 모습에 큰 격려를 받았다. 즉, 미국 복음주의가 안고 있는 이원론과 양극화의 문제에서 자유로운 교회를 보고 크게 고무된 것이다.

저명한 학자이자 복음주의 사상가(그리고 귀한 친구!)인 론 사이더가 신간 두 권을 집필했는데, 이는 전쟁과 군사주의에 관해 생각할 때 큰 도움을 주는 책들이다. 「죽임에 관한 초대교회의 입장」은 초대 크리스천들이 전쟁과 군복무를 비롯한 삶의 여러 이슈들에 관해 했던 말을 수록한 책이다. 초창기 크리스천들이 얼마나 일관성 있게 생명의 편에 서서 어떤 식으로든 생명을 취하는 것을 반대했는지-낙태, 사형, 온갖 형태의 폭력-를 보면 참으로 놀랍다. 아무도 어떤 형태로든, 심지어 전쟁에서도, 죽이는 행위를 봐주지 않았다. 크리스천이 죽이기를 거부한다면 군대에서 근무할 수 있는지 여부에 대해 작은 논쟁이 있었다(고대 로마의 군대는 전쟁 기계였을 뿐만 아니라 다리와 도로를 짓기도 했으므로 당신이 군대에 몸담고 있으면서도 전쟁에 나가지 않을 수 있었다). 그러나 크리스천은 오직 죽이기를 거부하는 경우에만 군대에 몸담을 수 있었다. 두 번째 책은 「비폭력 행동」으로서 비폭력 운동들이 어떻게 역사를 바꿔놓았는지 꼼꼼하게 고찰한 책이다. 그의 기본 논지는 우리가 시도하기만 하면 비폭력은 효과가 있다는 것이다. 문제는 우리가 예수님의 방법을 시도했는데 효과가 없었던 것이 아니라, 우리가 예수님의 방법을 자주 시도하지 않았다는 것이다.

위험한 연인

-

-

-

어떤 예수님인가?

내가 이라크에서 돌아왔을 때 어떤 부인이 찾아와 삿대질을 하며 말했다.

"당신 목숨 귀한 줄 모르고 경솔한 짓을 해서 어머니를 곤경에 빠뜨리다니, 예수님도 당신에게 삿대질을 하면서 '왜 그렇게 경솔했느냐?'라고 질책하실 거예요!"

나는 그녀가 어떤 예수님을 말하는 것인지 의아해하며 조용히 듣기만 했다. 로마의 십자가에 처형당했고 제자들에게 그 길을 걸으라고 초대하신 예수님인가? 목숨을 얻으려면 목숨을 잃어야 한다고 제자들을 가르치신 예수님인가? (그리고 대다수가 그렇게 했고, 아마 부모들이 노여워했을 것이다.) 오랜 세월 크리스천들은 그런 예수를 전한다는 이유로 감옥에 갇히고 매를 맞고 처형당하곤 했다.

최근에 한 설교자가 이렇게 말했다. "예수님이 자기의 안전에 대해 너무 염려하지 않은 것은 좋은 일이었다. 그렇지 않으면 천국을 결코 떠나지 않았을 것이다." 우리는 안전강박증 사회에 살고 있고 두려움에 볼모로 잡혀있다. 두려움은 우리에게서 온갖 기적과 체험을 빼앗아버린다. 두려움이 종종 폭력을 낳는다. 그러나 성경은 사랑이 두려움을 내쫓는다고 말한다. 초기 크리스천들과 순교자들의 이야기를 읽어보면 그들이 죽음을 비웃었다는 사실을 알게 된다. 그들은 겁을 내지 않고 죽음을 정면으로 응시했다. 하지만 그들도 인간이었은즉 때로는 겁이 났을 것으로 나는 생각한다. 내가 아프가니스탄에서 '아프간 평화 봉사자들'을 방문했을 때가 기억난다. 내가 함께한 사람들 중 하나는 메어리드 매과이어였는데, 내가 만난 사람들 중에 가장 용감한 여성이었다. 북아일랜드 내란을 방지한 공로로 1976년 노벨평화상을 받은 영국인이다. 그녀가 자기 경험을 얘기할 때 한 아프간 여성이 그녀에게, 그들이 자녀들의 생명을 앗아가는 폭력을 방해했을 때 겁이 난 적이 없느냐고 물었다. 그러자 그녀는 아일랜드 어투로 이렇게 대답했다. "물론 우리는 겁이 났지요! 겁을 내는 것은 아무런 문제가 없어요. 그러나 두려움은 그와 다릅니다. 두려움은, 우리가 겁이 날 때 사랑이 우리에게 요구하는 일을 하지 못하게 하는 것이지요." 훌륭한 답변이었다. 겁이 나는 것은 자연스럽다. 그러나 두려움 때문에 사랑이 요구하는 일을 우리가 하지 못하면 안 된다. 비록 사랑이 우리에게 타인을 위해 우리 목숨을 포기하라고 요구할지라도. 폭격이 난무할 때 내가 이라크로 간 것은 내가 합리적으로 내린 결정이 아니라 예수님의 뜻에 순종한 결과였음을 그 부인에게 어떻게 설명할 수 있었을까?

나의 대학 시절에 한 교수가 이렇게 말한 적이 있다. "너희 주변의 모든 사람이 안전하게 죽음에 도달하기 위해 살금살금 걸을 것이다. 그러나 너희는 살금살금 걷지 말라. 달리거나 깡충 뛰거나 뛰어넘어라. 발끝으로 걷지 말라." 나는 청소년 시절에 너무도 많은 자칭 급진주의자들이 혁명적인 삶을 살도록 도전받는 적이 없어서 중도에 낙오하는 모습을 보았다. 내가 청소년부 리더였을 때 "예수님께 인생을 바쳤다"던 한 고등학생이 불과 몇 주 후 학교에서 마약을 하다가 퇴학을 당했다. 나는 무척 실망해서 물었다.

"무슨 일이야? 뭐가 잘못된 거야?"

그 학생은 그냥 어깨를 으쓱하더니 "그냥 지겨워졌을 뿐이야"라고 대답했다. 지겨워졌다고? 하나님, 우리가 복음을 지겨운 것으로 만들어 많은 영혼을 잃어버린 것을 용서해주세요. 우리가 많은 청소년들을 마약과 물질주의 문화와 폭력과 전쟁 문화에 빼앗긴 것은 그들을 즐겁게 해주지 못해서가 아니라 강하게 도전하지 않았기 때문이라고 나는 확신한다. 복음을 너무 어려운 것으로 만들어서가 아니라 너무 편한 것으로 만들었기 때문이다. 청소년은 영웅적인 어떤 것을 하고 싶어 한다. 그래서 비디오 게임을 하고 군대에 가는 것이다. 그런데 교회가 그들에게 안전하게 죽음에 도달할 수 있도록 살금살금 걸으라고 가르친다면 그들이 과연 매력을 느낄까?

안전한 것이 위험하다

기독교가 안전하다거나 크리스천이 근사하게 살아야 한다는 생각이 어디서 왔는지 모르겠다. 내가 자랄 때는 크리스천을 선량하고 정직한 시민으로 생각했지만 예수님에 대해 알면 알수록 그분은 나를 더 많은 곤경에 빠뜨리는 듯하다. 키르케고르는 "그리스도를 따르는 대신에 흠모하기 원하는 모습은 나쁜 사람들이 만들어낸 것이 아니다. 예수로부터 안전거리를 유지하고 싶은 줏대 없는 사람들이 꾸며낸 것이다"[1]라고 표현했다.

일부 크리스천들은 거의 위험을 감수하지 않기 때문에 사람들이 천국을 믿기 어려워하는 것은 놀랄 일이 아니다. 우리 대부분은 죽음을 너무 두려워해서 아무도 더 이상 부활을 믿지 않는 듯하다. 때로는 사람들이 내게 도심지에 사는 것이 무섭지 않느냐고 묻는다. "나는 교외가 더 무섭다"고 대답하곤 한다. 성경은 몸을 죽일 수 있는 것들을 두려워하지 말고 영혼을 죽일 수 있는 것을 두려워하라고 말한다(마 10:28). 빈민가는 그 나름의 폭력과 범죄가 있지만 교외는 더욱 미묘한 악마적 세력-무감각함, 안일함, 편안함-이 거주하는 곳이고, 바로 이런 것들이 우리의 영혼을 갉아먹는다.

내 어머니는 안전에 대해 할 말이 있다. 다시 말하지만 나는 외아들이다. 그래서 어머니에게는 많은 것이 걸려있는 문제이다. 어머니는 내가 감옥에 가고 이라크로 떠나는 모습-그리고 하나님의 손

길이 함께하는 것-을 지켜보면서 믿음과 안전과 위험감수에 대해 많은 것을 배웠다. 그 과정은 물론 쉽지 않았다. 하지만 최근 어머니는 내게 이렇게 말했다.

"우리 크리스천들이 안전함으로 부름 받은 게 아니라는 것을 알게 되었단다. 하나님은 우리가 위험에 빠졌을 때 함께하시겠다고 약속했고, 하나님의 손 안에 있는 것보다 더 안전한 곳은 없지." 어쩌면 크리스천에게 가장 위험한 곳은 안전하고 안락한 장소일 것이다.

C S 루이스는 「사자, 마녀, 그리고 옷장」에서 우리 모두를 전율케 하는 하나님과의 위험한 만남에 대해 묘사한다. 꼬마 루시가 사자 아슬란을 만나기 전에 "그는 사람인가요?"하고 묻는다.

"아슬란이 사람이라고!"하고 비버 씨가 단호하게 말했다. "확실히 그렇지 않아. 그는 숲의 왕이고 '바다 너머 계신 위대한 황제'의 아들이야. 너는 동물의 왕이 누군지 모르니? 아슬란은 사자라구. 그 위대한 사자 말이야."

"와우!"하고 수잔이 말했다. "나는 그가 사람이라고 생각했어요. 그는 안전한 존재인가요? 나는 사자를 만나면 겁이 날 거예요."

"그럴 거야. 분명히 말하지만, 만일 아슬란 앞에서 무릎이 떨리지 않는 사람이 있다면, 그는 다른 이들보다 더 용감하거나 그냥 바보일 거야." 비버 부인의 대답이었다.

"그러면 그는 안전하지 않다는 말인가요?"하고 루시가 물었다.

"안전하냐고?" 비버 부인이 한 말을 듣지 않았니? 누가 안전에 대해 말했니? '물론 그는 안전하지 않아. 그러나 그는 선하단다. 그

는 왕이라고.' 비버 씨의 말이었다.[2]

내가 알게 된 하나님은 바로 이런 분이다. 전혀 안전하지 않은 하나님, 그러나 선하신 하나님이다.

•

위험한 연인

•

그런데 요즘은 하나님 앞에서도 무릎을 떨지 않는 사람이 많다. 성경은 귀신들이 예수님을 믿고 그들도 "떤다"고 말한다(약 2:19). 그러나 대부분의 크리스천들은 예수님을 생각할 때 더 이상 떨지 않는다. 그것은 평범하고 흔해빠진 경험이 되고 말았다. 나는 지옥에 대해 생각할 때를 빼면 별로 떨어본 적이 없다. 이제는 상황이 역전되었다. 하나님은 지옥의 귀신들조차 떨게 만드시는 분이다. 나는 지옥이 무섭지 않다. 지옥은 파악하기가 어렵지만, 나는 사람들이 하나님의 사랑과 은혜를 경험하길 간절히 바라고, 하나님은 나보다 훨씬 선한 분임을 알고 있다. 그래서 나는 무척 안심하게 된다. 그뿐만 아니라, 예수님은 베드로에게 "지옥의 문이 교회를 이기지 못하리라"[3]는 말로 확신을 주신다. 그래서 나를 떨게 만드는 것은 지옥이 아니라 하나님이다. 왜냐하면 하나님이 다음에 나에게 시키실 일이 무엇인지 내가 도무지 알 수 없기 때문이다.

한편, 이 떨림은 새로운 연인들의 전율과 비슷하다. 들뜨고 매혹되고 얼빠진 상태. 우리는 새로운 연인에 대한 이야기를 들을 때마다 촉각을 곤두세운다. 누군가 그 연인의 이름을 언급할 때마다 우리의 눈이 반짝거리고 가슴이 쿵덕거린다. 바로 이런 떨림이다. 예수님이 바로 나의 연인이다. 포옹하고 함께 잠들고 싶은 분, 숲으로 함께 달려가고 싶은 분, 함께 살고 함께 죽고 싶은 분이다.

다른 한편, 이는 경외심에서 나오는 떨림이다. 나는 다음에 무슨 일이 일어날지 모른다. 마치 롤러코스터를 타는 것처럼 허공에 두 손을 올렸다가 손잡이를 꽉 잡는 느낌이다. 혹시 당신은 영화 '라이언 킹'을 본 적이 있는가? 이는 하이에나들이 무파사에 대해 이야기하는 대목과 같다. 그들 중 하나가 그의 이름을 언급하자 모두가 떨면서 이렇게 말한다.

"와우! 다시 말해 봐, 다시 말해 봐…무사파…와우!" 바로 이런 떨림이다.

"예수님!… 와우! 다시 말해 봐!"

나는 생각만 해도 가슴이 설렌다. 그분이 바로 내가 사랑하는 예수님이다. 그분이 바로 내가 죽을 만큼 겁을 내는 예수님이다. 굳이 감옥에 가거나 조롱을 당하거나 십자가에 못 박히지 않아도 되는 인생길은 얼마든지 있다. 예수님을 따르려고 애쓰기보다 근사하게 사는 더 편한 길이 많다. 하지만 그런 길이 정말로 근사한지는 나도 확신할 수 없다.

근사한 삶

누구나 근사한 삶을 살려고 애쓴다. 내가 근사했던 시절이 생각난다. 나는 훌륭한 연합감리교도의 일원으로 나비넥타이와 카키색 반바지로 멋을 내고 남부동맹의 깃발을 휘날리곤 했다. (물론 이것은 1980년대에 동부 테네시에서 통하던 근사한 모습이었다.) 그러나 근사했던 모든 것이 돌연 끝나고 말았다. 모든 것을 되돌려놓으시는 하나님이 나의 근사함을 깨뜨려버렸다. 예수님이 이방인들도 근사한 친구들과 어울린다고 속삭이는 소리를 나는 들었다. 그 대신 우리는 비범해야 하고 별로 근사하지 않은 사람들, 즉 구내식당에 홀로 앉아있는 이들, 말 상대가 없는 이들과 어울려야 한다는 그분의 목소리를 들었다. 계시록은 우리에게 뜨겁든지 차든지 해야 한다고 말하면서 미지근하면 하나님의 입에서 내쳐질 것이라고 경고한다(계 3:16). 이로써 근사함은 끝났다. 하나님이 불붙인 사람들의 연기 속에 남아있을 뿐이다. 나는 근사하고 정상적인 것들을 경계해야 한다고 생각하기 시작했다. 왜냐하면 예수님은 근사하지 않았고 정상적이지도 않았기 때문이다.

몇 년 전, 내가 머리를 다채롭게 염색했던 시절에 수백 명의 청소년들 앞에서 강연을 한 적이 있다. 사회자는 나를 "역사상 가장 근사한 크리스천"으로 소개했다. 나는 깜짝 놀라고 마음이 불편해져서 가위를 달라고 부탁했다. 나는 강단에 서서 소중한 곱슬 머리카락을 손으로 잡고 말했다.

"친애하는 여러분, 나는 너무 근사하게 되어 유감입니다. 크리스천은 근사한 사람이 되라고 부름 받지 않았습니다. 우리는 비범한 사람이 되라고 부름 받았습니다."

이렇게 말한 뒤에 가위로 머리카락을 모두 잘라버렸다. (물론 청소년들은 그 행동이 근사하다고 생각했다.)

프랑스 신학자 자끄 엘룰은 "크리스천은 문제를 만드는 사람, 불확실성을 창조하는 사람, 사회와 양립할 수 없는 차원의 대리자가 되어야 한다"라고 말했다. 우리가 따르는 예수님의 평판에 많은 수식어가 붙지만 그 가운데 '근사한'이란 수식어는 없다. 중고 상점의 옷보다 더 낡은 낙타 가죽옷을 입고 엽기적인 프로에나 나올 법한 메뚜기를 먹었던 세례요한도 마찬가지였다. 근사한 삶을 산다고 십자가에 달리는 일은 없다. 그러나 이 세상의 근사한 기준과 전혀 다른 삶을 살면 십자가에 못 박힌다. 그리고 보통은 당신이 기존질서를 어지럽혔다는 이유로 당신에게 가장 화를 내는 사람들은 그런 근사한 이들이다. 실제로 세상을 사랑했던 나사렛 출신의 연인을 죽였던 사람들도 바로 당시의 근사한 종교 지도자들과 근사한 정치인들이었다. 이런 현상은 세월이 흘러도 변하지 않는다.

내가 어떤 행사에서 강연하고 있을 때 몇 명의 고등학생들이 나의 도전에 감동받아 실행한 멋진 이야기를 들려준 적이 있다. 그들이 졸업 시즌에 행하는 프롬에 대해 생각하면서 어떻게 가장 인기 좋고 가장 매력적이며 근사한 친구들을 어떻게 축하할지 고민하고 있었다고 한다. 그리고는 "우리는 예수님이 프롬에 대해 얼마나 기뻐하실지 모르겠다"고 말했다. 나도 프롬 킹 출신인지라 약간 거슬렸지만 그들의 말을 끝까지 들어주기로 했다. 그들이 이렇게 설명했다. 그들은 대안적인 프롬을 조직해서 마을과 학교에서 신체적, 정신적 장애를 가진 사람들을 모두 초대했다는 것이다. 그래서 '장애와 함께 춤을'이란 서사시적 파티를 열었다! 그들이 다운증후군을 가진 한 아이에게 왕관을 씌어주었을 때 어떤 느낌이었는지 얘기할 때는 얼굴이 환해졌다. 실은 거기에 모인 모든 사람을 왕과 여왕으로 즉위시키기로 결정했다. 그날 평소에는 세상에서 간과되던 모든 사람이 왕족으로 인정을 받았던 것이다. 멋진 이야기다.

·

법에 저촉되는 성만찬

·

예수님은 친구와 친지들, 곧 우리처럼 생각하고 우리처럼 생긴 사람들을 사랑하는 것은 비범한 일이 아니라고 가르치신다. 죄인과 이방인들도 친구를 사랑한다고 말씀하신다(마 5:46-47). 하지만 우리는 비범해야 한다. 우리와 다르게 생각하고 우리와 다르게 생긴 사람들을 사랑해야 한다. 심지어 원수까지도.

내가 좋아하는 구절의 하나는 누가복음 14장에서 예수님이 파티 여는 법을 말씀하시는 대목이다. 그분은 이렇게 말씀하신다.

"또 자기를 청한 자에게 이르시되, 네가 점심이나 저녁이나 베풀거든 벗이나 형제나 친척이나 부한 이웃을 청하지 말라. 두렵건대 그 사람들이 너를 도로 청하여 네게 갚음이 될까 하노라. 잔치를 베풀거든 차라리 가난한 자들과 몸 불편한 자들과 저는 자들과 맹인들을 청하라 그리하면 그들이 갚을 것이 없으므로 네게 복이 되리니"(눅 14:12-14).

나는 그런 파티에 가본 적이 없다. 크리스천이든 아니든 내 친구들이 여는 파티는 친구들, 친지들, 부유한 이웃들 등 당신과 비슷한 사람들을 초대한다. 우리는 그 구절을 강조하지 않았음이 틀림없다. 여기서 예수님은 우리에게 그런 식으로 파티를 열지 말라고 말씀하신다.

몇 년 전, 나는 예수님이 원하시는 그런 파티를 포착한 적이 있다. 그 때문에 내가 곤경에 빠지긴 했지만 말이다. 필라델피아 시청이 공원에서 잠자고 돈을 구걸하고 보도에서 눕는 것 등을 불법으로 만드는 노숙금지법을 통과시키기 시작했다. (그들은 심지어 마틴 루터 킹의 생일에 그것을 실행하기로 했다.) 아이러니하게도, 그 법률들 중 다수가 제정된 이유는 스케이트보드를 타기에(이것도 불법화되었다) 딱 좋은 곳으로 알려진 필라델피아의 역사적인 명소 '러브 파크' 때문이었다. 러브 파크는 노숙자들이 시간을 보내기 좋은 곳이었다. 눈에 잘 띄고 안전한 도심의 명소였다. 사람들은 그곳에 가면 노숙자들에게 음식과 옷을 나눠줄 수 있다는 것을 잘 알고 있었다. 우리도 대학을 다닐 때 그곳에 종종 가서 따뜻한 스팀 통풍구에 옹기종기 모여 몸을 녹이는 노숙자들과 어울리곤 했다.

시 당국의 가장 대담한 움직임은 공원에서 모든 음식물을 금지하는 규정을 통과시키려는 것이었다. 구체적으로 그 규정은 "모든 사람은 음식물을 배급하는 행위를 중단해야 한다"고 못 박았다. 그리고는 노숙자들에게 계속 음식물을 나눠주는 우리에게 과태료를 부과하기 시작했다. 우리는 집 없는 사람들이 공원에서 잠자고 음식을 먹는다는 이유로 감방에 갇히는 것을 보며 우리 이웃을 우리 자신처럼 사랑한다는 것이 무슨 뜻인지 고민하기 시작했다. 어거스틴은 "부당한 법은 법이 아니다"라고 말했다. 당국에 복종하되 하나님의 사랑의 법을 지킬 방법은 없는 것일까? 우리가 그들을 우리 집으로 초대하든지, 우리가 밖으로 나가 그들과 함께하든지 둘 중 하나였다. 그래서 우리는 러브 파크에서 파티를 열었다.

우리와 노숙자 친구들 백여 명이 공원에 모였다. 우리는 예배하고 찬양하고 기도했다. 이후에 성만찬을 거행했다. 그것은 불법이었다. 하지만 우리를 지지하는 성직자들과 시청 공무원들, 그리고 경찰과 취재진들이 지켜보는 가운데 우리는 성만찬을 거행했다. 대다수 경찰은 물러서서 지켜보기만 하고 특별히 성만찬을 거행할 때는 아무도 체포하려 하지 않았다. 그때 우리는 피자를 들고 와서 '떡을 떼는' 의식을 집행했다. 그것은 실로 애찬식이었다. 이후에 우리는 노숙자 친구들과 함께 러브 파크에서 잠을 잤다.

우리는 경찰이 지켜보고 취재진이 서성거리는 가운데 몇 주 동안 그렇게 했다. 그러던 어느 날 밤, 예배를 마치고 우리가 (큰 물음표로 뒤덮인) '사랑'이란 표지판 아래서 잠을 자고 있을 때, 경찰이 공원을 포위하고 우리 모두를 체포했다. 유쾌한 모닝콜은 아니었다. 우리는 수갑을 찬 채로 연행되었다. 그런데도 우리는 계속해서 공원에서 잠을 잤고 또 체포되었다. 경찰 가운데는 우리에게 공감하며 공원에서 잠을 잔다고 체포하는 것이 옳지 않다는 생각을 가진 사람도 있었다. 심지어 거물급 변호사들이 전화를 걸어 우리를 돕겠다고 자청했다. 우리는 감사의 뜻을 표하고 와서 지지해달라고 초대했지만, 우리는 노숙자를 대표로 세우기로 결정했다. 그래서 우리의 친구 폰츠가 우리의 대변인이 되었다.

•

예수는 노숙자였다

•

우리가 판사 앞에 섰을 때, 나는 "예수는 노숙자였다"라는 문구가 새겨진 셔츠를 입고 있었다. 판사가 나에게 앞으로 나오라고 해서 그렇게 했다.

그는 내 셔츠의 문구를 큰 소리로 읽더니 이렇게 말했다.

"흠… 나는 그걸 몰랐어요."

나는 이렇게 말했다.

"존경하는 판사님, 성경에서 예수님은 '여우도 굴이 있고 공중의 새도 거처가 있으되 인자는 머리 둘 곳이 없다'라고 말씀하십니다."

판사가 유심히 생각하더니 이렇게 말했다.

"당신네가 이길 가능성이 있군요."

실제로 우리가 이겼다.

우리는 법정에 가기 전에 예수님이 제자들에게 법정과 감옥에 끌려갈 것이라고 경고하시는 성경구절을 모두 찾아서 읽었고, 그 대목들이 우리에게 새로운 뜻으로 다가왔다. 예수님은 제자들에게 무슨 말을 할지 걱정하지 말라고 경고하셨다. 그래서 우리도 걱정하지 않았다. 우리가 변론할 시간이 되었을 때, 폰츠가 법정에서 일어서서 말했다.

"존경하는 재판장님, 우리는 이 법들이 틀렸다고 생각합니다."

우리 모두가 "아멘"으로 화답했다.

검사는 조목조목 따지며 우리의 죄상을 밝혔다.[4] 그녀는 무척 심각해 보였다. 우리는 수많은 혐의와 수감 기간, 수천 달러의 벌금, 오랫동안의 사회봉사에 직면했다.

판사가 법정에서 말했다.

"문제는 이 사람들이 법을 위반했느냐의 여부가 아닙니다. 이것은 명백합니다. 진짜 문제는 그 법률의 합헌성 여부입니다."

검사가 이의를 제기했다.

"그 법의 합헌성 여부는 이 법정에서 다룰 문제가 아닙니다."

검사는 손에 들고 있던 서류를 탁자에 던져버렸다.

판사가 반론을 제기했다.

"법률의 합헌성은 모든 법정이 다룰 문제입니다. 만약 부당한 법을 위반한 사람들이 없었다면, 우리는 지금 누리는 자유를 갖지 못했을 것입니다. 우리는 여전히 노예제도를 갖고 있을 것입니다. 그것이 보스턴 차 사건에서 민권 운동에 이르는 이 나라의 이야기입니다. 이 사람들은 범죄자가 아니라 자유의 투사들입니다. 나는 이들의 모든 혐의에 대해 유죄를 인정할 수 없습니다."

신문들은 이 사건을 '혁명적 판결'으로 불렀다 그리고 판사는 우리에게 "예수는 노숙자였다"라는 문구가 새겨진 티셔츠를 달라고 부탁했다.

　그 법률들이 최근에 다시 등장했는데, 우리가 다시 체포되면 똑같은 판사를 만나기를 기도한다! 필라델피아 시장이 모든 '야외 식사'를 금지하는 행정 명령을 통과시켰다. 따라서 우리는 별도의 허락 없이 공공장소에서 네 명 이상과 음식을 먹을 수 없다. 그런데 이번에도 우리는 준비를 갖추고 있었다. 십년 전에 입었던 티셔츠도 갖고 있었다. 아울러 새로운 셔츠들을 준비했는데 거기에는 "예수님이 필라델피아에서 오병이어의 기적을 일으켰다면 감방에 갔을 것이다!"란 문구가 새겨져 있었다. 사람들이 이 규정에 반대하기 위해 슬슬 나타났다. (십년 전이나 거의 다름이 없었다.) 그리고 신앙인들이 불의에 대항해 용감한 입장을 취한 것이 참으로 놀라웠다.

　공청회가 진행되는 동안 한 늙은 오순절파 여성이 이렇게 말했다. "15년 전에 하나님이 나에게 볶음밥을 만들어 거리에 나가 노숙자들과 나눠 먹으라고 말씀했습니다. 지난 15년 동안 한 주도 빠짐없이 그렇게 했습니다. 만일 시장님이 그것을 중단시키고 싶으면 하나님께 얘기하는 게 좋겠습니다. 그분이 그 일을 시작하셨으니까!"

　이어서 한 가톨릭 신학자가 증언했는데 그 역시 아름다운 내용이었다. 우리가 음식을 배고픈 사람과 나눌 때는 그것이 성찬이라고 주장했다. 우리는 그저 불쌍한 노숙자를 먹이는 게 아니라 그리스도를 먹이고 있는 것이다. 마태복음 25장에 따르면, 우리가 이들 중 가장 작은 자에게 무언가를 하는 것은 곧 그리스도에게 하는 것이다. 하나님이 우리에게 그분이 배고플 때 그분에게 먹을 것을 주었느냐고 물으신다면, 우리는 하나님께 "죄송합니다만 우리 시장이 그것을 허락하지 않았어요"라고 대답하지는 않을 것이다. 그 가톨릭 친구는 이어서 이렇게 선언했다. 우리가 노숙자에게 음식을 줄 수 없다고 말하는 것은 우리가 그리스도께 음식을 줄 수 없다고 말하는 것이고, 그것은 종교적 자유를 위반하는 일이다. 연방 판사도 그런 입장을 지지해 거리에 있는 사람들에게 음식을 나누는 일을 불법으로 만드는 것은 종교적 자유의 위반이라고 선언했다. 할렐루야!

그럼에도 불구하고, 미국 곳곳에서 지금도 그런 법률이 통과되고 있다. 50개 도시 이상이 집 없는 사람들을 차별하는 노숙금지법을 통과시켰다. 이런 법들은 공공장소에서 자는 것, 노숙자에게 음식을 나눠주는 것, 잔돈을 구걸하는 것, 쓰레기통에서 음식을 찾는 것까지 불법으로 만들었다. (한 도시는 모든 쓰레기를 도시의 자산으로 만들었다.) 최근에 플로리다에 사는 90세 노인 아놀드 아봇이 노숙자에게 음식을 준다는 이유로 고소를 당한 사건이 전국 뉴스로 보도되었다. 아봇은 경찰이 그에게 "접시를 떨어뜨리라"고 명령했다고 말했다. 마치 그가 접시 대신에 무기를 들고 있는 것처럼 말이다.

그런 법률은 골칫거리지만 신앙적이고 양심적인 사람들이 그런 법률에 도전하기 위해 전국에서 일어서는 모습은 참으로 아름답다. 내가 좋아하는 이야기 중 하나는 애틀랜타에 소재한 오픈도어 공동체에 사는 친구들의 이야기다. 영구 주택이 없는 사람들은 화장실을 찾기가 어려워서 공원이나 골목길에 있는 화장실을 사용하면 경찰에 체포되곤 했다. 심지어는 외설죄의 혐의를 받아 성범죄자로 등록되는 경우도 있었다. 화장실을 찾을 수 없었다는 이유로 그런 범죄자로 낙인찍히는 것은 있을 수 없는 일이다. 그래서 오픈도어 공동체는 "존엄하게 공짜로 오줌을 누자"는 캠페인을 벌려 공공 화장실을 만들어달라고 요구했다. 그들은 변기를 들고 시청으로 행진해서, 당신네는 공공 화장실이 없는 곳에서 공공 화장실을 찾지 못했다고 사람들을 체포할 수 없다고 주장했다. 그리고 그 캠페인을 계기로 애틀랜타는 공공 화장실을 짓기 시작했다. 우리는 이처럼 불의를 폭로하고 나쁜 법을 바꾸는 그런 용기와 창의성이 필요하다.

우리는 바울과 실라가 빌립보 감옥에서 찬양하고 기도했을 때 마침내 "문이 곧 다 열리며 모든 사람의 매인 것이 다 벗어졌을 때"(행 16:26)에 보았던 모습을 언뜻 볼 수 있었다. 나는 어쩌면 그것이 파티를 여는 법에 관한 예수님의 말씀에 담긴 뜻이라고 믿게 시작했다. 그리고 나는 "세상이 너희를 미워하면 너희보다 먼저 나를 미워한 줄을 알라… 세상에서는 너희가 환난을 당하나 담대하라! 내가 세상을 이기었노라"(요 15:18, 16:33)는 예수님 말씀에 담긴 뜻을 알게 되었다. 아울러 당신이 그런 범죄로 감방에 갇히면 "우리의 죄를 용서해 달라"는 기도가 새롭게 다가온다.

나는 지금도 그 법정에 있을 때 간직했던 마틴 루터 킹의 말을 붙잡고 있다.

"신호등이 빨간색일 때 멈추어야 한다는 교통법규는 잘못된 것이 아니다. 그러나 화재가 나면 소방차가 빨간 신호등을 무시하고 달리며, 일반 차량은 비켜서는 편이 낫다. 또는 응급환자가 발생하면 구급차가 빨간 신호등을 무시하고 전속력으로 달린다. 지금 이 사회의 가난한 사람들에게...화재가 발생했다. 전 세계의 버림받은 사람들이 심각한 사회적, 경제적 상처로 피를 흘리며 죽어가고 있다. 그들에게는 응급상황이 해제될 때까지 현 시스템의 빨간 신호등을 무시해야 할 구급차 운전사들이 필요하다."[5]

어느 날 밤에 우리를 체포한 경찰관이 감방으로 데려가면서 했던 말이 생각난다. 그가 내 몸을 수색하다가 주머니에서 성경책을 발견했다. "이 책은 우리가 보관하겠소"라고 말했다. 경찰이 성경을 압수한 적이 없어서 내가 그 이유를 물었더니, 그가 미소를 지으며 말했다.

"이것은 위험한 책이오. 이 위험한 책을 당신이 읽도록 내버려둘 수 없소."

나는 웃었다. 그의 말은 하나님의 말씀을 "성령의 검"에 비유한 구절에 새로운 뜻을 덧입혔다. 곰곰이 생각할수록 경찰의 말이 옳았다. 성경은 위험한 책이다. 오랫동안 수많은 사람들을 죽게 하고 매 맞게 하고 감옥에 갇히게 한 책이 아닌가!

비밀요원들에게 복음을 전하다

우스운 일이다. 나는 스스로를 위험한 인물로, 나를 아는 사람들도 나를 위험한 인물로 생각한 적이 없었다. 그런데 어떤 사람들은 나를 그렇게 생각할 수 있다는 사실을 알게 되었다. 나는 이라크에서 돌아온 후에 바하마 군도에서 열리는 '라 메사'라고 불리는 모임에 참석했다. 신학자들과 목사들과 오랜 친구들이 모여 일광욕을 하며 도발적인 얘기를 나누는 모임이었다. 우리는 즐거운 시간을 보냈다. 나는 필라델피아로 돌아가기 위해 여느 때처럼 일찍 공항에 도착했다. (나는 "임의로" 수색을 받는 것에 익숙해졌다.)

그러나 이번에는 상황이 조금 달랐다. 경찰관들이 조사할 것이 있으니 잠시 따라오라고 해서 나는 그대로 응했다. 그들은 직업을 물었다(설명하기 곤란한 질문이다). 왜 바하마 섬에 갔는지 물었다. 친구들과 얘기하러 갔다고 했다. 무엇에 관한 이야기를 했는지 물었다. 괜히 문제를 일으키고 싶지 않아서 "예수님"에 대해 이야기했다고 대답했다. 썩 좋은 대답이 아니었다. 그들은 나를 자리에 앉히고 본격적으로 심문하기 시작했다. 사진과 글과 책 등 내 물건을 샅샅이 뒤졌고 폴더를 한 장씩 넘기며 꼼꼼하게 살폈다. 그들은 이라크에는 왜 갔는지도 물었다. 나는 둘러대지 않고 있는 그대로 대답했다. 나는 그들에게 이라크에 대해, 그리고 나를 많은 곤경에 빠뜨리는 복음에 대해 말할 수 있어서 정말 기뻤다. 그들은 진심으로 관심이

믿음은
행동이 증명한다

있는 듯했다. 이후 그들은 두 시간 동안 폭탄세례와 같은 질문을 던졌고, 내게 그 다음 날에도 되돌아와서 다시 조사를 받아야 한다고 말했다. 그 때문에 나는 비행기를 놓치고 말았다. 무기력하게 동의하는 것 말고는 다른 방법이 없었다.

이튿날, 몇 명의 경찰관이 더 참석한 가운데 심문이 계속되었다. 이번에는 조사가 빠르게 진행되었지만, 그들은 나의 배지[6]를 모두 압수한 뒤에 풀어주었다.

나는 마침내 비행기를 타게 되어 기뻤고 자유롭게 집에 간다고 생각했다. 그런데 비행기가 이륙 준비를 할 때 기내방송이 흘러나왔다.

"승객 중에 쉐인 클레어본 씨는 승무원 호출버튼을 눌러주시기 바랍니다."

나는 약간 당황하면서 그 단추를 눌렀다. 승무원이 내게 오더니 경찰 두 사람이 나를 만나기 위해 필라델피아 공항에서 대기하고 있다고 전해주었다.

'혹시 내가 몰래카메라의 주인공이 된 것은 아닐까?'하는 생각이 들었다.

필라델피아 공항에 도착하자 사복경관 두 사람이 국토안보부 배지를 반짝이며 나를 에스코트했다. 우리가 얘기하려고 자리에 앉았을 때 그들은 미심쩍을 정도로 친절했다. 할리우드 영화처럼 으스스한 기분이 들어 말하기 꺼려지지만 그들은 표지에 내 이름이 적힌 두꺼운 파일을 열었다. 거기에는 심플 웨이 웹사이트의 사진들과 글들과 자료들이 다 들어 있었다. 우리는 얘기를 나눴다. 나는 그들에게 복음을 전했고, 복음이 그들을 곤경에 빠뜨리거나 그들의 직업을 잃게 할 수 있다고 경고하면서 그래도 그럴 만한 가치가 있다고 얘기했다. 그들은 눈을 반짝이며 나를 풀어주었다. 나는 "안녕… 다시 만날 때까지"라고 인사했다. 지금 생각해보니, 9/11 테러리스트 일부가 바하마 군도를 통과했다는 첩보 때문에 그들이 과민반응을 보였던 것 같다. 덕분에 나는 그들에게 나의 경험과 복음을 얘기할 기회를 얻어서 좋았다.

나는 그 모든 사건에 대해 생각하면, 불과 몇 사람이 원수를 사랑하려고 또 이라크 어린이들에게 의약품을 전달하기 위해 이라크에 가는 것이 잠재적인 위협거리로 인식되고 있다는 사실에 피식 웃지 않을 수 없다.[7] 그러나 나는 이제 성경의 몇몇 대목을 약간 다르게 읽기 시작했다. 성경이 '통치자들과 권세들'을 거론할 때, 나는 귀신과 축귀에 대해 생각하곤 했다. 그러나 그 대목을 더 자세히 살펴보면 "우리의 씨름은 혈과 육을 상대하는 것이 아니요 통치자들과 권세들과 이 어둠의 세상 주관자들과 하늘에 있는 악의 영들을 상대함이라"(엡 6:12)고 되어 있다.[8] 나는 소수의 선량한 경찰들과 몇몇 국토안보부 비밀요원들이 우리의 적이 아니라는 사실을 알고 있다. 그들은 우리의 적이 결코 아니다. 하지만 이 세상에서는 무슨 일이 벌어지고 있고 현실적인 권세들이 성령의 길을 훼방하고 있다. 나는 그것을 분별하는 안목을 키우는 중이다.

믿음은
행동이 증명한다

진창 두들겨 맞아라!

존 도미니크 크로산은 역사적 예수와 초대교회를 연구하는 대표적인 현대 신학자 중 한 사람이며 논란이 많은 인물이다. 예수 세미나와 종교적 우파를 막론하고 사람들이 예수를 이해하려고 애쓸 때, 크로산은 논쟁을 촉진시킨다. 나는 그가 제기하는 미묘한 신학적 이슈들에는 휘말리고 싶지 않으나 그의 저서 한 권[9]은 매우 흥미로운 이야기로 시작된다. 그의 꿈에 예수님이 나타나서 다음과 같이 말씀하신다.

"네 책을 읽어보았는데 참 좋더구나. 이제 너는 나와 내 비전에 합류할 준비가 되었니?"

그가 잠시 후에 대답한다.

"예수님, 저는 그럴 만한 용기가 없습니다. 하지만 그에 대해 잘 설명하지 않았습니까?"

예수님은 그가 성경 신학에 기여한 바에 고마움을 표하신 후 귓속말로 속삭이신다.

"그것만으로는 충분하지 않아…와서 따르라!"

예수님에 대해 많은 글을 쓴 후에 크로산은 예수님을 따르면 그가 가진 것과 믿는 것을 모두 버리고 목숨까지 내놓아야 할지 모른다는 것을 너무나 잘 알고 망연자실한다.

몇 년 전, 나는 한 친구와 함께 도미니크 크로산과 저녁을 먹은 적이 있다. 우리가 크로산이 다룬 그 혁명적 촌사람의 뒤를 따르려는 미미한 노력에 대해 얘기하자 그는 흥분해서 눈이 빛났다. 복음의 참신한 향기가 우리를 질식시키는 학문적인 글 위로 풍겨지는 듯한 느낌을 받았다. 그는 수많은 복음주의 크리스천들을 만났지만 그 옛날 랍비가 그의 말씀을 진심으로 했다고 아직도 믿는 사람은 그리 많지 않았다고 말했다.

그러므로 만일 세상이 우리를 미워하면, 우리는 세상이 예수님을 먼저 미워했다는 사실을 알고 용기를 내게 된다. 당신이 과연 안전할지에 대해 궁금하다면 그들이 예수님과 그를 따르는 사람들에게 무슨 짓을 했는지 살펴보라. 그리스도인이 되는 것보다 더 안전하게 사는 길은 얼마든지 있다. 복음을 따르는 길보다 더 근사하게 사는 길도 많다. 그러나 밝은 면을 보라. 당신이 설령 감옥에 가더라도 그곳에서 역사적인 인물들을 만나게 될 것이다. 감옥은 크리스천들에게 언제나 중요한 장소였다. 불의의 시대에는 감옥이 크리스천의 집이 된다. 그러므로 선한 삶을 살라. 그리고 진창 두들겨 맞아라. 그들이 당신을 죽일 때까지 춤을 추라. 그러면 우리가 더 많이 춤추게 될 것이다. 이것이 우리의 바람직한 반응이다.

예수님을 위해 감옥에 가는 것에 관한 한 마디. 많은 젊은이가 나에게 "당신은 감옥에 몇 번이나 갔습니까?"하고 묻곤 하는데, 마치 그들이 감옥에 갈 만한 핑계를 찾고 싶은 표정을 짓는다. 우리의 목표가 감옥에 가는 것이 아니라고 말할 필요가 있겠다. 우리의 목표는 어떤 대가를 치르더라도 옳은 일을 하는 것이었다. 나는 동네 아이들에게 이렇게 말한다. "너희는 나쁜 짓을 해서 감옥에 갈 수 있다. 그리고 옳은 일을 해서 감옥에 갈 수도 있다. 우리가 감옥에 가는 모습을 [보통은 TV에서] 너희가 볼 때는 우리가 옳다고 생각하는 일을 하고 있는 것이란다."

　시민 불복종은 역사상 중요한 자리를 차지해왔다. 흔히 민권 운동, 연좌 항의, 몽고메리의 버스에 앉은 로자 팍스, 헤리엇 터브먼과 지하철도, 그리고 역사를 바꿔놓았던 많은 운동들이 떠오른다. 마틴 루터 킹은 처음에는 감옥에 가는 것이 불편했으나 역사를 고찰하고는 좋은 친구들이 함께한다는 것을 알았다고 말했다. 우선 예수님이 함께하신다. 역사적으로 너무도 많은 성자들과 영웅들이 감옥에 갔다. 지금도 그렇다. 내가 이 글을 쓰고 있는 순간에도 나와 이라크에 갔던 친구 케시 켈리는 장기간 감옥에 갇혀 있다. 이 시간에도 그녀는 군사용 드론을 조종하는 한 센터에 빵 한 조각과 진정서를 보내고 있다고 생각한다(http://www.democracynow.org/2014/12/29/peace_activist_kathy_kelly_heads_to).

　시민 불복종의 개념은 우리가 좀 더 성찰할 필요가 있다. 그래서 이 책의 끝에 새로운 부록을 추가했다. 헨리 데이비드 소로도 "시민 불복종"이란 제목으로 멋진 글을 썼다. 그리고 레오 톨스토이 역시 「시민 불복종과 비폭력에 관한 글」이란 책을 집필했다. 지금으로서는 부록 4로 충분하리라 생각한다.

패자들을 위한 예수님

-
-
-

크리스스천, 착실하고 사리에 밝은 사람?

몇 년 전, 도시 뒷골목의 한 노숙자와 이야기를 나누는데 그가 하나님에 대해 말하기 시작하는 것이었다. 그는 성경을 잘 알고 있었으나 3인칭으로 "크리스천"에 대해 얘기하고 있었다. 약간 헷갈려서 내가 이렇게 물었다.

"당신은 크리스천이 아닙니까?"

"아닙니다"라고 그가 말하면서 "나는 너무 엉망이에요"라고 덧붙였다.

내가 그에게 크리스천은 누구라고 생각하느냐고 물었더니 그가 "착실하고 사리에 밝은 사람이죠"라고 대답했다. 그러면 나도 분명히 크리스천이 아니라고 고백하고 그런 사람을 만난 적이 있는지 모르겠다고 말한 뒤에 우리는 껄껄 웃었다.[1] 그리고 예수님이 바리새인들에게 하신 말씀을 함께 읽었다.

"건강한 자에게는 의사가 쓸데없고 병든 자에게라야 쓸 데 있느

믿음은
행동이 증명한다

니라… 나는 의인을 부르러 온 것이 아니요 죄인을 부르러 왔노라"
(마 9:12-13).

복음은 병든 자들에게 좋은 소식이다. 복음은 모든 일에 착실하다고 생각하는 사람들에게는 거슬리는 것이다. 우리 가운데 일부는 삶이 형편없다는 소리를 들어왔으나, 복음은 우리가 아름다운 사람임을 상기시킨다. 어떤 이들은 삶이 아름답다는 소리를 들어왔으나, 복음은 우리가 형편없는 사람임을 상기시킨다. 교회는 우리가 사람들 앞에서 우리는 형편없는 인간이라고 말할 수 있는 곳이며, 모든 사람이 고개를 끄덕이며 동의하고 우리가 아름답기도 하다는 것을 상기시키는 곳이다.

내가 신자들과 운동가들 둘 다에서 배운 것은 공동체가 공통된 독선이나 공통된 깨어짐을 중심으로 세워질 수 있다는 것이다. 독선은 여러 형태로 다가온다. 독선적인 근본주의 그리스도인은 "나는 절대로 술을 마시지 않고, 세속 음악을 듣지 않고, 카지노에 가지 않을 거야"라고 말한다. 그리고 독선적인 진보적 운동가는 "나는 절대로 SUV를 운전하지 않고, 스티로폼을 쓰지 않고, 고기를 먹지 않고, 나이키를 신지 않을 거야"라고 말한다. 우리는 우리의 신념을 진지하게 여겨야 하지만 때로는 우리의 의로움이 타인의 잘못을 지적하는 데서 온다. 예수님은 우리를 도덕적으로 만들 뿐만 아니라 우리에게 생명을 주시려고 오셨다. 그리고 당신은 도덕적이되 생명력이 없을 수 있다. 우리에게 둘 다 있기를 바란다. 둘 다 자성을 갖고 있다. 사람들은 모든 면에서 착실한 자들 또는 그렇게 보이는 이들에게 끌린다. 사람들은 또한 자기가 착실하지 않다는 것을 알고 착실한 척 하지 않는 자들에게도 끌린다.

기독교는 악행자와 죄인으로부터 자기를 분리시키는 사람들을 중심으로 세워져 종교적 경건과 도덕적 순결을 중시하는 공동체를 만들 수 있다. 내가 성장시절에 몸담았던 기독교이다. 기독교는 또한 하나님께 부르짖고 은혜를 갈망하는 깨어진 죄인들과 악을 행하는 자들과 함께하는 것을 중심으로 세워질 수도 있다. 나는 지금 이런 기독교와 사랑에 빠져 있다.

누가복음 18:10-14절에서 예수님은 두 사람에 대한 놀라운 이야기를 들려주신다.

"두 사람이 기도하러 성전에 올라가니 하나는 바리새인이요 하나는 세리라. 바리새인은 서서 따로 기도하여 이르되, '하나님이여 나는 다른 사람들 곧 토색, 불의, 간음을 하는 자들과 같지 아니하고 이 세리와도 같지 아니함을 감사하나이다. 나는 이레에 두 번씩 금식하고 또 소득의 십일조를 드리나이다' 하고, 세리는 멀리 서서 감히 눈을 들어 하늘을 쳐다보지도 못하고 다만 가슴을 치며 이르되, '하나님이여 불쌍히 여기소서. 나는 죄인이로소이다' 하였느니라. 내가 너희에게 이르노니 이에 저 바리새인이 아니고 이 사람이 의롭다 하심을 받고 그의 집으로 내려갔느니라. 무릇 자기를 높이는 자는 낮아지고 자기를 낮추는 자는 높아지리라 하시니라."

바리새인은 로마제국에서 종교적 엘리트 집단을 구성한, 유대주의의 한 종파의 일원으로서 자신의 종교적 헌신과 도덕적 순종을 자랑했고, 자기는 악을 행하는 자들과 같지 않다고 하나님께 감사드렸다. 반면 세리는 멀리 서서 감히 하늘을 쳐다보지도 못했다. 그는 가슴을 치면서 "하나님, 나를 불쌍히 여기소서. 나는 죄인입니다"라고 말한다. 그리고 하나님 앞에서 의롭다 함을 받고 집으로 간 사람은 바리새인이 아니라 세리이다. 나는 세상이 찾고 있는 사람은 완벽한 크리스천이 아니라 정직한 크리스천이라고 확신한다. 문제는 우리가 정직하지 못했고 완벽한 척 했다는 것이다. 교회는 불완전한 사람들이 완전한 하나님과 사랑에 빠질 수 있는 장소가 되어야 한다.

•

악의 문제

•

예수님이 반죽에 퍼지는 누룩에 비유하는 바리새인의 독선(바리새인들은 순결강박증이 있었다)에 극단적으로 감염되면, 마치 정원에서 잡초를 뽑듯이, 세상에서 패자와 악행자(우리가 악행자를 전쟁광 또는 무정부주의자로 규정하든 상관없이)를 제거하는 것을 우리의 의무로 간주하게 된다. 단지 소수의 완고한 무정부주의자들이나 제리 폴웰[2]만이 9/11 참사는 미국이 마땅히 받을 징벌이었다고 주장할 것이다. 그리고 소수의 연설문 작성자들만이 미국을 무조건 선한 나라로 부를 것이다. 그러나 예수님조차 우리에게 "하나님 한 분 외에는 선한 이가 없다"(막 10:18)고 경고하신다.

우리 중 다수도 그와 똑같은 것을 원한다. 이 세상에서 악이 제거되기를 원한다. 우리는 정의를 원한다. 우리는 압제받는 이들을 해방시키기 원한다. 문제는 우리가 어떻게 그것을 이루느냐는 것이다. 아이러니하게도, 대부분의 폭력은 정의를 향한 갈망에서 비롯된다. 아무도 정원에 있는 잡초를 좋아하지 않는다. 아무도 세상에 있는 악을 좋아하지 않는다. 우리는 모두 세상에서 악을 제거하고 싶다(그리고 잡초가 없는 정원을 원한다). 그래서 선과 악에 대한 얘기가 그토록 매력적인가 보다.

그런데 문제는 예수님의 말씀대로 우리가 정원에서 잡초를 뽑으려고 하면 알곡도 뽑을 것이라는 점이다. 예수님은 마태복음 13:24-30절에서 알곡과 잡초가 함께 자라도록 내버려두고 하나님이 추수 때에 그것들을 솎아내시게 하라고 명령하셨다. 그리고 우리는 하나님이 아니다. 리치 멀린스는 "나는 하나님이 '복수는 나의 것이다'라고 말씀하신다는 것을 알지만, 그냥 아버지의 일에 관여하고 싶다"(이는 물론 농담이다)라고 말하곤 했다.

당신이 멜 깁슨의 영화 '패션 오브 크라이스트'를 보았다면(아직 보지 않았다면 책을 읽으라고 권하고 싶다), 악을 행하는 사람들에 대한 예수님의 사랑에 압도되었을 것이다. 로마 병사들이 예수님의 몸을 찢는 동안에도 그분은 "아버지여! 저들을 용서하소서. 자기들의 하는 일을 알지 못합니다!"라고 부르짖으신다. 큰 문제는 악을 어떻게 할 것인가 하는 것이다. 세상은 구속적 폭력의 논리를 내세우는데, 크리스천들은 큰 거침돌을 갖고 있다. 바로 십자가다.

이 문제는 에덴동산의 원죄로 거슬러 올라간다. 아담과 하와는 동산의 모든 과실을 먹되 선악을 알게 하는 나무의 열매는 먹지 말라는 명령을 받았다. 그런데 뱀이 그 나무의 열매를 먹으면 하나님

믿음은
행동이 증명한다

처럼 될 수 있다고 그들을 유혹했다. 그래서 아담과 하와는 그 열매를 움켜쥐었고, 인류는 여전히 그 나무의 열매를 탐하고 있다. 젠장 그것은 좋은 열매였다. 그러나 하나님을 위해 떼어놓은 유일한 열매였다. 그것은 야심만만한 벌거벗은 젊은 부부를 위한 것도 아니고 열광적인 완전무장한 군인들을 위한 것도 아니다.

산상설교와 팔복은 제국이나 초강대국을 이끄는 최상의 도구처럼 보이지 않는다. 우리가 목숨을 얻으려면 잃어야 한다는 진리는 국가안보를 위한 좋은 계획처럼 들리지 않는다. 음유시인 우디 거스리는 이렇게 노래한다. "만약 예수님이 갈릴리에서 전파하신 메시지를 뉴욕에서 전파하신다면, 우리는 다시 예수님을 무덤에 묻을 것이다"(특히 월스트리트에서 그렇게 하신다면). 그래서 우리는 하나님의 축복과 지경을 넓히겠다는 하나님의 메시지는 많이 듣지만 십자가와 원수의 사랑에 관한 메시지는 별로 듣지 못하는 것 같다. 살다보면 우리가 두 주인을 섬기려고 한다는 것을 인식할 때가 온다. 그러면 우리는 누구를 섬길지 선택해야 한다. 우리의 팔은 십자가와 칼을 모두 운반할 만큼 크지 못하다.

•

역사의 심오한 역설

•

우리는 피로 물든 역사로부터 배울 수 있다. 우리가 힘으로 악의 뿌리를 뽑으려고 더 강력하게 애쓸수록, 악은 더 증대할 것이다. 무슬림 극단주의자를 살해할 때마다 또 다른 극단주의자가 생기기 때문이다. 이 대목은 ISIS가 등장하기 몇 년 전에 쓴 것임을 명심하라. 이 사실은 초판을 썼을 때(2006년)보다 오늘날 더 맞는 것 같다. 우리가 불로 불과 싸울 때는 더 많은 불을 갖게 된다. 폭력은 폭력을 낳는다. 미움은 미움을 낳는다. 그리고 사랑은 사랑을 낳는다.

ISIS와 그런 집단들을 움직이는 폭력적이고 악한 이데올로기는 질병처럼 퍼져나갔고, 그것은 역사적으로 또 최근에 무슬림에게 가해진 폭력에 대한 반응이다. 평화운동가인 베테랑 친구 벤자민 코리는 드론 전쟁에 대해 좋은 슬로건을 내걸고 있다. "드론: 적을 살해할 수 있는 속도보다 더 빨리 적을 만든다." 연구조사에 따르면 최근의 전쟁과 드론을 사용한 이후 극단주의자 집단에 합류하는 사람이 급증했다고 한다.

그래서 사담 후세인이 축출되었을 때 그 공백을 메운 것이 더 끔찍한 실정이었음은 놀랄 일이 아니다. 내가 이라크에 대해 생각할 때 자주 떠오르는 대목은 누가복음 11:24-26절이다. "더러운 귀신이 사람에게서 나갔을 때에 물 없는 곳으로 다니며 쉬기를 구하되 얻지 못하고 이에 이르되 '내가 나온 내 집으로 돌아가리라' 하고 가서 보니 그 집이 청소되고 수리되었거늘, 이에 가서 저보다 더 악한 귀신 일곱을 데리고 들어가서 거하니 그 사람의 나중 형편이 전보다 더 심하게 되느니라." 내가 2010년에 다시 이라크를 방문했을 때 많은 이라크 사람들이 사담 후세인이 여전히 정권을 잡고 있었으면 좋을 뻔했다고 말했다. 사담은 결코 선량한 통치자가 아니었지만 알 카이다와 ISIS보다는 나았다. 사담이 권력을 잡고 있었을 때는 적어도 물과 전기는 공급되었다는 것이다.

그와 마찬가지로, 우리가 원수를 더 뜨겁게 사랑할수록 악이 더욱 줄어들 것이다. 이 원리는 순교자의 이야기에도 적용된다. 크리스천이 악한 자의 손에 죽을 때마다 자기희생적인 사랑으로 분연히 일어나는 또 다른 순교자가 생길 것이다. 그리고 역사적으로, 기독교는 크리스천이 악한 자의 손에 죽었으나 보복하지 않았을 때 가장 빨리 확산되었다. 이는 큰 박해가 있었을 때 교회가 성장한 이야기다. 당시의 기록에 따르면, 한 사람이 순교할 때마다 열 사람이 회심했다고 한다. 그래서 "순교자의 피 속에 성도들의 씨가 있다"고 전해진다.

여기에 심오한 역설이 있다. 교회는 박해의 시대에 가장 건강했고, 안락하고 권력을 누린 기간에는 병들었다는 역설이다. 통계에 따르면, 무슬림이 기독교에 대해 일 년 전보다 덜 열려있다고 하는데, 이는 놀랄 일이 아니다. 바리새인 같은 극단주의자들은 오늘날 기독교나 유대교나 이슬람교 등 어느 종교에도 살아있는 실정이다.

교회사는 청교도 운동과 같은 경건주의 운동들로 가득 차 있다. 이런 운동들은 스스로를 부정한 것에서 분리시키고 세상에서 순결하지 않은 것은 모조리 파괴하는 것이 그들의 의무라고 생각한다. 이것이 또한 히틀러로 하여금 유대인의 세계를 "청소하려고"하게 만들었던 왜곡된 신학이다. 그리고 KKK 웹사이트의 한 부분은 그들의 유독한 신학, 즉 백색과 "흑암 내쫓기"와 같은 어휘가 잔뜩 실린 그런 신학에 할애되어 있다. 그래서 그들은 십자가에 불을 붙이는 것이다. 그런데 성경을 손에 들고 그리스도의 이름으로 자행한 악을 목격하는 일은 결코 잊히지 않고 또 나를 겸허하게 만든다. 우리는 ISIS와 같은 집단들의 악행은 재빨리 비난하는데, 사실 마땅히 그래야 한다. 그러나 우리는 또한 그리스도의 이름으로 자행된 끔찍한 일들을 고백해야 마땅하다. 미국의 린치(폭력적인 사적 제재)의 역사를 조금만 읽어봐도 일요일마다 교회에 출석했던 사람들이 저지른 상상하기 어려운 악행을 금방 알 수 있다. 그리고 교회사의 페이지는 칼로 세상의 악을 제거하려 했던 기독교 운동들이 남긴 핏자국으로 물들어 있다. 순교자들, 이단들, 영국 종교개혁의 단두대, 스페인 종교재판소의 잔인한 형벌 등이다. 그런 시대에는 십자가가 항상 패하게 된다.[3]

그래도 십자가는 끊임없이 속삭인다. 교회사는 또한 십자가에 충실했던 운동들로 가득하다. 세상이 크리스천들을 파멸시킬 것처럼 보일 때에도 그들은 끝까지 신실하면 하나님도 신실하실 것임을 알았다.

역사는 또한 자신이 부정하다고 하나님께 울부짖은 사람들, 자신의 죄를 자인하고 고백한 사람들의 운동으로 가득하다. 2차 세계대전 당시 유럽의 고백교회, 하나님과 서로 앞에서 가슴을 치는 겸손한 죄의 고백에서 시작된 미국 대학들의 부흥운동 등이다. 오늘날의 교회가 수행할 수 있는 가장 강력한 일 중 하나는 세상을 향해 우리의 죄를 고백하고, 겸손하게 무릎을 꿇고 하나님의 이름으로 자행했던 끔찍한 짓을 회개하는 것이다. 도널드 밀러는 「재즈처럼 하나님은」에서 친구들과 함께 수도사 복장을 하고 이방적인 대학으로 악명 높은 캠퍼스에 고해소를 설치했던 즐거운 이야기를 들려준다. 그들은 남의 고백을 듣는 대신에 크리스천으로서 그들의 죄와 기독교 세계의 죄를 듣고 용서하려는 사람이면 누구에게나 고백했다. 오늘날에도 교회가 무릎을 꿇고 죄를 고백하면, 교회가 완벽한 체하거나 모든 해답을 갖고 있는 체하지 않는다면, 세상이 기꺼이 그 고백을 들을 것이다. 나는 신비롭고 성례적인 치유가 우리 안에서 시작되어 세상의 상처에까지 확장될 수 있다고 생각한다.

예수님이 우리에게 경고하셨던 바리새인의 누룩이 오늘날 자유주의와 보수주의 진영 모두를 감염시켰다. 보수주의자들은 서서 자기네는 동성애자와 무슬림과 자유주의자와 같지 않음을 하나님께 감사한다. 자유주의자들은 서서 자기네는 전쟁옹호자와 여피족과 보수주의자와 같지 않음을 하나님께 감사하고 있다. 이는 그와 비슷한 독선이고 단지 악행에 대한 정의(定義)만 다를 뿐이다. 이 독선은 우리를 판단하는 마음과 죄책감으로 마비시키고 우리에게서 생명력을 앗아간다. 따라서 우리는 스스로를 불결하다고 생각하는 모든 사람에게서 분리시키지 말고, 오히려 우리의 가슴을 치면서 하나님이 자비롭게 우리를 이 추악함에서 구원하시고 우리의 삶을 아름답게 만드셔서 사람들이 그 자비를 거부하지 못하게 해달라고 기도하는 편이 낫다.

갈라진 틈은 빛이 들어오게 한다

16세기 스페인의 수도사이자 신비주의 철학자였던 십자가의 성(聖) 요한은 인간존재의 공허함과 고통을 깨달았다. (그는 「영혼의 어둔 밤」이란 책을 썼다.) 그는 "갈라진 틈은 빛이 들어오게 한다"라는 유명한 말을 남겼다. 어쩐지 하나님은 깨진 그릇을 좋아하신다. 나는 예수님이 단지 나쁜 사람을 착하게 만들기 위해서가 아니라 죽은 사람을 살리기 위해 오셨다고 확신한다.

우리는 도덕적이면서도 생명력이 없을 수 있다. 많은 보수주의자들과 자유주의자들이 나에게 그런 모습을 가르쳤고, 나는 바리새인이 지닌 누룩의 희생자였다. 오늘날 많은 사람은 도덕적으로는 "순수하지만" 기쁨과 생명력이 없다. 어떤 이들은 이 '순수함'을 세속적인 것은 일체 접촉하지 않는 것으로, 또 어떤 이들은 '유기농'이 아닌 것은 먹지 않는 것으로 이해한다. 그러나 그 순수함이 관계에서 난 것이 아니라면, 그것이 피압제자들과 압제자들을 해방시키는 것이 아니라면, 순수하고 열정적인 사랑을 지닌 것이 아니라면, 세상으로 그 더러움을 보게 만듦으로써 우리 자신의 깨끗함을 과시하는 그 옛날의 독선과 다를 바 없다. 이 누룩은 군인이든 백부장이든, 세리이든 주식중개인이든, 열심당원이든 무정부주의자든, 각 사람 속에 있는 하나님의 형상을 보지 못하게 훼방한다. 이 세상에 구속의 대상이 아닌 사람은 없다.

믿음은
행동이 증명한다

그 세리는 자신이 죄인임을 알았기에 하나님께 은혜를 달라고 울부짖는다. 우리가 먼저 우리 자신의 깨어진 상태를 인식할 때에야, 우리 눈이 열려 압제받는 사람들의 얼굴에서 우리 자신의 얼굴을 보고 압제자들의 손에서 우리 자신의 손을 보게 된다. 그러면 우리 모두가 진실로 자유로워질 것이다.

그 세리는 예수님처럼 우리에게 이 복음이 의로운 자들이 아니라 병든 이들을 위한 것이라고 가르친다. 또 다른 종류의 극단주의자들이 일어나는 중이다. 우리는 가슴을 치며 "하나님, 우리에게 자비를 베푸소서"라고 울부짖는 죄인들이다. 우리는 백악관 앞에서, 낙태시술을 하는 병원 앞에서, 9/11 참사가 벌어졌던 뉴욕에서, 필라델피아의 빈민가에서 가슴을 칠 것이다. 우리는 아무도 아프게 하지 않을 것이다. 우리는 목숨을 바쳐서라도 악을 행하는 자들을 사랑할 것이다. 그러면 악을 행하는 자들이 은혜를 갈망하는 극단주의자들로 변하는 모습을 보게 되리라. 이것이 우리가 가진 믿음의 이야기이다.

•

패자들의 하나님

•

누군가 나에게 자기는 하나님을 버렸다고 말할 때마다, 나는 "당신이 버린 하나님에 관해 얘기해 달라"고 말한다. 그러면 그들은 정죄의 하나님, 율법과 번개의 하나님, 얼굴을 찌푸리는 노인들의 하나님, 따분한 회의의 하나님을 묘사하곤 한다. 나는 보통 "나도 그런 하나님을 버렸습니다"라고 고백한다.

많은 크리스천이 "사람들이 나의 몸부림과 연약함에 대해 안다면 절대로 크리스천이 되고 싶지 않을 것입니다"라고 말하는 것을 들었다. 나는 그와 정반대로 생각한다. 만일 사람들이 우리가 얼마나 깨어지고 연약한 바보인지를 알게 된다면, 그들도 한번 도전해보고 싶은 생각이 들 것이다. 기독교는 병든 자들을 위한 것이다. 리치 멀린스는 "사람들이 '크리스천은 위선자이다'라고 말하면, 나는 '저런, 우리는 다함께 모일 때마다 우리가 위선자이고 하나님과 서로의 도움이 필요한 약골이라고 고백합니다'라고 말한다"고 한다. 우리는 홀로 인생을 살 수 없다는 것을 알고 있다. 좋은 소식은 그럴 필요가 없다는 것이다. 우리는 공동체를 위해 창조되었다.

훌륭한 신학자(그리고 괜찮은 록 스타)인 보노는 시편에 관한 책의 서론에서 이렇게 말했다.

"성경이 사기꾼, 살인자, 겁쟁이, 간음한 자, 돈을 밝히는 자들로 가득하다는 사실에 나는 충격을 받곤 했다. 지금은 그것이 큰 위로의 원천이다."⁴ 하나님의 은혜에 감사드린다. 모세는 누군가를 죽였다. 다윗도 마찬가지였다. 그리고 사울도. 성경의 절반은 상당히 실패한 사람들이 쓴 것이다. 그런데 그 때문에 성경은 사랑의 이야기인 것이다. 하나님은 우리의 실수보다 크신 분이다. 은혜가 마지막을 장식한다. 은혜가 없다면 성경은 훨씬 짧았을 것이다.

많은 크리스천들이 하나님의 마음에 합한 사람으로 기억하는 다윗 왕에 대해 생각해보라. 그는 성경의 두 장에 걸쳐 탐욕, 간음, 거짓말, 살인 등 십계명의 대부분을 위반하지만(이는 그가 하나님의 부르심에 응답한 이후에 일어난다), 그는 여전히 하나님이 신뢰하고 사용했던 패자 중의 하나이다. 마태복음에 나오는 예수님의 족보는 오늘날 역기능적인 가문들의 족보에 필적할 만하다. 내가 좋아하는 대목은 다윗과 밧세바의 악명 높은 스캔들을 다룬 부분이다. 마태는 "다윗은 우리야의 아내에게서 솔로몬을 낳고"라고 기록한다. 마태는 그 족보에서 다른 여자들도 거론하지만, 밧세바에 이르면 우리가 거기서 일어난 모든 일을 기억하고 있음을 확실히 한다. (다윗은 우리야가 죽게 만들었다.) 그야말로 엉망진창이다! 만일 하나님의 아들이 그런 가문에서 태어났다면 우리 중 아무도 그보다 더 나쁠 수 없을 것이다.

당시의 사람들이 항상 예수에 대해 "누구의 자식인가? 나사렛 출신이 아닌가?"라고 물은 것은 놀랄 일이 아니다. 갈릴리는 농민 폭동과 봉기의 중심지였다. 그곳은 악명 높은 불모지였다. 사람들이 우리 동네를 불모지라고 부를 때는 거기서 좋은 것이 전혀 나올 수 없다는 뜻이다. 그러면 나는 예수님 당시의 사람들도 나사렛을 그렇게 불렀음을 상기시키고, 거기서 무엇이 나타났는지 보라고 권한다.

예수께서 선한 사마리아인의 비유와 같은 것들을 얘기하신다는 사실을 생각해보라. 예수님이 누구를 영웅으로 지목하는가? 사마리아인? 유대인은 사마리아인을 좋아하지 않았고 후자가 하나님과 예배에 대해 잘못 생각하고 있다고 여겼다. 그래서 심지어는 사마리아 지역을 지나가지도 않았다. 그러나 예수님이 들려준 이야기에는 사마리아인이 영웅이고 제사장은 이웃을 지나치는 패자로 등장한다. 그것은 종교 엘리트들을 꾸짖는 이야기이다. 조안 치티스터 수녀는 "하나님은 늘 선택된 자에게 도전하고 배제된 자를 포용한다"고 잘 표현한다.

나는 최근 대규모 청소년 집회에서 강연을 했다. 강연이 끝난 후 많은 학생이 나와서 저자 사인을 부탁했다. 처음에는 우습다는 생각이 들었지만, 그들이 강사를 실제로 만나는 일이 드물다는 얘기를 했을 때 내 마음이 아팠다. 매일 밤 나는 애들이 다 떠날 때까지 머물러 있었다. 우리는 다함께 기도하고, 농담을 주고받고, 둘러앉아 찬송을 불렀다. 참으로 놀라운 시간이었다. 그런데도 몇몇 아이들은 저자사인을 요청했다. 그래서 나는 이렇게 했다. 그들에게 글을 써 주겠다고 설명했다. 그 내용은 다음과 같다.

"이것은 사인이 아니다. 왜냐하면 내게 특별한 점이 없고 너도 특별한 점이 없기 때문이다. 너는 다른 누구와 마찬가지로 아름다운 사람임을 잊지 말라. 그리고 너는 다른 누구와 마찬가지로 바보라는 것을 잊지 말라."

물론 내 손은 지쳤지만 아이들이 무슨 말인지 알아듣기 시작했다고 생각한다. 리치 멀린스는 하나님께서 나귀를 통해 말씀하신 구약 이야기를 암시하면서 "하나님은 발람의 나귀를 통해 말씀하셨다. 그리고 이후에도 계속 나귀들을 통해 말씀하고 계신다"고 말하곤 했다. 그런즉 만일 하나님께서 우리를 쓰기로 선택하셨다면, 우리는 스스로 자만해서는 안 된다. 그리고 어떤 사람이 아무리 꼴사납거나 거슬리게 보인다고 해서 하나님이 그를 쓸 수 없다고 우리가 생각하면 안 된다.

믿음은
행동이 증명한다

리치 멀린스는 그 자신의 몸부림과 모순된 모습에 대해 솔직하게 털어놓는 인물로 잘 알려져 있었다. 내가 좋아하는 이야기가 있다. 리치와 한 친구가 열차 여행을 하면서 서로 '허심탄회한 시간'을 갖게 되었다. 그들은 자신의 몸부림과 죄에 대해 정말로 솔직해졌다. 열차가 종착역에 도착했을 때 그들 앞에 앉았던 한 여성이 멀린스를 알아보고 "혹시 리치 멀린스인가요?"라고 물었다. 리치는 그 이야기를 들려주며 웃었고 이렇게 말했다. "그 순간 나는 그녀가 들었을 나의 모든 고백이 생각났고, 나는 '내가 과연 리치 멀린스인가?'하고 판단해야만 했다." 그는 미소를 지으면서 그 자신의 어둠을 인정하고 "맞아… 나는 리치 멀린스야"하고 당당하게 말했다. 우리가 우리 자신의 몸부림에 대해 솔직해지고 그것들을 인정하면 해방감을 느끼게 된다.

청소년 사역자로 꽤 알려진 한 친구가 나에게 십대 아이들을 데리고 영성 수련회에 갔다가 많은 눈물을 흘리고 죄를 고백하고 영적 전율을 경험했던 이야기를 해주었다. 그들이 수양관으로 올라가던 중에 승합차 타이어에 펑크가 났다. 소낙비가 퍼부었고 연장은 하나도 없었고 스페어타이어도 형편없었다. 모든 애들이 그냥 차창 밖을 응시하는 순간 그는 울화통이 치밀어 올라 그만 폭발하고 말았다. 그는 고함을 지르고 욕을 퍼붓고 타이어를 발로 걷어찼다. 마침내 그는 승합차를 움직일 수 있게 만들었고, 차에 올라타고는 아무도 입을 열지 말고 잠시 그를 홀로 내버려두라고 말했다. 애들은 약간 당황했고 뒷좌석에서 몇 명이 킬킬거리는 가운데 수양관으로 향했다. 수련회는 예배와 설교와 제단으로의 초대 등 예년과 다름이 없었다고 한다. 그런데 그 해에 정말로 믿을 수 없는 일이 일어났다. 빈민가에 사는 가장 골칫거리인 학생이 수련회에서 돌아온 다음 주에 예수님께 자기 인생을 드렸다고 그에게 고백한 것이다. 내 친구는 깜짝 놀라서 어떻게 그런 일이 일어났는지 물었다.

"설교 때문이었니? 제단으로의 초대 때문이었니?"

그 애가 이렇게 대답했다.

"아니요. 수양관에 올라갈 때 전도사님이 승합차에 욕을 퍼붓는 모습을 봤기 때문이에요. 나는 저 사람이 크리스천일 수 있다면 나도 한번 해볼 만하겠다고 생각했어요."

세상에는 생명의 길로 인도받고 싶은 이들이 많다. 그들은 자신이 악을 저질렀다는 것을 너무도 잘 알고 있고 악을 행하는 자들을 받아주시는 하나님뿐만 아니라 그와 똑같이 포용하는 교회에 관해서도 듣기를 갈망하고 있다.

•

가장 귀한 선물

•

심플 웨이 공동체의 초창기에 나는 창립 멤버인 미셸과 함께 빵을 사러 외출한 적이 있다. 우리는 집에서 한 블록 떨어진 고가철도 밑을 지나가야 했다. 그곳은 창녀촌과 마약 거래로 악명이 높았는데, 눈물과 고통으로 공기가 탁한 동네였다. 골목을 막 빠져나오는데, 거기에 목발을 짚은 채 누더기를 걸친 한 여자가 있었다. 그녀는 나에게 다가오더니 동침하고 싶은지 물었다. 우리 가슴이 철렁 내려 앉았지만 우리는 빵을 사기 위해 발걸음을 재촉했다. 이후에 다시 그녀에게 지나칠 때 고개만 끄덕이고 서둘러 집으로 돌아왔다.

그런데 집에 돌아와 보니 빵 봉지의 옆이 크게 찢어져 있고 빵이 상해 있었다. 우리는 돌아가야 했고, 우리 둘 다 그것이 무엇을 뜻하는지 알고 있었다. 우리는 다시 그녀를 지나쳐야 한다는 것이었다. 우리가 다시 그 골목을 지날 때 그녀가 추위에 떨며 흐느끼고 있는 모습을 보았다. 다른 빵으로 바꿔 돌아가면서 그녀를 다시 보았을 때 우리는 도저히 그냥 지나칠 수 없었다. 발걸음을 멈추고 우리는 그녀에게 우리가 그녀를 소중히 여긴다고, 그녀는 그 행위로 버는 몇 달러보다 훨씬 더 귀한 존재라고 말해줬다. 그리고 우리는 따스하게 쉴 수 있는 안전한 집과 간식이 있다고 설명했다. 그래서 그녀는 목발을 짚으면서 우리와 함께 집에 왔다.

우리가 집에 들어오자마자 그녀는 심하게 통곡하기 시작했다. 미셸이 그녀를 포근하게 안아주었다. 그녀는 안정을 찾은 후 이렇게 말했다.

"당신들은 모두 크리스천이죠?"

미셸과 나는 놀란 표정으로 서로를 쳐다보았다. 우리는 하나님이나 예수님에 대해 한마디도 하지 않았고, 우리 집에는 창문에 십자가나 "예수는 구원자다"라는 표식도, 벽에 작은 물고기 문양조차 없었기 때문이다. 그녀가 이렇게 말했다.

"당신들이 환하게 빛나기 때문에 크리스천인 줄 알았어요. 나도 한때는 예수님과 사랑에 빠졌었지요. 그런 삶을 살았을 때는 하늘의 다이아몬드처럼, 별처럼 빛을 발했어요. 그러나 세상이 너무 춥고 어두워서 얼마 전에 그 빛을 잃었어요. 나는 길거리에서 빛을 잃고 말았어요."

그 순간 우리 모두 울고 있었다. 그녀는 우리에게 다시 빛을 발할 수 있도록 기도해달라고 청했다. 우리는 기도했다. 이 어두운 세상이 우리의 빛을 앗아가지 않게 해달라고 기도했다. 몇 날, 몇 주가 지나도 그녀의 모습이 보이지 않았다. 어느 날, 문을 두드리는 소리가 나서 내가 열어주었다. 계단에 아름다운 숙녀가 환한 미소를 지으며 서 있었다. 우리는 서로를 빤히 쳐다봤다. 우리는 많은 사람을 만나기 때문에 나는 그녀를 알아보는 체 하려고 했다, 그런데 그녀가 내 속임수를 먼저 알아차리고 한 방을 먹였다.

"물론 당신은 나를 알아보지 못해요. 왜냐하면 나는 다시 빛을 발하고 있기 때문이지요. 나는 빛나고 있어요."

그제야 그녀가 누구인지 알았다. 그녀는 어떻게 하나님과 다시 깊은 사랑에 빠졌는지 설명했다. 그녀는 우리의 환대에 대한 감사의 표시로 뭔가를 주고 싶지만 "내가 거리생활을 할 때 모든 것을 잃어버렸어요. 이것만 빼고"라고 고백했다. 그녀는 한 박스를 끄집어내더니 담배를 많이 피웠고 언제나 담배 곽에서 말보로 마일리지 포인트를 모았다고 말했다. 그리고는 수백 장의 말보로 마일리지로 가득 찬 박스를 내게 건네주었다. 그것은 내가 여태껏 받은 선물 가운데 가장 귀한 선물에 속한다. 과부의 마지막 몇 푼을 받는 느낌이었다. 그 마일리지 표시는 성경의 책갈피로 쓰기에 알맞았다. 지금은 내가 어딘가에서 강연을 하면서 성경을 펼 때마다 그 마

믿음은
행동이 증명한다

일리지 표시를 보게 되고(장로들은 놀라서 눈을 치켜뜬다), 나는 얼마 전에
빛을 잃었던 그 모든 깨어진 인생에 대해 다시 생각하게 된다. 훗날
나는 전화 한 통을 받았는데, 바로 그 친구였다! 그녀는 내가 그녀
의 이야기를 들려주는 내 설교를 들었다고 했다. 그리고는 흥분해
서 "나는 부활의 이야기에요! 나는 부활의 이야기에요!"하고 소리
쳤다. 그것이 우리가 행하게 된 일이다. 사람들을 사랑해서 생명을
되찾게 해주는 일.

은혜의 스캔들

그 여인처럼, 세상이 자기 속의 선한 것을 죽였다고 느낀 사람이 또
있는데, 1991년 걸프전 때 무공훈장을 받은 젊은이였다. 그가 전쟁
터에서 집에 보냈던 편지를 읽는 모습이 기억난다. 그 편지에서 사
람을 죽이는 일이 얼마나 힘든지를 가족에게 털어놓았다. 날이 갈
수록 사람을 죽이는 일이 더 쉬워져서 그 자신이 야수로 변하는 느
낌이라고 했다. 그의 이름은 티모시 맥베이였다. 그는 특전부대에
서 근무하다 인간성을 상실한 채 미치광이가 되어 집에 돌아왔고,
역대 최악의 국내 테러리스트가 되고 말았다. 그의 글은 이라크에
서 목격하고 또 빚어졌던 끔찍한 유혈사태에 반대하는 울부짖음을
담고 있다.

"사람들은 이라크에 사는 정부 공무원들이 오클라호마의 공무원

패자들을 위한
예수님

307

들보다 못한 인간이라고 생각하는가? 그들은 이라크에는 사랑하는 사람을 잃고 애도할 가족이 없다고 생각하는가? 외국인을 죽이는 것이 미국인을 죽이는 것과 다르다고 믿는가?"[5] 그의 마음은 폭력으로 폭력을 치유한다는 구속적 폭력의 신화로 혼란스러운 상태였다. 그는 안일한 미국인들이 '군사행동으로 인한 민간인의 피해'가 어떤 것인지 보기를 바라며, 그리고 이라크를 포함해 곳곳에서 자행되는 유혈사태에 반대하기를 기대하면서 오클라호마에 있는 연방 건물을 폭파했다. 그 대신, 그에게 살인 훈련을 시켰던 정부는 우리에게 사람을 죽이는 것이 잘못임을 가르치기 위해 그를 죽였다. 하나님이여, 우리를 구속적 폭력의 논리에서 해방시켜주소서![6]

내가 사랑하게 된 사람의 하나는 버드 웰치라는 남자이다. 그는 티모시 맥베이가 저지른 오클라호마 폭탄 테러로 스물세 살 난 딸을 잃고 말았다. 그는 티모시가 죽기를 바라며 한동안 분노의 나날을 보냈다고 말한다.

"나는 그 놈을 기름에 튀기고 싶었습니다. 기회가 된다면 내 손으로 직접 죽였을 것입니다."

그러나 어느 순간, 생전에 용감한 화해의 옹호자였던 딸의 말이 기억났다고 했다. 딸은 "처형은 증오를 가르친다"라고 말하곤 했다. 곧 그는 증오와 폭력의 고리를 끊기로 결심했고, 맥베이의 부친과 가족을 방문할 계획을 세웠다. 그들이 만났을 때, 버드는 그들을 무척 사랑하게 되었고 이날까지 그렇게 연합한 순간보다 "하나님께 더 가깝다고 느낀" 적이 없다고 말한다. 그는 전국을 다니며 화해에 대해 얘기하고 구속받지 못할 사람들도 있다고 가르치는 사형제도에 반대하기로 결심했고, 또 티모시 맥베이 구명운동을 전개하게 되었다. 그는 어깨에서 "엄청난 짐이 사라진 느낌"이라고 말한다.

그는 분노와 고통과 혼란을 정리하면서 구속적 폭력이란 사악한 나선형 구조가 그 자신으로 멈춰야 한다는 것을 보기 시작했다. 그리고 그는 살인자인 티모시 맥베이의 눈을 들여다보고 거기서 하나님의 형상을 보기 시작했다. 그는 티모시가 사랑과 용서와 은혜를 경험하기를 간절히 바랐다. 버드는 여전히 은혜의 스캔들을 믿는 사람이다.[7]

나는 사형에 관한 책을 쓰면서 은혜의 이야기를 거듭 발견하게 되었다. 버드 웰치와 같은 사람은 수없이 많다. 즉, 희생자의 가족이 처형을 반대하는 경우이다. 그들은 나를 감동시킨다. 이 모든 폭력의 희생자들은 살인이 얼마나 잘못된 것인지를 보여주려고 가해자를 죽이는 것보다 더 나은 길을 찾은 사람들이다.

아이러니하게도, 언젠가 내가 "은혜의 스캔들"이라는 제목으로 강연할 때 하나님의 사랑이 모든 패자들까지-오사마 빈라덴이든, 사담 후세인이든, 다소의 사울이든, 티모시 맥베이든, 나 자신이든- 미친다고 얘기하면서 버드 웰치의 이야기를 들려주었다. 그 프로그램 팀은 필립 얀시의 책, 「놀라운 하나님의 은혜」의 '비디오 판'을 커다란 화면에 띄워주었다. "나 같은 죄인 살리신 놀라운 은혜"라는 글 뒤에는 다양한 이미지들이 나타났는데, '나 같은'이란 글과 함께 여러 사람의 얼굴-테레사 수녀, 스포츠 스타들, 유명 인사들-이 떠올랐고 그 중의 하나가 티모시 맥베이였다. 이를 보고 사람들의 심기가 불편해져서 그 팀에게 티모시의 이미지를 삭제하라는 지시가 내려졌다. 은혜에는 언어도단의 측면이 있는 모양이다. 하나님이 패자들을 무척 사랑하신다는 것은 당혹스러운 사실이다. 이는 세상의 구속적 폭력의 신화와 정면으로 배치된다. 초기 크리스천들이 나쁜 평판과 미심쩍은 신뢰를 받은 것은 놀랄 일이 아니다. 초대교회의 지도자이자 살인 전과가 있던 사람이 말한 것처럼, 크리스천들이 "세상의 더러운 것과 만물의 찌꺼기"(고전 4:13)로 불린 것도 놀랄 일이 아니다.

내가 좋아하는 극단적인 은혜의 이야기가 또 하나 있다. 2016년에 「믿음은 행동이 증명한다」 초판이 출판된 직후에 일어난 일이다. 착란에 빠진 무장한 칼 로버츠가 펜실베이니아에 있던 아미시(Amish) 교사(방 한 칸짜리)에 들어가 열 명의 여자애들에게 총기를 난사해서 6살에서 13살에 이르는 다섯 명을 살해했다. 그리고는 그 총으로 자살했다.

그런데 언론의 헤드라인을 장식한 것은 아미시 공동체의 반응이었다. 아미시 가족들은 본능적으로 사살자의 가족에게 다리를 놓고 그들을 방문하러 갔다. 칼의 과부와 자녀들과 부모였다.

전 세계 사람들이 그 연민에 감동을 받아 아미시 공동체에 선물과 돈을 보냈고, 아미시는 그 돈을 사살자의 가족을 위해 기금을 마련하는데 사용했다. 장례식이 진행되자 아미시 공동체는 살해당한 아이들의 장례식에 참석한 후에 그들을 죽인 칼 로버츠에 장례식에도 참석해서 그의 가족과 함께 슬퍼했고 그 가족의 손을 잡아주었다. 칼의 과부인 마리 로버츠는 아미시 공동체에 그들의 용서와 은혜와 자비에 감사한다는 공개 편지를 썼다. "우리 가족을 향한 당신들의 사랑은 우리에게 절실히 필요한 치유를 가져다주었습니다. 당신네가 준 선물은 이루 말할 수 없는 방식으로 우리의 마음을 감동시켰습니다. 당신들의 연민은 우리 가족, 우리 공동체를 넘어 우리 세상을 변화시키고 있고, 이 때문에 우리는 진심으로 감사드립니다."

그 사건이 일어났을 때 나는 호주에서 강연하는 중이었는데, 한 호주 신문의 전면을 장식했던 글귀를 결코 잊지 못할 것이다. "놀라운 은혜: 아미시 공동체는 왜 그렇게 행하는 것일까?" 「대통령 예수」에서 크리스와 나는 "국토 안보를 위한 아미시"란 제목의 글을 썼는데, 만일 우리가 9/11 참사 이후 아미시 공동체의 상상력을 갖고 있었더라면 세상이 어떻게 변했을지를 시사하는 내용이다.

잠깐, 하나 더 얘기하고 싶다. 일주일에 한번 칼 로버츠의 어머니(테리)는 로잔나를 방문한다. 로잔나는 칼이 총을 쏴서 거의 죽일 뻔했던 여자애들 중의 하나이다. 로잔나는 지금 14살이고, 휠체어에 앉아 튜브로 음식을 먹고 말을 할 수 없다. 그러나 사랑을 주고받는 것은 할 수 있다. 테리가 그녀에게 목욕을 시켜주고 책을 읽어주고 그녀와 노래를 부른다. 함께 시간을 보내는 것이 상처의 치유에 도움이 된다. 테리는 로잔나를 방문할 때마다 아들이 만든 상처를 직면하지 않을 수 없다. 그러나 그 방문은 아무도 우리 삶의 최악의 순간에 볼모로 잡혀 있을 필요가 없다는 점을 상기시켜준다. 아무리 깊은 상처라도 치유가 가능하다.

나는 최근에 테리를 만날 기회가 있었다. 우리는 함께 망치를 구해서 총을 두들겨 도구로 만들었다. 은혜가 마지막을 장식한다. (http://huffingtonpost.com/2015/03/21/raw-tools-gun-garden-tools_n_6914636.html)

우리는 "눈에는 눈으로"란 옛 말씀에 너무 익숙하다. 그러나 나는 구약성경을 더 연구할수록 그 말씀은 지나치게 보복하는 자들에게 설정한 한계임을 더욱 확신하게 된다. 애굽에서 나온 이스라엘 백성들이 제국 밖에서 새로운 생활방식을 찾으려고 할 때, 하나님이 한계가 있다는 것을 확실히 해주셨다. 만일 누가 당신의 팔을 부러뜨리면 당신은 그 사람의 팔을 부러뜨리고 또 다리까지 부러뜨릴 수는 없다. 옛날 봉건시대의 전쟁이나 현대의 갱단에서 볼 수 있듯이 사태는 점점 커지기 마련이다. '충격과 공포'의 공습은 '충격과 공포'의 참수로 이어지고, 진주만 폭격은 히로시마 원자폭탄 투하로 이어지고, 살인자는 처형으로 이어진다. 삐딱한 시선은 왕따로 이어진다.

"눈에는 눈으로." 우리는 예전에 이 말씀을 들었고 그 논리를 너무도 잘 배웠다. 그러나 예수님은 일종의 연두교서인 산상설교에서 이렇게 선언하신다(마 5:38). "너희는 '눈에는 눈으로, 이에는 이로'라고 말했다는 것을 들었으나, 그와 다른 방식이 있다. 그리고 이 방식은 좋다. 왜냐하면 간디와 킹 박사가 말하곤 했듯이, "눈에는 눈으로, 이에는 이로 대응하면 온 세상을 맹인으로 남겨놓을 것이기 때문이다"(그리고 틀니와 함께).

복음서에는 일단의 사람들이 간음한 여자에게 돌을 던지려는 장면에 관한 이야기가 나온다. (돌을 치는 것은 간음의 합법적 결과였다.) 그들은 예수님께 이 사형의 사례를 지지해달라고 요청한다. 예수님은

믿음은
행동이 증명한다

그들이 모두 간음을 저지른 자들이라고 응답하신다. "너희 중에 죄 없는 자가 먼저 돌로 치라"(요 8:7). 그러자 사람들이 고개를 떨어뜨린 채 돌을 내려놓고 조용히 떠났다. 우리는 살인자를 죽이길 원한다. 그러나 예수님은 우리 모두 살인자라고 말씀하신다.

"나는 너희에게 이르노니 형제에게 노하는 자마다 심판을 받게 되고, 형제를 대하여 라가라 하는 자는 공회에 잡히게 되고, 미련한 놈이라 하는 자는 지옥 불에 들어가게 되리라"(마 5:22). 다시금 돌이 땅에 떨어진다. 우리 모두가 살인자요 간음한 자요 테러리스트들이다. 그리고 우리 모두 귀한 사람들이다.

•

그것 VS 당신

•

우리가 예수님의 눈으로 바라보면 사람들 안에서 새로운 것을 보게 된다. 살인자들 안에서는 우리 자신의 증오를 본다. 중독된 자들 안에서는 우리 자신의 중독을 본다. 성자들 안에서는 우리 자신의 거룩함을 얼핏 본다. 우리는 우리 자신의 깨어짐, 우리 자신의 폭력, 우리 자신의 파괴력을 볼 수 있고, 우리는 우리 자신의 거룩함, 우리 자신의 사랑과 용서의 능력을 볼 수 있다. 우리가 비참한 인간인 동시에 아름다운 인간임을 깨달으면 다른 사람들도 똑같은 방식으로 볼 수 있게 된다.

유럽의 뛰어난 사상가 마르틴 부버는 「나와 너」[8]라는 책에서 이렇게 말한다. 우리는 한 사람을 단지 물질적 대상으로, 당신이 쳐다보는 '그것'으로 볼 수도 있고, 우리는 한 사람의 내면을 보고 그의 신성함에 들어가서 그 사람이 '그대'가 될 수도 있다고 한다. (부버는 유대인 철학자로서 팔레스타인으로 이주하여 아랍-유대인의 협력을 옹호하려고 했기 때문에 우리가 얼마나 쉽게 타인을 객체화하고 마귀화하는지 너무도 잘 알고 있었다.) 언제나 우리는 사람들을 쳐다본다. 섹시한 여자들, 거지들, 대중 스타들, 백인들, 흑인들, 정장을 입은 사람들, 또는 교착상태에 빠진 자들을 쳐다보기만 한다. 그러나 우리는 한동안 새로운 안목을 개발하여 사람들의 내면을 볼 수 있다. 사람들을 성관계의 대상이나 일의 도구로 쳐다보기보다 오히려 그들을 신성한 존재로 볼 수 있다. 우리는 그들의 눈을 통해 지성소에 들어갈 수 있다. 그들은 '그대'가 될 수 있다.

나는 죽어가는 사람들과 나환자들이 신성한 힌두어 "나마스테"를 속삭일 때 이런 일이 일어나는 것을 보았다. 그리고 나는 이라크에서 사람들이 손을 가슴에 얹을 때 그것을 목격했다. 나는 남아공화국에서도 그와 비슷한 개념인 우분투(ubuntu)에 대해 배웠다. "당신이 본연의 모습을 다 되찾을 때까지 나는 본연의 모습을 다 되찾을 수 없다"는 뜻이다. 우리는 고립된 채 살아가지 않는다. 한 사람이 상처를 받으면 모두가 상처를 받는다. 그리고 우리 모두가 자유로워질 때까지 우리 중 아무도 자유롭지 못하다. 우리의 인간성은 서로의 눈 안에 반영되어 있다.

'가톨릭 노동자들'은 "진정한 무신론자는 이웃의 얼굴에서 하나님의 형상을 보기를 거부하는 사람이다"라고 말한다. 우리를 사랑

믿음은
행동이 증명한다

하는 사람들의 눈을 들여다보는 것이 이 세상에서 하나님을 가장 분명하게 보는 방법이 아닐까 생각한다.

내 친구 가운데는 예수님을 사랑하고 담배를 많이 피우는 늙은 히피 친구가 있다. 그는 언제나 내 성미를 건드려 논쟁을 유발하려고 애쓰는데, 특히 순진한 젊은 크리스천들이 나를 방문할 때 그렇게 한다. (문제는 그 친구가 성경을 대다수 젊은이보다 더 많이 안다는 점이다.) 어느 날 그가 내게 말했다.

"예수님은 창녀에게 말을 건 적이 없어."

나는 금방 반론을 제기했다. "아니야, 그분은 분명히 말을 걸었어."

그리고는 성령의 검을 빼서 겨룰 준비를 했다. 그때 그 친구가 조용히 내 눈을 응시하며 말했다.

"들어봐! 예수님이 창녀에게 말을 건 적이 없는 이유는 그분이 창녀를 보지 않았기 때문이야. 그분은 미친 듯이 사랑에 빠질 하나님의 자녀만 보았을 뿐이야." 나는 그날 밤 논쟁에서 지고 말았다.

우리가 새로운 눈을 가질 때, 우리는 좋아하지 않는 사람들의 눈을 들여다보고 우리가 사랑하는 하나님을 볼 수 있다. 우리는 만나는 모든 사람 안에서 하나님의 형상을 볼 수 있다. 헨리 나우웬이 말하듯이 "나는 압제받는 사람들의 얼굴에서 나의 얼굴을 보며, 압제하는 사람들의 손에서 내 손을 본다. 그들의 육체가 내 육체이며, 그들의 피가 내 피이고, 그들의 고통이 내 고통이며, 그들의 미소가 내 미소이다."[9] 우리는 똑같은 흙으로 만들어졌다. 우리는 똑같은 눈물을 흘린다. 아무도 구속(救贖)에서 배제되지 않는다. 그리고 우

리는 압제받는 자들과 압제하는 자들을 모두 자유롭게 하는 혁명
을 마음껏 상상한다.

믿음은
행동이 증명한다

사랑을 위한 극단주의자들

-
-
-

극단적인 사랑

나는 착한 사람들이 교회에 다닌다는 말을 들으며 자랐다. 이후에 주변을 둘러보고 뉴스를 시청했더니 교회에는 병든 사람들이 가득한 반면 세상에는 괜찮은 불신자가 꽤 있다는 사실을 알게 되었다. 그리고 사회학을 공부했다. 사회학을 공부하면서 교회에 자주 출석할수록 성차별적이고 인종차별적이며, 반(反)동성애적이고 군대를 옹호하며, 자기네 지역교회에 헌신할 가능성이 높다는 것을 배웠다. 그리고 크리스천이 된다는 것이 그런 뜻이라면, 나는 크리스천이 되고 싶었을지 모르겠고, 예수님도 되고 싶어 하셨을지 모르겠다. 나는 예수님이 왜 이런 기독교를 철회하지 않았는지 의아했다. 나의 멘토인 토니 캠폴로 교수는 이런 말을 한다. "만일 우리가 예수님이 가르친 팔복과 정반대되는 종교를 창설하려 한다면, 아마도 북아메리카의 방송을 점령한 대중적인 기독교와 매우 유사할 것이다."

믿음은
행동이 증명한다

한번은 한 친구와 내가 예배용으로 비디오 클립을 준비한 적이 있다. 우리의 목표는 크리스천이라는 말에 대한 사람들의 반응을 포착하는 것이어서 비디오카메라를 들고 나가 유행의 첨단을 걷는 거리에서 교외까지 두루 돌아다녔다. 우리는 사람들에게 다음 각 단어를 들을 때 맨 먼저 떠오르는 생각을 말해달라고 부탁했다. '눈', '독수리'(필라델피아의 미식축구팀), '십대 청소년', 그리고 마지막으로 '크리스천.' 사람들이 크리스천이란 단어를 들었을 때는 잠시 머뭇거렸다. 나는 그들의 반응을 결코 잊을 수 없을 것이다. '가짜', '위선자', '교회', '따분하다' 등. 한 남자는 '한때-하나였던-것'이라고 답했다. 나는 그들이 말하지 않은 것도 잊지 못하리라. 그 많은 사람들 중에 단 하나도 '사랑'이라고 답변하지 않았다. '은혜'라고 답한 사람도 없었다. '공동체'라고 답변한 사람 역시 없었다.

몇 년 전 여론조사 기관으로 유명한 바나 그룹이 미국의 모든 주에 가서 젊은 불신자들에게 크리스천에 대한 인상을 물었다. 그들이 발견한 바는 가슴 아픈 것이었다. 상위를 차지한 세 가지 답변은 첫째, 반동성애자, 둘째, 판단하는 사람, 셋째, 위선자였다. 그리고 불신자들은 예수님이 우리에게 마땅히 갖춰야 할 것으로 말씀하신 제일 순위인 '사랑하는 사람'을 입에 담지 않았다. 감사하게도, 지난 10년 동안 상황이 변하긴 했으나 내가 기대한 만큼 빨리 변하지는 않았다. 바나 그룹의 가베와 데이브가 쓴 책은 「나쁜 그리스도인」(unChristian)이었다. 최근에 그들은 후속편인 「넥스트 그리스도인」을 출간했다. 바라건대, 한 세대가 지난 후에는 사람들이 크리스천이란 단어를 들으면 반동성애자, 판단하는 사람, 위선자라고 말하지 않고 '사랑하는 사람'이라고 말하게 되면 좋겠다. 우리도 그 혁명에 동참하는 사람들이 되자.

•

하나님, 크리스천을 구원하소서

•

우리가 몸담은 시대는 사람들이 크리스천이란 말을 들으면 버림받은 자를 사랑하는 사람보다 동성애자를 미워하는 사람을 떠올리는 그런 때이다. 이것은 위험한 풍조가 아닐 수 없다. 오죽했으면 "예수님, 나를 당신을 따르는 자들에게서 구하소서"라는 문구가 적힌 범퍼 스티커나 배지를 달고 다닐까. 사람들이 교회가 지닌 엉망진창의 모습 때문에 하나님을 배척하는 현상을 거듭해서 보게 된다. 영성작가인 브레넌 매닝은 이렇게 말한다. "무신론의 가장 큰 원인은 입술로는 예수님을 시인하고 생활방식으로는 그분을 부인하는 크리스천들이다. 이것이 바로 믿지 않는 세상이 도무지 믿을 수 없는 것이다."

그러나 나는 새로운 종류의 기독교가 출현할 것이라는 큰 소망을 갖고 있다. 그런 기독교가 좀 더 빨리 도래하길 바란다. 우리는 위험한 극단주의들이 공존하는 세상에 살고 있다. 마틴 루터 킹은 이렇게 말했다.

"지금은 극단의 시대이다. 문제는 우리가 극단주의자가 될 것인지 여부가 아니라 어떤 종류의 극단주의자가 될 것이냐는 것이다.

믿음은
행동이 증명한다

우리는 사랑의 극단주의자가 될 것인가, 아니면 증오의 극단주의자가 될 것인가?"[1]

이 세상은 낙태시술 병원을 폭파하고 의사들의 무덤 위에서 춤을 출 기독교 극단주의자들을 목격해왔다. 그들이 "하나님은 동성애자를 미워하신다"는 표지판을 들고 있는 모습도 보았다. 또한 어린양의 이름으로 전쟁을 선포하는 기독교 극단주의자들도 목격했다. 그런데 사랑과 은혜를 추구하는 기독교 극단주의자들은 어디에 있는가?

·

테러와 사랑

·

다소의 사울은 초기 크리스천들을 공포에 질리게 한 종교적 극단주의자였다. 그는 독실한 종교인이었고, '가말리엘' 문하에서 수학한 인물이었다고 한다. 교회사에 따르면 가말리엘은 바리새파의 선조인 힐렐의 손자였다. 힐렐은 저명한 바리새인으로서 '우리의 스승'이란 뜻인 '랍보니' 호칭을 수여받은 소수의 학자 가운데 한 명이었다. 그런즉 그것은 사소한 사실이 아니었다. 사울은 뛰어난 바리새인이었다. 그는 누가복음에 나오는 바리새인들, 즉 하나님 앞에 서서 "나는 죄인들과 악을 행하는 자들과 같지 않아서 감사합니다"라고 말할 수 있는 바리새인들의 하나였다. 그래서 그는 급진적인 어린 예수운동을 진압하는 것을 자신의 책무로 삼았다. 그는 극단주의자이자 테러리스트로서 집집마다 방문하며 "교회를 파괴하려고" 했고, 그 도를 따르는 자들을 투옥시켰다(행 8:3). 그리고 그런 젊은 예수 추종자 중 한 명은 스데반이라는 사람이었다. 최초의 크리스천 순교자로 알려진 인물이다.

산헤드린 공회가 스데반을 죽일 때(행 7:54-8:1), 성경은 사울이 거기서 "그가 죽임 당함을 마땅히 여겼고" 모든 사람의 겉옷을 지키고 있었다고 말한다. 이것이 무슨 뜻인지 모르겠으나, 아마도 사람들이 "여보시오, 사울 양반! 저 형제를 돌로 치는 동안 내 옷을 맡아주시오!"라고 말했던 모양이다. 그들이 스데반을 죽이고 있을 때 스데반은 비범한 말로 부르짖었다.

"주여, 이 죄를 그들에게 돌리지 마옵소서."

스데반은 예전에 랍비 나사렛 예수로부터 그와 비슷한 말을 들은 적이 있었다. 스데반은 극단적인 은혜가 담긴 아름다운 말로 자기를 죽이는 자들을 위해 하나님께 부르짖는 것이다. 그리고 이 기도는 그의 뒤를 잇는 수많은 순교자들의 입에서도 계속 흘러나올 것이었다. 그것은 구속(救贖)을 가져오는 기도이다. 악을 행하는 자들을 진멸하기보다 악을 선으로 바꾸는 기도이다.

나는 사도행전의 바로 다음 장(9장)에 사울의 회심 이야기가 실린 것이 우연의 일치라고 생각하지 않는다. 놀라운 은혜로 회심한 테러리스트의 이야기다. 그리고 그는 은혜를 위한 극단주의자가 되어 죄인을 향한 하나님의 사랑에 대해 훌륭한 글을 썼고 그 자신을 죄인 중의 '괴수'로 여겼다.[2] 은혜의 전염성! 은혜는 폭력과 마찬가지로 전염성이 강하다.

믿음은
행동이 증명한다

내가 항상 말하는 것이 있다. 만일 우리가 테러리스트들은 구속될 수 없다고 믿는다면, 신약성경의 절반을 찢어내야 할 것이라고. 왜냐하면 그 절반은 은혜를 위한 극단주의자가 된 회심한 테러리스트가 기록했기 때문이다. 내 아내가 ISIS와 알 카이다, 보코 하람과 같은 집단들에 속한 사람들을 위해 기도할 때는 또 다른 '다소의 사울'이 생기도록 종종 기도한다. 증오의 극단주의자가 완전히 변화되어 은혜의 극단주의자가 되는 급진적 회심을 위해 기도하는 것이다. 그 덕분에 나도 때로는 믿음의 상상을 펴곤 한다. 그런데 그런 일은 가능할 뿐 아니라 실제로 과거에 일어나기도 했다. 그런 일은 우리와 같은 패자들을 하나님이 절실하게 사랑하신다는 것을 우리가 깨달을 때에만 일어난다.

•

은혜를 위한 극단주의자들의 교회

•

교회사는 극단적인 은혜의 이야기들로 가득하다. 내가 좋아하는 이야기 중의 하나는 사도 야고보의 이야기다. 야고보의 죽음에 관한 이야기는 수백 년 동안 전해져 내려왔다. 맥락을 조금 말하자면, 야고보는 (그의 형제인 요한과 함께) 예수님의 사촌이자 열심당원이었다. 어느 날 그들이 사마리아 지역을 지나갈 때 몇몇 사마리아인들이 그들을 홀대했다. 이에 야고보가 사마리아인들에게 불을 내려 따끔한 맛을 보여주자고 예수님께 제안했다. 하늘에서 불을 내린다는 것이 당시에 무슨 뜻이었지 정확히 모르지만, 예수님은 달가워하지 않고 그를 꾸짖으셨다. 예수님의 생애는 계속 이어졌고, 야고보는 예수님이 사람들을 사랑하고 훗날 십자가에 죽는 모습을 보았다. 그래서 마침내 야고보는 원수를 죽기까지 사랑했던 그분을 따랐다는 이유로 투옥되었다가 처형되는 시점에 이른다. 그는 처형되기 전에 집행관에게 하나님의 사랑과 은혜를 전했다. 집행관은 너무나 감동을 받아 용서를 구했고 그의 삶을 그리스도께 바쳤다. 야고보는 집행관을 용서했고, 그들은 서로를 안아주었다. 이후에 야고보와 집행관은 함께 처형을 당했다.

오랜 세월이 흐른 후, 1500년대에 순교를 당한 유명한 재세례파 신자 더크 윌렘스에 관한 이야기가 전해져 내려온다. 그는 교회사의 암흑시대에 교회의 부패에 반기를 들었다는 이유로 투옥되어 사형선고를 받았다. 그런데 그는 가까스로 도망쳤고 경비병들의 추격을 받았다. (성경이 우리에게 원수를 사랑하라고 한다고 해서 그들로부터 도망해서는 안 된다는 뜻은 아니다.) 그는 한 경비병의 집요한 추격을 받으며 홀란드의 겨울 들판을 달렸다. 더크가 얼어붙은 호수를 건넜을 때 뒤에서 얼음이 쩍 갈라지는 소리가 들렸다. 돌아보니 추격하던 경비병이 물에 빠져 허우적거리고 있었다. 그 순간 그는 중대한 결정을 내려야 했다. 결국 그는 발걸음을 돌려 물속에 뛰어들어 경비병을 구출했다. 그리고는 감옥으로 잡혀가고 말았다. 그 경비병의 간절한 탄원에도 불구하고 그는 곧 화형대에 오르게 되었다. 그러나 더크가 보여준 은혜와 사랑에 대해 생각해보라.

내가 이라크에 있을 동안 우리 평화 팀에 프란체스코파 사제 한

믿음은
행동이 증명한다

사람이 있었다. 그래서 우리는 어느 예배시간에 성 프랜시스의 무모한 은혜에 대해 묵상했다. 우리는 교회사의 또 다른 혼돈의 시대, 곧 1219년의 제5차 십자군원정으로 되돌아갔다. 크리스천들과 무슬림들이 하나님의 이름으로 서로를 학살하고 있었다. 전쟁은 하나의 필연과 하나의 습관이 되어 있던 시대였다. 오랜 세월 그리스도의 길을 좇는 사람들이 이 세상 왕국과 그 왕들에게 충성하기를 거부했었는데, 이제는 온 세상을 얻고자 하는 유혹으로 왜곡되어 우리의 영혼을 잃고 있었다. 그때 군인으로 페루기아 원정에 참가했던 프랜시스는 우리의 원수를 사랑하는 환상을 보았다. 그는 군대사령관인 펠라기우스 추기경에게 전투를 중단하도록 간청했다. 펠라기우스가 거부했다. 오히려 이집트의 술탄인 말리크 알 카밀과 맺은 모든 외교관계를 단절했다. 이에 반발해 그 술탄은 누구든지 크리스천의 머리를 가져오면 비잔틴의 황금조각으로 보상하겠다는 칙령을 내렸다. 그러나 프랜시스는 한결같은 믿음으로 그의 환상을 좇아 술탄을 만나기 위해 온갖 위험을 감수했다. 그는 시리아의 격전지를 지나다가 술탄의 군인들에게 체포되어 야만적인 구타를 당하고 사슬로 결박되어 술탄에게 끌려갔다.

프랜시스는 술탄에게 하나님의 사랑과 은혜를 전했다. 술탄은 열심히 경청했고 큰 감동을 받아 프랜시스에게 돈과 선물을 선사했다. 프랜시스는 술탄이 선사한 보물과 선물을 사양했지만 한 가지 선물만은 받았다. 그것은 무슬림들이 기도시간을 알릴 때에 사용하던 상아 나팔이었다. 훗날 프랜시스는 수도원 공동체에 기도시간을 알릴 때 그 나팔을 사용했다. (그 나팔이 아직도 아시시에 보관되어 있다.) 그 술탄은 크리스천이 되기는 거부했지만 근본적으로 변화되었다. 그는 전쟁 기간에 크리스천 포로들을 인도적으로 대우한 이방인 왕으로 유명해졌다. 사람을 변화시키는 은혜의 능력이다.

보다 최근에는 민권운동을 주도했던 원로들이 생각난다. 우리의 친구 존 퍼킨스는 민권운동 시절부터 백인들에게 많은 폭행을 당해온 비전 충만한 리더이고, 미국에서 사랑과 화해를 외쳐온 가장 아름다운 목소리로 꼽힌다. 그는 수많은 저서들을 썼는데, 특별히 멋진 책은 KKK 지도자 출신(토머스 타란트)과 공동으로 저술한 「그는 나의 형제이다」라는 책이다. 극단적인 은혜를 담은 또 다른 이야기이다. 그의 삶과 사역은 화해와 재배치와 재분배를 모토로 삼는 '기독교 지역개발 협회'[3]라는 주목할 만한 운동을 탄생시켰다. 이는 북아메리카 교회에서 가장 다양한 인종들로 구성된 단체의 하나이다.

마틴 루터 킹 역시 증오의 한복판에서 하나님의 사랑과 은혜를 외쳤던 우리의 원로이다. 그는 간디를 비폭력을 가르친 위대한 스승 중 한 명으로 평가했고, 그가 죽기 직전에 이렇게 말했다.

"우리는 가장 극렬한 대적들에게 이렇게 말합니다. '우리를 감옥에 던지십시오. 그래도 우리는 여전히 당신을 사랑하겠습니다. 우리의 집을 폭파하고 우리 자녀들을 위협하십시오. 그래도 우리는 여전히 당신을 사랑하겠습니다. 우리를 때려서 반쯤 죽은 상태로 내버려두십시오. 그래도 우리는 여전히 당신을 사랑하겠습니다. 그러나 우리가 고통을 이기는 힘으로 당신을 지치게 할 것임을 명심하십시오. 어느 날, 우리가 당신들의 가슴과 양심에 호소하는 과정에서 당신들을 설득할 것이고, 그러면 우리의 승리는 갑절의 승리가 될 것입니다.'"[4]

•

이라크에서 목격한 극단적인 은혜

•

우리는 이라크에 있는 동안 거의 매일 밤 예배에 초대받았다. 바그다드 시내의 성 라파엘 성당에서 드린 예배는 결코 잊을 수 없다. 거기서 극단적인 은혜를 베푸시는 하나님을 다시금 상기하게 되었기 때문이다. 우리가 낯익은 찬양을 부른 후 사제가 설교하려고 일어섰다. 그는 복음에 충실했기 때문에 감옥에서 6개월을 보낸 직후였다. 그 중요한 순간에 어떤 메시지를 전할까?

사제는 그 남편과 아들이 어떤 경관에게 죽임을 당한 어떤 여인에 대한 실화를 전했다. 결국 그 경관은 체포되어 법정에 서게 되었다. 판사가 경관에게 어떤 선고를 내릴지 고심하고 있을 때, 그 여인이 이렇게 담대하게 말했다.

"그는 내 가족을 내게서 앗아갔고 나는 아직도 줄 사랑이 많습니다. 그는 사랑과 은혜가 어떤 것인지 알 필요가 있습니다. 그래서 그를 두 달에 한 번씩 빈민가에 있는 우리 집을 방문하게 해서 나와 시간을 보내게 해주십시오. 그래서 내가 그에게 엄마가 될 수 있도록, 내가 그를 안아줄 수 있도록, 그리고 내가 정말로 용서했음을 그가 알 수 있도록 해주십시오."

우리는 은혜에 충격을 받아 입을 다문 채 앉아 있었다. 그 사제는 우리에게 원수를 사랑하라고 촉구했다. 나는 예전에 그 말을 수없이 들었었다. 그 메시지를 전하려고 전국을 돌아다녔다. 그러나 이번에는 무언가 달랐다. 사제가 말한 원수는 바로 나의 국가였기 때문이다. 하나님의 은혜의 경계가 다시 한 번 확장되고 있었다.

이 아름다운 사람들, 곧 10년 전에 자기들의 가족을 살해하고 마을을 초토화했던 그 원수로부터 또다시 공격을 받을 이들에게 다시 원수를 사랑하고 용서하라고 요청하는 것은 너무 염치없는 짓이라는 생각이 들었다. 과연 우리는 우리를 폭격하는 사람들을 사랑할 수 있을까? 조지 부시과 사담 후세인을 모두 사랑할 수 있을까? 그 사제는 우리를 십자가로 인도해서 "아버지여, 저들을 용서해주옵소서. 자기들의 하는 일을 알지 못합니다"라고 말하도록 촉구했다. 그는 이 행위가 논리에 기초한 것이 아니라 도무지 이해할 수 없는 사랑, 곧 터무니없는 은혜에 기초한 것임을 인정했다. 그리고 그는 이라크 회중과 국제적인 친구들에게 그들을 박해하는 사람들을 사랑하라고 촉구다.[5]

그 예배는 "어메이징 그레이스"를 찬송하면서 끝났다. 나는 눈물을 흘리며 내가 이라크 전쟁을 일으킨 사람들의 재판관이 되면 좋겠다는 생각이 들었다. 그러면 한 달에 이틀씩 바그다드의 알 몬저 소아병원에서 몸에 폭탄 파편이 박힌 아이들을 돌보라고 판결하리라. 그러면 그들도 어쩌면 은혜를 위한 극단주의자가 될지 모른다.

이라크의 한 병원을 방문했던 때가 기억난다. 의사들이 우리를 데리고 다니며 미군의 폭격으로 부상당하거나 목숨을 잃은 어린이들의 병상을 하나씩 보여주었다. 한 어린 소녀는 침대에서 몸을 흔들면서 "내가 미국한테 무슨 짓을 했죠? 무슨 짓을 했죠?"라고 거듭 물었다. 어떤 아버지는 미사일 파편으로 몸에 반점이 생긴 아들을 끌어안고 "내 아이에게 이런 짓을 하는 것은 도대체 어떤 해방입니까? 이것이 해방이라면 우리는 그것을 원하지 않습니다. 이런 것이 민주주의라면 그들이나 지키라고 하세요"라고 말하는 것을 들었다. 나는 (베트남 전쟁을 가리키며 했던) 킹 박사의 말이 생각났다. "그들은 우리를 이상한 해방자로 볼 것이 틀림없다." 의사들은 벌써 며칠째 잠을 못 자고 있으며 개전 초기 세 시간 만에 민간인 사상자가 백 명이 넘었다고 설명하면서 눈물을 글썽였다. 공포의 분위기에서 그 병원의 매니저가 했던 말이 뇌리에서 떠나지 않는다. "폭력은 상상력을 상실한 자들의 것입니다. 당신의 나라는 상상력을 잃은 것입니까?" 그가 상상력을 달라고 부르짖을 때 두 눈에 맺힌 눈물을 나는 결코 잊을 수 없다.

　몇 년 전 나는 벤 앤 제리 아이스크림의 창설자인 벤 코헨을 만난 적이 있다. 그는 "당신의 글을 조금 읽었는데 좋더군요"라고 말했다. 나도 "당신의 아이스크림을 조금 먹었는데 좋더군요"라고 말했다. 그래서 멋진 친구관계가 탄생했다. 그는 여러 이유로 좋은 친구인데, 그 중에 하나는 우리가 블록 파티를 열 때 공짜 아이스크림을 선사해주는 것이다. 아울러 우리가 비슷한 꿈과 상상력을 갖고 있다는 사실도 알게 되었다. 전쟁이 없는 세상을 꿈꿀 수 있는 능력도 포함된다. 그리하여 '예수, 폭탄, 그리고 아이스크림'이라 불리는 프로젝트를 함께 만들었다. 이는 더 적은 폭탄과 더 많은 아이스크림이 있는 세상을 상상하는 프로젝트이다. 데뷔 쇼는 9/11 참사 10주년 기념일에 열렸다. 우리는 '평화로운 내일을 위한 9/11 가족들'로부터 테리 록펠러를 초대했는데, 이 단체는 그들의 슬픔을 이용해 전쟁 대신에 평화를 위해 일하는 그룹이다. 그리고 이라크 전쟁 베테랑 팔 로건이 그의 이야기를 들려줬다. 우리는 강연과 무대 위에서의 페인팅, 폭죽, 카불에 있는 '아프간 평화 자원봉사자들'의 얘기 등을 마련했다. 아울러 세계 최고의 저글러가 벤의 머리 위에서 무기들로 저글링을 했고, 우리는 수박을 폭탄으로 가장한 후 조쉬가 그것을 잘라서 나눠주었다. 그리고 AK47 소총을 정원 도구들로 변형시켰다. 마지막 순서는 풍선 낙하산에 달린 아이스크림을 하늘에서 떨어뜨리는 것이었다(물론 전투복 차림의 군인들이 떨어뜨렸다). 정말로 멋진 행사였다(www.thesimpleway.org/store). 그리고 벤의 고전적 클립들도 온라인으로 볼 수 있다. 그는 오레오 비스킷을 쌓아올리는데, 비스킷 한 개는 연방정부가 지출하는 100억 달러를 상징한다. http://www.youtube.com/watch?v=YVPGb21oaq8. 그리고 벤은 수천 개의 BB탄을 쏟아내는데, 이는 미국 무기고에 있는 150,000개의 히로시마-크기의 폭탄들을 상징한다. http://www.youtube.com/watch?v=3bJsGJhpZd8.

그 프로젝트는 세상에 더 많이 필요한 상상력을 다룬 것이다. 만일 우리가 군사용 드론과 같은 것들을 만드는 명석한 지성을 평화를 창조하는 방법을 꿈꾸는데 사용한다면 어떻게 될까?

예언자적 상상력

•

내가 예수님에 대해 좋아하는 점 하나는 그분은 항상 상상력이 풍부하다는 것이다. 저술가이며 교수인 월터 윙크는 산상설교에 나타난 예수님의 창의성을 훌륭하게 실증한다.[6] 윙크는 "다른 뺨도 돌려 대라"는 대목에 대해 얘기하면서 예수님이 우리에게 마조히즘적으로 사람들에게 짓밟히라고 말씀하시는 것이 아니라고 지적한다. 그 대신 상상력을 발휘해서 다른 사람들을 무장 해제시키는 어떤 일을 할 것을 가리키고 계신다. 한쪽 뺨을 맞으면 고개를 돌리고 상대방의 눈을 응시하라. 겁을 먹지 말고 되받아 치지도 말라. 상대방이 당신의 눈을 응시하고 당신의 신성한 인성을 보게 하라. 그러면 상대방이 당신에게 상처를 주는 것이 점점 더 어려워질 터이다. 어떤 사람이 당신의 외투를 걸고 고소하려고 당신을 법정으로 끌고 간다면, 먼저 당신의 옷을 다 벗어서 그에게 건네주고 탐욕의 병을 노출시켜라. 어떤 로마 병사가 당신에게 그의 짐을 지고 십리를 가라고 하면, 열심당원처럼 주먹을 흔들지 말고 십리가 아니라 이십 리를 가고, 상대방과 얘기하면서 당신의 사랑으로 우리 운동에 끌어들여라.

이 각각의 경우에 예수님은 촌사람들에게 제3의 길을 가르치고 계신다. 여기서 우리는 수동성과 폭력을 모두 혐오하는 예수님, 굴종도 공격도 아닌 제3의 길, 싸움도 도피도 아닌 제3의 길을 만드시는 예수님을 보게 된다. 이 제3의 길에 대해 윙크는 이렇게 말한다.

"그것은 악을 닮지 않으면서 반대할 수 있다고...압제하는 자들을 모방하지 않으면서 저항할 수 있다고… 원수를 파괴하지 않으면서 무력화시킬 수 있다고 가르친다."[7]

그러면 우리는 백부장의 눈을 응시할 때 야수가 아닌 어린이를 볼 수 있고, 그 어린이와 이십 리를 동행할 수 있다. 세리가 재판정에서 당신을 고소할 때는 그의 눈을 응시하라. 그들의 가난한 모습을 보고 외투를 벗어주어라. 당신이 가장 좋아하기 어려운 사람들의 눈을 응시하고, 그 속에서 당신이 사랑하는 주님을 보라.

우리는 폭력과 압제를 중단시킬 수 있는 예언자적 상상력[8]이 더 많이 필요하다. 성경의 예언자들은 사람들로 하나님의 말씀을 경청하게 하려고 항상 기이한 행동을 한다. 모세는 지팡이를 뱀으로 바꾼다. 엘리야는 바위를 쳐서 불을 일으키고 제단에 불이 떨어지게 한다. 예레미야는 포로로 잡혀가는 것을 상징하기 위해 멍에를 멘다(그는 결국 체포되었다). 에스겔은 두루마리를 먹는다. 호세아는 이스라엘을 향한 하나님의 사랑을 보여주려고 창녀와 결혼해서 그녀에게 충실해진다. 세례요한은 낙타 가죽으로 옷을 만들고 메뚜기를 먹는다. 예수님은 물고기 입에서 동전을 꺼내시고, 성전에서 상인들의 테이블을 뒤집어엎고, 유월절에 나귀를 타신다.[9]

우리가 월스트리트에서 뿔 나팔을 불며 희년을 선포하고 동전 1만 달러를 증권거래소 앞에서 뿌려 사람들을 깜짝 놀라게 한 것과 러브 파크에서 음식을 나눠주는 것이 불법이라도 성만찬을 행한 것은 모두 이 예언자적 상상력의 산물이다. 종교학 교수인 찰스 마쉬는 최근에 출간된 저서 「사랑하는 공동체」[10]에서 심플 웨이 공동체를 '신학적 장난꾸러기'라고 부른다. 이 세상에는 우리의 마음을 새로운 가능성으로 열어주는 신학적 장난꾸러기들이 필요하다고 나는 생각한다. 프린스턴 신학교 교수인 마크 테일러 박사는 이를 전쟁, 감옥, 인종주의의 연극을 무장 해제시키는 사랑의 극단적인 행위로 압도하는 '반(反)테러 연극'이라 부른다. 누군가 우리를 계속 웃길 때는 우리가 방어적이 될 것을 생각조차 하지 않는다. 우리는 온유한 혁명으로 무장 해제를 당하는 것이다.

비폭력, 거룩한 말썽꾼들

범죄학자들은 폭력을 해제시키는 가장 빠른 방법은 뜻밖의 행동이라고 가르친다. 폭력을 저지르는 사람들은 피해자의 예측 가능성에 의존한다. 피해자가 돌발적인 행동을 하면 가해자의 모든 계획이 수포로 돌아간다고 한다. 예수님은 갈등이 심할 때 항상 이상한 행동을 하신다. 예컨대, 사람들이 간음한 여자를 죽이려고 할 때 그는 몸을 굽히고 땅바닥에 글씨를 쓰셔서 사람들이 돌을 내려놓게 하신다. 한번은 병사들이 예수님을 체포하러 왔을 때 베드로가 칼을 뽑아 한 남자의 귀를 자른다. 예수님은 베드로를 꾸짖고는 그 사람의 귀를 잡고 다시 붙여주신다. 그 순간 모든 사람이 거북하게 느껐을 것이고, 특히 병사들이 그랬을 것이다. 당신 친구의 귀를 다시 붙여준 사람을 당신이 어떻게 체포하겠는가? 예수님의 특이한 신학적 행위와 예언자적 상상력은 사람들을 놀라게 하고 무장을 해제시킨다. 그런 행위는 사람들을 웃게 하고 경계심을 풀게 하고, 심지어는 그를 미워하길 바라는 자들도 그렇게 만든다. 그리고 물론 부활의 눈부신 빛이 있다. 그 사건은 역대 최고의 반전이다. 골로새서는 예수님이 죽음과 부활을 통해 "통치자들과 권세들을 무장 해제시켰고" "그들을 구경거리로 삼으셨다"고 말한다.

우리 공동체에 사는 아드리앤이란 여성은 세 살인 비앙카의 엄마이다. 비앙카는 굉장한 에너지를 갖고 있고 럭비공처럼 이리저리 튀고 감정의 기복도 심하다. 아드리앤은 매우 혁신적이고 끈질긴 여성으로 나에게 세 살 된 아이를 창의적으로 훈육하고 무장 해제시키는 방법을 가르쳐주었다. 어느 날 아드리앤이 비앙카를 데리고 장난감 가게에 갔다. 비앙카가 한 장난감에 매료되어 그것을 사달라고 소리를 지르며 땅바닥에 뒹굴기 시작했다. 즉시 아드리앤도 비앙카 곁에 눕더니 딸과 똑같은 행동을 했다. 이때 비앙카가 벌떡 일어나더니 모두 자기를 쳐다보는 것을 알고는 겁이 나서 엄마 때문에 창피해 죽겠다고 소리를 질렀다. 그 말을 듣고 아드리앤이 싱긋 웃으면서 말했다.

"그래? 그럼 엄마가 얼마나 창피한지 알겠네."

그리고 모녀는 무사히 쇼핑을 마쳤다.

「대통령 예수」에는 이런 "제3의 길"-싸우지도 않고 도피하지도 않는 것-의 예들이 많이 실려 있다. 내가 좋아하는 이야기는 심플 웨이 초창기에 브라질 출신의 젊은 여성과 관련이 있었던 것이다. 루디아는 왜소했고, 우리 공동체의 많은 여성처럼 불덩이 같은 사람이라 활달하고 대담하며 부드러우면서도 직설적이었다. 어느 날 루디아가 열차 여행을 하고 있을 때 한 남자가 그녀 곁에 앉더니 칼을 꺼내고는 "잘 들어. 이렇게 해. 나에게 네 가방을 건네주고 다음 역에서 내려. 그리고 입 다물고 있어"라고 말하는 것이었다. 그녀는 조금도 위축되지 않고 그를 쳐다보았다. "내 이름은 루디아이고 브라질에서 왔어"하고 쾌활하고 단호하게 말했다. 그 남자가 깜짝 놀라 멍하니 그녀를 응시했다. 그녀는 이렇게 말을 이었다. "내 가방은 사진들과 가족의 주소로 가득하고, 그런 것은 나에게 큰 의미가 있지만 당신에게는 쓸모가 없는 것이야. 당신이 원하는 것은 돈이겠지. 내 가방에는 돈이 없어. 하지만 내 주머니에 돈이 조금 있지. 그래서 내가 돈을 꺼내 당신에게 20달러를 줄 테니 다음 역에서 내리라구. 그리고 우리는 입을 다물고 있자." 그 말대로 되었다.

　우리 동료 중 한 명이 도심지 불량배들에게 급습을 당해 심하게 맞아 턱이 부러졌다. 그는 부들부들 떨면서 집에 돌아왔다. 가슴이 쿵쾅거리는 가운데 어떻게 대처해야 좋을지 알려달라고 하나님께 기도했다. 그는 불량배들이 서성이는 골목으로 되돌아가 자기 사진이 붙은 이런 내용의 벽보를 붙이기로 결심했다.

　"나는 이 골목에서 몇 사람에게 맞았습니다. 만약 그들을 아는 사람이 있다면, 내가 그들을 원망하지 않고 그들에게 관심이 있다는 것을 알려주십시오. 그리고 만일 내가 누군가에게 나쁜 짓을 했다면 용서를 구하는 바입니다. 나는 나를 때린 사람이 누구든지 그에게 화를 품지 않는다는 것을 알려주고 싶습니다. 나는 당신에게 관심이 있고 당신이 나를 알게 되기를 바랍니다. 어쩌면 우리가 함께 축구나 게임을 할 수 있을 겁니다."

벽보 하단에는 그의 연락처가 적혀 있었다.

뮤지컬 "레미제라블"에서도 극단적인 사랑을 목격할 수 있다. 어떤 사제가 방랑자 장발장을 자기 집에 머물게 했는데 장발장은 배은망덕하게도 물건을 훔쳐 달아난다. 이튿날 경찰들이 장발장을 체포해 사제에게 끌고 온다. 장발장이 사제가 그에게 은그릇을 주었다고 주장했다고 말한다. 이에 사제가 본능적으로 아름답게 이렇게 말한다.

"다시 돌아와서 정말 고맙소. 왜 은그릇만 가져가고 은촛대는 두고 갔소?"

경찰들이 장발장을 풀어주자 사제가 그의 귀에 이렇게 속삭인다.

"이와 함께 내가 당신의 영혼을 속량했소."

정말로 아름다운 이야기이지만 쉬운 일이 아니다. 누군가 우리의 전동 드릴을 훔쳤을 때(우리는 누군지를 알았다), 우리는 남은 부품을 갖고 그에게 달려가 "이보게 친구! 이것도 가져가야지!"라고 말하지 않았다. 우리는 그에게 사랑의 교훈보다 정의의 교훈을 가르치고 싶다.

그런 사랑에는 용기가 필요하다. 우리 집 근처를 늘 어슬렁거리던 한 아이가 어느 날 무척 낙담한 상태로 나를 찾아와서 학교 친구가 자신을 못살게 군다고 했다. 나는 그에게 이렇게 말했다.

"로랜도, 네가 친구들이 서로 어떻게 대해야 하는지 그에게 보여

줄 기회란다. 그 친구는 사랑과 우정이 어떤 것인지 틀림없이 모를 거야. 그러니 네가 가서 가르쳐주렴."

로랜도가 이렇게 말했다.

"아저씨, 사랑은 너무 어려워요."

이 사랑은 싸구려 감상(感傷)이 아니다. 도로시 데이의 말처럼- "사랑은 우리에게 가혹하고 두려운 것을 요구하지만 그것만이 유일한 정답이다"- 그것은 정말 두려운 사랑이다. 증오보다 더 어려운 것은 오직 사랑뿐이다. 전쟁보다 더 어려운 것은 오직 평화뿐이다. 분열보다 더 많은 노력과 땀과 눈물을 요구하는 것은 오직 화해뿐이다. 그러나 이보다 더 우리의 삶을 바칠 만큼 아름다운 것이 있을까? 우리가 평화를 위해 품는 용기가 전쟁을 위해 품는 용기를 능가할 때까지는 폭력이 계속 승승장구할 것이고, 하나님의 부활보다 제국의 처형이 최종 결론이 될 것이다.

얼마 전에 세계 최고의 비디오 클립 중 하나를 보았다. 하키 게임을 녹화한 장면이었다. 핵심 공격수 한 사람이 슈팅을 하다가 상대 수비수와 충돌하는 바람에 난투극이 벌어지고 말았다. 그 공격수는 온유한 성품과 하키에 대한 사랑으로 유명한 인물이었다. 그는 싸움을 싫어해서 싸움이 벌어지자 한편으로 물러났다. 싸움이 가열되자 그는 선수들의 시선을 돌리기로 결심하고 그의 옷을 찢어버린 채 벌거벗은 몸으로 링크를 돌기 시작했다. 당신이 예상할 수 있듯이 싸움은 곧 끝났다.

우리 동네에서 싸움이 벌어질 때마다 나는 이웃 간의 폭력적인 충돌 드라마를 가로채기 위해 얼른 집안으로 들어가서 횃불들을 들고 나와 저글링을 하곤 한다. 그러면 아이들이 싸움을 구경하기보다 다른 쪽에서 벌어지는 서커스를 보려고 몰려든다. 우리가 세상의 어둠보다 더 밝고 아름다운 것을 비춰서 그 어둠을 압도할 수 있다고 나는 믿는다. 그것은 월스트리트에서 거행했던 희년의식과 같은 것이다. 우리는 그 출입구를 '봉쇄하고' 사람들을 바깥에 둘 필요가 없었다. 그저 너무도 전염성이 강한 대안적 행사를 치렀기 때문에 사람들은 실내에 있을 수 없었던 것이다. 그와 마찬가지로, 우리가 이 세상에서라도 하나님의 아름다운 비전을 계속 선포하면 그 비전은 어둠 속에서 갈수록 더 밝은 빛을 비추게 된다.[11]

우리의 세계는 상상력이 절실히 필요하다. 왜냐하면 우리가 적을 파괴하는 방법을 고안하는 데 너무도 많은 창의력을 쏟아서 어떤 이들은 적을 사랑하는 것이 불가능하다고 생각하기 때문이다.[12] 우리는 스스로를 보호하는 우리의 능력을 맹신하는 바람에 남을 사랑하다 죽는 것보다 죽이다 죽는 것을 더 용감한 행동으로 부르게 되었다. 우리는 시장을 믿고 또 부의 축적에 필요한 상상력을 너무도 믿기 때문에 그것이 우리의 소유를 나누는데 필요한 창의력을 압도하고 말았다. 그래서 오늘날의 복음이 과연 굶주린 배로 하나님께 울부짖는 가난한 사람들에게 여전히 기쁜 소식인지 의아하기만 하다.

·

방탄 수도사

·

그래서 그런지 내가 이라크에서 돌아왔을 때 우리 집 문을 두드린 것이 기독교 매체가 아니라 주류 대중문화의 대표적인 잡지 「스핀」이었다는 사실은 놀랄 일이 아니다. 우리가 특집기사용 인터뷰를 진행하는 동안 내가 약간의 저항을 하자 기자는 욕구불만을 표출하면서 "사람들이 기독교의 또 다른 얼굴을 볼 수 있기를 바란다"라고 말했다. 그는 대다수의 독자들이 크리스천이 아니고 다수가 전쟁을 찬성하거나 양면적인 입장을 보인다고 설명했다. 이어서 그는 가톨릭 가정에서 자랐으며 기존의 가톨릭에 환멸을 느꼈다고 고백했다. 이제는 사람들이 기독교의 다른 모습을 포착하기를 바란다고 했다. 그 기자와 사진기자가 필라델피아에 내려와서 함께 시간을 보냈고, 우리는 몇 시간 동안 대화를 나눴다.

그들은 우리 공동체와 사랑에 빠졌고 우리도 그들에게 매료되었다. 사진기자가 멋진 카메라를 선물로 줘서 우리는 그것을 이웃과 공유하고 있다. 기자는 승합차를 선사했다. 그 모든 경험에서 나의 기독교 신앙과 하나님의 평화를 향한 비전을 담은 기사가 탄생했다. 문화를 초월한 언어를 찾기는 어렵지만(기사는 나를 "방탄 수도사"와 "크리스천 펑크족 운동가"로 불렀고, 나의 멋진 밴드 더 덤스터 다이버즈에 합당한 경의를 표했다), 나는 그 기사를 통해 세상이 또 다른 삶의 방식을 얼마나 갈구하고 있는지 깨달았다. 내가 작사한 노래가 있는데, 내 친구들이 부르는 것을 듣고 싶으면 다음 사이트를 참고하라. http://www.
youtube.com/watch?v=KKmBRP9noQw.

우리 문화는 해답을 갈구하고 있다. 예전의 해답들이 파산했기
때문이다. 「스핀」에 그 기사가 실리자 많은 불신자들이 내가 전한
복음과 내가 사랑하게 된 하나님에게 매료되어 나에게 편지를 보
낸 반면, 많은 교인들과 장로들은 내가 그런 이교도들과 대화를 나
눴다고 실망해서 나에게 편지를 보냈다. 우리가 뭔가 옳은 일을 한
것이 틀림없었다.

나는 또 다른 종류의 크리스천 극단주의자, 춤추고 웃는 혁명을
일으킬 준비가 된 또 다른 평범한 급진주의자의 얼굴이 될 수 있었
다.

믿음은
행동이 증명한다

저항할 수 없는 혁명

-
-
-

저항할 수 없는 혁명

나는 교회의 냉담한 모습을 보고 너무 어이가 없고 화가 나서 때때로 반체제 인사들과 저항꾼들과 운동가들 쪽으로 움직이곤 했다. 우리는 많은 친구들을 아프게 하는 사회제도에 대해 목소리를 높였고, 교회를 향해 잠에서 깨라고 고함을 질렀다. 그러나 그 시절에 거둔 열매는 거의 없었다. 찢어진 청바지와 펑크록 헤어스타일로 '더럽고 썩은 제도'에서 멀리 떨어져 있다는 유쾌한 느낌은 있었지만, 우리가 진리를 전하는 방식에 의해 양극화된 진실한 사람들로부터 내가 소외되어 있다는 느낌도 지울 수 없었다.

나는 여러 집회에 가서 가두행진을 벌였다. 나는 '비폭력적 직접행동'과 '시민 불복종'에 가담했다는 이유로 거듭 체포되었고 체포된 횟수를 열두어 번 세다가 그만두었다. 그런데 완전한 혁명을 이루려던 나의 희망은 인간의 불완전성에 의해 좌절되고 말았다. 운동가 친구들 가운데서 나는 보수주의 기독교의 독선과 똑같은 독선을 느끼기 시작했다. 그리고 내가 훗날 경멸하게 된 교회의 공격성과 판단하는 모습을 상기시키는 그런 것도 느끼게 되었다. 나는 집회와 가두행진을 계획하는 모임들에 참석했는데, 그들 역시 교회의 위원회와 다름없이 서로 말다툼과 뒷공론을 일삼았고, 더 나은 세상을 건설하려는 열정으로 서로를 파멸시키고 있었다. 나는 그런 운동에 사람들을 끌어들이기 위해 전단지를 나눠줬는데, 예전에 쇼핑몰에서 기독교 전단지를 배포하던 때와 같이 강압적이고 분리된 듯한 느낌이 들었다.

그러나 나는 또 다른 종류의 항의가 있다는 것을 알게 되었다. 몇 년 전, 해외의 노동착취 공장에 반대하는 대회에 참가한 적이 있다. 조직위원회는 변호사, 운동가, 학자와 같은 전형적인 강사들을 초청하지 않았다. 그 대신 노동착취 공장에서 일하는 아이들을 강사로 데려왔다. 인도네시아에서 온 어떤 아이가 얼굴의 큰 상처를 가리키며 말하는 것을 유심히 들었다.

"이 상처는 공장 감독관이 열심히 일하지 않는다며 때려서 생긴 것입니다. 얼굴에서 피가 흐르는데도 감독관은 내가 일을 중단하길 원치 않았고 내 앞에 있던 천을 더럽히는 것도 원치 않았습니다. 그 대신 라이터 불로 상처를 지져 피를 멈추게 했습니다. 이 상처는 여러분을 위해 일하다 생긴 것입니다."

나는 갑자기 그리스도의 몸이 고통 받는 처절한 현실에 압도되고 말았다. 예수님은 이제 못 자국과 가시의 상처만 갖고 있는 게 아니라 얼굴의 깊은 상처까지 지니고 있었다. 왜냐하면 우리가 '가장 작은 자'에게 행한 것이 곧 그리스도께 한 것이기 때문이다. 내가 예수님을 따른다고 하면서 어찌 그 회사 제품을 구입할 수 있을까? 통계는 이제 숫자에 불과하지 않고 얼굴을 갖게 되었다. 가난이 개인적인 문제로 변했다. 그래서 우리는 혼란에 빠진다.

나는 유럽을 여행했을 때 흥미로운 리얼리티 쇼를 접하게 되었다. 프로듀서들이 꽤 부유한 어른들을 불러 모았다. 일부는 쇼핑을 하고 또 일부는 음식을 먹고 있었다. 그리고 프로듀서들은 그들에게 그들이 좋아하는 상품을 그 출처까지 추적해보라고 도전했다. 일부는 새우를 얻으러 배를 타고 나갔고, 일부는 필리핀에 있는 참치 공장으로 향했다. 또 어떤 사람들은 노동착취 공장을 방문했다. 그들은 현장을 보고는 충격을 받고 혐오감을 느꼈다. 그들 중 일부는 결국 공장의 냄새와 불의의 냄새가 역겨워 무릎을 꿇고 토하고 말았다. 또 어떤 이들은 그 상품들 배후에 있는 안 보이는 얼굴들을 만났을 때 눈물을 흘리지 않을 수 없다. 그들은 거듭해서 "나는 결코 예전과 같지 않을 거야"하고 말했다. 어떤 사람들은 더 이상 저 회사의 상품은 구입하지 않을 것이라고, 또 다른 이들은 불의를 바꾸기 위해 캠페인을 벌이겠다고 말했다. 다시 한 번, 우리가 관심이 없는 이유는 모르기 때문임을 상기시켜주는 쇼였다. 아울러 영국이 미국보다 훨씬 더 나은 리얼리티 TV 쇼를 갖고 있는 것이 분명해졌다.

얼마 전, 내가 프린스턴 신학교에서 강연할 때 몇몇 학생이 사회 정의의 어떤 쟁점을 가장 중요한 것으로 선택해야 하는지 물었다. 내 마음이 불편했다.

쟁점이라고? 이 쟁점들은 얼굴을 갖고 있다. 우리가 지금 단지 생각만이 아니라 인간이 처한 응급상황에 대해 얘기하고 있다. 나는 좋은 뜻으로 질문한 프린스턴 학생들에게 이렇게 말했다.

"쟁점을 선택하지 마십시오. 사람들을 선택하십시오. 필라델피아의 동네 뒷골목에 와서 소화전을 가지고 아이들과 함께 노십시오. 소외당하고 고통 받는 일단의 사람들과 사랑에 빠지십시오. 그러면 어떤 대의를 위해 싸워야 할지 우려할 필요가 없을 것입니다. 그때 쟁점이 여러분을 선택할 것이니까요."

•

거룩한 분노, 온유함의 길

•

내 말을 오해하지 말라. 불의에 항거하여 거리로 뛰쳐나갈 때도 있고 감옥에 갈 때도 있지만, 정말로 중요한 것은 우리의 분노나 오만이 아니라 하나님과 이웃을 향한 사랑이다. 내가 좋아하는 시위용 노래 중 하나는 "우리는 온유한, 성난 사람들이…우리는 삶을 위해 투쟁한다"이다. 거리 시위대의 푯말과 범퍼 스티커는 종종 "만일 당신이 화나지 않았다면 아직 관심이 없는 것이다"라는 표어를 내건다. 나는 종종 분노했고 테이블을 뒤엎을 준비가 되어 있었다. 그래서 어느 대중가요를 따라 "나는 이제 인내심을 잃었다…이제 안일함에 싫증이 난다…분노할 때가 왔다"라고 노래했다. 대학 시절에는 우리가 문제를 불러일으키는 것을 자랑스러워했다. 우리 단체는 안일한 삶에 대해 분노했다. 사실 우리 단체의 명칭을 '안일함에 반대하는 청년들'(YAC)이라 지으려고 했다가 욕설처럼 들려서 '오늘 안일함과 무주택에 반대하는 청년들'(YACHT)로 바꾼 것이다.

YACHT 클럽은 지금도 매주 거리의 친구들을 만나러 가는 등 이스턴 대학에서 활발하게 움직이고 있다. 그리고 안일함에 대항해 계속 싸우는 중이다. 그들은 불의의 문제가 발생하면 맨 처음 반응을 보이는 일종의 특공대와 같다. 이와 더불어 그들이 기도와 행동을 분리시키지 않으려고 애쓰는 것은 참으로 바람직하다. 그들은 예수님과 거룩한 말썽을 사랑한다.

대다수의 운동가들이 온유함(성령의 열매가 아닌가!)을 복용할 필요가 있는 것처럼, 대다수의 크리스천들은 거룩한 분노를 복용할 필요가 있다고 생각한다. 몇 년 전 나는 카즈 뭉크라는 덴마크 목사의 옛 기도를 접한 적이 있는데, 내 친구들이 발간하는 공동체 소식지에 실린 것이었다. 뭉크는 직설적인 성직자이자 극작가로서 1944년 게슈타포에 의해 처형되기 직전 성경을 곁에 둔 채 다음과 같은 예언자적 유언을 남겼다.

오늘 우리의 과업이 무엇입니까? 내가 "믿음과 소망과 사랑"이라고 대답할까요? 참으로 아름다운 말입니다. 그러나 나는 용기라고 말하고 싶습니다. 아닙니다, 이것도 온전한 진리가 되기에는 충분히 도전적이지 않습니다. 오늘 우리의 과업은 무모함입니다. 우리 크리스천들에게 부족한 것은 심리학이나 문학이 아니라...거룩한 분노이기 때문입니다. 이는 하나님과 인간을 아는 지식에서 오는 무모함입니다. 정의가 땅바닥에 쓰러져 있을 때, 그리고 거짓말이 온 땅에서 사납게 날뛸 때 분노하는 능력… 이 세상에서 잘못된 것을 보고 발하는 거룩한 분노입니다. 하나님의 땅과 하나님의 세계를 파괴하는 행위에 대해 분노하는 것입니다. 죽음의 위협과 파괴의 전략을 평화라고 부르는 거짓말에 분노하는 것입니다. 안일함에 대해 분노하는 것입니다. 인류 역사가 하나님 나라의 규범을 따를 때까지 그 역사에 도전하고 그것을 바꾸려는 그 무모함을 무모하게 추구하는 것입니다. 그리고 교회의 표지들이 사자, 어린양, 비둘기, 그리고 물고기였지만…결코 카멜레온이 아니었다는 것을 기억하십시오.

예수님 시대에도 많은 폭력혁명이 있었고 그의 핵심 멤버 중에도 열심당원이 여럿 있었다. 그래도 예수님은 그들에게 또 다른 삶의 방식을 가르치고 있었다. 간디의 말이 생각난다. 만일 그 자신이 폭력적인 사람과 겁쟁이 가운데 하나를 선택해야 한다면 폭력적인 사람을 선택하겠다고 말했다. 왜냐하면 폭력적인 사람에게는 사랑을 가르칠 수 있지만 겁쟁이에게는 할 수 있는 일이 별로 없기 때문이다. 우리는 온유한 혁명을 배우는 학생들이다. 당신이 보수주의자든 자유주의자든 상관없이 이것이 세상에 더 많이 필요하다. 아르헨티나인 의사이자 대중혁명의 아이콘인 체 게바라는 쿠바를 떠나 아프리카로 가면서 이렇게 말했다.

"웃기는 소리로 들릴지 모르지만 진정한 혁명은 위대한 사랑의 감정의 지도를 받는다."[1]

소위 '신자들'이 교회에 흔해 빠진 것처럼, 요즘에는 '운동가들'도 사회정의 운동권에 흔해 빠졌다. 그러나 사랑하는 사람은 찾기 힘들다. 그런데 우리의 세계에 절실히 필요한 것이 그런 사람이라고 나는 생각한다. 사랑하는 사람들, 즉 함께 분투하는 사람들과 깊고 진실한 관계를 맺고 있는 사람들, 자기 관심사 배후에 있는 사람들의 얼굴을 실제로 아는 사람들이 필요하다. 우리는 단지 거리 운동가들뿐 아니라 '사랑하는 사람들'로 구성된 군대를 일으키려고 노력한다. 하나님 및 고통당하는 이들과 절실한 사랑에 빠진 사람들, 그런 관계를 통해 그들 자신이 부담을 느끼고 변화되고 싶은 사람들의 공동체를 이루고 싶다.

•

온유한 혁명을 향해

•

대학 시절 우리 요트 클럽은 온갖 이슈를 불러일으켰다. 학교 행정 당국이 화려한 쓰레기통을 구입하면 우리는 그 가격을 알아내고(한 개에 수백 달러나 되었다) 그런 지출을 창의적으로 비판하려고 쓰레기통마다 1미터짜리 가격표를 붙였다. 우리는 여러 대학의 학생들에게 연락해서 누가 그 대학교 운동 팀의 운동복을 만드는지, 그 운동복의 제조업체가 노동착취 공장을 이용하는지 조사하라고 촉구했다.

그런데 가장 변혁적이고 가장 지속적인 가치를 지녔던 때는 온유함과 인격주의로 접근했던 순간이었다. 우리가 행했던 가장 창의적인 일의 하나는 '아더 잭슨에게 감사하는 날'을 만든 것이었다. 아더 잭슨 회사는 대학의 모든 관리직 근로자들을 공급하는 회사였다. 학생들이 그들과 관계를 쌓아가면서 우리가 어질러놓은 캠퍼스를 청소하는 사람들에게 우리는 그들에게 관심이 있고 그들의 수고에 감사한다는 것을 보여주고 싶었다. 그래서 요트 클럽은 매년 공휴일을 정해놓고 그 근로자들이 쉬는 동안 수십 명의 학생들이 청소를 해서 그들이 감사와 사랑을 받고 있음을 알게 해주었다.

지금은 아더 잭슨이 이스턴 대학과 일하지 않는다. 임금과 이주민 신분을 둘러싼 몇몇 이슈들이 이스턴을 비롯한 많은 대학에서 새로운 정의의 문제로 제기되고 있다. 그러나 금년에 나는 이스턴 대학에서 개최된 청소원 감사의 날에 참석할 수 있었다. 이에 관한 글을 다음 사이트를 참고하라. http://www.redletterchristians. org/blessed-housekeepers.

대학교를 선택하려는 사람들은 이런 문제를 고려해보라. 교수진이 얼마나 훌륭한지, 축구팀이 얼마나 잘하는지, 캠퍼스가 얼마나 멋있는지, 또는 그 지역의 환경이 얼마나 좋은지만 묻지 말라. 이런 것도 좋은 질문이지만 다음 질문도 반드시 제기하길 바란다. "당신네는 청소직원들에게 얼마만큼의 급여를 지급하는가?" 좋은 대학교를 가늠하는 잣대의 하나는 그들이 직원들을 어떻게 대우하는가 하는 것이고, 한 가지 지표는 임금이 가장 적은 직원들과 가장 높은 행정직원의 격차이다. 대학 총장에게 던질 좋은 질문은 그 자신이 일 년 동안 청소부와 봉급을 교환할 의향이 있느냐는 것이다. 어쨌든 둘 모두 하나님이 보시기에 똑같이 귀중한 사람들이니까.

그리고 몇 년 후, 우리는 새로운 질문을 던지기 시작했다. 이스턴 대학에서 청소부로 근무하는 한 사람이 어쩌다가 우리 동네에 살게 되었다. 우리는 그 사람이 시간당 6달러의 임금을 받아 가족을 부양할 만큼 벌지 못하고 있다는 사실을 알았다. 대학의 행정당국과 학생들과 동창회 모두 이스턴 대학의 근로자들의 임금에 대해 이미 의문을 던지기 시작했던 터였다. 같은 해에 이스턴 대학의 총장 데이비드 블랙이 성탄절 파티에 참석하기 위해 심플 웨이를 방문했다. 그런데 우연인지 필연인지 그 청소부 아저씨도 그날 찾아왔다. 그래서 우리는 "아! 잘됐네요. 같이 앉아 얘기를 나눠요!"라고 제안했다. 그 때가 바로 변화가 일어나는 순간, 사람들이 인간과 이웃과 가족이 되는 순간이다.

교수진과 학생들과 데이비드 블랙의 노고와 용감한 목소리 덕택에 이스턴 대학은 용단을 내렸다. 그들이 근로자들에게 생활임금과 더불어 출퇴근용 차량 지원과 여러 혜택을 제공하기로 동의한 것이다. 지금은 내가 학생들에게, 특히 크리스천 학생들에게 강연할 때, 우리는 우리가 다니려고 고려하는 대학들의 학문적 수준과 사교생활과 미적인 아름다움에 대해서만 물으면 안 되고, 그 학문 기관들이 우리가 믿는 가치들을 어떻게 구현하고 있는지, 특별히 하나님의 정의의 복음을 선포하는 기독교 대학들이 그런 가치들을 제대로 구현하고 있는지 반드시 물어야 한다고 역설한다.

이스턴 대학 학생들은 어떻게 하면 그 대학이 하나님의 창조세계를 더 신실하게 돌볼 수 있을지, 하나님의 지구를 더 가볍게 밟을 수 있을지, 재생 에너지를 사용할 수 있을지 묻기 시작했다. 그리고 훌륭한 대화를 통해 행정당국은 기독교 대학으로서는 최초로 풍력 에너지를 사용하는 방향으로 움직이기로 용단을 내렸다. 대학 측은 이러한 대담한 조치로 근로자의 권리와 환경문제에 관심이 있는 크리스천 학생들을 끌어옴으로써 유익을 얻게 될 것임을 알아가고 있다. 이것이 온유한 혁명이다.

•

자유의 여신상을 짊어지고

•

우리가 흠모하게 된 단체 중 하나는 '이모칼리 근로자 연맹'²인데, 그들은 온유한 혁명의 좋은 본보기다. 그들은 타코벨 같은 회사들을 위해 토마토를 따는 농장 근로자와 일용직 노동자들이다. 우리는 그들과 함께 수백 마일의 가두 행진을 한 적이 있다. 몇 년 전 어느 여름, 그들은 플로리다에 있는 농장에서 올랜도에 있는 재배자 협회까지 걷는 행진을 계획하고 있다고 우리에게 알렸다. 우리는 그들과 합류했다. 트럭에는 5미터 크기의 자유의 여신상이 실렸고 독립선언문 대신 바구니를, 횃불 대신 토마토를 들고 있는 모습이었다. 행진을 하는 동안 배우, 가수, 정치인, 성직자 등 수백 명의 시민들이 길가에 나와 지지를 보냈고, 우리가 통과하는 거의 모든 지역의 지방신문에 대서특필되었다. 마침내 올랜도에 가까이 왔을 때 대중의 관심은 정점에 이르렀고, 경찰은 자유의 여신상을 화물 트럭에 싣고 올랜도에 들어올 수 없다고 통보했다. 우리는 실망했다. 그런데 한 근로자가 나를 붙잡더니 "트럭에 싣고 갈 수 없다면 우리가 직접 들고 갑시다"라고 말하는 것이었다. 그는 진지한 표정을 지었다.

그래서 우리는 제각기 여신상 모퉁이를 잡고 어깨에 올린 다음 교대로 걷기 시작했다. 그 일에 동참했던 한 힘센 여성은 "예수님이 십자가를 질 수 있다면 우리도 이 여신상을 질 수 있어요"라고 속삭였다. 그 여신상은 현재 워싱턴 D C의 스미소니언박물관에 보관되어 있는데, 그 운동이 얼마나 기념비적이 되었는지 잘 보여준다. 우리는 실제로 자유의 여신상을 짊어졌다. 땀을 뻘뻘 흘리고 노래를 부르면서 마침내 자유의 여신상을 재배자협회 건물 앞에 내려놓았다.

그것은 정말로 신성한 운동이었다. 재배자협회 임원들은 우리 운동을 무시하려고 했다. 그들은 "트랙터는 농부에게 다가와서 농장 경영법을 가르치지 않는다"는 성명서를 발표했다. 뙤약볕에서 장시간 노동해서 손에 굳은살이 박이고 가죽 같은 피부를 가진 근로자들은 눈물을 흘리며 하나님께 부르짖듯 이렇게 말했다.

"우리는 트랙터가 아니다. 트랙터는 피를 흘리지 않고 울지도 않는다. 트랙터는 가족도 없고 자녀도 없다. 우리는 기계가 아니다. 우리는 인간이다."

야고보의 말이 그날처럼 생생하게 들린 적이 없는 것 같았다. "보라! 너희 밭에서 추수한 품꾼에게 주지 아니한 삯이 소리 지르며 추수한 자의 우는 소리가 만군의 주의 귀에 들렸느니라. 너희가 땅에서 사치하고 방종하여 살륙의 날에 너희 마음을 살찌게 하였도다. 너희는 의인을 정죄하고 죽였으나 그는 너희에게 대항하지 아니하였느니라"(약 5:4-6).

많은 사람이 그 운동에 동참하게 된 것은 그 근로자들의 온유한 기쁨과 겸손 덕택이다. 최근에 우리가 그들과 함께 (타코벨을 비롯해 많은 회사를 소유한) 지주회사의 건물까지 행진했던 것이 기억난다. 근로자들은 땀으로 얼룩진 더러운 작업복 수백 벌을 건물 앞에 걸어놓았다. 그것은 농부들과 근로자들의 땀과 눈물에서 멀리 떨어진 힘 있는 자들의 귀에 닿아 그것을 절실히 느끼도록 하는 예언자적 발상이었다.

그리고 그 운동은 예전과 같지 않았다. 한 장로교단이 근로자들의 타코벨 불매운동에 합류한 것이다. 그 교단 소속 한 교회는 이미 그 지주회사로부터 기부금을 받았었다. 그 교회는 기부금을 가난한 교인들을 구제하는 일에 잘 사용할 수 있지만, 그 돈의 본래 주인인 근로자들에게 주고 싶다며 근로자들에게 수표를 써서 넘겨주었다. 대학생들도 타코벨이 농장 근로자들의 요구사항을 들어줄 때까지 캠퍼스에 있는 대리점들의 문을 닫기로 했다. 여러 교회와 청소년 그룹들은 타고벨 소유주들에게 편지를 쓰고 있다고 나에게 알려주었다. 분노에 찬 편지가 아니라 구속을 희망하고 또 믿는 친절한 편지를.

그리고 몇 개월 전, 내가 타코벨이 만드는 차루파스를 먹지 않은 지 거의 5년이나 흐른 후, 타코벨 소유주들은 근로자들의 요구사항에 동의할 뿐 아니라 그들과 직접 만나 대화하겠다고 약속했다. 타코벨의 임원진은 다른 패스트푸드 프랜차이즈들에게 그들의 식품 배후에 있는 숨은 얼굴들이 누구이고 그들이 어떤 대우를 받고 있는지 물어보라고 격려하는 성명서까지 발표했다. 그런즉 이제 당신은 자랑스럽게 차루파스를 먹어도 된다. 또는 적어도 차루파스 위에 놓인 토마토는 먹어도 무방하다. 그것이 바로 저항할 수 없는 혁명이다. (물론 그것으로 근로자들의 투쟁이 끝난 것은 아니지만.)

이모칼리 근로자 연맹은 현대판 노예제를 역사의 뒤안길로 넘기는 일을 해왔다. 그들은 온갖 상을 받았고, 더 중요한 사실은 세계 최대 규모의 열두 개 회사로 하여금 노예제를 끝내는 일을 비롯한 그들의 캠페인을 수용하게 만들었다는 것이다. 그 가운데는 맥도날드, 월마트, 서브웨이, 버거킹, 타고벨 등이 들어있다. 그러나 투쟁이 끝난 것은 아니다. 몇몇 회사는 아직도 버티고 있다는 얘기를 들었다. 일 년 전에 나는 그 연맹이 퍼블릭스 본사로 행진하는 시위에 참여했다. 우리가 도착한 뒤에 했던 일이 인상적이었다. 우리는 트럭에서 가스펠 가수 아레사 프랭클린의 유명한 곡 "존중하라(Respect)"를 빵빵 틀어 댔다(http://ciw-online.org/blog/2013/03/social-media-chatter-surges-around-the-march-for-rights-respect-and-fair-food/).

•

보이지 않는 사람들을 생각하라

•

효율성과 익명성을 중시하는 세상은 우리를 비인간화시킨다. 우리는 사람들을 기계나 트랙터나 반대할 쟁점으로 본다. 우리는 기계가 사람처럼 행동하고 사람이 기계처럼 행동하는 시대에 살고 있다. 그러나 기계는 사랑을 못한다. 우리는 보이지 않는 사람들이 누

믿음은
행동이 증명한다

군지 물어봐야 한다. 누가 우리의 옷을 만드는가? 누가 우리의 채소를 수확하는가? 그들은 어떤 대우를 받는가? 내가 자랄 때는 티셔츠를 고를 때 내가 동의하지 않는 바를 대변하는 밴드를 광고하는 것이면 입지 말라는 말을 들었다. 그러나 내가 무심코 광고하는 회사들에 대해서도 그와 똑같이 하라는 말은 들은 적이 없다. 그들은 무엇을 대변하는가? 그들은 어떤 복음을 선포하는가?

마이클 무어의 다큐멘터리 "빅 원(The Big One)"에는 매우 인상적인 장면이 나온다. 해외 노동자들을 학대하기로 악명 높은 나이키[3]의 창립자이자 전 CEO 필립 나이트가 무어를 초대해서 함께 얘기를 나눈다. 그래서 마이클 무어는 선물(인도네시아행 비행기 표 두 장)을 들고 필립을 만난다. 그리고 그는 나이트에게 인도네시아로 가서 현지공장을 둘러보자고 청한다. 필립은 웃음을 터트리고 고개를 흔들며 "아니요, 아니요. 어림도 없어요"라고 말한다. 무어는 자기는 그냥 공장을 둘러보고 어떻게 돌아가는지 알고 싶을 뿐이라고 말하고는 "당신은 당신의 신발을 만드는 공장을 본 적이 있습니까? 인도네시아에 한번이라도 가본 적이 있습니까?"라고 묻는다. 나이트는 "아니요, 나는 가지 않겠습니다"라고 대답한다. 이런 것이 바로 불의가 생기도록 허용하는 분리의 층이다. 사람들에게 악의가 있는 것이 아니다. 우리가 선천적으로 서로 상처를 줄 수 있다고 생각하지 않는다. 필립 나이트조차 그럴 사람으로 보이지 않는다. 그런데 문제는 우리가 현장에서 떨어져 안전거리를 유지한다는 점이다.

해마다 조지아 주 포트 베닝에 있는 아메리카 군사학교[4] 바깥에서 특별한 집회가 열린다. 이 군사학교는 라틴 아메리카 출신 군인들을 훈련하는 곳으로 악명 높은 내력을 갖고 있었다. 그 학교 졸업생들은 라틴 아메리카의 가난한 토착민들을 학살하고 그들의 투쟁을 선도하는 종교 지도자들을 살해한 전력이 있다. 그 가운데는 1980년 대주교 오스카 로메로의 암살도 포함되어 있다. 해마다 1만 명도 넘는 사람들이 수천 명의 희생자의 명단과 함께 흰 십자가를 들고 조용히 행진을 벌인다. 2015년 교황 프랜시스는 로메오를 순교자로 공식적으로 선언했고 성인 서품의 길을 닦고 있는 중이다. 로메오는 예배 시간에 성찬식을 집행하던 중에 가슴에 총을 맞았다. 철야행진이 계속되는 가운데 희생자의 이름을 한 명씩 부르면 모든 사람이 "네!"라고 대답한다. 이것은 더 이상 그늘에 감춰질 수 없는 각 생명의 신성함을 원동력으로 삼아 새로운 대안을 생각하게 만드는 온유함의 정신이다.

•

인간이 되는 것, 얼굴을 보는 것

•

사람들이 거듭해서 나에게 얘기한 것이 있다. 나의 이라크 여행이 미친 영향력은 그것이 전쟁을 인간화시킨 점에 있다는 것이다. 우리가 거기서 벌이는 전쟁의 도덕성에 대해 두 번 생각하지 않았을 사람들도 그것을 재고하게 만들었다고 한다. 그 전쟁은 사담 후세인이나 오사마 빈 라덴이나 미군 가족의 얼굴과는 다른 얼굴을 지니고 있었다.

이라크로 떠나기 며칠 전, 나는 한 비행기를 탔다가 낯선 두 사람 옆에 앉게 되었다. 두 사람도 처음 만난 사이였고 서로 이야기를 나누다 정치적 성향이 비슷하다는 것을 알게 되었다. 그들은 진보주의자에 대해 농담을 하고 이라크 파병을 자랑스러워했다. 나는 책을 읽으려고, 잠을 자려고 애썼고, 긴 여행에 도움이 될 격렬한 논쟁을 하고픈 유혹에 저항하려고 노력했다. 마침내 집에서 만든 쿠키를 꺼내 두 사람에게 주었다. 그들은 얼마나 많이 여행했는지, 그들이 다녀온 장소들에 대해 얘기한 다음 한 사람이 나를 쳐다보더니 "다음에는 어디로 여행할 계획입니까?"라고 물었다. "바그다드"라는 말이 목구멍까지 올라왔지만 잠깐 멈추고 조심스럽게 "사실 다음 주에 이라크에 갈 예정입니다"라고 대답했다. 그 순간 두 사람의 입이 쩍 벌어졌다. 어리둥절한 모습으로 한 사람이 물었다.

"부대와 함께요?"

나는 피식 웃었다. (나의 외모는 군대와 거리가 멀었다.)

"아니요, 나는 평화를 사랑하는 크리스천으로 거기에 있는 가정들과 함께하고 전쟁에 반대하는 목소리를 높이기 위해 가는 겁니다."

그들이 내 말에 반박하지 않아서 무척 놀랐다. 그들은 내가 강한 신념을 품고 내 목숨까지 건다는 사실에 깊은 인상을 받았다. 우리는 괜찮은 대화를 나눴다. 우리가 헤어질 때 그들이 했던 말을 결코 잊을 수 없다. 비행기에서 처음 만난 두 사람이 극적인 말투로 내가 걱정되어 TV에서 눈을 뗄 수 없을 테고 내가 안전하게 귀국할지 궁금하다고 말한 것이다. 나는 이야말로 큰 비극임을 알고 놀란 표정으로 서 있었다. 우리는 전쟁에 얼굴을 입히지 않은 것이다.

분리의 벽이 높을 때는 우리가 적으로만 알고 있던 인간들을 마구 파멸시키게 된다. 한 시간 만에 벽이 조금 낮아졌다. 이 두 사람은 비행기에서 불과 두 시간 만났는데도 그런 효과가 있었다면, 이라크에서 얼굴을 비치는 것은 얼마나 큰 영향을 줄까 하는 생각이 들었다. 그러나 이제 그들이 전쟁의 북소리를 들으면 주저하게 된다. 그리고 주저하는 순간에 세계는 가능성으로 충만해진다. 물론 나는 방금 만난 두 친구가 이라크에 있는 가정들 때문에 그 전쟁에 반대하기를 바란다. 그러나 그들이 비행기에서 잠깐 만난 괴짜 때문에 전쟁에 반대한다면, 지금은 그것으로 족할 것이다.

이름에는 힘이 있다. 인종정의를 둘러싸고 미국에서 일어나는 일 중의 하나는 사람들이 불의에 '이름을 붙이는' 것이다. 더 이상 우리는 그저 통계, 숫자, 자료에 관해서만 얘기하지 않는다. 실패한 사법제도에 희생당한 사람들의 이름을 높이 들고 있다. 불의는 하나의 이름이 되고 입소문이 난다. 그리고 이름 속에는 인간화시키고 개인화시키고 우리를 일깨우는 그 무엇이 있다. 트레이본 마틴, 마이크 브라운, 에릭 가너, 안소니 힐, 토니 로빈슨 등.

지금은 통계도 얼굴을 갖고 있다. 숫자들도 이름을 갖고 있다. 그런 것은 우리에게 실패한 제도에 따른 손해와 이 순간의 긴급성을 상기시켜준다. 우리가 불의를 개인적인 것으로 만들기까지는 불의를 역사의 뒤안길로 넘길 수 없다. 유색 인종에게는 불의의 희생자들이 오랫동안 이름을 갖고 있었다. 엠멧 틸 같은 이름들은 우

믿음은
행동이 증명한다

리가 얼마나 멀리 왔는지를 알게 해주고, 에릭 가너 같은 이름들은 우리가 아직 얼마나 멀리 가야 하는지를 상기시켜준다. 이름의 힘에 관해 내가 쓴 글은 다음 사이트에 실려 있다. http://www.redletterchristians.org/naming-injustice.

•

리스바의 눈물

•

이라크에 가기 전과 그곳에 있는 동안, 나는 리스바라는 영웅에 관한 성경 이야기(삼하 21:1-14)를 집중적으로 공부했다. 나는 전쟁으로 사랑하는 이들을 잃고 더 많은 고통을 당하는 이라크 여성들 사이에 살고 있었기에 그 이야기가 완전히 새로운 의미를 덧입었다. 리스바는 우리와 비슷한 시대에 살았다. 왕들은 조약을 맺고 파기했다(2절). 땅은 전쟁의 피로 얼룩졌다. 다윗은 이스라엘에 닥친 기근을 치유하기 위해 기브온 족속과 거래를 한다. 그가 사용하는 유통 수단은 우리의 전쟁과 마찬가지로 인간의 목숨이다. 그는 일곱 명의 목숨을 기브온 족속에게 넘겨주었다. 사울 왕의 후궁이었던 리스바의 아들들과 사울 왕의 딸인 메랍의 아들들을 기브온 족속에게 넘겨주었고, 그 아이들은 기브온 족속에게 살해되었다. 아이들은 살해되었을 뿐 아니라 적절한 장례절차도 없이 짐승의 먹이가 되도록 황량한 산지에 버려졌다. 그러나 다윗의 그런 노력에도 불구하고 하나님은 아직 그 땅을 치유하시지 않았다.

리스바는 상처받은 어머니만이 품은 무모한 사랑으로 굵은 베로 만든 천을 가져다가 시체들 옆의 바위에 펴고 그곳에서 기거했다. 본문은 그녀가 "곡식 베기 시작할 때부터 하늘에서 비가 시체에 쏟아지기까지" 그곳에 머물렀다고 전한다. 그녀가 거기에 한 계절 동안 머물렀다는 뜻이다. 날마다, 여러 주 동안, 그녀는 짐승과 새로부터 시신을 지킨다. 그러자 그 소문이 전국 방방곡곡에 퍼졌고 마침내 다윗 왕의 귀까지 닿았다. 다윗은 그녀의 용기에 대해 듣고 사울과 그의 친구 요나단을 기억한다. 그때 믿기 어려운 일이 일어난다. 다윗이 감동을 받아 죽은 자들의 모든 유해를 수습한 것이다.

인간의 고통은 왕으로 다시 감정을 느끼게 하는 힘이 있다. 리스바는, 비인간화되어 유통수단처럼 아이들을 교환해 가책도 없이 그들이 죽는 모습을 보았던 왕의 인간성을 찌른다. 그제야 비로소 진정한 해방이 있을 수 있고, 왕들도 자유롭게 될 수 있다. 진정한 혁명은, 인종격리정책에 반대하던 지도자이자 노벨 평화상 수상자인 데즈먼드 투투 주교가 말한 것처럼 "압제받는 사람들이 압제받는 상태에서 해방되고, 압제자들이 압제하는 상태에서 해방되는 것이다." 그리고 그때 하나님께서 그 땅을 치유하신다(14절).

나는 이라크에 있을 때, 그 옛 땅에서 다시 생명을 잃었을 때 어머니들이 자녀들의 시신 옆에서 야영하며 큰 소리로 곡해서 그 소문이 지구 전역으로 퍼져나가게 해달라고 기도했다. 어쩌면 지구 전역에서 사람들이 그 소문을 듣고 나와 그들과 함께 그 바위에 앉을지 모른다. 그리고 우리가 다함께 큰 소리로 신음하면 왕들조차 듣게 되리라.[5] 엠멧 틸의 비극이 생각난다. 에멧 틸의 엄마는 그 아

믿음은
행동이 증명한다

들이 인종문제로 잔인하게 살해된 후 관 뚜껑을 연 채 장례식을 치르자고 주장했는데, 그들이 그 아기에게 한 짓을 모든 사람이 보게 하기 위해서였다. 그녀는 이렇게 말했다. "나는 저 상자 안에 있는 것을 도무지 묘사할 방법이 없었다. 전혀. 그리고 나는 온 세상이 보기를 원했을 뿐이다." 그의 관은 현재 스미소니언박물관에 보관되어 우리가 행한 짓을 계속 상기시켜주고 있다. 어쩌면 왕들이 감동을 받아 다시 인간이 되고, 하나님께서 우리의 땅을 치유하실지 모른다. 어쩌면 그것이 우리가 9/11 참사 이후에 할 수 있었던 가장 변혁적인 일일지 모른다.

이사야서(2:4)과 미가서(4:3)는 '그 백성들'이 칼을 쳐서 보습을 만들고 창을 쳐서 낫을 만들 것이라고 예언하면서 "이 나라와 저 나라가 다시는 칼을 들고 서로 치지 아니하며 다시는 전쟁을 연습하지 아니하리라"는 말로 그 대목을 끝낸다. 변혁은 바로 그런 사람들, 곧 평범한 급진주의자들, 리스바와 같은 용기 있는 어머니들과 함께 시작된다. 우리가 새로운 세상의 모습을 보이기 시작하면 많은 나라들이 따를 것이다. 나라들이 우리를 평화로 이끌지 않을 것이고, 오히려 백성들이 나라들을 인간화시키기 시작할 때 나라들을 평화로 이끌게 되리라.

총을 쳐서 망각에 빠뜨리는 것은 거룩한 면이 있다. 우리가 이제껏 열어본 '총을 쟁기로 만드는' 행사 중 가장 강력했던 것은 폭력의 희생자들이 총을 치는 행위였다. 그 행사에 자녀를 잃은 엄마들, 경찰국장들, 전쟁 베테랑들이 참여했다. 그리고 죽음의 도구가 생명을 가꾸는 도구로 변하는 모습을 보는 것은 무언가 속 시원하고 거룩하고 매혹적인 면이 있다.

우리가 무기를 연장으로 바꾸는 첫 행사는 9/11 참사 십 주년 기념일에 열렸는데, 세계무역센터의 일부 금속이 전함을 만드는데 사용되었다는 소식을 들은 직후였다. 그것은 죽음에서 생명을 가져오라는 예언자적 소명과 정반대되는 행위였다. 우리는 AK47 소총을 갈퀴와 삽으로 변형시켰다. 이후 우리는 세계 곳곳에서 무기를 다른 것으로 전환시킨다는 메시지를 받기 시작했다. 권총이 기타로, 기관총이 색소폰으로, 전쟁용 금속이 예술작품으로 변형된 것이다.

자기 아들을 잃은 한 엄마가 우리가 필라델피아 거리에서 입수한 권총을 쳐부수는 장면은 내가 결코 잊지 못할 것이다. 망치로 칠 때마다 "이것은… 내… 아들을… 위한 것이다"라고 외쳤다. 이는 우리가 더 이상 기다리지 않겠다고 말하는 완고한 예언자적 증언이다. 우리는 이제껏 평화를 위해 기도해왔고 앞으로도 기도할 것이다. 그러나 때로는 우리가 하나님을 기다리고 있다고 생각하는데 실제로는 하나님이 우리를 기다리고 계시다는 것을 우리는 깨달았다. 우리는 정치인들이나 정부들을 기다릴 수 없다. 예언자들이 옛적에 말한 새로운 세상은 우리와 함께 시작된다. 그 세상은 당신과 함께 시작된다. 우리가 바로 우리가 그동안 기다려온 장본인이다.

이와 관련된 내용은 다음 사이트를 참고하라. www.rawtools.org.

믿음은
행동이 증명한다

시위자와 예언자

내가 스스로 온유한 혁명 쪽으로 움직이고 있다고 느낀 순간들 중 하나는 1998년에 공화당 전당대회가 필라델피아에서 개최되었을 때였다. 마침 선거가 있던 해라 가난한 사람들이 뛰어다니고 있었다. 어쩌다 나는 친구와 함께 전당대회에 참석했다. 하나님의 섭리였는지 약삭빠른 정치였는지 모르지만 우리는 특별 통행권을 받아 중앙 연단에 도달할 수 있었다. 골프 카트를 타고 정문에서 내리게되었다. 친절한 자원봉사자들이 우리를 안으로 안내했다. (우리는 그들의 감시를 의식할 필요가 없었다!) 그래서 나는 공화당의 열렬한 지지자처럼 정장 차림에 작은 코끼리 핀을 꽂은 모습으로 위장했다. 하지만 속에는 다른 옷을 입고 있었다. 내 셔츠의 앞면에는 "가난한 자의 권리를 박탈하는 자는 화 있을진저"(사 10)라는 글을, 뒷면에는 "가난한 자는 복이 있나니… 그러나 화 있을진저 너희 부요한 자여"(눅 6)라는 예수님의 말씀을 페인트로 썼다. 우리는 연단에서 20미터 정도 떨어진 곳까지 다가갈 수 있었다. 드디어 조지 부시에 대한 소개가 끝나고 우레와 같은 박수가 조용한 침묵으로 바뀌는 순간 나는 벌떡 일어나 겉옷을 찢고 셔츠를 보여주었다. 그리고 목청을 최대한 높여 성경구절을 낭송하기 시작했다. 전당대회 관계자들은 내 목소리를 압도하려고 조지 부시의 첫 마디가 끝나기도 전에 갈채를 보냈다. 박수 소리가 잠잠해졌을 때 내가 다시 예수님의 말씀을 외쳤다.

"가난한 자는 복이 있나니… 그러나 화 있을진저 너희 부요한 자여."

다시 그들이 박수를 쳤다. 나는 "피조물이 해방되려고 신음하고 있다"(롬 8)고 외쳤다. 저쪽에서 안전요원들이 미친 듯이 달려오더니 나를 덮쳐 끌고나갔다. 나를 작은 방에 가두었다. 나는 그들이 서로 의논하는 소리를 들을 수 있었다.

"시위자라고 고발할까? 그러면 며칠 동안 붙들어놓을 수 있을 것 같은데?"

그들이 방에 들어와서 물었다.

"당신은 시위자요?"

나는 잠시 생각하다가 답했다.

"아니요! 나는 시위자가 아니라…음…예언자입니다!"

나는 조금 더 갇혀 있다가 아무런 혐의 없이 히죽거리는 표정을 보며 무사히 풀려나왔다. (그들은 골프 카트로 자동차까지 태워주기까지 했다.)

나는 미소를 지으며 반(牛)농담으로 그렇게 대답했다. 왜냐하면 시위자라고 대답하면 감옥에 갈 것을 알았기 때문이다. 솔직히 말하면, 나는 보통은 감히 예언자라고 주장하지 않을 것이고, 성경의 예언자들이 스스로 예언자라고 떠벌리며 돌아다닌 모습도 본 적이 없다. 그뿐만 아니라, 시위자는 감옥에 가겠지만 예언자는 보통 죽임을 당했다. 그러나 그것은 더 많은 생각을 정당화시켜주었다. 이후 며칠에 걸쳐 필라델피아 거리에서 발생한 폭동을 지켜보면서 그 폭력과 증오에 내 마음이 완전히 무너져 내렸다. 우리가 더 좋은 세상에 더 가까이 가고 있다는 느낌이 들지 않았다.

시위자들은 어디에나 있다. 그러나 이 세상은 예언자들, 곧 또 다른 미래를 가리킬 수 있는 작은 목소리들이 절실히 필요하다고 생각한다. 예언자란 '하나님의 대변인'을 일컫는다. 예언자는 진실을 말하는 자, 최상의 내부고발자이다. 그들은 하나님의 MC로서 하나님의 말씀을 경청하고 하나님과 함께 느끼고 하나님의 마음에 있는 것을 말하려고 애쓰는 사람들이다. 그들은 변두리의 목소리를 증폭시키고 선과 악에 대해 매우 민감하다. 랍비 아브라함 헤셸은 「예언자들」이란 고전에서 이렇게 표현한다. "우리에게는 단 한 번의 불의한 행동—사업상의 속임수, 가난한 자의 착취—이 하찮은 것이다. 그러나 예언자들에게는 재난이다. 우리에게는 불의가 사람들의 복지에 손해를 끼치는 것이지만, 예언자들에게는 존재에 대한 치명적 타격이다. 우리에게는 하나의 에피소드지만 그들에게는 재앙이고 세상에 대한 위협이다."

우리 중 일부는 반대하는 것과 싸우는 데 너무도 많은 시간을 쏟는 바람에 우리가 추구하는 바가 무엇인지조차 기억하지 못한다. 교회든 사회운동단체이든 그들의 정체성을 그들이 반대하는 것에서 찾고 그들이 추구하는 것은 모호한 경우가 상당히 많다. 그것은 시위자들이 갖고 있는 일종의 DNA이다. 교회사를 살펴보면 프로테스탄트들이 반대하는 일은 잘 하지만 일단 주도권을 잡으면 무엇을 할지 모르는 모습을 볼 수 있다. 오늘날 대부분의 사람들은 무언가 잘못되었다는 것은 안다. 그런데 진짜 문제는 대안이 무엇이냐는 것이다.

시위자들은 인공위성처럼 제도의 둘레를 순환한다. 그러나 예언자와 시인들은 낡은 제도에 고함을 치는 수준을 넘어 우리를 새로운 세상으로 인도한다. 이렇게 말하고 나니 마치 우리가 거리에서 시위를 하면 안 된다는 소리처럼 들린다. 그런 뜻이 아니다. 속담처럼 "당신이 속상하지 않으면 관심을 기울이지 않는다." 우리가 시위를 벌일 필요가 있는 심각한 불의가 존재한다. 그래서 우리는 시위를 벌일 필요가 있다. 그러나 그 이상의 일을 해야 한다. 이 때문에 나는 스스로를 운동가라고 부른다. 최고의 시위는 더 나은 것을 선포하고 실천하는 것이다. 예언자적 증언은 이와 밀접한 관계가 있다. 그것은 무엇이 잘못되었는지를 말하는데 그치지 않고 어떻게 바로잡을 수 있는지도 말한다. 우리도 무엇을 반대하는지 뿐만 아니라 무엇을 추구하는지도 분명히 하자.

　여러 방식으로 시위자들은 신중하게 구획화된 반대의견을 표명해서 기존 질서를 정당화시키는 등 지배적인 제도에 맞춰지고 있다. 일차원적 사회[6]는 그 지배력을 강화시키는 방식으로 반대의견을 흡수할 수 있다. 사람들은 TV에서 시위를 보고 그들은 '시위자들의 하나'가 아니라는 것을 알고 자녀들에게 안락함의 노예 상태가 아니라 노예 상태의 안락함을 가르친다. 그리고 공감하는 진보주의자들은 마치 누군가 한 골을 넣은 것처럼 편안한 소파에 앉아 시위자들의 단호한 용기에 갈채를 보낼 뿐이다.

믿음은
행동이 증명한다

웃는 혁명

이라크 전쟁 동안 사람들은 양극화되어 당신이 어느 편에 있든지 상관없이 증오와 분노가 지배하는 듯했다. 심플 웨이의 자매 공동체인 '캄덴하우스 친구들'이 아름다운 일을 했다. 그들은 각각 대다수 혁명이 갈망하는 성령의 열매-사랑과 희락과 화평과 오래 참음과 자비와 양선과 충성과 온유와 절제-가 하나씩 찍힌 베옷을 입고 시위대 중앙으로 행진해서 전쟁광들과 부시를 강타하는 자들 양쪽에게 성령의 증인이 되었다. 그런 행동이야말로 우리를 웃게 만들고 우리 모두 하나님께 조금 더 가까이 가도록 격려한다.[7]

　어느 날 밤, 우리 공동체에 속한 두 사람이 조지 부시가 작은 소녀를 안고 있는 실물 크기의 포스터를 들고 내 방에 몰래 잠입했다. 그들은 내 침대로 올라가서 천정으로부터 그 포스터를 침대에서 1미터 높이에 걸어놓았다. 그날 밤 나는 늦게 돌아왔고 룸메이트가 이미 잠들어서 아무 것도 모른 채 어둠 속에서 잠자리에 들었다. 이튿날 아침 눈을 뜨고 맨 처음 머리 바로 위에서 나를 뚫어지게 응시하는 조지 부시를 보고 기절초풍하고 말았다. 지금은 웃기는 일로 기억난다. 나는 그것을 그대로 두고 밤마다 잠자리에 들 때와 아침마다 일어날 때 그를 쳐다보았다. 그런 광경이 어떤 사람들에게는 악몽을 선사할 터이고 또 어떤 이들에게는 안심을 베풀 것이다. 나에게는 그 포스터가 부시 대통령이 적그리스도나 구세주가 아닌

인간임을 상기시켜줘서 잠을 잘 자게 해주었다. 이건 유머이다. 진
보주의자들과 보수주의자들의 공통점이 있다. 웃는 법을 잊어버렸
다는 점이다. 그리고 세상은 지금 기쁨을 갈망하고 있다. 이 포스터
는 2007년 우리 집이 불길에 휩싸일 때까지 내 침대 위에 그대로
있었다. 혹시 당신에게 그런 실물크기의 조지 부시 포스터가 있으
면 나에게 보내주길 바란다.

    하나님은 우리로 하여금 우리 자신을 보고 웃게 만들기로, 특히
스스로를 너무 심각하게 여기는 우리들을 그렇게 만들기로 다짐하
셨다고 내가 확신하게 된 계기가 있었다. 먼저, 당신은 내가 사형제
도에 반대하는 시위에 많이 참여한 사람임을 알 필요가 있다.[8] 이
곳 필라델피아에서는 그것이 큰 쟁점이다. 필라델피아는 다른 많
은 도시와 주(州)들과 마찬가지로, 계급적, 인종적 편견이 입증되었
기 때문에 처형을 일시적으로 정지한다는 법안을 가결했다.[9] 2015
년에는 펜실베이니아 주지사 톰 울프가 사형에 대한 새로운 일시
정지를 선언했다. 할렐루야! (최근에 여러 사람이 감옥에서 처형되다시피 한 후
에 무죄로 풀려났다.)

    무미아 아부 자말이라는 사람은 매우 미심쩍은 재판에서 필라델
피아 경찰을 살해했다는 혐의로 유죄판결을 받고 20년을 감옥에
서 보냈다. 그리고 사형수로 갇혀있는 우리 친구들 중에는 결백한
이들도 있다. (한 친구는 우리에게 "제발 도와줘"라고 쓴 편지를 보냈다.) 그래서
나는 다양한 모임을 조직하여 사형제도에 관해 교육해왔다. 나에
게는 이 쟁점이 사람의 얼굴을 갖고 있다. 나는 필라델피아 지방검
사인 린네 아브라함의 사무실 밖에서 많은 날들을 보냈다. 뉴욕 타

믿음은
행동이 증명한다

임스는, 그녀가 걸핏하면 사형을 구형하고 필라델피아의 사형수를 전국에서 세 번째로 많이 만들었다고 해서 미국에서 가장 치명적인 지방검사라는 별명을 붙였다.

그리고 여기에 아름다운 사건이 있다. 몇 년 전, 나는 수천 명의 크리스천에게 강연을 해달라는 초청을 받았다. 나는 연단으로 안내를 받아 강연할 강사들의 자리에 앉았다. 나는 으레 보게 될 사람들, 즉 설교자나 교수들이 거기에 있을 것으로 예상했다. 그런데 내 왼쪽 자리에 린네 아브라함이 앉아 있는 것이 아닌가! 나는 포스터에 실린 그녀의 얼굴을 봤기 때문에 금방 알아볼 수 있었다.

나는 어떻게 해야 할지 몰랐다. 그녀의 연설을 방해하는 것에 대해 생각했다. 내가 강연하는 시간에 그녀에게 반론을 펴는 것도 생각했다. 그 대신 나는 경청하고 기도하기만 했다. 그러자 이상한 평안을 느꼈고 예언자적 불을 느낄 준비가 되어 있었다는 것을 시인해야겠다. 그러나 가난한 자를 위한 하나님의 정의를 요구하는 예언자들의 말이 내 마음속에서 춤을 추는 동안 나는 묵묵히 앉아 있었다. 나는 몇 개의 말씀을 쪽지에 적었다. 그리고 그녀가 연설을 마치고 자리에 앉았을 때, 나는 그녀가 하나님의 사랑과 은혜로 충만하게 되기를 기도하겠고 또 나를 위해서도 그렇게 해달라고 부탁하는 메모와 함께 그 쪽지를 건네주었다. 그녀는 나에게 미소를 짓고 고맙다고 말하면서 그곳을 떠났다(내 강연을 듣기 전에). 그녀의 이름은 내가 정기적으로 하나님께 부르짖는 사람들의 명단에 포함되었다. 그녀는 그녀의 컵을 강연장에 놓고 떠나는 바람에 내가 그 컵을 가져다 벽장에 두었다. 언젠가 내가 그녀에게 컵을 돌려줄 날이

와서 커피를 마시며 환담을 나눌 날이 오기를 고대한다.

　나는 많은 사람이 온유한 혁명을 향해 한 걸음씩 나아가고 있다
는 사실에서 크나큰 용기를 얻는다. 우리는 웃고 춤추는 예언자들
이 더 많이 필요하다. 우리 집 거실에는 "춤을 출 수 없다면 그것은
내 혁명이 아니다"라는 엠마 골드만의 명언이 걸려있다. 사람들이
불의에 대해 말할 때마다 보통은 그들 위에 죄책감의 구름이 드리
워진다. 기쁨과 경축은 보통 진보적인 운동권이나 보수적인 기독
교 진영에서 찾아볼 수 없다. 그러나 예수 운동은 춤을 추는 혁명이
다. 경축이 하나님 나라의 핵심이고, 바라건대 그 경축이 이 세상의
가장 어두운 구석들-빈민가와 난민캠프, 궁궐과 감옥-까지 진입하
게 되기를 소망한다. 희망의 속삭임이 이 세상의 그늘 아래서 희망
에 굶주린 사람들의 귀에 닿기를 진심으로 바란다.

믿음은
행동이 증명한다

점점 더 작게 자라는 하나님의 나라

-

-

-

목사 둘이 서로 얘기를 나누는 코믹한 이야기가 있다.

한 목사가 묻는다. "자네 교회는 어때?"

다른 목사가 이렇게 자랑한다.

"아주 좋지. 내가 처음 그 교회에 갔을 때 교인이 30명에 불과했고, 지금 1년밖에 되지 않았어. 지금은 주일예배 출석 교인이 400명이 넘어. 자네 교회는 어때?"

"글쎄, 잘 모르겠어. 내가 거기에 갔을 때 교인이 100명가량 되었는데, 그동안 내가 복음을 전했더니 10명으로 줄었어."

복음이 항상 군중에게 매력적으로 비치진 않는 것 같다. 사람들이 로마의 십자가를 지기 위해 줄을 서지는 않을 것이다. 아니, 대형마트에서 줄을 서는 것만 해도 힘들지 않은가. 우리는 죽음을 너무 두려워하는 나머지 전쟁을 대비해 비상식량을 사재기하거나 도둑의 침입에 대비해 보안시스템을 갖추는 만큼, 사람들은 목숨을

믿음은
행동이 증명한다

잃으라는 초대에 왕창 몰려들지는 않을 것이다. 미국에서는 한때 화학무기와 생물학무기가 두려워서 누구나 초강력 접착테이프를 사서 창문에 붙이느라 그 테이프가 동이 난 적이 있다. 와서 고난을 받으라는 초대는 무척 껄끄러울 수 있고, 우리가 모방하고 싶은 근사한 문화만큼 매력적이지 못하다. 지금도 (2천 년 전과 마찬가지로) 방관자, 회의주의자, 적대자는 많아도 예수님을 좇는 사람은 만나기 힘들다. 때때로 나는 우리가 군중 속에서 정말로 복음을 전하고 있는지 의심스럽다.

나는 많은 좋은 것들이 작게 시작되어 점점 더 작게 자란다는 것을 배웠다. 초대교회의 이야기가 그런 것 같다. 물론 초대교회는 교인이 수천 명이나 늘어난 게 사실이다. 가난한 사람들, 버림받은 사람들, 세상에 진저리가 난 사람들이 몰려들었다. 그들은 세상의 찌꺼기였다. 성경은 초기의 예수운동을 이렇게 묘사하고 있다.

"바로 이 시각까지 우리가 주리고 목마르며 헐벗고 매 맞으며 정처가 없고 또 수고하여 친히 손으로 일을 하며 모욕을 당한즉 축복하고 박해를 받은즉 참고 비방을 받은즉 권면하니 우리가 지금까지 세상의 더러운 것과 만물의 찌꺼기같이 되었도다"(고전 4:11-13).

오늘날 우리의 상황은 무척 다르다. 우리는 세계에서 가장 부유한 사람들(최상류층 2퍼센트) 사이에 살고 있고, 이곳은 만만찮은 선교지이다. 우리는 부자가 하나님 나라에 들어가는 것보다 낙타가 바늘구멍에 들어가는 것이 더 쉽다고 선언하는 복음을 전하는 중이다. 그러나 밝은 면이 없지는 않다. 우리가 이런 복음을 전해 교인이 줄어들면 값비싼 건물이 필요 없을 테니까. 그리고 물론 가장 값싼 은혜를 쇼핑하는 기독교 문화에서는 껄끄러운 복음을 약간 부드럽게 만들고 싶은 유혹이 항상 있다. 사람들은 유다 지파의 사자보다 잘 길들여진 예수를 더 편하게 느끼기 때문이다.

오늘날 많은 크리스천은 '야베스의 기도'[1]를 통해서든 이라크 전쟁을 통해서든 하나님 나라가 승리의 개가를 울리며 도래하고 하나님의 영토가 확장되어 영광과 권능으로 세상을 접수하기를 바라는 것 같다. 그러나 이것은 바로 예수님이 광야에서 직면하셨던 유혹이다. 성전 꼭대기에서 뛰어내리거나 돌로 떡을 만들거나 기적으로 대중에게 충격을 주거나 권능으로 대중을 놀라게 하라는 유혹이다. 그러나 예수님은 그 유혹을 뿌리치신다. 교회는 콘스탄티누스의 칼이 지배하던 때부터 오늘까지 항상 그런 유혹에 직면해 왔다. 우리는 최신형 체육관 교회에서 암벽타기를 하는 모습을 보여주거나 피자 파티를 열어 아이들이 제단 앞에 고개를 숙이게 하는 등 대단한 광경을 보여 달라는 유혹을 받고 있다.

그러나 교회성장 전술가들과 초대형교회의 모델이 파는 치는 상황에서 나는 조금 다른 것을 제안하고 싶다. 하나님의 나라는 세상을 접수할수록 점점 더 작게 자란다는 것이다.

•

작은 것들의 하나님

•

테레사 수녀는 작은 것들 안에 있는 희망의 찬란한 빛을 선사한다.

믿음은
행동이 증명한다

"우리는 큰일을 할 수 없고 다만 큰 사랑으로 작은 일을 할 뿐입니다. 중요한 것은 당신이 얼마나 많은 일을 하느냐가 아니라 그 일에 얼마나 많은 사랑을 쏟느냐는 것입니다."

우리 집 현관에는 "오늘… 큰 사랑으로 작은 일을 합시다 (동의하지 않으면 문을 열지 마십시오)"라는 글이 새겨진 팻말이 걸려 있다.

우리는 혁명가이든 교회성장 전술가이든 대단한 일과 사랑에 빠지기가 쉽다. 그러나 단순히 우리의 비전이나 5개년 계획과 사랑에 빠지면 안 된다. 소위 '혁명'이나 '운동'과 사랑에 빠져서도 안 된다. 우리는 교회성장이나 공동체나 사회정의에 대한 우리의 비전에 이끌려 주변 사람을 돌보는 일과 같은 작은 것을 잊기 쉽다. 은사주의파에 속한 어느 여성이 나에게 "만일 사탄은 당신의 영혼을 훔칠 수 없으면 당신이 무의미한 교회사역에 계속 바쁘도록 만들 것이다"라고 말한 적이 있다.

내가 주로 영성 작가이자 동료 저항운동가였던 디트리히 본회퍼 덕택에 알게 된 탁월한 진리가 있다, 그 진리는 우리 집 벽에 이렇게 새겨져 있다. "공동체를 향한 자신의 꿈을 사랑하는 사람은 (그 의도가 아무리 진지해도) 공동체를 파괴할 것이지만 주변 사람들을 사랑하는 사람은 공동체를 만들 것이다."

이 진리는 지난 몇 년에 걸쳐 가장 유익한 진리들 중 하나로 판명되었다. 어느 공동체를 방문했더니 그들 나름의 표어가 있었다. "누구나 혁명을 원하지만 아무도 설거지를 하길 원치 않는다." 이는 우리가 비전 이상의 것, 열정 이상의 것을 갖고 있어야 함을 상기시켜준다. 우리는 실제적으로 기꺼이 서로를 섬기고 사랑해야 한다. 유명한 예배 인도자인 한 친구가 예배에 대해서도 그와 비슷한 말을 하는 것을 들은 적이 있다. 예배는 하나님께 사랑의 노래를 부르는 것인데, 우리에게 노래만 있다면 문제가 있다. 나는 아내에게 노래를 불러줄 수 있으나, 그녀는 내가 설거지를 할 때 내가 그녀를 사랑한다는 것을 정말로 안다. 우리와 함께 공동체에 사는 사람들은 우리가 그들에게 행동으로 사랑을 보여줄 때에야 그들을 사랑하는 줄 정말로 알게 된다. 어쩌면 그래서 예수님이 제자들의 발을 씻어준 것인지도 모른다. 아마 오늘날에는 세면실 배수구에 걸린 머리카락을 치우거나 아무도 하길 싫어하는 그런 일을 하셨을 것이다.

오늘날 많은 교회들이 그들의 사명과 비전을 너무도 사랑한 나머지 그것을 이루기 위해 각종 위원회에서 서로 헐뜯고 있다. 그리고 내가 아는 많은 운동가들 역시 더 나은 세상의 씨앗이 그들 곁에 있는 것을 망각한 채 더 나은 세상을 위해 싸우느라 서로를 찢고 스스로 탈진상태에 빠진다.

모든 피조물 안에 계시는 하나님, 이름을 물었을 때 "나는 스스로 있는 자"라고 대답하신 하나님을 당신의 두 손으로 감싸는 일은 쉽지 않다. 로마보다 더 크지만 겨자씨만큼 작은 나라 내지는 제국[2]인 그 세계를 향한 비전을 붙잡는 것은 쉬운 일이 아니다. 우리가 믿는 하나님은 온 우주를 창조하지만 마구간에서 태어나기로 선택하는 하나님이다. 이 하나님은 불타는 떨기나무, 고집 센 나귀, 그리고 어린이와 같은 작은 것들 안에서 갑자기 나타나신다. 그리고 우리는 하나님이 조금 더 가깝다고 느끼는 것을 좋아한다. 조안 오스번이 노래한 것처럼, 우리는 하나님이 "우리 중의 하나로…버스에 앉은 낯선 자와 같은" 존재가 될 수 있다면 좋겠다고 생각한다. 그러나 우리는 또한 '저기에' 안전한 거리를 두고 있는 그런 하나님을 원하기도 한다. 하나님이 우리 마음보다 더 크신 분인 것은 좋다. 우리는 우리의 두 손으로 신비로운 하나님을 감싸려고 발버둥을 치다가 그 초월적인 하나님을 금송아지나 금독수리나 황금십자가 안에 모셔놓고 그분을 만지고 붙잡고 또 온 세상에 팔고 싶은 유혹을 받는다. 그리고 우리는 하나님을 발견할 수 있는 성전을 갖고 싶어 한다.

우리의 하나님은 아기 피난민, 노숙자 랍비, 백합과 참새와 같은 작은 것들을 통해 세상에 들어오시는 분이다. 우리의 하나님은 백만장자가 바친 거액보다 과부의 동전 두 닢을 더 귀하게 여기시는 분이다. 우리의 하나님은 작은 사람들-모세라는 말더듬이 대변인, 발람의 고집 센 나귀, 라합이라는 거짓말하는 창녀, 다윗이라는 간음한 왕, 스승을 배신하고 의심하고 부인한 몰락한 제자들, 바울이라는 회심한 테러리스트-을 통해 말씀하시는 분이다.

•

초대형 교회

•

더 클수록 더 낫다는 말을 우리가 듣는다. 우리가 몸담은 세상은 갈수록 더 큰 것을 원한다. 우리는 감자튀김, 음료수, 자동차, 교회 등 무엇이든 대형을 좋아한다. 도시는 더 큰 경기장을 짓고 대규모 집회장은 더 많은 군중을 끌어 모으려고 한다. 이처럼 초대형을 좋아하는 세상에서 나는 소박한 주장을 하고 싶다. 우리의 목표는 점점 더 커지는 게 아니라 점점 더 작아지는 것이라야 한다는 주장. 나는 하나님의 나라를 위에서 똑똑 떨어지는 것이 아니라 바닥에서 부글부글 끓는 것으로 생각한다. 추는 다른 방향으로, 초대형교회에서 초소형교회로 움직였다. 초대형교회에서 나오는 많은 커리큘럼이 교인들을 소그룹에 속하게 하는 것은 참으로 아이러니하다. 초대형교회 속의 소그룹들이라. 많은 교단의 철학은 이백 명이 넘을 때마다 새로운 교회로 계속 가지치기를 해서 미국 삼나무보다 겨자처럼 재생산하는 방식으로 계속 성장하는 것이다. 다른 이들은 마치 '슬로푸드(slow food)' 운동이 값싸고 빠르고 영양분이 없는 패스트푸드 운동을 억제시키는 것처럼, 우리는 한결같고 끈기 있는 제자훈련과 영성형성을 통해 진정한 삶의 변화와 세계 변동의 열매를 맺는 '슬로교회' 운동이 필요하다고 주장한다. 내 친구 크리스 스미스가 「슬로처치」란 책을 썼는데 높이 추천하는 바이다. 이는 세상의 패턴과 정반대로 겨자씨와 비슷하다. 거기에 들어가려면 어린아이처럼 되어야 한다. 하나님은 진정 세계를 접수하고 계시지만 작은 사랑의 행위를 통해 그 일이 일어나는 중이다.

예수님 시대에도 웅장한 초대형교회가 있었다. 사람들은 거기서 하나님을 만나길 바라며 떼 지어 몰려들었다. 그들은 성전 시장에서 온갖 물건을 사면서 그런 것이 그들을 하나님께 더 가까이 데려가기를 바랐다. 그런데 예수님은 그 종교 시장의 한복판에서 테이블을 뒤집어엎고 환전상을 내쫓으신다. 예수님은 하나님을 위한 집을 건축한다는 명목으로 집 없는 과부들의 남은 생활비까지 걷어가는 종교 엘리트를 꾸짖으신다(막 12:38-44). 제자들이 성전 앞에서 그 굉장한 아름다움에 감탄하며 "정말 거대한 돌들입니다! 얼마나 웅장한 건물입니까!"라고 혀를 내두를 때, 예수님은 재빨리 경고하시며 "네가 이 큰 건물들을 보느냐?…돌 하나도 돌 위에 남지 않고 다 무너뜨려지리라"(막 13:1-2)고 말씀하신다. (그리고 우리는 왜 사람들이 그분을 그토록 미워했는지 의아해한다.)

　예수님은 성전을 그의 몸으로, 우리의 몸으로, 그리스도의 신비로운 몸으로 재(再)정의하시는데, 이는 신성한 것에 대한 독점권을 폐지시킨 것이다. 공동의 예배는 귀중한 그 무엇이 있지만, 두세 사람이 하나님과 함께 모이면 공동의 예배가 된다. 우리는 예배를 중앙집권화하려는 오랜 유혹을 물리치고, 특히 가난한 자를 위한 정의를 희생시키며 그렇게 하는 것에 저항해야 한다.[3] 예수님의 말씀대로 인간이 만든 성전은 무너질 터이고 돌 하나라도 돌 위에 남지 않을 것이다. (물론 권력층은 예수님을 처형할 빌미를 찾던 중에 그분이 성전을 파괴하겠다고 위협했다고 고소했다.) 사도행전 17:24절은 하나님께서 "손으로 지은 전에 계시지 않다"라는 사실을 상기시켜준다. 성경은 우리가 하나님의 성전이며 성령이 우리 안에 살아 계시다고 상기시킨다. 그리고 예수님이 마태복음 25:40절에서 말씀하시듯, 우리는 그들 중 가장 작은 자 안에서 변장한 예수님을 보게 된다. 어쩌면 우리가 거대한 강당에 못지않게 저녁 식탁이나 빈민가, 또는 거리에서 하나님을 만날 가능성이 있을 것이다. 물론 당신이 하나님께는 수백

만 달러짜리 초대형교회가 필요 없다는 소리를 하면 당신은 곤경
에 빠지게 될 것이다.

•

피난민의 하나님

•

하나님을 위해 수백만 달러짜리 초대형 교회를 짓는 시대에 우리
하나님이 천막을 더 좋아하신다고 상상하기란 정말 어렵다. 그러
나 하나님은 항상 천막생활과 깊은 관계가 있었다. 구약의 출애굽
기를 읽어보면 하나님이 이스라엘 백성과 함께 '천막에 거하신다.'
이 단어는 본래 '캠프를 치다'란 뜻이다. 하나님은, 리스바가 왕들
과 전쟁의 희생자인 아들들의 시신 곁에 있는 바위에 캠프를 치자
그녀와 함께하셨다. 하나님은 아기 피난민인 예수 안에서 임마누
엘('우리와 함께하는 하나님')[4]이 되시고 마구간으로 오신다. 그리고 하나
님이 피부를 입으시고 사랑이 무엇인지 보여주시는 것은 예수님의
삶을 통해서다. 요한복음은 이런 성육신 행위를 '하나님이 우리 가
운데 텐트를 치다'라고 표현한다. 그리고 하나님은 '머리 둘 곳도
없이' 자신을 환영해줄 환대의 집을 찾는 나그네로 갈릴리 지역을
유랑하신다.

하나님의 말씀은 "하나님은 손으로 지은 전에 계시지 않다"라고
주장함에도 불구하고 우리는 하나님이 거기에 계셔야 한다고 고집
한다. 사무엘하 7장에서 다윗 왕은 호화로운 집, 곧 레바논의 백향

목으로 지은 초대형 궁궐에 살면서 하나님도 더 화려한 처소가 필요할지 모른다고 생각하기 시작한다. 그러나 하나님은 다윗을 꾸짖으신다. "네가 나를 위하여 내가 살 집을 건축하겠느냐? 내가 이스라엘 자손을 애굽에서 인도하여 내던 날부터 오늘까지 집에 살지 아니하고 장막과 성막 안에서 다녔나니"(5-6절).

하나님은 천막에 거하신다. 그래서 내가 하나님을 가장 강렬하게 만났던 때를 기억하면 캠핑과 관련이 있다는 것은 놀랄 일이 아니다. 버려진 성 에드워드 성당의 대리석 바닥에서 숙박한 것, 바그다드의 알 몬처 병원 밖에서 야영한 것, 외국인 노동자들과 함께 행진할 때 교회 주차장에서 잠을 잔 것, 판자촌과 천막촌에서 모닥불 둘레에 서 있었던 것, 그리고 하나님이 창조하신 광야에서 야영한 것 등이다. 나는 그런 곳에서 하나님을 만났다. 그리고 하나님은 여전히 그런 곳에 거하신다. 물론 공동의 예배에도 능력이 있고, 내가 대중 속에서도 하나님을 느낄 때가 가끔 있지만, 그것은 카펫의 색깔이나 안락한 의자와 아무런 관계가 없다.

내가 사랑하는 공동체 중에 하나는 텍사스 주 웨이코의 어느 다리 밑에 모여 매주 예배를 드리는 사람들이다. 그들은 스스로를 '다리 밑의 교회'[5]라 부른다. 10여 년 전, 노숙자들과 그 친구들이 성경공부와 음식을 위해 모이기 시작해 현재는 하나님의 작은 혁명을 실천하는 것이 무슨 뜻인지를 이해하려는 온갖 사람들이 수백 명 모이고 있다. 그들은 그저 평상꼴의 트럭 한 대를 세워놓고, 하나님은 바로 거기에 나타나신다. 화려한 양탄자도 고급스러운 의자도 없다. 나는 그곳에서 말씀을 전하거나 예배를 드릴 때마다 그들에게 내가 본 것 중에 가장 아름다운 예배당이라고 말하곤 한다. (캘리포니아의 크리스털 교회[6]에서 이 책을 읽는 분들에게는 양해를 구한다.)

지금도 나는 기회가 있을 때마다 '다리 밑의 교회'에 간다. 그들은 여전히 건물이 없다. 아마 앞으로도 없을 것이다. 그곳은 내가 좋아하는 역대 예배당 중에 하나이다. 최근에 그곳을 방문했더니 그들이 왜 예배 밴드에 (기타 치는 흉내만 내는) 에어기타 연주자를 포함시켰는지 그 경위를 일러주었다. 이 친구는 그 공동체의 정규멤버로서 모험적인 상상력을 품고 때로는 예배 도중에 지나친 행동을 하곤 했다. 별안간 강단에 뛰어올라 밴드에 합류하기도 했다. 그리고는 록 스타처럼 에어기타를 연주하는 것이었다. 때로는 마이크를 붙잡거나 스탠드를 넘어뜨리고 이따금 예배 분위기를 산만하게 만들기도 했다. 그들은 그를 쫓아내는 대신 예배 밴드의 일원으로 삼았다. 그리고 그 친구가 무대를 점령하지 못하게 하려고 테이프로 그의 장소를 사각형으로 만들어주었다. 얼마 전에는 그 친구가 기타를 갖게 되었다는 소식을 들었다. 그들은 단지 그 기타를 플러그에 꽂아주기만 하지 않는다. 모든 사람이 그를 그렇게 포용하는 것을 좋아한다. 물론 그 친구도 좋아한다. 그의 예배는 '주님께 올라가는 향기로운 향'이라고 나는 확신한다.

사실 예수님과 제자들이 오늘날의 화려한 교회를 보면 당혹감을 감추지 못할 것이다. 그들은 아마 예배당의 분수를 포도주 샘으로 바꿀 것이고, 아이들을 초대해 침례용 물통에서 헤엄치게 할 것이며, 절름발이들이 큰 문으로 들어오지 못하면 지붕에 구멍을 뚫을 것이며, 구내서점에 있는 금전등록기를 뒤집어엎을 것이다. 그

믿음은
행동이 증명한다

순간 교회 관리인이 예수님을 나무라며 "당신이 예수님이세요? 정말로 마구간에서 태어난 게 맞아요?"라고 물으면 예수님이 고개를 끄덕이실 것이다.

•

윌로우 크릭 교회

•

몇 년 전, 윌로우 크릭 교회가 '제2장'에 대한 비전을 발표했다. 거기에는 수천만 달러의 예산이 드는 건물 확장 계획이 포함되어 있었다. 내 마음이 철렁 내려앉았다. 윌로우 크릭 교회 안팎의 많은 복음주의자들은 그 새로운 프로젝트에 대해 굉장한 염려를 표명했다. 나는 그에 대해 공개 발언을 삼가기로 했는데 사적인 자리에서 질문을 받으면 그냥 눈물만 흘릴 뿐이었다. 그 계획은 내 마음을 찢어놓았다. 나는 내가 매우 존경하는 담임목사 빌 하이벨스를 비롯해 윌로우 크릭의 리더들과 이메일을 주고받기 시작했다.

나는 성경에 나오는 십일조와 헌금에 대해 많이 연구한 결과 그것들이 가난한 사람들에게 자원을 재분배하기 위한 것이지 교회 건물을 짓고 교역자들을 충원하기 위한 것이 아니라는 점을 확실히 알게 되었다. 나는 교부들과 교모들의 글을 인용했는데, 그들은 교회 헌금을 희년의 재분배 이외의 용도를 사용하는 것을 부끄러운 행습으로 하나같이 질책했다. 테르툴리아누스, 순교자 유스티누스, 아우구스티누스, 이레니우스, 대(大)바실, 나지안주스의 그레고리, 제롬, 요한 크리소스톰, 아리스티데스 등 이 모든 교부들은 교회 헌금은 가난한 사람들의 권리인즉 그들에게 줘야 합당하다고 증언한다. 특히 암브로스는 밀라노의 감독이 되자마자 교회 안에 금으로 된 기물들을 모두 녹이며 이렇게 말했다.

"교회가 금을 갖고 있는 까닭은 쌓아놓기 위해서가 아니라 펼쳐놓고 필요한 사람들에게 쓰기 위해서다. 주님께서 '너희는 왜 그토록 많은 사람이 굶어 죽게 내버려두었느냐?'고 묻지 않으시겠는가?"

나는 윌리우 크릭의 리더십에게 우리 교회가 가난한 자의 것을 도둑질하고 횡령하는 죄를 범하는 것이 두렵다고 내 의견을 준엄하고 진지하게 표명했다. 그리고 우리 친구인 '가톨릭 노동자들'의 이야기를 들려주었다. 가톨릭 대주교의 관구에서 수백만 달러짜리 성당을 짓기로 결정했을 때, 우리 친구들은 불도저 앞에 무릎을 꿇고 기도하기로 결심했다. 그들은 결국 체포되었고, 그것을 계기로 성당 지도자들뿐 아니라 가난한 사람들과 소외된 사람들도 참석하는 변혁적인 대화의 장이 마련되었다. 나는 윌로우 크릭의 리더들에게 우스갯소리로 나 자신은 불도저 앞에서 '버틸' 계획은 없다고 말하면서, 오늘날의 절박한 상황으로 보건대 우리가 금식하며 그 건물의 비용에 대해 깊이 생각하되 그 건축 비용뿐만 아니라 전 세계 이웃의 견지에서 그 비용을 고려할 것을 촉구했다. 그래서 우리는 실제로 그렇게 했다.

이어서 나는 그들에게 초대교회 시절을 상기시켰다. 당시에는 모든 신자가 먹을 만큼 음식이 충분하지 않을 경우에는 모두가 식탁에 나올 수 있을 때까지 공동체 전체가 금식을 하곤 했다. 우리는 신축 공사장에서 진행할 장기적인 공동 금식에 대해 고려해보았다. 빌 하이벨스와 나는 이메일을 주고받으며 이 결정의 중대성에 대해 씨름했다. 놀랍게도, 방어벽을 쌓을 필요는 없었다. 이 모든 계획이 존중을 받으며 원만하게 실행되었다. 사실 그것은 사람들을 서로에게서 격리시켜 부와 가난의 게토에 가둬놓는 벽을 허물고자 하는 시도였다.[7]

월로우 크릭이 몇 십 년에 걸쳐 진화하는 모습을 지켜보는 것은 멋진 경험이었다. 그들은 '완전히 헌신된 예수님의 추종자'를 만든다는 그들의 사명을 매우 진지하게 여긴다. 그들은 신자가 된다는 뜻과 추종자가 된다는 뜻을 구별하고, 그들의 목표는 사람들이 예수님을 믿게 되는 것에 그치지 않고 그들이 실제로 예수님을 좇게 하는 데 있다. 몇 년 전 그들은 그 목표를 얼마나 성취하고 있는지 알고 싶어 조사를 실시했다. 그들이 발견한 바는 그리 고무적이지 않았다. 칭찬할 만 한 점은 그들이 조사결과를 공개했다는 사실이다. 그 조사가 밝힌 문제점은 월로우 크릭에 국한되지 않고 복음주의 진영 전반에 해당되는 것이었다. 우리가 복음전도에 열정을 품다보면 제자도를 소홀히 하게 된다. 한 유명한 목사의 말을 빌리자면 "우리 기독교는 길이가 1마일이고 깊이는 1인치에 불과하다." 감사하게도, 요즘은 제자도와 영성 형성을 새롭게 강조하는 편이고 월로우 크릭도 마찬가지다. 그 연구조사 이후 월로우 크릭은 그들의 헌신을 심화시키고 그 목표에 충실해지기 위해 대규모 변화를 이루었다. 나는 그 진면목을 보기 위해 약간 기웃거려야 했다.

왜냐하면 그들은 그런 것을 자랑하지 않기 때문이다. 그러나 나는 '사람들을 알고' 있다. 내부 정보를 통해 나는 다음과 같은 믿을 만한 정보를 얻게 되었다.

월로우 크릭이 일 년 동안 수행했던 일을 몇 가지 소개하면 이렇다. 그들은 1270톤의 식품을 어려운 이웃에게 나눠주었다. 라틴 아메리카에 11개의 진료소를 여는데 310만 달러를 썼다. 아프리카에 태양광 급수 장치를 28개 설치하고 106개의 우물을 파서 20만 명에게 물을 공급했다. 미국에서 최대 규모의 공정무역 엑스포를 주관했다. 짐바브웨에 50만 개의 씨앗 봉지를 보내려고 씨앗을 분류하기 위해 16000명을 동원했다. 가장 어려운 나라들에 보낼 물건을 12미터짜리 선박용 컨테이너 18개를 가득 채웠다. 잠비아에 보내려고 모기장을 포함해 많은 물건을 담은 꾸러미를 13000개 만들었다. 자원봉사자 변호사 팀을 통해 893명에게 무료 법률 자문을 베풀었다. 여덟 군데 감옥에 유치된 죄수 5000명을 방문했다. 헐벗은 사람들에게 외투 10,728개를 주었다. 2010년에는 월로우 크릭에 개설된 35,000번의 자원봉사 기회가 다 채워졌다. 이는 실로 놀라운 연민의 사역임에 틀림없다. 그리고 이런 본보기들은 대형교회들과 복음주의자들 뿐만 아니라 모든 교회와 모든 크리스천에게 믿음을 행동으로 실천하도록 도전한다.

그리고 나는 빌 하이벨스에게 또 한 통의 편지를 썼다. 그것은 방금 열거한 사역들을 축하하고 그 교회를 통해 예수님을 알게 된 모든 사람으로 인해 감사하는 편지였다. 어쨌든 비판하기 위해서만이 아니라 칭찬하기 위해 진실을 말하는 것도 중요하지 않은가. 그

믿음은
행동이 증명한다

리고 빌은 나에게 멋진 답장을 보냈다.

●

또 하나의 신화

●

우리가 커질수록 선한 일을 더 많이 할 수 있다는 신화가 만연되어 있다. 그러나 실제로 그렇게 이뤄졌다는 증거는 별로 없다. 나 자신의 연구와 경험에 따르면, 교회의 교역자와 자산이 늘어날수록 교회운영비 이외에 대의를 위해 기부하는 액수가 극적으로 줄어들고, 특히 가난한 사람들에게 직접 베푸는 돈이 그렇게 된다. 최근의 한 연구는 부유한 사람들이 가난한 사람들보다 (비율적으로) 덜 관대하고, 큰 교회들이 작은 교회들보다 (비율적으로) 가난한 사람들에게 덜 베푼다는 것을 보여주었다. 우리가 현재 희생적인 베풂의 문화를 육성하지 않는다면 마법에 걸린 듯 모든 것을 내놓는 그런 공동체를 이룰 수 없다. 간디가 가르친 것처럼, 수단은 우리가 바라는 목적을 나타내야 하고, 여정은 목적지만큼 중요하다. 만약 우리 사회가 현 상태에서 초기 예수혁명을 특징지었던 문화적, 경제적 다양성을 반영하지 못한다면, 나중에 어떻게 그것을 반영할 수 있겠는가?

보통은 무엇이든 빨라지고 그 규모가 커질수록 점점 더 동질화되는 경향이 있다. 공화당 전당대회에 모인 군중이든 대형교회에 몰려드는 사람들이든, 우리는 우리와 비슷하게 생기고 비슷하게 생각하는 사람들 주변에 있기를 좋아한다. 우리가 다문화주의와 화해를 향한 원대한 비전을 교회 속으로 영입하고 싶다면, 그런 비전이 먼저 개인적인 관계와 가정, 곧 우리의 식탁과 거실에서 구체적으로 실천될 때에만 가능하다. 이 때문에 예수님이 로마의 세리와 열심당원, 어부와 바리새인, 그리고 창녀와 함께 식탁에 둘러앉아 그 모든 일을 시작하신 것일 테다.

우리가 우리의 건물을 세울 때 '인간 성전들'은 배가 고프고 집이 없어 파괴되고 있다. 앞선 예언자들이 한쪽에서 어린이들이 굶어 죽어가는 데도 교회가 수백만 달러를 건물에 쏟아 붓는 모습을 본다면 살인죄를 범하고 있다고 말할 것이다. 이런 생물학적 가족을 상상해보라. 자식들이 굶주리고 있는데 아버지가 호화로운 저택을 짓고 있는 모습을. 그 아버지는 정신병원으로 끌려가든지 감옥에 갇힐 것이다. 그런데 우리가 새로운 눈을 얻어 서로를 형제와 자매로 보는, 중생한 사람들로 구성된 가족 안에서 만일 이런 일이 일어난다면 얼마나 더 터무니없는 현상이겠는가?

개인의 자산이 사적인 공간에 더 많이 보유되면 될수록 공동의 자산이 더욱더 필요해진다. 그리고 우리가 공동 자산의 영토를 확대해도 사적 자산은 여전히 신성한 것으로 남는다. 이러한 순환은 계속된다. 그래서 교회가 점점 더 큰 건물과 체육관, 식당을 지으면 우리는 가정의 식탁이나 거실에서 만날 가능성이 더 줄어든다. 결국 우리는 공동의 공간에서만 예배를 집중적으로 드리게 된다. 손님대접은 그 필요성이 줄어들고 선택의 문제로 바뀐다. 다른 한편, 교인들이 가정과 정원을 개방하고 자동차와 놀이 공간을 공유한다면 공동 자산의 필요성은 그만큼 줄어들 것이다.

이 모든 현상의 저변에 깔린 생각은 헌금이나 십일조가 교회의 소유라는 것이다. 그러나 성경은 헌금이 하나님의 재분배 수단이며 가난한 자들의 것이라고 한결같이 가르친다. 가난한 사람들에게 돈을 주는 것은 교회 예산에 포함될 것이 아니라 그 자체가 바로 예산이다. 혹자는 이스라엘 백성의 헌금의 작은 부분(10퍼센트 이하)이 레위지파 제사장들에게 주어졌고(느 12:47), 초대교회에서는 그보다 작은 몫이 순회 복음전도자들에게(이들도 가난했다. 고전 4:11) 주어질 수 있었다고 반박할지 모른다. 그러나 초대교회의 최초의 조직 구조가 고아와 과부들에게 자원을 재분배하는 질서를 확보하려고 형성되었다는 것은 결코 우연이 아니다(행 6:1-6).

역사적으로 볼 때, 헌금은 하나님의 재분배 경제의 일부였고 90퍼센트 이상이 가난한 사람들에게 돌아갔다. 우리는 지금 하나님이 세우신 질서를 거의 역전시킨 시대에 살고 있다. 평균적으로, 교회 헌금의 85퍼센트가 내부 비용으로, 주로 우리의 필요를 채우고자 교직원들과 건물에 사용되고 있다. 이것은 신학자 레이 메이휴가 그의 에세이 "교회의 횡령: 현대 기독교의 공동의 죄"**8**에서 지적한 대로 횡령이나 다름없다. 교회를 다니는 대다수 크리스천이 수입의 3퍼센트 미만을 헌금으로 바치고 가난한 자에게 돈을 주는 다른 방법을 찾는다는 것은 놀랄 일이 아니다.

우리의 지구촌 가족

나는 지구촌 이웃을 우리 자신처럼 사랑하자는 맥락에서 윌로우 크릭과 다른 교회들에게 '희년 캠페인'이라 불리는 대안적 비전을 제안할 수 있었다. 이는 빌딩 프로젝트에 드는 돈 1달러에 1달러씩 적립하자는 캠페인이다. 이 아이디어는, 어느 교회가 이웃을 그들 자신처럼 사랑하기로 헌신한 것을 분명히 하려고 헌금의 51퍼센트를 교회 바깥에 베풀고 있다는 소문을 들은 후에 생긴 것이다. 나는 이 아이디어를 여러 번 내놓고 또 목사를 위한 수련회에서도 몇 번 제안한 이후 실제로 그렇게 했다는 편지를 많이 받았다! 어떤 아이디어를 내놓았는데 사람들이 선뜻 받아들이는 모습을 보면 정말로 신난다. 특히 즉흥적으로 제안한 경우가 더 그렇다. 어떤 교단들은 그것을 하나의 규약으로 만들어 모금 캠페인과 더불어 희년 기금을 마련하는 운동을 일으킬 수도 있을 것이다.

이런 것이 일으킬 파동을 상상해보라. 예컨대, 엘살바도르에는 우리의 가까운 친구들이 있다. 그들 중 일부는 우물을 파려고 애쓰는 토착민들이다. 작년에 엘살바도르에서는 15,000명에 달하는 사람들이 깨끗한 식수가 없어서 목숨을 잃었다.

우리 동네에 사는 과학자 아톰과 그 부부가 조직한 식수개발 팀은 한 마을 전체가 마실 수 있는 우물을 파는 데 2천 달러의 비용이 든다는 것을 알았다. 만일 복음주의 초대형교회들이 식수가 부족한 여러 나라에 물을 공급하는 사업이나 에이즈를 종식시키기 위해 싸우는 프로젝트로 전 세계에 알려진다면 어떻게 될까? 그런 소문이 우리가 전하는 좋은 소식에, 특별히 가난한 사람들에게 기쁜 소식이라고 예수님이 선언한 그 복음에 얼마나 큰 신빙성을 더해 줄까?

•

관계의 십일조

•

윌로우 크릭 교회 지도자들과 주고받은 대화는 이웃의 눈에서 티를 빼내려고 애쓰는 것보다 우리 눈에서 들보를 빼내게 하는 촉매제가 되었다. 교부 이그나티우스는 우리 교회가 가난한 사람과 압제받는 사람과 배고픈 사람을 돌보는 일로 특징지어지지 않는다면 이단의 죄를 범하는 것이라고 말했다. 새로운 종교개혁은 늦어도 한참 늦었다. 하나님은 헌금을 재분배의 수단으로 삼고자 했기 때문에 만일 헌금이 그렇게 사용된다면 어떻게 될지 우리가 꿈꾸기 시작했다. 우리는 초대교회가 헌금을 사도들의 발 앞에 두어 필요한 사람들에게 재분배되도록 했다는 사실을 생각했다. 그래서 마침내 작고 아름다운 아이디어를 고안하게 되었다. '관계의 십일조'란 것이다.[9]

'관계의 십일조'는 전 세계의 거듭난 친구들이 작은 세포들로 조직되어 서로를 돌보는 네트워크이다. 초대교회처럼 모든 헌금과 필요를 공동체 앞에 내어놓는다. 초대교회와는 달리, 우리는 블로그를 갖고 있고 전 세계로 돈을 송금할 수 있다. 우리 수입의 10퍼센트는 공동기금으로 적립된다. 정기적으로, 우리 이웃과 마을의 필요도 공동체 앞에 내어놓고 우리가 할 수 있는 만큼 그 필요를 충족시킨다. 한편, 우리는 경제학자로부터 노숙자까지 우리를 갈라놓는 경제적인 장벽을 파격적으로 허무는 관계를 형성하고 있으며, 혼자보다 다함께 더 많은 일을 할 수 있다고 믿고 있다.

우리는 힘을 합쳐 친구들이 자동차를 사고, 공공요금을 내고, 새로운 일자리를 만들고, 자녀들을 여름캠프에 보내고, 생일파티를 열어주고, 첫 휴가를 가도록 도왔다. 이 모든 일은 관계를 통해 일어난다. 진실한 친구관계를 맺지 않은 사람은 줄 수도 없고 받을 수도 없다. 2004년 태국에서 쓰나미가 발생했을 때 우리는 두 회원을 현지에 보냈고, 그들이 피해자들의 필요를 공동체 앞에 내어놓았을 때 우리가 그들의 울타리와 배와 운동장을 보수하도록 도울 수 있었다(이는 「방콕 포스트」에 보도되었다). 그리고 2005년 태풍 카트리나가 걸프 지역을 강타했을 때, 우리 회원들과 다른 친구들이 식물성 폐유로 달리는 버스로 물자와 인력을 루이지애나 현지에 보냈다(당시는 가스 값이 폭등했던 때라 폐유를 사용하는 게 더욱 뿌듯했다).**10** 우리 회원들은 또한 가족과 공동체의 네트워크를 조직해서 피난민들을 위해 가정을 개방하도록 돕기도 했다. 이런 이야기야말로 두툼한 지갑과 풍성한 사랑을 지닌 부모를 모신 인류 가족을 향한 하나님의 비전으로 들리지 않는가.

10년이 지난 지금도 '관계의 십일조'는 여전히 활발하게 움직이고 있다. 아니, 해마다 더 활발해지는 듯하다. 지금은 세계적인 운동이 되어 전 세계에 '공동의 변화'(Common Change)란 이름의 우산 아래 작은 집단들이 흩어져 있다. ('관계의 십일조'는 여전히 10년 전에 창립한 서른다섯 명이 설립 공동체로 남아있다.) 우리는 교회와 공동체들이 그들 나름의 사역을 전개하는 모습을 목격했다. 그 중심에는 모든 사람의 필요를 채울 만큼 자원이 충분히 있고, 우리는 자율적인 상태보다 함께할 때가 더 낫다는 근본적인 믿음이 있다. 그러나 어려운 사람을 사랑하려면 우리가 먼저 그들을 알 필요가 있다. 그래서 우리는 여전히 우리가 아는 사람들에게만 도움을 준다 (기관이나 신문에서 읽은 사람들에게는 선물을 주지 않는다.) 서로를 알아야만 공동체가 형성된다. 그리고 우리가 어떻게 하면 가장 책임 있게 자원과 필요를 공유할지 그 지혜가 생긴다. 최근에는 우리가 사람들을 대학에 보냈고, 강도에게 빼앗긴 돈을 보충했고, 괴한에게 부서진 자동차를 고쳐주었고, 결혼지참금을 지불했고, 틀니를 사주었다. 2005년에 출범한 이후 지금까지 전 세계의 수천 가족과 85만 달러 이상을 나눌 수 있었다. 그리고 "작게 자라는 것"의 비전에 걸맞게 작은 집단들은 계속 증식하고 있고 우리의 자원도 마찬가지다. 그래도 변함없는 것은 친구들이 친구들과 공유하는 일이다. 당신이 있는 그곳에서도 이런 실험을 해보길 바란다.

겨자씨 혁명

예수님은 하나님의 나라를 묘사하기 위해 뜻밖의 비유를 사용하시곤 한다. 예컨대, 누룩과 같은 것이다. 유대인은 누룩을 좋아하지 않았다. 예수님은 누구나 경계해야 할 바리새인의 전염성 있는 오만을 묘사할 때도 똑같은 비유를 사용하셨다. 그래서 그분은 누룩의 이미지를 탐구하지 않을 사람들에게는 하나님의 나라가 겨자와 같다고 말씀하신다. 유대인들이 겨자의 비유를 더 좋아했을지 모르겠다. 예수님이 사용할 비유가 바닥나서 그랬을까? 그렇다고 생각하진 않는다. 나는 겨자씨 비유에 관한 그럴듯한 설교를 많이 들었는데, 하나님이 작은 씨앗을 취해서 큰 나무를 만드신다는 얘기였다. 하지만 거기에는 그 이상의 심오한 의미가 있다고 생각한다.

마태는 겨자씨 비유를 밭 가꾸기에 관한 이야기 중간에 전략적으로 배치했다. 그 이야기에서 예수님은 밭에서 가라지를 뽑지 말고 알곡과 가라지가 함께 자라도록 내버려두라고 명하신다(마 13:24-30, 36-43). 이어서 청중에게 하나님의 나라가 풀처럼 자라는 겨자씨와 같다고 말씀하신다(마 13:31-35). 나는 어떤 농부가 겨자는 칡[11]과 비슷하다고 말하는 것을 들은 적이 있고, 또 어떤 도시 설교자가 그것을 버려진 가옥과 보도 틈에서 자라는 야생초에 비유하는 것을 들은 적도 있다. 겨자가 자라는 광경이 1세기 유대인에게는 낯익은 것이었을 테고, 그 상징적인 뜻도 아주 분명했을 것이다.

예수님이 말씀하시는 순간에도 그들 주변에서 자라고 있었을지 모른다.

유대인들은 질서를 중요하게 여겨 밭을 가꾸는 데에도 엄격한 규칙을 적용했다. 그 규칙 가운데 하나는 겨자를 못 들어오게 하는 것이었다. 겨자는 가지런히 자라는 채소와 다른 식물들을 침범해서 재빨리 밭 전체를 점령하는 것으로 악명이 높았다. 그러면 겨자밖에 남지 않는다. 유대인의 율법은 밭에 겨자를 심는 것조차 금했다. 따라서 1세기의 농부들이 예수님의 비유를 들었을 때 킥킥거리며 웃거나 죽기 전에 당장 꺼지라고 으름장을 놓았을지도 모른다. 여기서 예수님은 슬며시 세상을 점령하는 하나님 나라를 묘사하려고 이 악명 높은 식물을 사용하고 계신다.

당시 많은 사람들은 하나님 나라가 승리의 개가를 부르며 도래할 것으로 기대했고, 하나님 나라가 거대한 삼나무처럼 모든 나무들 중에 가장 큰 (예언자들이 말한) '레바논의 백향목' 이미지에 친숙해 있었다. 레바논의 백향목 이미지는 군중으로부터 열광적인 '아멘'의 화답을 불러일으켰을 것이며, 어떤 사람들은 덩실덩실 춤을 추었을 것이다. 그러나 예수님은 이런 승리의 기대에 찬물을 끼얹으셨다. 겨자는 아무리 크게 자라도 작은 관목 높이밖에 되지 않기 때문이다.

예수혁명은 이 세상의 제국들에 대한 정면공격이 아니다. 그것은 한 번에 작은 생명 하나에, 환대하는 집 하나에 퍼지는 은근한 전염이다. 다소의 사울이 암세포처럼 퍼지는 이 전염을 근절하기 위해 집집마다 돌아다녔다는 사실이 흥미롭지 않은가? 그러나 사람들이 그것을 근절시키려고 열심히 노력할수록 그것은 더 빨리 확산되었다. 그리고 마침내 바울 자신도 전염되고 말았다. 겨자풀이 그의 발목을 잡은 것이다.

내가 좋아하게 된 또 한 명의 회심자는 미누시우스 펠릭스라는 사람이다. 그는 초기 크리스천들을 박해한 사람으로 그 도를 따르는 사람들은 '무성하게 자라는 잡초처럼' 온 세상에 급속히 퍼지는 '불경스러운 음모', '불손한 도당'이라고 저주했다. 이어서 어떤 대가를 치르더라도 박멸하고 발본색원해야 한다고 외쳤다. 그러나 몇 년 후, 그는 전염성이 강한 하나님의 사랑의 불이 붙어 작은 겨자씨 음모에 합류했다.[12]

겨자는 항상 얼얼한 맛으로 유명했다. 로마제국 시대에 겨자는 힘의 상징이었다. 페르시아의 다리우스 왕은 유럽을 침략했다가 알렉산더 대왕과 부딪혔다. 다리우스는 자기 군사가 많다는 것을 은근히 알려 알렉산더의 기를 꺾을 요량으로 참깨 자루를 보냈다. 이에 알렉산더는 겨자씨 자루를 보내며 이런 메시지를 전했다.

"그대의 군사가 많을지 몰라도 우리는 강하다. 우리는 그대를 다룰 수 있다."

알렉산더가 전투에서 승리했다.

그리고 예수님은 힘을 거꾸로 뒤집어놓으신다. 예수님의 힘은 부수는 데 있지 않고 오히려 부서지는 데 있었고 제국의 칼을 십자가로 승리하셨다. 겨자가 제 힘을 발휘하려면 부서지고, 가루가 되고, 깨져야 한다. 요한복음에서 예수님은 자신의 죽음과 부활을 깨진 씨앗에 비유하며 "한 알의 밀이 땅에 떨어져 죽지 아니하면 한 알

그대로 있고 죽으면 많은 열매를 맺느니라"(요 12:24)고 하셨다. 이것이 바로 우리가 기뻐하는 놀라운 비밀이다. 성만찬의 알곡과 포도처럼 그 몸이 찢어지고 그 피가 흘러내린 그리스도이다.

겨자는 또한 치유력을 지닌 것으로 유명하다. 그것을 가슴에 문지르면 호흡이 용이해진다. 겨자는 예수혁명의 공식 스폰서였고, 거꾸로 뒤집어진 힘의 상징이었으며, 치료제이자 유대인의 정결한 음식을 찍어 먹기에 딱 좋은 향료였다.

그러나 예수님은 앞부분의 말씀만으로는 충분하지 않은 듯 한 가지를 더하신다.

"공중의 새들이 와서 그 가지에 깃들이느니라"(32절).

히브리인들은 '레바논의 백향목' 이미지를 생각하며 모든 민족이 그 가지에 둥지를 틀 것이라는 기대를 품고 있었다. 그런데 예수님은 공중의 새가 겨자나무에 와서 앉을 것이라고 말씀하심으로써 유대인들의 생각을 완전히 뒤집어놓으신 것이다. 공중의 새는 백향목에 거주하는 힘센 독수리가 아니라 죽은 동물의 시체를 먹는 가증스러운 새를 지칭하는 것이었다(창 15:11, 신 28:26). 농부들은 공중의 새들이 밭에 앉지 않기를 바랐다. 그들이 허수아비를 세운 까닭도 그 때문이었다. 그러나 예수님은 하나님 나라가 그런 새들을 위한 것이라고, 환영받지 못한 사람들이 이 작은 나무에 둥지를 틀 것이라고 말씀하신다.

잡초가 콘크리트를 뚫고 나올 때

오늘날 많은 사람은 하나님 나라가 대규모 성장 모델을 좇아 도래할 것으로 믿고 있다. 그런데 우리는 (비유적으로나 물리적으로) 하나님께 닿기를 바라며 높은 탑과 화려한 예배당을 지을 때 어떤 일이 생기는지 잊고 있다. 그런 일을 할수록 우리는 동산에서 우리와 함께했던 하나님, 광야에서 우리와 함께 야영했던 하나님, 예수님 안에서 우리와 함께 천막을 치셨던 하나님, 작은 씨처럼 오시는 하나님으로부터 점점 더 멀어지고 있음을 발견한다. 분명히 말하건대, 우리는 성장하고 싶다. 사도행전에 나오는 초대교회에 삼천 명이 더해졌듯이, 우리도 수천 명이 예수님과 사랑에 빠지고 그의 혁명에 참여하는 광경을 보고 싶다. 그러나 성장은 위로 올라가지 않고 밖으로 퍼져간다. 그것은 기념비가 아니라 운동이다. 알콜중독자갱생회(AA)를 생각해보라. 나는 교회가 AA를 대치할 필요가 있다고 생각하진 않지만 그들로부터 배울 것이 있다고 생각한다. 우리 대다수는 열두 단계에 대해서는 들어보았지만 열두 전통에 대해서는 친숙하지 않다. http://www.aa.org/assets/en_US/smf-122_en.pdf. AA의 리더십은 비위계적인 "역(逆) 피라미드"로 불려왔으며, 이는 대다수 교회와 매우 다른 모양이다. AA는 또한 외부의 기부를 받지 않는 자립적인 단체이다. (기부금은 기부자에게 너무 큰 힘을 준다.) 익명성과 역 피라미드 모델은 대변인이 없다는 뜻이다. (이는 "양성의 무정부 상태"라고 불린다.) 그들은 어떤 건물도 없고 전문적인 간사도 필요 없다. 홍보 정책은 선전이기보다는 사람을 *끄는* 힘이다. 이는 세계에서 가장 널리 퍼진 운동의 하나이고, 수많은 사람이 거기서 치유와 공동체를 찾았다.

성경에 기록된 가장 초창기의 이사 중 하나는 아름다운 작은 동산에서 끔찍한 큰 도시로 옮긴 것이다(창 11:1-9). 사람들은 마천루 같은 바벨탑을 세우기로 결정해서 그 인근지역이 바벨론으로 알려지게 되었다. 성경은 그들이 "우리 이름을 내기를" 원했다고 말한다. 그들은 하늘의 아름다움에 도달하기를 원했지만, 결국 동산에서 그들과 함께 살았던 하나님으로부터 더 멀어지는 그들 자신을 발견하게 된다. 하나님은 빠르게 그들의 건축계획을 끝장내셨고, 그들을 각처에 흩어 서로 다른 언어를 가진 다른 민족들을 이루게 하셨다. 그리고 하나님은 궁극적으로 성경이 '큰 음녀 바벨론'이라 부르는 것을 무너뜨리는 중이시다.

내 친구 토니 캠폴로는 바벨론이 계시록 19장에서 무너질 때 그 추락에 대해 두 가지 반응이 있다고 지적해줬다. 땅의 왕들과 모든 상인들과 비즈니스맨들은 울며 애곡한다. 그들이 망하게 되었기 때문이다. 반면에 천사들은 바벨론이 없어져서 기뻐한다. 따라서 이런 질문이 생긴다. 바벨론이 무너질 때 우리는 상인들 및 왕들과 함께 울 것인가, 아니면 천사들과 함께 기뻐할 것인가? 이스라엘은 하나님께 충성을 다하지 않는다고 거듭 책망을 받고 있다. 그들이 제국의 권력과 부와 군사력에 매료되어 창녀처럼 제국으로 달려가기 때문이다.

이 모든 것은 동산에서 시작되나 도시에서 끝난다. 새 예루살렘이 하나님의 도시로서 그 베일을 벗는 것은 아름다운 일이다(계 21). 거기에는 화려한 교회 건물도 심지어 성전도 존재하지 않을 터인데(22절), 하나님이 에덴동산과 광야에서 그랬듯이 다시금 우리 가운데 사시기 때문이다. 우리는 도시에 그 동산을 가져오게끔 되어 있다. 내가 한 이웃과 나눈 대화에서 그는 우리가 도시 속 정원을 가꾸는 일 배후의 신학을 잘 설명해주었다. "우리는 필라델피아 북부에 에덴동산을 가져오고 있는 중이다." 생명수 강과 생명나무가 이 세계를 접수했다. 우리는 도시의 한가운데서 하나님과 야영을 하는 것이다! 우리의 탑과 성전이 하늘에 닿는 것이 아니라 하늘의 하나님이 땅에 내려오셔서 우리 가운데 사신다(3절).

우리가 우리의 탑이 취약하다는 것을 알아챌 때, 우리의 시장이 허무하다고 느낄 때, 평화를 도모하려는 제국의 시도가 실패하는 것을 볼 때, 이것은 우리에게 좋은 소식이 된다. 이처럼 도시에 정원을 가져오는 것, 이것은 우리가 기대하는 일일 뿐 아니라 우리가 실행하기 시작하는 일이기도 하다. 유독성 폐기물이 버려진 곳에 씨앗을 심고, 쓰레기들이 뒹구는 땅뙈기를 정원으로 가꾸고, 장난감 무기들을 해체해서 모자이크를 만들고, 낡은 타이어와 속이 빈 TV와 컴퓨터 모니터들을 지붕 위의 화분으로 만드는 일이다. 그리고 전염성 있는 하나님의 사랑이 작은 겨자 식물처럼 온 땅에 두루 퍼지고 있고, 온 세상을 접수할 때까지 점점 더 작게 자라고 있다.

믿음은
행동이 증명한다

미쳤지만
혼자가 아니다

-

-

-

우리는 모순어법과 모순이 판치는 세상에 살고 있다. 오랜 농담 중에는 "왜 우리는 (대문에서 현관까지의) 차도에 주차하고 공원도로에서 드라이브하는가?"란 농담이 있다. 또 우리가 날마다 접하는 '좋은 아침들,' '학교 음식,' '플라스틱 은그릇,' '리얼리티 TV'와 같은 모순어법도 있다. 그리고 이따금 보게 되는 '일하는 휴가', '나쁜 행운', '낡은 뉴스', '파산한 백만장자', '다이어트 과자' 등의 어구도 있다. 끝으로, '군사용 지능', '평화유지용 미사일', '정당한 전쟁', '똑똑한 폭탄', '우호적인 포격'과 같이 무척 거슬리는 모순들도 있다. 도대체 우리가 왼쪽과 오른쪽, 옳은 것과 그른 것을 구별할 수 있는지 모르겠다.

나는 눈에 안 보이는 것을 바라고 세상이 현재와 달라질 수 있다고 믿는 이들을 미친 사람들로 생각하곤 했었다. 우리는 보통, 자기네가 하는 미친 짓이 정말 의미가 있다고 모두를 설득하려고 인생을 보내는 사람들에게 미쳤다는 소리를 듣는다. 지금은 갈수록 더 많은 사람이 어쩌면 또 다른 세상이 가능하고 필요하며 충분히 상상될 수 있다고 생각하기 시작하고 있다. 나는 실은 우리가 미친 세상에서 미친 것이 아닌가 하는 생각이 든다. 똑똑한 폭탄과 군사 지능이 판치는 세상에는 바보들, 십자가의 어리석음이 인간의 권세보다 더 지혜롭다고 주장하는 거룩한 바보들이 더 많이 필요하다. 그러면 세상은 우리를 미친 자들로 부를지 모른다.

유머가 많은 교사이자 길거리 예언자이며 도로시 데이와 함께 '가톨릭 노동자운동'을 창설한 피터 모랭은 이렇게 표현했다. "만일 우리가 미쳤다면, 그것은 우리가 세상이 미친 것과 동일한 방식으로 미치기를 거부했기 때문이다." 미친 것이 무엇이냐는 관점의 문제이다. 다음 둘 중에 어느 편이 더 미친 것인가? 한 사람이 23개국의 경제 규모를 모두 합친 것만큼 재산을 소유한 것인가, 아니면 우리가 서로 나누면 모두에게 충분할 것이라고 주장하는 것인가? 1600년 전에 살았던 유명한 사막의 교부 중 하나인 아바 앤소니가 비슷한 말을 했다. "장차 사람들이 미치게 될 날이 오고 있다. 그때가 되면 그들이 미치지 않은 사람을 보고 '당신은 우리와 같지 않아서 미친 사람이다'라고 말하면서 공격할 것이다."

다음 둘 중 어느 편이 더 미친 것인가? 수십 억 달러를 들여 방위 체계를 구축하는 것인가, 아니면 우리가 수십 억 달러를 서로 나누면 방위 체계가 필요 없다고 주장하는 것인가?

어느 편이 더 미친 것인가? 온 세계에 대량살상 무기를 폐기하라고 요청하면서 154개국과 무기를 거래하는 것인가, 아니면 우리가 전 세계 절반에 가까운 나라들과 무기거래를 거부하고 국내에 있는 세계 최대의 무기창고를 비움으로써 세계를 비무장으로 이끌자고 주장하는 사람인가?

정말로 미친 현상은 세계 인구의 6퍼센트에도 못 미치는 미국이 세계 자원의 거의 절반을 소비하는 것, 평균적인 미국인이 520명의 에티오피아인이 소비하는 만큼 소비하는 한편, 비만을 '전 국민의 건강 위기'로 선언하는 것이다. 언젠가는 전쟁과 가난이 미친 것임을 알게 될 테고, 우리가 어떻게 세상이 그런 것을 허용했는지 의아해할 날이 오리라. 과거에 마틴 루터 킹이 부적응자로 비난받았던 위대한 순간이 있었다. 그는 특유의 명석함을 발휘하여 자기가 이 세상에서 부적응자가 된 것이 얼마나 자랑스러운지 모르겠다고 말했다. 우리는 인종분리, 인종차별, 불공평함, 폭력, 차별에 너무도 잘 적응한 세상에서 부적응자들이 될 필요가 있다. 우리는 불의에 너무도 잘 적응한 세상에 부적응한 사람들이 될 필요가 있다. 우리 중 일부는 약속의 땅의 아름다움을 얼핏 포착했고, 그것이 너무 눈부셔서 우리의 시선을 거기에 영원히 고정한 채 그 옛 제국의 길을 다시는 뒤돌아보지 않는다.

·

죽은 상태에서 일어나라

·

19세기 말 독일 철학자 니체는 교회가 죽었다는 것을 너무도 잘 알

믿음은
행동이 증명한다

고 있었다. (그는 루터교 목사 집안 출신이었다.) 그는 어떤 미친 사람에 관한 유명한 이야기를 남겼다. 어떤 미친 사람이 어느 날 아침 일찍 시장으로 달려가 소리친다.

"나는 하나님을 찾고 있다! 하나님을 찾고 있다! 하나님은 어디 계신가?"

마을 사람들이 그를 비웃는다. 그는 사람들의 비웃음을 듣고 하나님은 죽었다고 확신한다. 그래서 마을 사람들에게 말한다.

"하나님은 어디에도 없다…말하자면, 우리가, 당신과 내가 그분을 죽였어!"

이어서 그는 우리가 어떻게 하늘과 바다를 몽땅 마셔 버렸는지, 그래서 이제는 위아래나 좌우가 없이 허공에 뛰어들었는지 의아해한다. 미치광이는 사람들에게 세상이 점점 추워지고 있으며 밤이 낮을 접수하고 있는 것을 느낄 수 있느냐고 묻는다. 그리고 무엇이 그들의 피를 닦아줄 것이며 어떤 놀이가 그들로 망각에 빠지게 할 수 있느냐고 묻는다. 그는 그들에게 하나님의 죽음의 냄새를 맡을 수 있는지, 그리고 교회가 왜 무덤처럼 보이는지 묻는다. 그리고 마을 사람들이 깜짝 놀라 그를 응시하자 그는 침묵한다.[1]

그것은 병적인 반응이란 것을 나는 안다. 그러나 주변을 보라. 우리는 지금 좀비들의 세상, 교회까지 전염시킨 죽음의 한복판에 살고 있다. 에스겔 선지자는 그와 비슷한 주검을 보고 죽은 뼈들이 과연 일어날 수 있을지 의아해했다. 죽음의 영이 공중에 떠 있다. 지하철에서, 비행기에서, 고층 건물에서, 인생에는 온종일 진력하는 무의미한 수고 이상의 것이 있는지 의아해하는 허무하고 외로운 사람들에게서 그 죽음을 목격할 수 있다. (과거에 나는 영구차를 사서 "죽은 상태에서 일어나라"는 글귀를 쓴 다음 곳곳을 돌아다니려고 했다가 내 친구들이 만류하는 바람에 포기했다. 영구차는 가스가 많이 든다.) 지금도 나는 영구차를 찾고 있다. 만일 당신에게 있으면 알려주길…단 디젤 차라야 한다. 그래야 식물성 기름으로 운행할 수 있으니까.

내가 했던 초기 설교들 중 하나가 생각난다. 나는 세상이 걸어 다니는 주검들, 즉 숨은 쉬지만 정말로 살아있지 않은 사람들로 가득하다고 설파했다. 그 죽은 상태를 뱀파이어에 비유하면서 뱀파이어는 빛을 견디지 못한다고 말했다. 뱀파이어는 또한 십자가를 견딜 수 없다. (그들은 마늘도 좋아하지 않는데, 이것은 빠뜨렸다.) 물론 그것은 형편없는 설교였고 당혹스런 비유였지만, 내가 젊은 시절의 꿈을 돌이켜보면 모두 숨 막히는 죽은 상태에 일어나기를, 감정이나 꿈이 없이 그냥 존재하기만 하는 사람들이 일어나기를 간절히 바랐을 뿐이다.

•

미쳤지만 혼자가 아니다

•

우리는 혼자가 아니다. 하지만 오싹한 침묵 때문에 혼자라는 생각이 든다. 나는 오랫동안 이렇게 말해왔다. "우리는 우리가 미치지 않았음을 서로에게 상기시켜야 한다. 또는 우리가 설령 미쳤다 해도 적어도 혼자가 아니라는 것을 서로 상기시키자." 예수님과 대다수 사도들은 미쳤다는 비난을 받았다. 수많은 성자들도 정신병원에 끌려갈 뻔했고 일부는 실제로 끌려갔다.

제국의 누룩이 만연했던 가장 암울했던 시대, 기독교가 정체성을 거의 상실한 듯 보였던 순간에도, 엄청난 부흥운동과 예언자적 목소리는 또 다른 미래가 가능하다고 선포했다. 우리 중 다수는 교회 속 수도원 운동을 십자가의 길을 보존하는 방법으로 보게 되었고, 특히 왜곡된 기독교와 가짜 혁명들이 판치는 시대에는 더욱 그렇다고 생각하게 되었다. 오늘날 성령께서 북미 교회에서 강력한 운동을 태동시키는 모습을 목격하면서 더욱 수도원 운동에서 희망과 용기를 찾게 되었다.

나는 우리가 잠자는 그리스도의 몸(교회)을 깨우는 대각성의 시대에 살고 있다고 믿는다. 언젠가 어떤 사람이 우리를 나사로 세대[2]라고 불렀던 것이 기억난다. 우리는 이 세상의 무감각한 죽음에서 일어나는 세대, 곧 잠에서 깨어나고 있는 교회이기 때문이다. 마태복음에는 예수께서 청중을 향해 무감각하고 냉담해져서 웃는 법과 우는 법과 느끼는 법을 망각했다고 꾸짖으시는 아름다운 구절이 나온다.

"이 세대를 무엇으로 비유할까 비유하건대 아이들이 장터에 앉아 제 동무를 불러 이르되 우리가 너희를 향하여 피리를 불어도 너희가 춤추지 않고 우리가 슬피 울어도 너희가 가슴을 치지 아니하였다 함과 같도다"(마 11:16-17).

지금 새로운 날이 동트고 있다. 우리는 피리를 불고 있고 월스트리트에서 빈민가에 이르기까지 모든 사람들이 흥겹게 춤추기 시작한다.

작은 공동체들이 다시 태어나고 있다. 열심당원들, 세리들, 창녀들, 겁쟁이들이 다시 태어나고 있다. 신앙공동체들로 구성된 새로운 부족연맹, 공동체들의 공동체가 출현해서 고대의 비전을 다시 꿈꾸고 있다. 우리는 새로운 교단이 아니다. 새로운 신학이나 교리를 전파하려고 하지 않기 때문이다. 심지어 공동체의 모델을 전파하려고 하지도 않는다. 우리는 단지 새로운(고대의) 종류의 기독교를 발견하려고 노력할 뿐이다. 우리는 유기적으로 또 상호관계로 존재하는 생활방식, 눈부신 사랑과 은혜의 특징이 너무도 뚜렷해 아무도 저항할 수 없는 삶의 방식을 전파하려고 한다. 이제 우리는 여러 점들을 연결하는 시점에 도달했다. 나는 항상 점들을 연결시켜 아름다운 예술품을 만드는 작업을 좋아했다. 내가 여행하는 곳마다 일단의 사람들이 교회가 된다는 것의 의미와 지구촌 이웃을 사랑한다는 것의 의미에 대해 새로운(고대의) 꿈을 꾸고 있다는 사실을 발견하게 되었다. 그리고 우리가 강연하는 곳이면 어디서나 젊은 이들이 눈물을 글썽이며 찾아와서 이제는 또 다른 세상을 꿈꾸는 일이 그들만의 것이 아니라고 말하곤 한다. 우리는 "나는 기독교에 그 이상의 것이 있었다는 사실을 알았습니다"라는 말을 듣고 또 듣는다. 지금 우리는 깨어나고 있다. 불가능해 보였던 것이 정상적인 현실이 되고 있다.

이 작은 혁명은 겨자씨처럼 작아서 곳곳에서 퍼지고 있는 모습을 놓칠 수도 있다. 이 혁명은 지속적인 관계망과 공통된 비전에 의해 서로 꽃가루를 주고받고 있다. 이는 기존의 세속적 구조에 대한

믿음은
행동이 증명한다

대안, 물물교환의 경제, (보험 대신에) 비상시에 대비한 금융 공동체, 전쟁과 도둑질에 대한 예언자적 간섭, 지속가능한 도시 속 정원 가꾸기와 생태학적 대체 에너지 개발, 소비문화의 쓰레기와 폐허를 이용해 생명과 아름다움을 창조하는 일 등을 그 특징으로 삼는다.

내 페이스북에는 쓰레기로 만든 온갖 근사한 제품들이 있다. 어떤 사람들은 탄피로 보석을, 플라스틱 백으로 현관 매트를 만들었다. 내 아내의 지갑은 태국에서 여성들이 주스 박스를 이용해서 만든 것이다. 우리 정원에는 타이어로 만든 화분들이 있고, 색칠된 (자동차의) 휠캡으로 기둥에 만든 아름다운 해바라기도 있다. 어떤 의류 회사는 재활용품과 버린 재료로 만든 의복 라인을 중심으로 쓰레기 패션(Trash Fashion)을 출범시켰다. 한 오케스트라는 파라과이의 쓰레기 매립지에서 주운 쓰레기로 만든 악기들로 구성되어 있다. 이것이 바로 옛 사회의 껍데기 안에서 새로운 사회를 창조한다는 말의 뜻이다.

야고보 사도가 말한 대로 우리는 세상에 심각하게 오염되어 있다. 그래서 그리스도의 길에 충실하려면 엄청난 창의력과 다함께 배우는 일이 필요하다. 아무튼 이 작은 사랑의 행위는 겨자가 밭 전체에 퍼지듯 세상에 두루 퍼지고 있다. 그리고 예수님은 세상이 우리를 미워할 것이라고 말씀하시면서 그것은 우리가 세상에 속하지 않았기 때문이라고 하신다. 만약 세상이 우리를 미워하지 않는다면, 과연 우리가 진정으로 대안을 꿈꾸고 있는지 재고해야 한다.

빛 가운데 잠드는 것

우리의 세상은 어둠이 가득하고 그 어둠 속에서 우리는 온갖 두려움을 품고 있다. 이 어둠과 두려움을 하나님의 사랑의 빛이 관통하고 또 하나님이 우리의 생활방식에 대해 다른 생각을 품고 계실 가능성의 빛이 침투하면 해방의 움직임이 생긴다. 그러나 우리가 그 아찔한 빛에 넋이 빠질 위험도 있다. 그 빛은 모닥불처럼 편안하게 다가올 수 있다. 우리는 하나님 품으로 파고들어 달콤한 향기와 아늑한 온기를 느끼며 불 옆에서 잠들 수 있다. 그리고 세상의 많은 부분은 인간의 고통, 압제, 불평등이라는 차갑고 끈끈한 어둠 속에 놓여있다. 내 친구 존 프랜시스 마허는 신음하는 대중에게 속삭이는 아름다운 노래를 부른다.

"여러분의 눈이 어둠에 적응하게 하지 마세요."

우리는 불 옆에 있는 사람들에게 "빛 가운데서 잠들지 마세요"라고 말하고 싶다. 우리는 인간의 고통이라는 어둠에 익숙해져도 안 되고 안락한 빛 가운데서 잠들어서도 안 된다.

영국에서 교회 지도자와 목사로 섬기는 우리의 친구 스티브 찰크가 들려준 이야기가 기억난다. 한 꼬마가 길을 가다가 이웃집이 불길에 휩싸인 것을 보았다. 그는 주변을 둘러보다 호스를 발견하고 재빨리 붙잡고 미친 듯이 불을 끄려고 간다. 그 순간 그는 아주 이상한 장면, 특이한 장면을 목격한다. 그의 주변에 온통 소방차와 소방관들이 즐비했으나 소방관들은 모두 잠들어 있었다. 이제 꼬마는 결정을 내려야 한다. 그는 홀로 불을 끄려고 발버둥 치는 헛수고를 할 것인가, 아니면 그 호스로 소방관들의 얼굴에 물을 뿌려 다함께 불을 끌 수 있도록 깨울 것인가?

우리가 이 세상에 발생한 화재가 얼마나 엄청난지를 보고 우리의 손이 얼마나 작은지를 보면 무엇을 선택해야 할지가 명백해진다. 우리의 세상은 큰 야수들과 작은 예언자들이 있는 곳이지만 지금 평범한 급진주의자들이 죽음에서 일어나고 있다. 이 세상의 어둠은 빛을 덮으려고 애쓸 것인 만큼 우리는 우리를 더욱 빛나게 해주는 사람들에게 둘러싸여야 한다.

•

삽시간에 퍼지는 들불

•

나의 할아버지는 건초더미를 만들곤 하셨는데 할머니의 동의 없이 새로운 트랙터와 장비들을 구입한 분으로 악명이 높았다. 어느 해 여름, 할아버지는 최신형 트럭과 트레일러를 구입해서 성능시험을 하고 싶었다. 그래서 삼촌과 함께 들판 여기저기 흩어져 있던 건초더미를 트럭에 최대한 실었다. 마침내 두 사람은 건초를 싣고 도로로 나와 삼촌은 운전을 했고 할아버지는 뿌듯한 표정으로 옆에 앉았다. 그런데 그들은 건초더미가 트럭 바퀴 사이에 끼었다는 것을 알지 못했다. 마찰이라는 작은 물리작용 때문에 문제를 일으킬 소지가 충분했다.

얼마 지나지 않아 건초에 불이 붙었고 그 불이 계속 번져나갔다. 트럭은 고속도로를 질주하는 유성 같은 꼴이 되었다. 그래도 두 사람은 아무것도 몰랐다. 아마 그들은 트럭이 잘 나간다고 얘기하거나 가스펠 뮤직을 즐기고 있었을 것이다. 들판에서 일하던 농부들이 황급히 손을 흔들었지만 삼촌은 인사인 줄 알고 손을 흔들어 답례했다.

마침내 삼촌이 사이드미러를 통해 뒤에서 활활 타오르는 화염을 보고 길가에 차를 대고 급히 내렸다. 이것이 새로운 문제를 야기했다. 이제는 그들 뒤에 있던 화염이 위로 솟아오르고 트럭 뒷부분을 녹이기 시작했다. 그때 삼촌은 할아버지가 운전석 옆에 있는 작은 칸을 여는 것을 보았다. 삼촌이 무엇을 하시는지 묻자 할아버지는 평소 아끼던 공구를 꺼내면서 "이것들도 타게 내버려둘 순 없어"라고 말했다. 그러자 삼촌은 쉽게 양보하려 하지 않았다. "아닙니다. 트럭에 타세요"라고 말했다. 그래서 트럭에 올랐다.

삼촌은 페달을 힘차게 밟으며 다시 고속도로를 질주하기 시작했다. 이번에는 불덩이들을 트럭에서 떨어뜨리려고 일부러 급커브를 그렸다. 그러자 트럭에서 떨어진 불덩이들이 들판에 옮겨 붙었다. 그리고 곧 인근 지역의 모든 소방차들이 출동하여 화재 피해를 최소화하려고 그들 뒤를 따라오기 시작했다. 마침내 그들은 트럭과 들판의 화재를 진압하게 되었다.

어떤 사람들이 나에게 이 이야기가 "정말로 그렇게 발생했는지" 의문을 제기했다. 어떤 설교자들은 과장하는 경향이 있기 때문이

믿음은
행동이 증명한다

라고 했다. 우리 삼촌이 이 이야기를 확증했다는 말을 하고 싶다. 한번은 삼촌이 내 강연을 들으러 왔다가 이 이야기를 듣게 되었다. 나중에 그는 나에게 "그것은 정확한 이야기야. 네 이야기보다 더 잘 들려줄 수 없을 거야"라고 말했다. 그런데 내가 한 가지를 빠뜨렸다고 얘기했다. 그들이 트럭을 호수 안으로 몰고 들어갈 것도 생각했다는 대목이다.

할아버지는 감옥에서 풀려난 후에(농담이다) "쉐인, 테네시 동부의 들판 절반을 태웠단다'라고 말씀하셨다. 우리는 배꼽을 쥐고 웃고 또 웃었다. 그리고 나는 하나님 나라가 그런 모습이라고 생각했다. 크리스천들은 어두운 세상 곳곳에서 밝게 빛나고 그들의 사랑으로 세상에 불을 지른다. 그 불은 전염성이 강해 들불처럼 삽시간에 퍼진다. 우리는 빛을 발산하는 사람들, 우리 안에 거하는 빛으로 이 세상의 어둠을 태워버리는 사람들이다.

우리는 그저 양초가 되라는 부름을 받지 않았다. 양초는 성탄절 예배와 평화를 위한 철야시위에 사용하기에 더없이 좋다. 양초는 하나님의 빛이 우리 안에 거하며 우리가 이 어두운 세상에서 그 빛을 비추어야 한다는 것을 상기시킨다. 그러나 우리는 단지 양초가 되라는 부름을 받은 것이 아니다. 우리는 불이 되라는 부름을 받았다.[3] 양초는 약간의 바람이나 생일을 맞은 꼬마에 의해서도 쉽게 꺼진다. 그러나 불은 좀처럼 꺼지지 않는다. 우리는 불이 되어야 한다. 우리의 삶을 다함께 엮어 성령의 사랑의 화염이 온 세상에 확산되게 해야 한다. 우리는 첩이 아니라 신부이다.

•

엄마 교회

•

한편에서는 많은 전통적인 주류 교단들과 전통적 재침례파가 교회의 빈 좌석을 채우기 위한 방법 또는 좌석을 줄여 드럼과 드라마를 도입해 젊은이들을 끌어들이는 방법을 고안하느라 애쓰는 반면, 다른 한편에는 내가 따라잡기도 힘든 일을 시작하려는 공동체와 비전 있는 사람들이 너무도 많다. 참으로 이상한 현상이다. 우리 공동체는 때때로 대만원이다. 거의 매주 사람들이 새로운 공동체나 환대의 집을 시작하려 하니 도와달라고 전화한다. 사람들이 예수님을 따를 준비가 되어 우리 집 현관까지 왔으나 어떻게 시작해야 할지를 모른다.[4] 다른 한편, 나는 너무도 슬픈 게시판을 보았다. 가톨릭교회가 선량한 몇 사람을 충원하려고 사제를 구하기 위해 광고를 한 것이다. 우리가 속한 많은 공동체는 훌륭한 장로들의 조언이 필요한 비전 있는 젊은이들로 가득하다. 그러므로 젊은이들에게 하고 싶은 말이 있다. 우리는 교회에 뿌리를 내려야 한다고 스스로를 상기시킬 필요가 있다는 것. 우리에게 뿌리와 지혜가 필요하기 때문이다.

이 때문에 나는 늙은 사람들과 어울리고 또 60살이 넘은 사람들과 함께 책을 쓰기도 한 것이다. 늙은이는 젊은이가, 젊은이는 늙은이가 필요하다. 아울러 사람들이 당신에게 급진적 기독교는 인생의 한 단계일 뿐이라고 말한다면, 당신은 그 단계에 오십 년 이상

있은 사람들을 알고 있다고 말할 수 있다.

우리가 늙어가는 몸에 새로운 에너지를 공급하면 하나님이 우리를 장로들에게 둘러싸이게 하실 수 있는 것 같다. 그러나 장로들이 새로운 꿈을 꾸고 젊은 세대의 실수를 허용하려면 엄청난 용기가 필요할 것이다. 그리고 젊은 세대도 장로들의 지혜를 경청하고 그들의 실수를 타산지석으로 삼을 수 있음을 알려면 크나큰 겸손이 필요할 것이다.

친애하는 친구들이여, 오늘날 너무도 많은 희망의 징표들이 있다. 이는 지하 크리스천들에게 국한되는 것이 아니다. 뜻밖의 현상은 우리가 이해를 받기 시작하고 있다는 사실이다. 평범한 급진주의자들이 우리 사방에 있다. 그래서 우리는 독단적인 냉소주의에 빠져 스스로를 교회로부터 격리시키면 안 된다. 그건 너무 쉽고 너무 헛되다. 기성교회와 인연을 끊은 공동체들에게 말하고 싶다. 제발 다리를 건설하라. 교회는 당신네의 예언자적 목소리가 필요하니까. 홀로 할 수 있는 일보다 다함께 할 수 있는 일이 더 많다.

내가 참여한 가장 중요한 프로젝트의 하나는 「공동 기도문」이라 불리는 책이다. 집필하는데 거의 5년이 걸렸으며 다양한 전통 출신의 많은 사람들이 동참했다. 개신교, 가톨릭, 정교, 오순절파 등. 우리의 목표는 예수님이 기도하신 대로-"하나님이 한 분이신 것처럼 우리도 하나가 되는 것"-연합을 향해 움직이는 것이었다. 우리가 그 일을 함께 하면서 현재 35,000개 이상의 교단이 있다는 것을 알게 되었다. 우리는 찬송, 기도, 성자들의 전기, 영적 행습으로 구성된 이 프로젝트가 교회를 세워주기를 바란다. 다음 사이트를 참고

하라. www.commonprayer.net.

만일 당신이 욕구불만의 은사를 갖고 있고 세상이 엉망진창이라고 느낀다면 하나님께 감사하라. 모든 사람이 그런 은사를 갖고 있는 게 아니다. 그것은 당신이 우리를 새로운 길로 이끌어야 할 책임이 있다는 것을 의미한다. 무언가 잘못되었음을 인식하는 것은 세상을 변화시키는데 필요한 첫 걸음이다. 그러므로 교회를 거의 포기하다시피 한 사람들은 다음과 같은 아우구스티누스의 말에서 위안을 얻을 수 있다.

"교회는 창녀다. 그런데 그녀는 나의 어머니다."

교회는 엉망진창이며 많은 사생아들을 갖고 있다. 그러나 교회는 또한 우리의 엄마이다. 교회는 우리를 낳았고 우리에게 진리를 충분히 가르쳐준 덕분에 우리가 이 책에서 많은 질문을 제기할 수 있었다.

한번은 어떤 목회자가 "교회는 노아의 방주와 같다. 그것은 악취를 풍기지만 당신이 밖으로 나오는 순간 익사할 것이다"라고 말하는 것을 들은 적이 있다. 내가 우리 가족이 다니는 테네시의 한 교회를 방문했는데, 문에서 사람들을 영접하는 사람들이 입은 셔츠에 "완벽한 사람은 출입금지"라고 적혀 있었다. 우리가 교회이다. 설령 교회가 완벽하다고 해도, 우리가 합류하는 순간 엉망진창이 될 것이다. 그래서 우리는 관대한 마음을 품자. 우리를 역겹게 만드는 크리스천들과 우리를 졸게 만드는 목사들도 은혜롭게 대하자. 아무튼 그들이 우리에게 충분한 이야깃거리를 제공한 덕택에 우리가 비틀거리며 하나님과 공동체에 진입할 수 있었다.

믿음은
행동이 증명한다

최근에 어떤 친구가 우리는 교회를 역기능적인 부모로 생각하고 관계를 맺어야 한다고 말한 적이 있다. 우리는 교회를 존중하고 교회에 순복하고 교회를 사랑한다. 그러나 교회가 그 역기능으로 우리가 사랑하는 사람들을 파멸시키는 것은 우리가 허용할 수 없다. 우리는 우리의 아름다움과 깨어짐이 교회의 그것과 불가분의 관계에 있다는 것을 알고 있다. 창조주 하나님과 교회는 우리의 부모라서 어느 하나만 있고 다른 하나가 없으면 우리는 허망해진다. 우리 엄마가 많은 사생아들을 갖고 있을지라도 우리는 여전히 엄마를 사랑한다.

•

사랑하고 웃는 혁명

•

어쩌면 우리가 약간 미쳤는지도 모른다. 아무튼 우리는 보이지 않는 것을 믿고 있다. 성경은 "믿음은 바라는 것들의 실상이요 보이지 않는 것들의 증거"(히 11:1)라고 말한다. 이 세상에 가난이 만연할지라도 우리는 가난을 끝장낼 수 있다고 믿는다. 우리 귀에 전쟁 소문이 들린다 할지라도 우리는 평화를 믿는다. 그리고 우리는 기대하는 백성인즉 또 다른 세상이 오고 있다고 너무나 확신한 나머지 그 세상이 이미 여기에 있는 것처럼 살기 시작한다. 저명한 복음주의 운동가 짐 월리스는 "우리는 증거에도 불구하고 믿고…그리고 그 증거가 바뀌는 것을 목격한다"라고 말한다. 그런즉 우리가 가난이 끝난 것처럼 살기 시작하면 그런 일이 생기는 것을 목격하게 되리라. 우리가 칼을 쳐서 쟁기를 만들기 시작하면 하나님의 나라가 우리가 죽을 때 희망하는 그 무엇이 아니라 하늘에서 이뤄진 것처럼 땅에서도 이뤄지는 것을 보게 될 것이다. 즉, 그 나라가 우리 가운데, 그리고 우리 안에 있는 것을 목격하게 되리라.

나는 우리가 초대교회의 온전한 모습을, 로마제국을 비난하는 동시에 사람들을 그 길(道)로 초대할 수 있었던 모습, 로마제국 전역에 흩어져 있던 작은 공동체들의 모습을 갖게 해달라고 기도한다. 우리는 군복무를 대학에 갈 수 있는 유일한 희망으로 여기는 자녀들, 시장경제를 생필품 조달의 유일한 소망으로 여기는 젊은이들에게 대안을 제시할 큰 책임이 있다. 우리는 우리의 삶을 통해 사람들에게 예수님의 생활방식을 보여주도록 하자. 세상은 목이 마르다. 모든 피조물이 탄식하고 있다. 현재의 기독교는 또 다른 삶의 방식을 갈망하는 사람들의 영혼을 만족시키지 못했다.

어떤 회의주의자가 내 친구에게 물었다.

"당신들은 소수의 급진적 이상주의자에 불과해요. 어째서 당신네가 세상을 바꿀 수 있다고 생각하는 거죠?"

내 친구가 답했다.

"역사를 면밀하게 고찰해보세요. 그러면…세상이 오직 그런 방식으로만 바뀌었다는 것을 알게 될 겁니다."

저항할 수 없는 혁명에 동참하는 것을 환영한다. 이는 너무도 매력적인, 새로운 동시에 옛적의 생활방식인지라 어느 누가 다른 것에 한눈을 팔겠는가? 작은 사람들, 평화를 만드는 게릴라, 춤추는

믿음은
행동이 증명한다

예언자들의 혁명, 사랑하고 웃는 혁명에 동참하는 것을 환영한다. 이 혁명은 우리 각자의 내면에서, 그리고 작은 사랑의 행위를 통해 시작되어 온 세상을 접수하게 될 것이다. 우리가 다시금 크리스천이 되기 시작하자! 예수님, 우리에게 용기를 주옵소서!

•

새로운 시작

•

이제 책을 끝마칠 때가 되었다. 여러분을 제단으로 초청해야 할 것 같은 느낌이다. 그런데 제단 초청은 본래 찰스 피니 같은 19세기 복음전도자들의 뜨거운 부흥운동에서 유래한 것임을 기억하자. 부흥사들이 사람들을 제단으로 초청한 까닭은 새로운 회심자들을 노예제도 반대 운동에 등록시키기 위해서였다. 그들은 사람들을 크리스천이 되도록 앞으로 불러냈을 뿐만 아니라 평범한 급진주의자들의 운동에 합류시키려고 불러냈던 것이다. 제단에서 믿음과 행동이 입을 맞추었고 사랑의 극단주의자들이 태어났다. 그래서 다시 한 번 제단으로 초청할 때가 되었다. 하지만 이번은 조금 다르다. 이것은 세상을 향한 제단 초청이다. 새로운 종류의 기독교를 보라는 초청, 우리가 세상을 엉망진창으로 만드는데 기여한 것을 놓고 무릎을 꿇고 당신의 용서를 구하는 교회의 고백을 들으라는 초청이다. 그리고 이것은 교회를 향한 '제단'[5] 초청으로서 우리의 시선을 이 세상의 패턴에서 돌려 새로운 생활방식을 창조하라는 초청이다. 그런즉 이것은 우리의 청소년 시절에 해마다 거듭나기 위해 떼 지어 제단 앞에 나가 눈물을 흘리던 집회와는 조금 다르다. 우리가 흘린 눈물은 단지 우리 자신만을 위한 것이 아니라 우리 세상을 위한 것이다. 우리가 고백하는 죄는 단지 맥주를 너무 많이 마셨다는 것이 아니라 우리 문화의 칵테일에 취했다는 것이다. 그리고 우리는 단지 제단 앞에 우리 인생을 내려놓기만 하는 것이 아니라 세상이 간절히 기다리는 저항할 수 없는 혁명을 집어 들고 있다.

　이제 모두 고개를 숙이고 눈을 감고… 작은 혁명을 시작하자!

믿음은
행동이 증명한다

지난 십년을 돌아보며: 질문과 응답

-

-

-

10주년 기념판을 위해 우리가 결정한 것 중 하나는 새로운 장의 추가이다. 충분히 납득이 간다. 그런데 내가 조금 껄끄럽게 느낀 이유는 초판이 끝나는 대목이 마음에 들기 때문이다. 그래서 우리는 초판의 내용을 건드리지 않은 채 어떻게 새로운 내용을 더할 수 있을지 곰곰이 생각해봤다. (다음 아이디어는 내 아내가 생각한 것이다...) 자주 받는 질문을 중심으로 새 장을 꾸려보자. 지난 십년 동안 나는 수많은 질문을 받았고 계속 반복되는 주제가 여럿 있기 때문이다. 그 내용을 여기에 실었다. 우리가 아늑한 찻집에서 향기로운 차를 마시고 있다고 상상해보라.

당신은 어떻게 탈진하지 않고 건강을 유지합니까? (이 책이 10주년을 맞이하므로 첫 질문으로 적합한 듯하다.)

나의 멘토 한 사람도 똑같은 질문을 받았다는 얘기를 들은 적이 있습니다. 다음은 늙은 가톨릭교도 친구의 대답입니다. "아침마다 나는 작은 방에 기어들어가 예수님이 나를 얼마나 사랑하는지 일

믿음은
행동이 증명한다

러주는 소리를 듣습니다. 그것이 나에게 또 하루를 사는데 필요한 에너지를 공급합니다." 무슨 뜻인지 알겠습니다. 예수님이 나에게 에너지를 줍니다. 그분이 무엇을 견뎌냈는지를 보면 날마다 용기가 생깁니다. 그런즉 날마다 예수님과 사랑에 빠지십시오.

공동체도 꼭 붙잡을 필요가 있습니다. 한 친구가 "예수님조차 자기 십자가를 홀로 지지 않으셨다"고 말하는 것을 들었습니다. 이는 시몬이 그분을 도왔다는 사실을 가리킬 뿐 아니라, 다른 이들이 우리와 나란히 걸을 때에는 우리의 짐, 우리의 작은 십자가, 우리의 힘겨운 날들을 약간 더 감당할 수 있게 된다는 말입니다.

우리도 안식을 취합니다. 우리가 안식일에 쉬어야 한다는 생각은 하나님의 발상이었습니다. 그래서 우리는 쉬고 놀고 원기를 회복할 시간을 갖습니다. 안식일에는 전화를 받지 않거나 문을 열지 않거나 이메일을 체크하지 않을 때가 종종 있습니다. 우리는 안식하고 또 우리 영혼에 활력을 주는 것을 행합니다.

나는 또한 통합된 삶을 영위합니다. 서로 잘 보완해주는 일을 하려고 애쓴다는 뜻입니다. 내가 글쓰기에 많은 시간을 보낼 예정이면 먼저 정원 손질에 약간의 시간을 보내는 걸 좋아합니다. 내 손톱에 흙이 묻은 상태로 타이핑을 할 때 최상의 글이 탄생합니다. 나는 여행과 강연을 좋아하지만, 여행이 삶의 나머지 부분과 잘 통합되게 하고 집에 머무는 시간이 떠나 있는 시간보다 더 많도록 조정합니다. 그래야만 우리가 무슨 일을 하는지에 대해 말만 하지 않고 그 일을 실제로 할 수 있기 때문입니다. 만일 내가 외부 강연만 하고 한동안 거리에 나가거나 아이들의 숙제를 도와주지 못하면 피곤을 느끼기 시작합니다.

마찬가지로, 내가 음식만 나눠주고 가난의 문제를 다루지 않는다면 역시 피로해지기 시작할 것이라고 생각합니다. 큰 것과 작은 것, 글로벌한 것과 지역적인 것은 음양처럼 함께 속해 있습니다. 나는 시스템과 구조를 바꾸는 것도 믿지만 사람들과 시간을 보내는 것도 믿습니다. 우리가 정책 수립만 하고 사람들과 시간을 보내지 않는다면 금방 피곤해집니다. 그리고 우리가 사람들의 상처에 밴드만 붙여주고 시스템에 대해 조치를 취하지 않는다면 탈진하기 시작할 것입니다. 이 때문에 우리는 사람들에게 물고기를 주고 또 고기 잡는 법을 가르친 뒤에 호수를 소유한 사람에 대해 무언가를 하기도 하는 것입니다. 이 모든 것은 삼각대나 삼발이 탁자처럼 함께 해야 합니다. 다리 하나가 없으면 탁자가 약간 흔들리고 균형을 잃게 됩니다. 자선단체 일꾼들도 정의에 대한 비전을 품을 필요가 있습니다. 그리고 정의를 도모하는 일꾼들도 그들의 발을 불의가 판치는 거리에 붙일 필요가 있는 것입니다.

내가 한 친구에게 얻은 또 하나의 좋은 충고는 이것입니다. 만일 당신이 꼴불견을 많이 접하게 될 것이라면 당신 자신을 아름다움으로 둘러싸이게 하라는 것입니다. 이런 이유로 우리는 벽화를 그리고 정원을 가꾸고 아이들과 어울리는 것입니다. 그리고 당신을 미소 짓게 하는 사람들과 시간을 보낼 필요도 있습니다. 당신이 만일 웃지 못한다면 마귀가 이미 승리한 것입니다. (이것이 내가 외바퀴 자전거를 타는 한 가지 이유입니다.)

믿음은
행동이 증명한다

당신은 공동체에 관해 많이 얘기합니다. 공동체란 정확히 무엇이고 나는 어떻게 공동체를 찾을 수 있습니까?

내 친구는 공동체가 (각자 음식을 가져와서 함께 먹는) 포트럭과 비슷하다고 합니다.

우리가 공동체에 대해 생각할 때 굳이 사람들이 한 집을 공유하는 '의도적 공동체'에 국한시킬 필요는 없다고 생각합니다. 이런 것도 아름다울 수 있지만요.

그 이유는 이렇습니다. 나는 열 두어 명이 한 집에서 비좁게 살지만 건강한 공동체가 아닌 경우를 많이 보았습니다. 반면에 모두 한 집에 살지는 않아도 풍성하고 진정한 공동체를 이루는 경우도 있습니다.

내가 목격한 생명력 있는 공동체들은 대부분 모종의 공동거주 모델 또는 교구 의식 또는 마을을 갖고 있어서 사람들이 서로 가까이 살며 다함께 삶을 영위하기로 결정한 경우입니다. 심플 웨이는 의도적인 공동체로 시작했다가 지금은 의도적인 마을에 더 가까운 형태입니다. 우리는 우리의 날과 주간과 연도에 따라 리듬을 만들어 다함께 움직이고, 다함께 슬퍼하고, 다함께 기뻐하고 있습니다.

좋은 소식은 우리가 홀로 존재하는 공동체가 아니라는 사실입니다. 우리 속에는 사랑을 하고 또 사랑을 받고 싶은 갈망이 있습니다. 우리는 삼위일체 공동체이신 하나님의 형상으로 지음을 받았습니다. 하나님은 홀로 있는 것이 좋지 않다고 말씀하셨으니 우리가 다함께 있는 편이 더 좋습니다. 그리고 예수님도 공동체 안에 살았고, 제자들을 둘씩 보내셨고, 두세 사람이 그분의 이름으로 모이는 곳에는 그들과 함께하신다고 말씀했습니다.

공동체는 다른 이들이 우리를 더 낫게 만들 수 있고, 우리가 홀로 할 수 있는 일보다 다함께 할 수 있는 일이 더 많음을 깨닫는 것과 관련이 있습니다. 십대 시절에는 또래의 압력을 부정적으로 묘사하는 말을 듣습니다. 그럴 수도 있습니다. 그러나 또한 우리를 하나님 쪽으로 움직이게 하는, 그래서 우리가 되고 싶은 그런 인물이 되도록 돕는 중요한 사람들로 둘러싸일 수도 있습니다. 어느 의미에서, 공동체는 우리 자신을 우리가 되고 싶은 그런 인물을 닮은 사람들로 둘러싸이게 하고, 서로에게 영향을 미치는 것과 관련이 있습니다. 따라서 긍정적인 또래 압력과도 관계가 있는 것입니다.

그러므로 당신이 더 용기를 품고 싶으면 용기 있는 사람들과 어울리십시오. 당신이 더 관대해지고 싶으면 관대한 사람들과 어울리십시오. 당신에게 예수님을 상기시켜주는 이들에게 둘러싸이면 그들이 당신을 그분께 더 가까이 가도록 도울 것입니다.

우리 사회는 "공동의 근육"이 많이 위축되어서 우리는 천천히 근육 운동을 시작해야 합니다. 당신이 수영을 조금 배우기 전에는 깊은 물에 뛰어들지 않습니다. 많은 사람들이 깊은 물에 뛰어들었다가 물살을 헤치고 나가지 못하는 모습을 목격하게 됩니다. 그래서 한동안 그런 경험을 한 사람들을 만나 배우는 것이 중요합니다. 이 때문에 우리는 웹사이트에 유익한 자료를 올려놓았고 "와서 보라"는 주말행사를 개설하고 있습니다.

많은 신생 공동체들은 너무 높은 기준을 세우는 바람에 스스로 실망에 빠지곤 합니다. 그들은 모든 돈을 공유하고, 모든 식사를 다

믿음은
행동이 증명한다

함께 하고, 매일 아침 다함께 기도하기를 원했다가 예수님의 비유에 나오는 씨앗처럼-처음에는 아름답게 싹이 나오다가 뿌리가 없어서 금방 죽어버리는 경우- 끝나고 맙니다. 나는 작게 시작하되- 매달 한 번씩 식사하기- 그것을 잘 해보라고 제안하고 싶습니다. 그러면 여러분은 공동체를 더 많이 원하게 되고 자연스럽게 공동체의 모습을 갖추게 됩니다. 이는 애기 나무를 키우는 것과 비슷합니다. 공동체는 뿌리를 든든히 내리는 동안 온유한 사랑과 돌봄이 많이 필요합니다.

공동체는 묘사하기 어려운 면이 있습니다. 그래서 뚜렷한 정의(定義)와 DNA가 필요합니다. 우리가 돈과 식사, 기도와 정원, 자동차를 공유할 수 있으나 이런 것들은 공동체의 열매에 가깝습니다. 그 토대는 우리가 공유하는 가치관, 신념, 행습으로 세워야 합니다.

공동체는 또한 건강하려면 구조가 필요합니다. 구조는 정원에 있는 격자 구조물과 같습니다. 토마토 나무에 받쳐줄 구조물이 없으면 토마토가 썩을 것이고, 너무 많은 구조물이 있으면 생명을 지지하는 대신 질식시키게 될 것입니다. 공동체는 이와 비슷합니다. 우리는 어떤 구조가 가장 좋은 환경을, 즉 선량한 분위기를 만들고 성령이 우리 가운데 자유로이 흐를 수 있는 환경을 조성할지 배워야 합니다.

공동체를 다양한 층이 있는 일종의 양파로 생각하는 것도 좋습니다. 우리는 사람들에게 더 깊이 들어오라고 권유합니다(때때로 바깥층은 조금 벗겨지기 쉽다고 농담한다). 이런 이미지는 전통적인 교회와 같은 다른 신앙공동체에게도 도움이 될 수 있습니다. 멤버십을 공동체의 안에 있느냐 밖에 있느냐의 문제로 생각하지 말고 다함께 점점 더 깊이 들어가는 과정으로 생각하는 것입니다. 때때로 우리는 멤버십을 그냥 가입하기로 결심하고 교리에 서명하는 것으로 만드는 바람에 그것이 싸구려가 되고 맙니다. 초대교회에서 그리스도의 공동체에 합류하는 것은 완전히 헌신하는데 몇 년이 걸리는 하나의 과정이었습니다.

나는 목축업자로부터 좋은 은유를 들은 적이 있습니다. 그는 소에 관해 얘기했지만 사람에게도 적용할 수 있을 것 같습니다. 소들을 다함께 있게 하는 방법은 두 가지라고 설명했습니다. 하나는 울타리와 문을 만드는 것입니다. 다른 하나는 정말로 좋은 먹이 소재를 만드는 것입니다. 그런 먹이 소재를 중앙에 만들면 울타리와 문, 그리고 누가 안에 있고 누가 밖에 있는지 등에 대해 염려할 필요가 없습니다.

당신네는 모두 한 예배에 참석합니까?

우리는 교회를 시작하지 않고 동네 교회에 가입하기로 결정했습니다. 도심지에 필요한 것은 더 많은 교회가 아니라 하나로 연합된 생명력 있는 교회임을 알았기 때문입니다. 그래서 우리끼리 예배를 드리기보다는 우리 지역에 있는 교회들에 합류합니다. 이쪽에 있는 오순절파 교회나 저쪽에 있는 가톨릭교회에 간다는 뜻입니다. 어떤 티셔츠에 "교회에 가지 말라…교회가 되라"는 글귀가 적힌 것을 본 적이 있습니다. 우리는 둘 다 합니다. 예배를 드리러 가기도 하고 우리가 교회가 되려고 최선을 다합니다. 저녁식탁과 거실에서 일어나는 일 또한 교회임을 알고 있습니다.

교회가 없이 크리스천이 되는 것은 불가능합니다. 우리는 예배하는 공동체의 일부가 될 필요가 있습니다. 교회의 신성한 의식들-성찬, 세례, 고백-은 수천 년이나 된 깊은 뿌리를 갖고 있습니다. 나는 "영적이되 종교적이 아니다"라는 추세를 매우 의심하는 편입니다. 그럴 만한 이유는 알겠습니다. 그러나 우리는 영적이면서도 종교적일 수 있다고 생각합니다.

나는 노숙자나 거지에게 돈을 줘야 합니까?

예수님은 구하는 모든 사람에게 주라고 말씀하셨습니다. 어려운 명령입니다. 때때로 우리는 캘커타의 빈민가나 마약에 찌든 우리 동네와 같이 골목마다 동전을 구걸하는 사람이 있는 곳에서 예수님은 어떻게 하실까 하는 궁금증이 생깁니다.

우리가 확실히 말할 수 있는 바는 예수님은 그들을 무시하지 않을 것이라는 점입니다. "구하는 모든 사람에게 주라"는 말은 "사람들을 무시하지 말라"는 뜻입니다. 우리는 항상 존엄성, 주의, 시간, 경청하는 귀를 줄 수 있습니다. 우리는 돈을 줄 때도 있고 주지 않을 때도 있습니다. 그러나 언제나 사랑은 줄 수 있습니다.

아이러니하게도, 돈을 주는 일은 누군가를 사랑하는 값싼 방법이 될 수 있습니다. 많은 사람은 상호작용을 원치 않기 때문에 돈을 줍니다. 상대방을 떨쳐버리고 싶어서 그렇지요. 어떤 경우에는 돈을 주는 것이 진정한 관계가 요구하는 책임을 회피하는 방법이 될 수 있습니다. 그러므로 나는 이렇게 제안하고 싶습니다. 돈을 주십시오. 그러나 돈 이상의 것을… 당신 자신을 주십시오.

예수님은 마태복음 25장에서 "이들 중 가장 작은 자"를 돌보는 문제에 대해 말씀하십니다. 그분은 멀리서 자선을 베푸는 행위가 아니라 개인적인 연민의 행위-죄수를 방문하고, 병든 자를 돌보고, 나그네를 환영하고, 배고픈 사람과 음식을 나누는 일-에 대해 말한 것입니다. 우리가 누군가를 사랑할 때는 늘 상처받을 위험이 있습니다. 그러나 그런 위험은 감수할 가치가 있습니다.

우리가 거지들에게 돈을 주면 그들이 마약이나 술을 사는데 쓰지 않을까 하는 질문을 종종 받습니다. 때로는 그런 일도 벌어집니다. 그러나 우리가 어떤 회사에 돈을 줄 때는 그 회사의 CEO가 그 돈으로 무엇을 하는지 늘 묻지는 않습니다. 그들도 우리 돈으로 마약이나 포르노(또는 요트)를 살지도 모릅니다.

요컨대, 거지가 돈을 구걸할 때 우리가 그를 식당에 데려가거나 차에 태워줄 수 없다면 약간의 돈을 주는 편이 낫습니다. 의심하는 편보다 은혜의 편에 섰다가 잘못되는 편이 낫습니다. 우리에게 기저귀를 요청하는 저 여자는 정말로 그것이 필요하지 않을지도 모릅니다. 그리고 중독자들에게 너무 많은 돈을 주었다고 예수님이 우리를 꾸짖을지 모른다고 우려합니다. 하지만 우리가 차라리 더 관대했으면 좋았겠다고 후회할 가능성이 더 많습니다. 그런즉 이왕 실수할 것이라면 관대한 편에서 그러는 게 낫습니다.

당신은 트위터나 페이스북을 사용합니까, 아니면 테크놀로지를 반대하는 편입니까?

어떤 것들은 우리가 꺼버리고 공동체와 다른 유익한 일을 위한 공간을 만들 필요가 있다고 생각합니다. TV 같은 것입니다. 우리는 TV가 없습니다. 아이들이 우리 집에 오는 한 가지 이유는 TV가 없기 때문입니다. 사람들이 우리 집에서 시간을 보내는 것을 좋아하는 이유는 다함께 게임을 하고, 벽화를 그리고, 마당에서 놀고, 음식을 요리하기 때문입니다. 그냥 TV를 보고 싶다면 어디서나 그럴 수 있습니다. 지금은 우리가 이따금 영화를 시청합니다(벽에 3미터짜리 TV를 페인트로 그려놓아서 영화를 상영할 수 있습니다). 만일 당신이 TV를 갖고 있다면 벽장에 넣어놓았다가 특별한 경우에 끌어내거나 적어도 가장 눈에 띄는 자리에는 두지 말라고 제안하는 바입니다.

나는 컴퓨터와 스마트 폰 같은 것을 도구로 생각합니다. 나는 드릴을 갖고 있는 걸 좋아하지만 내 드릴이 나에게 일할 시간이라고 일러주는 것은 원치 않습니다. 나는 스마트 폰을 대체로 비행기 모드로 유지하다가 이따금 확인하되 폰의 생각이 아니라 내 생각대로 합니다.[1] 망치이든 스카이프이든, 테크놀로지는 선이나 악, 세우거나 파괴하는 일을 위해 이용될 수 있습니다. 우리는 스카이프로 온 세계의 사람들과 놀라운 통화를 하곤 합니다. 나는 핀란드에 가지 않고도 핀란드 말을 할 수 있습니다. 우리는 아랍의 봄으로 이집트에서 일어난 일을 보고 트위트가 인종정의를 위한 운동에 얼마나 중요한 도구가 되었는지 압니다. 그러나 나는 테크놀로지가 우리의 상호작용 방식을 얼마나 바꾸고 있는지도 보게 됩니다. 우리는 가상적인 친구들을 경계하면서 여전히 진짜 친구들을 사귈 필요가 있습니다. 어디를 보든지 가상적인 혁명, 가상적인 네트워크, 가상적인 친구가 있을 테지만, 가상적이란 말은 "거의 사실적"이란 뜻입니다. 가상적인 관계는 그 어떤 책임도 없이 맺을 수 있지만, 그래서 위험합니다. 의무나 책임이 없이 얻는 친밀감을 가리키는 단어가 있습니다. 불륜입니다. 그런즉 진짜 공동체를 가상 공동체로 대체하지 마십시오. 많은 가상적인 친구를 가진 사람은 매우 외로울 것입니다. 우리가 가상적으로 세계와 연결될 때는 종종 바로 곁에 있는 사람들과의 연결이 끊어지는 것을 경험합니다. 온 세상을 얻고도 우리의 영혼을 잃는 것입니다. 우리가 가상적인 음식만 먹는다면 곧 굶어죽을 것입니다.

나와 트위트와 페이스북을 하고 싶으면 Twitter/Facebook@ShaneClaiborne 을 이용하시길.

당신은 모든 사람이 당신처럼 살 필요가 있다고 생각합니까?

어떤 것들은 명백한 복음의 명령입니다. 가난한 자를 돌보는 일과 예수님의 구원의 사랑을 타인과 나누는 일 같은 것들입니다. 그러나 예수님은 자기를 따르라고 초대하실 때 모든 사람들에게 똑같은 것을 말하지 않습니다. 한 사람(니고데모)에게는 "거듭나야 한다"고 말씀하십니다. 또 다른 사람(부유한 관원)에게는 그의 모든 소유를 팔아 가난한 자에게 주라고 말씀하십니다. 성경에 "세상의 패턴을 본받지 말라"는 틀림없는 부르심이 있지만, 우리가 급진적 비순응주의자로 부름을 받았다고 결국 모두 똑같은 일을 하게 된다는

믿음은
행동이 증명한다

뜻은 아닙니다.

비순응(nonconformity)은 획일성을 의미하지 않습니다.

우리 모두는 십자가를 지도록 부름을 받았지만 모든 십자가가 다 똑같은 모양은 아닙니다. 예수님을 따르는 두 명의 세리, 마태와 삭개오를 생각해보십시오. 둘 다 세리였지만 예수님에 대한 반응은 똑같지 않습니다. 마태는 모든 것을 버려두고 맨발로 예수님을 따릅니다. 삭개오는 그렇게 하지 않습니다. 그는 소유의 절반을 팔아 가난한 자들에게 주고, 그들에게 빚진 것이 있으면 네 배로 갚기 시작합니다. 그는 희년 경제를 실천하고 빚을 타결하는 등 다른 종류의 세리가 되었습니다. 둘 다 더 이상 세상의 패턴과 억압적인 세금제도에 순응하지 않습니다. 그들은 다르게 반응합니다. 우리가 '먼저 하나님의 나라를 구할' 때 우리 중 일부는 직업을 잃을 수도 있습니다. 일부는 직업을 재정의해야 할 것입니다. 또 어떤 이들은 예수님의 거꾸로 된 나라를 추구할 때 기존 제도를 뒤집어야 할 것입니다.

바울은 "내가 그리스도를 본받는 것처럼 나를 본받으라"고 말했습니다.

당신이 나를 따르는 것보다 더 중요한 것은 예수님을 따르는 것입니다. 나는 당신이 당신다운 존재가 되는데 관심이 있습니다. 그리고 우리가 좀 더 예수님을 닮아가는 데 관심이 있습니다.

"레드 레터(red letter)" 크리스천이란 무슨 뜻입니까?

한 친구가 어느 라디오 방송에서 인터뷰를 하고 있었는데, 담당

자가 자기는 성경의 어떤 부분은 좋아하고 또 어떤 부분은 거슬린다고 말했답니다. 이어서 예수님의 말씀은 종종 붉은 글자로 구별되어 있다고 하면서 그 친구에게 "그런데 나는 붉은 글자로 된 내용은 좋아합니다. 당신들도 그런 것 같군요. 당신들은 스스로를 '붉은 글자' 크리스천이라 불러야 되겠군요"라고 말했습니다. 그래서 우리는 그렇게 부르기 시작했습니다.

어떤 사람들은 "그런데 검은 글자들 역시 중요하지 않나요?"하고 물을 것입니다. 물론입니다. 하지만 예수님이 거듭해서 선언한 것이 있습니다. 모세가 가르친 일부 내용-이혼, 간음, 살인, 당신에게 상처를 준 사람들을 대하는 법, 돈의 사용 등-은 더 높은 도덕으로 초월될 필요가 있다는 것입니다. 그래서 예수님은 그런 가르침을 반박하기보다 오히려 성취하고 있습니다. 이제 우리는 종이 위의 글만 갖고 있는 게 아니고, 그 말씀(the Word)이 육신이 되었습니다. 우리는 육신을 입은 하나님이 어떤 모습인지 알 수 있습니다. 예수님은 우리가 그분을 통해 성경과 주변 세계를 이해하는 렌즈와 같은 분입니다.

당신이 먼저 붉은 글자들로 계시된 예수님을 알기 전에는 검은 글자들이 무엇을 말하고 있는지 제대로 이해할 수 없습니다. 그렇다고 검은 글자들의 중요성을 깎아내리는 것은 아닙니다. 우리는 성령께서 성경의 저자들을 지도하셔서 모든 성경이 하나님의 영감을 받았다고 믿습니다.

우리 중 다수는 '복음주의자'란 딱지를 불편하게 생각하는데, 복음주의자가 지금은 예수님이 명백히 반대하신 것들 중 일부와 연루되어 있기 때문입니다. 우리는 기독교가 다시 예수님의 모습을 되찾고 산상설교와 팔복을 진지하게 여기기를 바랍니다. 우리는 이런 단순한 질문을 던질 뿐입니다. 예수님이 그분의 말씀을 진심으로 하셨다면 어떻게 할까요? 만일 크리스천들이 그 붉은 글자에 의거해 산다면 이 세상은 어떤 모습이 되겠습니까?[2]

영혼구원과 구제행위 중 어느 것이 더 중요합니까?

우리는 결코 분리되면 안 되는 것들을 종종 분리시킵니다. 믿음과 행위. 영혼구원과 구제행위. 예수님과 정의. 대계명과 대위임령.

그래서 예수님이 세상에서 제일 중요한 것은 하나님을 사랑하는 것과 이웃을 사랑하는 것이라고 말씀하신 것 같습니다. 양자는 하나입니다. 이 둘은 분리될 수 없습니다. 동전의 양면과 같습니다. 가위의 두 날과 같습니다. 함께 작동할 뿐입니다. 성경은 "누가 이 세상의 재물을 가지고 형제의 궁핍함을 보고도 도와 줄 마음을 닫으면 하나님의 사랑이 어찌 그 속에 거하겠느냐?"(요한 3:17)고 말합니다. 예수님은 우리가 원한을 품고 제단으로 나온다면 일어나서 화해하러 가라고 말씀하십니다(마 5:24). 야고보에 따르면, 참된 신앙은 고아와 과부를 돌보고 우리 자신을 세상에 오염되지 않게 지키는 것입니다.

그러면 하나님을 사랑하는 것과 이웃을 사랑하는 것, 구제하는 것과 영혼을 구하는 것 중 어느 것이 더 중요합니까? 더 중요한 것은 없습니다. 양자를 떼어놓을 수 없습니다. "어느 때나 하나님을 본 사람이 없으되 만일 우리가 서로 사랑하면 하나님이 우리 안에 거하시고 그의 사랑이 우리 안에 온전히 이루어지느니라"(요일 4:12).

어떤 이들은 "당신은 지금 행위가 우리의 구원을 얻어낼 수 있다고 말하는 겁니까?"라고 물을 것입니다. 우리의 구원을 얻어내기 위해 우리가 할 수 있는 일은 하나도 없습니다. 우리의 구원은 하나님이 주시는 선물입니다. 그러나 나는 우리의 행위가 우리의 구원을 증명한다고 말하고 있습니다. 만일 하나님을 향한 우리의 사랑이 지구에서 가장 취약한 사람들에 대한 사랑과 연민의 행위로 옮겨지지 않는다면, 우리가 어떻게 하나님을 사랑한다고 말할 수 있습니까? 우리가 정말로 자비를 경험한다면, 그것은 우리를 자비롭게 만들어야 합니다.

내가 역사를 살펴보며 알게 된 한 가지 문제점은 우리가 서로 충돌시키면 안 되는 것들을 서로 경쟁시킬 뿐만 아니라 우리가 빗나갔을 때 지나치게 교정한다는 것입니다. 사람들이 "사회" 복음과 "복음주의적" 복음에 관해 얘기할 때 이런 모습이 보입니다. 우리는 결국 하나를 희생시키면서 다른 하나를 강조하는 것으로 끝납니다. 이는 대다수 이단들의 특징입니다. 한 진리에만 초점을 맞춘 나머지 다른 진리들을 무시하는 잘못입니다. 이는 마치 누군가 자동차를 운전하다 길 오른편으로 벗어났다가 운전대를 너무 확 잡아당기는 바람에 길 왼편으로 벗어나는 것과 같습니다. 그런즉 우리는 반동적이 되지 맙시다. 그릇된 이분법을 만들지 말고 통전적인 복음에 찬성표를 던집시다. 그리고 통전적인 복음은 하나님을 사랑하는 것과 이웃을 사랑하는 것을 모두 붙잡습니다. 이 복음은 하늘과 땅을 모두 포용합니다. 영혼구원과 구제행위를 모두 포함합니다.

그리스도에게 큰 걸림돌의 하나는 크리스천들이 말만 많이 하고 삶으로 하나님의 사랑을 별로 보여주지 않는 것입니다. 그리고 많은 크리스천은 야단스럽게 사랑하면서도 예수님을 말로 잘 전하지 않습니다. 그런즉 우리는 말과 삶으로 예수님을 전하는 사람들이 됩시다.

기도는 얼마나 중요합니까. 그리고 당신의 기도생활은 어떻습니까?

나는 기도를 주로 하나님 앞에 우리의 부탁을 내놓는 것으로 생각하면서 자랐습니다. 이는 마치 어린이가 침대에 올라가면서 "나는 이제 기도하려고 해. 혹시 무엇이든 원하는 사람이 있나요?"하고 말하는 것과 같습니다. 하나님을 산타클로즈로 생각하듯이. 그것도 기도의 일부이지만-하나님은 우리 마음의 욕구와 염려와 희망을 듣고 싶으실 것이다-, 나는 기도가 단지 하나님으로 우리가 원하는 일을 하시게끔 하려는 것이 아님을 알게 되었습니다. 기도는 그에 못지않게 우리 자신으로 하나님이 원하시는 일을 하게 만드는 것이고, 우리 자신을 훈련시켜 하나님이 원하는 그런 사람이 되게 하는 것이기도 합니다.

내가 인도에 있는 동안 알아차린 것이 있습니다. 우리가 드린 많은 기도는 예수님을 우리 안에 사시도록, 그리고 우리를 통해 사람들을 사랑하시도록 초대하는 내용이었다는 것입니다. 우리는 성령의 열매-사랑, 희락, 화평, 오래 참음, 자비, 양선, 온유, 충성, 절제-가 우리 안에서 자라도록 기도했고, 미움이 있는 곳에 우리가 사랑을 가져가도록, 어둠이 있는 곳에 우리가 빛을 가져가도록 기도했습니다. 나는 이와 똑같은 기도를 늘 합니다. 나는 주머니에 염주를 갖고 다니는데 행운의 상징으로서가 아니라 기도할 때 초점을 맞추기 위해서입니다. 각 구슬을 잡으면서 주기도문을 따라 기도하거나 성령의 열매에 대해 생각합니다.

우리는 한 공동체로서-가톨릭교도와 개신교도, 오순절파와 퀘이커교도 등- 다함께 기도하는 법을 배우는 것이 무척 힘들었습니다. 이를 계기로 「공동 기도문」[3]이란 책이 탄생한 것입니다. 우리는 찬송과 기도, 성자들의 전기, 다양한 전통에서 뽑은 인용문 등을 수집하여 놀라운 콜라주를 만들었습니다. 그것은 보물 상자와 같습니다. 「공동 기도문」에는 매일 아침과 정오와 저녁을 위한 기도들, 집들이나 헌당식과 같은 특별한 행사를 위한 기도들이 있습니다. 처음부터 거룩한 프로젝트라는 느낌이 들었습니다. 출판된 이후 수년 동안 온 세계에서 다함께 기도하는 시간에 그 책을 사용하는 사람들로부터 많은 이야기를 듣고 있습니다. 감옥에서 사용하는 사람들도 있고 심지어 정신병원에서도 사용한답니다. 한 커플은 「공동 기도문」을 갖고 함께 기도한 덕분에 결혼관계가 깨지지 않았다고 합니다. 하나님께 감사드립니다.

나는 또한 기도와 행동이 함께하는 것이 중요하다고 생각합니다. 많은 사람이 기도는 하되 다른 것은 별로 하지 않습니다. 또 어떤 이들은 활동은 많이 하지만 하나님께서 일하고 계시다는 것을 잊어버립니다. 이 세상의 짐이 우리의 어깨에만 지워진 것이 아니라서 하나님께 감사합니다.

믿음은
행동이 증명한다

당신을 비판하는 사람들에게는 어떻게 반응합니까?

나를 비판하는 사람들은 가장 좋은 선생들입니다. 단, 그들이 나에게 일방적으로 말하지 않고 나와 함께 얘기할 경우에만 그렇습니다.

안타깝게도, 많은 비판가들이, 심지어 크리스천들조차, 나와 기꺼이 얘기하려 하지 않습니다(예수님이 마태복음 19장에서 명하신 것과 정반대로). 한번은 내가 강사로 초대받은 장소에 가서 목소리가 큰 소수의 비판가들이 나의 초청을 반대했다는 사실을 알게 되었습니다. 나는 주최 측에 내 강사료를 내놓고 그들이 염려하는 이슈들에 대해 공개 토론을 하러 오는데 필요한 항공료로 사용하라고 했습니다. 그런데도 그들은 오려고 하지 않았습니다. 결국 그 논쟁이 큰 파문을 일으켜 청중이 예상보다 두 배로 늘었습니다. 우리는 성찬식을 집행하고 마침내 우리를 비방하던 사람들을 위해 기도하는 것으로 마쳤습니다. 참으로 신성한 행사였습니다. 아직도 나는 그처럼 낙심한 사람들과 대화를 나눴으면 좋았으리라고 생각합니다. 물론 성찬식에도 다함께 참여했으면 더 좋았겠지요.

우리의 비판가들이 말하는 내용 중 90퍼센트가 틀려도(이는 10퍼센트가 옳다는 뜻) 나는 진실을 찾으려고 애씁니다. 비판가들은 친구들과 달리 당신을 날카롭게 만듭니다.

우리가 그리스도를 증언하는 한 가지 방식은 서로 의견을 달리하는 것임을 알게 되었습니다. 우리는 크리스천으로서, 교회로서 의견을 달리하는 것을 잘할 필요가 있습니다.

옳은 것만큼 중요한 것은 좋은 태도를 유지하는 일입니다.

자유주의자들과 보수주의자들을 보십시오. 좋은 이데올로기와 논리를 갖는 것으로 충분치 않다는 점을 알 수 있습니다. 당신은 대단한 아이디어를 갖고 있으면서도 비열하고 오만할 수 있습니다. 그리고 아무도 비열한 사람에게 귀 기울이는 걸 좋아하지 않습니다. 괜찮은 TV프로는 만들지 몰라도 우리 주 예수님과 닮은 모습은 아닙니다. 억압당하는 자와 억압하는 자 등 누구나 해방될 수 있다는 것을 기억하십시오. 우리 주님의 식탁에는 열심당원과 세리 양자를 위한 자리가 있다는 것을 잊지 마십시오.

언젠가 내가 텍사스를 여행하던 중에 어떤 험상궂은 남부 카우보이가 내게 접근하더니 강한 남부 사투리로 이렇게 말하는 것이었습니다. "내가 고백할 게 있소. 나는 촌놈이요. 교과서에 나오는 촌놈-총을 휴대하고 픽업트럭을 운전하는 촌놈-인데, 당신의 글을 읽고는 엉망진창이 되어 버렸소. 그냥 고맙다는 말을 하고 당신의 기도를 받고 싶소. 나는 지금 회복 중인 촌놈이라오."

우리 하나님은 회복 중인 촌놈들도 환영하는 분입니다. 나도 그들 중 하나입니다.

그리고 우리가 누군가와 의견을 달리 한다고 함께 일할 수 없는 것은 아닙니다. 우리가 전복적인 친구관계를 맺고 뜻밖의 동맹을 만들면 우리의 영향력이 넓어지고 우리의 메시지가 확대됩니다. 총기폭력을 반대하는 운동에서 우리의 최상의 파트너 중 하나는 '총기폭력에 반대하는 사냥꾼 협회'입니다.

우리는 크리스천들이 선을 독점하고 있다고 생각하면 결코 안 됩니다. 성경을 읽어보면 하나님은 이방인 왕, 기생, 거듭난 테러리스트, 심지어 당나귀까지 사용하시므로 하나님이 일하시는 곳을 제한하면 안 됩니다. 교회가 하나님이 그의 나라를 위해 사용하는 주된 도구라고 해서 다른 곳에서는 일하지 않는 것이 아닙니다.

복음서에는 이런 이야기가 있습니다. 제자들이 예수님께 와서 "저 아래편에서 기적을 행하고 예언도 하는 녀석이 있는데 우리 중 하나가 아닙니다. 그만두라고 말할까요?"하고 말합니다. 예수님은 절대로 그러지 말라고 말씀하십니다. "우리를 반대하지 않는 사람은 우리 편이다." 그런데 슬프게도, 우리 크리스천들은 종종 "우리가 똑같은 신앙이나 정치적 신념을 갖고 있지 않으면 함께 일할 수 없다"고 말하곤 합니다. 부끄러운 일입니다. 우리는 세상에서 가장 잘 협력하는 자들이 되어야 합니다.

당신도 겁이 날 때가 있습니까?

물론 나도 겁날 때가 있지만 항상 예상할 때에 일어나는 것은 아닙니다. 제일 겁났던 순간의 하나는 경찰이 ("사고" 때문에) 우리 공동체를 급습하고 특별 기동대가 모두를 바닥에 쓰러뜨리고 한 여성의 셔츠를 찢어버렸을 때였습니다. 그런 순간에는 '우리가 이제 누구에게 신고하지?'란 생각이 떠오릅니다.

그동안 우리에게 무서운 일들이 분명히 발생했습니다. 내 어머니는 지혜로운 분입니다. 내게 이런 말씀을 하셨습니다. "과거에는 네가 안전하도록 기도했지만 지금은 네가 조심하도록 기도하고 있단다. 이 둘은 같은 게 아니다." 여기에 멋진 분별력이 담겨 있습니다. 우리가 안전해지도록 부름 받은 게 아니라고 해서 지혜롭지 말아야 한다는 뜻은 아닙니다. 우리는 동네에서 중요한 삶의 지침을 많이 만들었습니다. 어떤 것들은 실수에서 배운 것이고, 또 어떤 것들은 예수님께 배운 것인데, 항상 둘씩 짝지어 나가는 것과 같은 지침입니다. 이는 당신이 어디에 있든지 상관없이 현명한 지침입니다.

결국 최상의 안전대책은 당신의 이웃을 아는 것입니다. 그리고 우리는 수십 가정이 항상 서로를 지켜주는 빈틈없는 동네의 일부인 것이 자랑스럽습니다. 복음은 우리에게 안전을 약속하지 않습니다. 다만 우리가 위험할 때 하나님이 함께하실 것이라고 약속할 뿐입니다. 이는 나쁜 일이 벌어지지 않을 것이란 뜻이 아닙니다. (제자들과…예수님과…역사상 크리스천들에게 무슨 일이 발생했는지 보십시오.) 예수님은 두려움에 관해 말씀하실 때 우리의 몸을 파괴할 수 있는 것들(총과 칼 같은 것)을 두려워하지 말고 우리 영혼을 위태롭게 할 수 있는 것들을 더욱 두려워해야 한다고 하셨습니다. 후자는 좀 더 교묘한 위험으로서 남들은 가난하게 사는 동안 우리 자신을 고난에서 차단시키고 우리의 소유를 시끄럽게 자랑하는 것과 같은 교외의 귀신들을 포함합니다. 이런 것들이 우리의 영혼을 파괴시킬 수 있습니다. 그런즉 도심지의 모퉁이에서 기도하는데 그치지 마십시오. 쇼핑센터에도 가서 맘몬과 물질주의 귀신들을 내쫓으십시오!

두려움은 위험한 것입니다. 우리는 두려움에 사로잡힌 문화에 살고 있습니다. 우리가 두려움 가운데 살 때는 많은 손해를 입히게 됩니다. 세상에서 최악의 폭력 중 일부는 우리가 두려움이 우리의 사랑을 이기도록 내버려둬서 발생한 것입니다. 어쨌든 완전한 사랑

믿음은
행동이 증명한다

은 두려움을 내쫓습니다. 사랑이 부재할 때 두려움이 우리를 사로 잡습니다.

그러나 사랑은 두려움을 쫓아냅니다.

내 인생을 향한 하나님의 뜻을 어떻게 알 수 있습니까?

나는 이 질문을 던지면서 자랐고 결혼의 여부, 대학교 선택, 직업 선택과 같은 결정을 앞두고 많은 고민을 했습니다. 지금은 내 인생을 향한 하나님의 뜻을 묻기보다는, 하나님의 뜻이 무엇인지 그리고 내 인생을 어떻게 거기에 맞출 수 있을지를 묻는 편이 더 유익하다고 생각합니다. 어쩌면 이것이 먼저 하나님의 나라를 구한다는 말의 뜻일 것입니다. 세계가 우리를 중심으로 도는 게 아니라 우리가 하나님을 중심으로 돌아가고 있습니다. 이렇게 생각하면 약간의 해방감을 느끼게 됩니다. 하나님의 뜻은 굶주린 자가 음식을 얻는 것, 노숙자가 집을 갖는 것, 억압당하는 자가 해방되는 것, 그리고 우리가 그런 일의 일부가 되는 것임을 알기 때문입니다. 그러면 우리가 어떻게 하나님이 행하고 계시는 구속사역에 기여할 수 있는가 하는 질문이 생깁니다. 하나님께 우리가 하는 일을 축복해 달라고 부탁하는 대신, 우리 자신을 하나님이 이미 축복하기로 약속하신 것-가난한 자, 자비로운 자, 화평케 하는 자-에 맞출 수 있고, 하나님이 우리를 축복하고 계시고, 더 중요하게는 우리가 하나님을 송축하고 있음을 확실히 알게 됩니다.

아울러 하나님이 우리 발의 등이요 우리 길의 빛이 되기로 약속하시는 걸 기억하는 것이 좋습니다. 따라서 우리가 우리 앞에 놓인 모든 길을 볼 수 없을지라도 다음 몇 발자국은 볼 수 있고, 우리가 발걸음을 내디디면 그 빛이 한 번에 한 걸음씩 계속 우리를 인도하게 됩니다.

그리고 중요한 결정을 앞두고 하나님의 뜻을 분별할 때 공동체가 담당할 수 있는 역할에 대해서도 할 말이 있습니다. 때로는 우리가 마치 하나님의 음성을 직접 들어야 하는 것처럼 행동하곤 합니다. 그런 일도 일어날 수 있습니다. 그러나 나의 경우에는 성령께서 내가 신뢰하는 친구들을 통해 말씀하시는 것을 들을 때가 더 많습니다. 퀘이커교도는 분별의 과정을 갖고 있습니다. 그들은 서로에게 또 성령에게 경청하는 일을 잘 합니다.[4] 내 인생의 중요한 결정을 내릴 때는 친구들과 원로들을 모아서 나와 함께 경청하도록 부탁하고 그들이 하나님의 말씀으로 감지하는 것을 나에게 일러달라고 요청합니다. 이 책을 쓰기로 한 결정과 결혼하기로 한 결정 모두 이렇게 해서 내려졌습니다. 귀가 많으면 더 잘 듣게 됩니다.

당신은 크리스천이 정치에 참여해야 한다고 생각합니까?

예수님은 당시 세계의 현실에 관해 얘기하는데 많은 시간을 보냈습니다. 일용직 일꾼과 불의한 재판관, 고아와 과부, 나그네와 이주민, 학대받은 여성과 착취당한 노동자, 부의 재분배와 적과의 화해 등입니다. 진짜 질문은 '우리가 참여하는가?'가 아니라 '우리가 어떻게 참여하는가?' 하는 것입니다. 우리가 이웃을 우리 자신처럼 사랑하려면 입법과 법률과 정책에 관심을 갖지 않을 수 없습니다. 이런 것들이 우리가 사랑하려 하는 사람들에게 영향을 주기 때문입니다. 그런데 예수님께 초점을 맞추기보다 우리의 정치를 어느 정당이나 후보에 국한시키는 것이 위험합니다. 우리는 이미 궁극적인 표를 던졌기 때문에 지금은 하나님의 나라 쪽으로 세상을 움직이는 사람 및 사물과 동조하려고 애쓰는 중입니다.

초대교회 당시는 로마에 대한 충성 서약이 곧 "시저는 주님이다"라고 선언하는 것이었습니다. 당시 크리스천들은 시저를 예수로 대치한 만큼 새로운 정치적 지향을 갖게 되었습니다. 크리스천들이 "예수는 주님이다"라고 선포할 때는 언제나 "시저는 주님이 아니다"라고 말하는 셈이었습니다. 그것은 일종의 정치적 전복 행위였습니다. 이천 년 전에 "예수는 나의 주님"이라고 말하는 것은 오늘날 그분을 총사령관으로 선언하는 것처럼 이상한 일이었습니다. 그것은 그리스도의 인격과 가르침과 특이한 정치를 중심으로 새로운 정치적 상상력을 품으라는 초대였습니다. 이 정치적 지향은 모든 정치 지도자와 세속 권력에게 거꾸로 뒤집힌 하나님 나라의 규범, 즉 가난한 자가 축복을 받고, 꼴찌가 첫째가 되고, 굶주린 자가 배불리 먹고, 막강한 자가 권좌에서 쫓겨나는 그 나라의 규범에 맞추라고 초대합니다. 그것은 우리 자신을 폭력의 패턴과 전쟁 작업에 동조시키지 않고 무기를 쳐서 농사도구를 만드는 것을 거론했던 예언자들에게 맞추는 것을 뜻합니다.

우리는 상상력이 필요합니다.

예수님은 하나님의 나라에 대해 말씀하실 때 제국이란 단어를 사용했고, 그분이 말씀하신 제국은 우리가 죽은 후에 보게 될 것만이 아니었습니다. 우리는 그 나라를 "하늘에 있는 것처럼 땅으로"

가져오게끔 되어 있습니다. 이는 하나님의 다스림을 땅으로 가져오는 것입니다. 지금 예수님을 왕-또는 대통령-으로 만드는 일입니다. 예수님의 정치에 합류한다는 것은 세상을 구원하시는 하나님의 구속계획에 참여하는 것입니다. 이는 충성과 희망과 새로운 나라와 관련이 있습니다.

그리고 우리의 희망은 어느 정당이나 어느 후보자에게 있지 않고 그리스도께 있습니다. 투표하다(vote)란 단어는 헌신(devotion)과 같은 어원을 갖고 있고, 우리의 희망을 어디에 두는지와 관계가 있습니다. 우리의 희망은 당나귀나 코끼리에 있지 않고 어린양에게 있습니다. 옛 찬송가의 가사처럼 "내 희망은 오직 예수님의 피와 의에 기초해 있고...다른 모든 토대는 가라앉는 모래일 뿐"입니다. 그리고 오늘날에는 가라앉는 모래가 상당히 많습니다.

그런즉 우리는 11월 둘째 주에 대통령 선거에 참여하지만, 그뿐만 아니라 오늘과 내일 그리고 그 다음 날에도 투표하고 있다고 할 수 있습니다.[5] 우리는 변화란 것이 4년마다 찾아오는 선거일에 국한되지 않는다고 확신합니다. 변화는 날마다 일어납니다. 우리가 우리의 삶으로 투표하기 때문입니다.

당신은 그동안 싱글의 삶을 많이 옹호했습니다. 그런데 왜 결혼했습니까?

실은 아직도 나는 싱글의 은사에 대해 열정을 느끼고 교회가 이 주제에 대해 실수한 것이 마음에 걸립니다. 나는 이제 새로운 각도에서 싱글을 옹호할 수 있는데, 아직도 옹호자인 것은 변함이 없습니다. 좋은 배우자가 되려면 홀로 있는 것에 만족할 필요가 있습니다. 그리고 좋은 싱글이 되려면 다른 사람들에게 둘러싸인 것을 편하게 느낄 필요가 있습니다. 홀로 있을 수 없는 사람이 결혼하는 것은 위험한 일이고, 누군가와 함께 사는 걸 상상할 수 없는 사람은 홀로 있어도 건강하지 못할 것입니다. 나는 35년 간 싱글로 살면서 많은 것을 배웠습니다(때로는 예수님이 싱글로 계시는 한 나도 싱글이었다고 말하곤 합니다!). 그것은 결혼관계에서 배울 수 없는 교훈들이었습니다. 지금은 새로운 교훈들, 사랑과 희생의 새로운 역학을 배우는 중입니다. 싱글상태와 결혼관계 모두 외로울 수 있고, 둘 다 활력을 불어넣을 수 있습니다. 양자 모두 이기적일 수 있고, 둘 다 거룩할 수 있습니다. 중요한 질문은 '어느 편이 내가 더 잘 사랑하도록 돕는가?' 하는 것입니다. 나는 홀로 하나님과 이웃을 더 잘 사랑합니까, 아니면 함께 더 잘 사랑합니까? 먼저 하나님의 나라를 구하는 일에는 어느 편이 더 낫습니까? 나는 여전히 우리의 믿음을 하나의 이론으로 보기보다 로맨스로 보는 편입니다. 언젠가 어떤 기자가 마더 테레사에게 결혼했느냐고 물은 적이 있습니다(수녀에게는 이상한 질문인데, 그 사람이 수녀에 대해 잘 몰랐을 것 같다.) 그녀는 "예, 나는 깊은 사랑에 빠졌습니다. 그리고 내 배우자(Spouse)가 매우 버거울 때도 있습니다"라고 대답했습니다. 케이티와 내가 선택한 결혼반지는 로자리오 반지인데, 마더 테레사와 동료 수녀들이 예수님께 대한 서약의 상징으로 끼고 있던 반지와 똑같은 것입니다. 한 친구가 돌아가신 내 부친의 밴드를 녹여서 만든 것입니다. 반지를 볼 때마다 나의 놀라운 아내가 생각나고, 아울러 나의 놀라운 구원자도 생각납니다. 둘 다 내 인생의 연인들입니다.

우리는 섹스 없이 살 수 있어도 사랑 없이는 살 수 없다. 이 말에는 심오한 진리가 담겨 있습니다. 많은 사람이 섹스는 많이 해도 사랑을 받지 못합니다. 또 어떤 이들은 섹스를 하지 않은 채 평생을 살지만 엄청난 사랑을 경험합니다. 우리 영혼이 가장 갈망하는 것은 섹스가 아니라 사랑과 공동체와 우정입니다. 우리의 공동체와 교회는 누구나 사랑받고 있다고 느끼며 진정한 공동체를 경험하는 곳이 되어야 합니다. 우리는 섹스-성 정체성, 성 행위, 성적 매력-에 초점을 맞출 때가 너무 많고 사랑에 관해 얘기하는 것을 잊어버립니다. 출발점은 교회라는 곳이 누구나 하나님의 사랑과 사람들의 사랑을 느낄 수 있는 곳이 되어야 한다는 것. 그러면 다른 것들은 좀 더 쉬워지거나 적어도 좀 더 안전해집니다.

누군가 당신의 아내를 공격한다면 어떻게 하겠습니까?

이것은 보통 함정으로 던지는 질문입니다. 즉, 당신이 싸우지 않는다면 겁쟁이다. 만일 당신이 싸운다면 당신이 견지하는 비폭력 신학과 모순이 된다는 식입니다.

그런즉 내가 장난삼아 가설적 질문에 가설적 대답으로 응수할까 합니다. 당신의 상상력을 발휘해보십시오.

케이티(아내)가 잠자는 중이고 나는 1층에서 글을 쓰고 있었다. 유리창 깨는 소리가 들리고 케이티가 비명을 지른다. 나는 칼을 집으려고 부엌으로 달려갔다.

(아니, 이건 순전히 공상이다…이보다 더 잘할 수 있다.)

나는 케이티에게 할아버지가 물려준 권총이 있다는 것을 기억했다. 아내는 그것을 장전한 채 거실 바닥 아래 숨겨놓았다. 그래서 내가 권총을 잡고 구출하러 이층으로 올라갔다. 드디어 문을 열었다.

아니, 내가 문을 박차서 헐크처럼 문을 왕창 부숴버렸다. 그때 그 놈을 보았다.

2미터나 되는 거구의 짐승 같은 남자가 나를 노려보고 있었다. 그 놈이 창문 밖으로 뛰어넘을 것이란 생각이 들었으나 나는 기다릴 수 없었다. 나는 총을 쐈다.

여섯 방. 세 방이 적중해서(나는 잘 쏘는 편이 아니다) 그 놈이 쓰러졌다.

한 방이 튀어서 우리의 애견, 벨라의 다리에 맞았다. 그러나 그걸 생각할 틈이 없었다. 오로지 침실 바닥에 쓰러진 피투성이 몸을 응시하고는 아내를 끌어안았고 눈물이 쏟아졌다. 우리는 안전했다.

두 주가 흐른 후 케이티와 나는 여행을 하는 중이었고 그 남자의 형제가 보복하러 왔다. 우리가 없는 동안 케이티의 여동생 그웬이 우리 집을 지켜주고 (다리 하나를 잃어버린) 벨라를 보살펴주었다. 그런데 그 형제는 그런 사실을 몰랐다. 우리가 없는 동안 침입해서 그웬을 무참히 죽였고 벨라는 그녀의 몸에 붙어 킁킁거리고 있었다.

케이티와 나는 그만 망연자실하고 말았다. 우리는 격노했다. 도무지 명료하게, 이성적으로 생각할 수 없었다. 우리는 그 형제의 집을 불태우기로 결심했다. 그런데 우리가 불을 붙일 때 몰랐던 사실은 그 놈이 야간 당번으로 일하고 있었고 십대 소녀 둘이 집에 있었다는 것이다. 그 소녀들이 화염에 휩싸였다.

우리는 고소를 당해 살인죄로 확정되었다. 나는 사형선고를 받고 케이티는 공범자로 종신형을 받았다. 주정부는 치사 주사로 나를 죽일 예정이다. 그리고 그 짐승 같은 놈은 여전히 자유인이다. 그래도 케이티는 살아있어 감사할 따름이다. 그것이 항상 나의 목표였다. 내 아내를 보호하는 것 말이다. 나는 그렇게 했다.[6]

그리고 지금은 다리가 셋인 벨라가 테네시에서 나의 엄마와 함께 살고 있다.

만일 누군가 내 아내를 공격한다면, 나는 예수님, 곧 자기를 죽이는 자들을 용서했던 그 예수님을 영화롭게 하는 방식으로 반응할 것입니다. 나에게 그런 자비가 있는지 모르겠지만 적어도 그럴 것으로 바랄 수는 있습니다.

그렇다고 내가 가만히 서서 누군가 내 아내를 죽이는 것을 보기만 한다는 뜻은 아닙니다. 내 몸을 던져서라도 할 수 있는 모든 일을 할 것입니다. 다른 사람을 위해 우리 목숨을 내어주는 것보다 더 큰 사랑은 없습니다. 그러나 나는 또 다른 사람의 생명을 파괴함으로써 그리스도와 내 아내의 명예를 더럽히지는 않을 것입니다. 특히 상대방이 은혜가 많이 필요한 사람인 경우는 더욱 그렇습니다. 아내 역시 내가 그녀를 위해 누군가를 죽이는 걸 원치 않을 것입니다. 나도 마찬가지입니다.

내 아내는 사람들이 그녀에게 만일 누군가 나를 공격하면 어떻게 할 것인지를 묻지 않아서 늘 욕구불만을 느낍니다. 그리고 -나의 자료에 따르면- 분명히 그녀는 불알-또는 난소-을 찰 것이고 우리는 미친 듯이 도망칠 것입니다. 아내는 빠른 편이거든요.

믿음은
행동이 증명한다

왜 당신의 긴 머리카락을 잘랐습니까?

이 때문에.

농담입니다. 실제로 이가 생기긴 했으나 머리칼을 자른 후였습니다.

사실 이발은 십년에 한 번씩 해도 좋을 것 같습니다. 나는 십년 넘게 이발을 하지 않다가 모험을 감행했습니다. 마지막 계기는 아프가니스탄에 갔을 때 친구들이 이발을 제안한 것입니다. (이라크에 있을 때는 머리 가리개를 썼습니다.) 나는 친구들에게 내가 미국인으로 눈에 띌까봐 그러냐고 물었습니다. "아니오, 당신을 알 케이다로 착각할 까봐 그렇소"라고 그들이 대답했습니다. 그래서 내가 "그럼, 뭘 기다리고 있소. 가위를 갖고 오시오"라고 반응했습니다. 그래서 머리를 깎게 된 것입니다. 다음은 왜 계속 짧은 상태를 유지하는지 궁금할 것입니다. 아내가 짧은 머리를 좋아하고, 내가 짧게 유지하면 매주 45분짜리 마사지를 해주겠다고 제안했습니다. 아내는 마사지에 소질이 있습니다.

가장 긴급한 쟁점은 무엇입니까?

쟁점에 등급을 매기는 일은 불가능합니다. 특히 잃어버린 목숨에 관해 얘기할 때는 그렇습니다. 성적 인신매매, 대규모 감금, 드론 전쟁, 사형, 경제적 불의, 총기 폭력, 이민, 낙태, 노예제, 가정 폭력, 경찰의 만행 등 이 모두가 삶과 죽음의 이슈들입니다. 지금은 크리스천들이 십자가에서 본 사랑으로 일관되게 죽음의 길에 개입하고 폭력의 패턴에 간섭하는 운동을 벌일 때입니다. 어떤 이들은 옛 세대와 다른 새로운 낙태반대 운동이 필요하다고 말하는 것 같습니다.

우리 부모 세대의 문화전쟁은 우리를 양극화시켰고 불완전한 대안들 사이에서 꼼짝 못하게 만들어버렸습니다. 생명을 중시하는 정당이 생길지도 모르겠습니다.

우리는 모든 인간생명이 하나님의 숨을 흡입하고 하나님의 형상이 찍힌 것이라 확신하는 만큼 온갖 눈부신 형태의 생명을 보호하자고 주장하는 기독교 운동을 전개할 준비가 되어 있습니다. 이 일관된 생명윤리는 모든 사회적 이슈-낙태에서 군사주의까지, 가난의 문제에서 이민까지, 사형에서 총기 규제까지-에 스며있고 또 영향을 줍니다. 우리가 낙태를 줄이고 없앨 수 있기를, 이민자와 고아를 포용하기를, 사형 제도를 폐지하기를, 가난한 자들이 돌봄을 받고 군사무기가 생명을 일구는 농사도구로 바뀌는 모습을 보기를 바랍니다.

우리는 총기 폭력이 매년 만 명 이상을 죽이는 국가에 살고 있고, 우리는 아직도 자기 시민을 처형하는 소수의 산업화된 국가의 하나입니다. 미국은 세계 인구의 5퍼센트밖에 안 되는데 감옥에 갇힌 사람은 전 세계 감옥수의 25퍼센트나 됩니다. 우리가 세계 최대의 간수인 셈입니다. 군비는 1초에 약 2만 달러이고, 우리 병기고는 히로시마 원자폭탄 10만 개의 파괴력을 보유하고 있습니다. 그런즉 지금은 혁명을 일으킬 때입니다.

소위 낙태반대(pro-life) 운동은 낙태만 반대한다는 뜻이 아닙니다. 우리 모두 모태에서 무덤까지, 요람에서 무덤까지 생명을 보호하는 자들이 됩시다. 생명 친화적이란 것은 온갖 꼴사나운 형태의 죽음에 반대하는 입장, 비인간화시키고 우리 속의 선(善)을 질식시키는 모든 것에 반대하는 입장을 견지한다는 뜻입니다.

우리는 강하고 일관성 있는 생명윤리를 우리의 틀로 정립함으로써 많은 쟁점을 다룰 수 있다고 생각합니다. 그리고 쟁점들은 단지 캠페인용 플랫폼이 아니라 얼굴과 이름과 친구들이 되어야 합니다. 정말로 생명 옹호자가 되려면 그 생명이 걸려있는 이들의 이름과 이야기를 알아야 합니다. 그렇지 않으면 우리에게는 이데올로기밖에 남지 않습니다. 이데올로기는 운동을 불러일으킬 수 없습니다. 사랑이 운동을 불러일으켜야 합니다.

당신은 기적을 믿습니까?

그렇습니다. 나는 기적을 믿을 뿐 아니라 내 눈으로 직접 목격했습니다.

나는 또한 기적은 우리가 위험을 감수할 때 일어난다는 것을 압니다. 그런데 우리가 많은 위험을 감수하지 않기 때문에 기적을 보지 못하는 것입니다. 나는 기적을 가능케 하는, 그리고 기적이 필요한 그런 방식으로 살고 싶습니다.

내가 좋아하는 기적 이야기의 하나는 고전적인 "오병이어" 이야기입니다. 그 이야기는 제자들이 그들 주변의 굶주림을 알아채는 것으로 시작됩니다. (그들이 알아챘다는 것은 대단한 일입니다!) 그들은 수천 명의 굶주린 사람들을 보고 무슨 조치를 해야 한다는 것을 압니다. 그래서 예수님께 와서 "당신이 무언가를 할 필요가 있습니다. 사람들이 굶주리고 있습니다"라고 말합니다.

예수님의 반응이 놀랍습니다. 그들을 돌아보며 "너희가 무언가를 해라. 그들에게 먹을 것을 줘"라고 말합니다. 그들은 어떻게 그 많은 돈을 마련하고 가장 가까운 슈퍼마켓이 어디에 있는지 생각하느라 머리가 빙빙 돌기 시작합니다. 그러나 예수님은 그들에게 더 깊이 생각하도록 도전하십니다. "너희가 가진 것이 무엇이냐?"라고 묻습니다. 한 기사에 따르면, 한 어린이가 약간의 생선과 떡을 갖고 있는데 공동선을 위해 기꺼이 포기할 마음이 있다고 합니다. 제자들이 그것들을 예수님께 내놓고, 그분은 물고기와 떡을 취해서 약간의 하나님의 것을 더합니다. 모든 사람이 먹고도 몇 바구니가 남습니다. 내가 좋아하는 대목은 어린이가 그 기적의 일부가 되었다는 것입니다.

우리 믿음의 큰 신비 중 하나는 우주의 하나님이 우리가 없이는 세상을 바꾸기를 원치 않는다는 점입니다. 우리가 예수님께 세상의 필요에 대해 무언가를 해주시길 요청할 때, 그분이 때로는 우리의 기도를 우리에게 돌려주시며 우리에게 그 기도에 대한 응답의 일부가 되라고 권하십니다. 우리가 하나님께 산을 옮겨달라고 부탁하면 그분이 삽을 주실지 모릅니다. 우리가 가난과 폭력과 고통 등 우리 세상의 필요를 목격할 때, 우리는 하나님께 두 손을 들고 "하나님, 무언가를 하셔야 되잖아요"하고 말하기가 쉽습니다. 그리고 우리가 주의해서 들으면 하나님이 우리에게 "나는 이미 무언가를 했어. 너를 만들었잖아"라고 대답하시는 것을 듣게 될지 모릅니다.

다시...끝마치면서

지난 몇 십 년 동안 우리가 복음전도에 열정을 품다보니 제자도를 잃고 말았습니다. 우리의 초대형교회들은 우리에게 길이가 1마일이고 깊이는 1인치에 불과한 기독교를 남겨두었습니다. 우리는 신자들은 있고 제자들이 없는 교회를 만들었습니다. 그러나 대위임령은 우리를 세상 속으로 보내면서 신자들만 만들지 말고 제자들을 만들라고 한 것을 기억합시다. 그러므로 제자 만들기의 행습을 다시 발견합시다. 크리스천은 그런 존재가 되어야 합니다. 세상에게 예수님을 상기시켜주는 사람들 말이지요.

다행히도, 다시 예수님을 닮은 기독교를 원하는 새로운 세대가 출현했습니다. 내 곁에는 수백 통의 편지가 있는데,[7] 그 중에 다수가 "감사합니다…나도 기독교에 그 이상의 것이 있음을 알았습니다"라고 말합니다. 물론 공적인 자리에서 크리스천의 목소리를 들어보면, 가장 큰 목소리가 항상 가장 아름다운 목소리는 아니라도 조금씩 변하고 있습니다.

내가 이 책의 초판을 썼을 때는 "사회정의를 다룬 책은 잘 안 팔립니다. 특히 기독교 서적의 세계에서는 그렇습니다"라는 말을 들었습니다. 그러나 당신이 그런 예측이 틀렸음을 입증했습니다. 당신이 수많은 독자들과 더불어 이 책을 샀기 때문만이 아니라 이 주제에 관심이 있기 때문입니다. 당신은 예수님과 주변 세계에 대해 관심이 있는 것입니다.

이제 세상을 향해 우리의 믿음은 그저 천국 가는 티켓과 주변 세상을 무시해도 좋다는 면허증이 아니란 것을 보여줍시다. 우리는 불의와 인종차별과 불평등에 대해 관심이 있습니다. 예수님이 관심을 가지셨기 때문에 우리도 관심을 가집니다. 그리고 사랑 때문에 우리는 죽음 이후의 삶에 못지않게 죽음 이전의 삶에도 관심을 품는 것입니다.

아멘.

이것이 끝입니다…현재로선. 십년 후에 또 다른 판, 20주년 기념판이 나올지도 모릅니다. 그때까지 이 책을 다시-또는 처음으로-즐기시길 바랍니다.

이제 말은 그만하고…이 혁명을 몸으로 살아냅시다.

믿음은
행동이 증명한다

•

•

이 책의 집필에 영감을 준 지역 혁명 단체들과 평범한 급진주의자들을 소개한다. 지난 10년 간 본서의 판매로 얻은 수익금 50만 달러를 150여개 단체와 나누었다. 여기에 매년 새로운 단체들이 추가된다. 당신이 책을 살 때마다 이런 혁명에 연료를 제공하는 셈이다.

5 Small Loaves, Fort Defiance, AZ: http://5smallloaves.org/

ALARM Rwanda: http://alarm-inc.org/where_we_serve/rwanda

Alterna Community, LaGrange, GA: http://www.alternacommunity.com/

The Alternative Seminary, Philadelphia, PA: http://www.alternativeseminary.net/

Area 15, Charlotte, NC: http://areafifteen.com/

Atonement Lutheran Church, Philadelphia, PA: http://atone
mentlutheranchurch.beliefnet.com

Bartimaeus Cooperative Ministries, Oak View, CA: http://www.bcm-net.org/

Beloved Community Center, Greensboro, NC: http://www.
   belovedcommunitycenter.org/

Bethel Temple Community Bible Church, Philadelphia, PA

Beyond Borders: http://beyondborders.net/

Black Lives Matter: http://blacklivesmatter.com/

Black Women's Blueprint, Brooklyn, NY: http://www.blackwomensblueprint.org/

Blessed Earth, KY: http://www.blessedearth.org/

Blood Water Mission, Nashville, TN: http://www.bloodwater.org/

Brandywine Peace Community, Swarthmore, PA: http://www.brandywinepeace.com/

Bread for the World, Washington, DC: http://www.bread.org/

Broad Street Ministry, Philadelphia, PA: http://broadstreetministry.org/

Bruderhof: http://www.bruderhof.com/

Casa Shalom, Albuquerque, NM

Cedar Ridge Community Church, Spencerville, MD: http://www.crcc.org/

Center for Action and Contemplation, Albuquerque, NM:https://cac.org/

Center for Death Penalty Litigation, Durham, NC: http://www.cdpl.org/

Center for New Ideas, St. Louis, MO: http://www.ideabounce.com/ssf/2628.html

Centurion's Guild, Durham, NC: http://centurionsguild.org/

Chosen 300 Ministries, Philadelphia, PA: http://www.chosen300.org/

Christian Community Development Association, Chicago,IL: https://www.ccda.org/

Christian Healthcare Ministries: www.chministries.org

Christian Peacemaker Teams, Chicago, IL: http://www.cpt.org/

Christ the King United Church of Christ, Florissant, MO:http://www.christthekingucc.org/

Church of the Savior Servant Leadership School, Washington, DC: http://www.slschool.org/

Church of the Sojourners, San Francisco, CA: https://churchofthesojourners.wordpress.com/

Church under the Bridge, Waco, TX: http://www.churchunderthebridge.org/

Cielo Azul: http://cieloazulfund.blogspot.com/

Circle of Hope, Philadelphia, PA: http://www.circleofhope.net/

Coalition of Immokalee Workers, Immokalee, FL: http://www.ciw-online.org/

Common Change: www.commonchange.com

Common Ground Community, Shreveport, LA: http://commongroundshreveport.blogspot.com/

Communality, Lexington, KY

Communities United for Police Reform, New York, NY: http://changethenypd.org/

믿음은
행동이 증명한다

Cred Jewelry, London, England: http://www.cred.tv/

Death Penalty Information Center, Washington, DC: http://www.deathpenaltyinfo.
org/

Do Caminho, Salvador, Brazil: http://www.mansaodocaminho.com.br/

Dorothy Day Catholic Worker, Washington, DC: http://www.catholicworker.org/

Dream Defenders: http://www.dreamdefenders.org/

EAPE, St. Davids, PA

Eastern University, St. Davids, PA: http://www.eastern.edu/

Ecclesia Houston, TX: www.ecclesiahouston.org/

Ekklesia Project, Indianapolis, IN: http://www.ekklesiaproject.org/

Equal Justice Initiative, Montgomery, AL: http://www.eji.org/

Equal Justice USA: http://ejusa.org/

Esperanza College, Philadelphia, PA: http://esperanza.eastern.edu/

Esperanza Health Center, Philadelphia, PA: http://www.esperanzahealthcenter.
org/

Evangelicals for Social Action, Wynnewood, PA: http://www.esa-online.org/

Exodus Transitional Community, New York, NY: http://www.etcny.org/#home

Faith in New York, New York, NY: http://www.faithinnewyork.org/

Families for Peaceful Tomorrows, New York, NY: http://www.peacefultomorrows.
org/

Flatlanders Inn, Winninpeg, Manitoba, Canada:http:// flatlandersinn.org/

The Forgiveness Project, London, England: http://www.theforgivenessproject.com

Gandhiji Prem Nivas Leprosy Centre, Calcutta, India

Geez magazine, Winnipeg, Manitoba, Canada: http://www.geezmagazine.org/

Global Exchange, San Francisco, CA: http://www.globalexchange.org/

Hands Up United, Florissant, MO: http://www.handsupunited.org/

Harambee Community, Pasadena, CA: http://www.harambeeministries.org/

Heeding God's Call, Philadelphia, PA: http://heedinggodscall.org/

Hip Hop Caucus, Washington, DC: http://www.hiphopcaucus.org/

Hope International, Lancaster, PA: http://www.hopeinternational.org/

House of Grace Catholic Worker, Philadelphia, PA

Hunting Park Christian Academy, Philadelphia, PA: http://www.hpcaphilly.org/

Hyaets Community, Charlotte, NC: http://allianceofbaptists.org/AllianceStories/
    detail/hyaets-community

Iglesia del Barrio, Philadelphia, PA: https://www.facebook.com/pages/Iglesia-Del-
    Barrio/

Imago Dei, Portland, OR: http://www.imagodeicommunity.com/

InnerCHANGE, Anaheim, CA: http://www.innerchange.org/

Innocence Project, New York, NY: http://www.innocenceproject.org/

Interfaith Center of NY, New York, NY: http://interfaithcenter.org/

International Justice Mission, Washington, DC: http://www.ijm.org/

Jesus People USA, Chicago, IL: http://www.jpusa.org/

Jesus Radicals: http://www.jesusradicals.com/

Jonah House, Baltimore, MD: http://www.jonahhouse.org/

Journey of Hope: https://www.journeyofhope.org/

Jubilee Partners, Comer, GA: http://www.jubileepartners.org/

Kensington Welfare Rights Union, Philadelphia, PA: http://www.kwru.org/

Kid Brothers of St. Frank: http://www.richmullins.com/

Koinonia Farm, Americus, GA: http://www.koinoniafarm.org/

Lawndale Community Church, Chicago, IL: http://www.lawndalechurch.org/

Little Flower Catholic Worker, Trevilians, VA: https://www.facebook.com/
    HouseOfTheLittleFlower

The Marin Foundation, Chicago, IL: http://www.themarinfoundation.org/

Mars Hill Bible Church, Grand Rapids, MI: http://www.mhbcmi.org/

Mennonite Central Committee: http://www.mcc.org/The Message Trust,
    Manchester, England: https://www.message.org.uk/mewithoutyou: http://www.
    mewithoutyou.com/

Micah Institute, New York, NY: http://www.nyts.edu/the-micah-institute/

Millennial Activists United: http://millennialau.tumblr.com/

Missio Dei, Minneapolis, MN: http://www.mennoniteworker.com/

Missionaries of Charity, Calcutta, India

MissionYear, Atlanta, GA: http://www.missionyear.org/

Missourians Organizing for Reform and Empowerment,St. Louis, MO: http://www.
    organizemo.org/

믿음은
행동이 증명한다

Murder Victim Families for Human Rights, Boston, MA: http://www.mvfhr.org/

Murder Victim Families for Reconciliation, Raleigh, NC: http://www.mvfr.org/

Mustard Seed Associates, Seattle, WA: http://www.msainfo .org/

My Brother's Keeper, Hop Bottom, PA: http://www.uglyquilts.org/

My People International, St. Paul, MN: http://www.mypeopleinternational.com/

NAACP, Baltimore, MD: https://www.naacp.org/

National Coalition to Abolish the Death Penalty, Washington, DC: http://www. ncadp.org/

Nebraskans for Alternatives to the Death Penalty, Lincoln,

NE: http://nadp.net/

Nehemiah House, Springfield, MA: https://www.facebook.com/ NehemiahMinistriesInc/

New Jerusalem, Philadelphia, PA: http://www.libertynet.org/njl/

New Providence Community Church, Nassau, Bahamas:http://www.npcconline. org/

New Sanctuary Movement, Philadelphia, PA: http://www.sanctuaryphiladelphia. org/

Nueva Esperanza, Philadelphia, PA: http://www.neacademy.net/

Oasis, London, England: http://www.oasistrust.org/

ONE Campaign, Washington, DC: http://www.one.org/

One Day's Wages, Seattle, WA: http://www.onedayswages.org/

Open Door Community, Atlanta, GA: http://www.opendoorcommunity.org/

Organization for Black Struggle, St. Louis, MO: http://obs-stl.org/

Our Community Place, Harrisonburg, VA: http://ourcommunityplace.org/

PA Abolitionists, Philadelphia, PA: http://www.paabolition.org/

PICO, Washington, DC: http://www.piconetwork.org/The Pink House, Fresno, CA: http://fiful.publishpath.com/

Place of Refuge, Philadelphia, PA: http://placeofrefuge.net/

Plant with Purpose, San Diego, CA: https://www.plantwithpurpose.org/

Poor People's Economic Human Rights Campaign: www.economichumanrights. org/

Preemptive Love Coalition: http://www.preemptivelove.org/

Project HOME, Philadelphia, PA: https://projecthome.org/

Project TURN, Durham, NC: http://www.schoolforconversion.org/programs/
project-turn/

Psalters, Philadelphia, PA: http://www.psalters.com/

Radical Living Community, Brooklyn, NY: http://www.radicallivingnyc.com/

RAW Tools, Colorado Springs, CO: http://rawtools.org/

The Ray of Hope Project, Philadelphia, PA: http://www.therayofhopeproject.org/

Reba Place Fellowship and Church, Chicago, IL: http://www.rebaplacefellowship.
org/Re-Imagine,

San Francisco, CA: http://www.reimagine.org/

Relational Tithe: http://www.relationaltithe.com/

Revolution Church, Brooklyn, NY: http://www.revolutionchurch.com/

Revelation Church, United Kingdom: http://www.revelation.org.uk/

Riverbend Commons, Corona, CA: http://riverbendcommons.org/

Rivercity Church, Chicago, IL: http://www.rivercity.cc/Runaway Circus

Rutba House, Durham, NC: http://emerging-communities.com/tag/rutba-house/

Sacred Heart Catholic Church, Camden, NJ: http://www.sacredheartcamden.org/

School for Conversion, Durham, NC: http://www.schoolforconversion.org/

Shalom Mission Communities: http://www.shalomconnections.org/

Shekina Baptist Church/Shalome Baptist Church, SantaAna, El Salvador

Simple Cycle, Philadelphia, PA: http://www.simplecycle.org/

Simple Homes Fuller Center, Philadelphia, PA: http://www.fullercenter.org/
philadelphiapennsylvania

The Simple Way, Philadelphia, PA: http://www.thesimpleway.org/

SOA Watch, Washington, DC: http://www.soaw.org/

Sojourners, Washington, DC: https://sojo.net/

Solomon's Porch, Minneapolis, MN: http://www.solomonsporch.com/

Spirit and Truth Fellowship, Philadelphia, PA: https://www.facebook.com/pages/
Spirit-and-Truth-Fellowship-Church/St. Louis Emerging Leaders Institute, St.
Louis, MO

Tearfund International: http://www.tearfund.org/

Tierra Nueva, Burlington, WA: http://www.tierra-nueva.org/

믿음은
행동이 증명한다

Timoteo Flag Football, Philadelphia, PA: www.timoteofootball.com

Transform Network: http://transformnetwork.org/

Twin City Peace Campaign, Minneapolis, MN

University of the Poor: http://www.universityofthepoor.org/

Urban Mentors Network, Oakland, CA: http://www.urbanmentors.com/

Urban Promise, Camden, NJ: http://www.urbanpromiseusa.org/

Vocal New York, New York, NY: http://www.vocal-ny.org/

Voices for Creative Nonviolence: www.vcnv.org

Voices in the Wilderness

Walnut Hills Fellowship, Cincinnati, OH

The Water Team: http://www.circleofhope.net/venture/water.htm

Wiconi International, Vancouver, WA: http://www.wiconi.com/

Willow Creek Community Church, South Barrington, IL:http://www.willowcreek. org/

Witness to Innocence, Philadelphia, PA: http://www.witnesstoinnocence.org/

Word and World: http://www.wordandworld.org/

Word Made Flesh, Omaha, NE: http://www.wordmadeflesh.com/YACHT Club, St. Davids, PA: http://www.eastern.edu/student-life/student-programs-student-activities/clubs-and-organizations

Yes! And . . ., Philadelphia, PA: http://www.yesandcamp.org/

And the list goes on and on, so add your name . . .

새로운 수도원주의의 표지들

•

•

이 시대에 미국 노스캐롤라이나 더함의 성 요한 침례교회에 모인 우리는 하나님의 영의 감동을 받아 하나님의 사랑에 근거를 두고 그리스도의 소박한 길을 따른 풍부한 기독교 행습의 전통을 이어받아 급진적 중생의 운동을 선포하길 바란다. 우리가 "새로운 수도원주의"라 부른 이 현대판 회심학교는 북아메리카 교회 안에 풀뿌리 에큐메니즘과 선지자적 증인을 생산하고 있고 그 형태는 다양하나 다음과 같은 특징을 갖고 있다.

1. 제국의 버려진 장소들에 재배치되는 것.
2. 동료 공동체 멤버들 및 우리 가운데 가난한 사람들과 경제적 자원을 공유하는 것.
3. 낯선 자를 대접하는 것.
4. 교회와 공동체 내의 인종 분립을 한탄하고 공정한 화해를 능동적으로 추구하는 것.

믿음은
행동이 증명한다

5. 그리스도의 몸인 교회에 겸손하게 순복하는 것.

6. 옛 수련 수사의 노선을 따라 그리스도의 길과 공동체의 규율에 맞춰 형성되는 것.

7. 의도적 공동체의 멤버들 사이에 공동생활을 육성하는 것.

8. 일부일처 커플들과 그 자녀들과 나란히 금욕적인 싱글들을 지지하는 것.

9. 공동의 생활 규율을 공유하는 공동체 멤버들에게 지리적으로 가까워지는 것.

10. 우리에게 주어진 하나님의 땅을 돌보고 지역 경제를 지지하는 것.

11. 폭력의 와중에도 평화를 도모하고 마태복음 18:15-20절의 노선에 따라 공동체 내의 갈등을 해소하는 것.

12. 묵상하는 삶에 헌신하는 것.

하나님께서 우리에게 성령의 능력으로 삶의 규율을 분별하는 은혜를 주사 우리가 몸담은 지역에서 하나님의 세계를 위해 그리스도의 나라의 표지로서 이런 특징들을 구현하도록 도우시기를 바란다.

이라크로 떠나면서

•

•

나는 세상에 파문을 일으키는 은혜의 하나님을 믿기 때문에 이라크에 간다. 테러리스트는 구속될 수 없다고 내가 믿는다면 신약 성경의 절반을 찢어낼 필요가 있다. 회심한 테러리스트가 쓴 글이기 때문이다. 나는 한 왕께 충성을 서약했는데, 그분은 악을 행하는 자들을 그토록 사랑해서 그들을 위해 죽으셨고 (물론 이라크 국민은 미국 국민보다 더 악하지도 않고 더 거룩하지도 않다), 우리가 목숨을 바칠 만한 대의는 없으나 우리가 사람을 죽일 만한 가치가 있는 것은 없다고 가르치시는 분이다. 테러리스트들이 그분을 십자가에 못 박고 있는 동안 나의 예수님은 그들이 자기네가 행하는 일을 모르고 있으니 그들에게 자비를 베풀어달라고 간구하셨다. 우리는 모두 비참하고 우리는 모두 아름답다. 구속을 받을 수 없는 사람은 하나도 없다. 이제 우리는 압제하는 자들의 손 안에서 우리의 손을 보고 압제받는 자들의 얼굴 안에서 우리의 얼굴을 보자. 우리는 똑같은 흙으로 만들어졌고, 우리는 똑같은 짠 눈물을 흘린다.

나는 처형당했다가 살아난 하나님의 발자취를 좇아 이라크에 간다. 내가 따르는 예수님은 자기 앞에 닥칠 일을 완전히 알면서 오순절에 당나귀를 타고 예루살렘에 진입한 분이다. 변두리에 속한 예수님은 부유하고 경건한 엘리트층의 억압적 정권에 의해 제국적인 처형을 당하신 분이다. 이제 그분은 나에게 그분을 따르라고, 내 십자가를 짊어지라고, 내 생명을 얻기 위해 생명을 잃으라고 도전하고 설득하시면서 생명이 죽음보다 더 강하고 원수를 죽이는 것보다 사랑하는 것이 더 용기 있는 일이라고 약속하신다.

나는 테러리즘을 중단시키기 위해 이라크에 간다. 세상은 자기네 신의 이름으로 사람을 죽이는 무슬림 극단주의자들과 크리스천 극단주의자들이 있다. 그들의 지도자들은 안락하게 사는 억만장자들인 반면, 그들의 국민은 거리에 방치되어 죽어간다. 나는 가난한 자와 평화를 도모하는 자들에게 속한 또 다른 나라를 믿는다. 나는 안전한 세상을 믿지만, 대중이 가난에 빠져 있어서 소수의 사람이 자기 마음대로 살 수 있는 한 이 세상은 결코 안전하지 못할 것임을 알고 있다. 또한 우리가 폭력을 몰아내기 위해 폭력을 사용하는 한 세상은 안전하지 못할 것이다. 폭력은 그것이 파괴하려는 바로 그것을 낳을 뿐이기 때문이다. 내 왕은 그의 추종자들에게 "만일 우리가 칼을 들면 칼로 죽을 것이다"라고 경고하셨다. 이는 역사를 통틀어 진실로 입증되었다. 우리는 사담이 이란과 충돌할 때 사담에게 무기를 공급했고, 빈 라덴이 소련과 충돌할 때 빈 라덴에게 무기를 제공했다. 미국 역사상 가장 끔찍한 테러리스트였던 티모시 멕베이는 걸프 전쟁에서 훈련을 받았고 거기서 자기가 동물로 변했다고 고백했던 사람이다.

나는 전쟁을 방해하기 위해 이라크에 간다. 수천 명의 군인들이 정치적 충성심 때문에 전혀 모르는 사람들을 기꺼이 죽이려고 이라크에 갔다. 나는 영적 충성심 때문에 내가 모르는 사람들을 위해 기꺼이 죽으려고 간다. 군인들은 놀라운 용기, 즉 그들이 믿는 그 무엇을 위해 죽을 만큼 용기를 갖고 있다. 나는 크리스천들도 그런 용기를 갖게 되기를 기도한다. 군인들의 명령은 구속적 폭력의 신화를 고수하는 인간 사령관으로부터 계급을 따라 아래로 내려온다. 나의 사명은 하늘에 계신 왕의 입으로부터 평화의 왕을 입술을 통해 직접 내려오지만-내 원수를 사랑하는 것- 나는 여전히 머뭇거리고 있다. 우리는 인간은 누구나 하나님의 형상으로 창조되었다는 진리를 고수하자. 이라크의 아이들이 뉴욕의 아이들만큼 귀하다고 우리는 믿는가? 우리 국민에 대한 사랑은 나쁜 것이 아니지만, 왜 사랑이 국경에서 멈춰야 하는가? 중생의 사람들인 우리는 국민주의보다 훨씬 더 깊은 충성심을 갖고 있다.

나는 선교사로 이라크에 간다. 곳곳이 전쟁으로 얼룩진 시대에 기독교의 평화활동이 세계선교의 새로운 얼굴이 되기를 바란다. 우리는 제국의 임박한 진노에 직면한 이들 곁에 서서 "하나님은 당신을 사랑합니다. 나도 당신을 사랑합니다. 그리고 우리나라가 당신의 나라를 폭격하면 나는 당신과 함께 여기에 있겠습니다"라고 속삭이자. 그렇지 않으면 우리의 복음은 설득력을 잃게 된다. 어느 성도가 말했듯이 "만일 그들이 죄 없는 사람들에게 왔는데 우리의 몸을 넘어가지 않는다면, 우리의 종교는 저주를 받을 것"이기 때문이다. 우리의 삶이 위기의 순간에 그리고 일상생활 중에, 크고 작은 다양한 방법으로 테러와 전쟁에 간섭하기를 바란다. 지금은 극단의 시대이다. 나는 사랑의 극단주의자로 이라크에 간다.

"보라 이제 나는 성령에 매여 예루살렘으로 가는데 거기서 무슨 일을 당하는지 알지 못하노라. 오직 성령이 각 성에서 내게 증언하여 결박과 환난이 나를 기다린다 하시나 내가 달려갈 길과 주 예수께 받은 사명 곧 하나님의 은혜의 복음을 증언하는 일을 마치려 함에는 나의 생명조차 조금도 귀한 것으로 여기지 아니하노라"(행 20:22-24).

거룩한 말썽

●

●

시민 불복종은 미국의 흑인 교회와 세계 전역에서의 자유를 위한 투쟁에서 중요한 자리를 차지했다. 1960년대에 많은 크리스천은 점심 판매대에서의 연좌데모와 수영장에 같이 뛰어들기에 참여했고 특정한 음식점들에 들어가는 것이나 공중 버스의 앞자리에 앉는 것을 금지하는 법을 존중하기를 거부했다. 1세기 크리스천들은 로마 황제나 그의 형상에 절하기를 거부하는 위법자로 낙인이 찍혔다. 마르틴 루터는 종교의 자유를 누르는 가톨릭교회의 법을 위반했다. 미국의 노예제 폐지론자들은 인종평등을 이루기 위해 법을 위반했다. 마르틴 루터 킹은 인종분립을 강요하려고 만든 법을 위반했다. 미국의 혁명가들은 식민지를 억압했던 조지 3세의 법을 위반했다. 나치 독일의 폭정 때에는 코리 텐 붐이 유대인을 숨겨주고 보호함으로써 독일의 법에 불복종했다. 그리고 디트리히 본회퍼와 마르틴 니묄러는 히틀러의 나치 정권이 제정한 독일 법에 대항했다. 재침례파, 퀘이커, 메노나이트, 형제단 공동체 등은 전쟁 참여와 관련된 법을 지키기를 거부했다. 크리스천들은 소련을 비롯한 공산주의 국가들 속으로 성경을 몰래 반입했다. 크리스천의 시민 불복종은 한없이 열거할 수 있고, 세월이 흐르면서 새로운 사례가 더해지는 중이다.

나는 시민 불복종을 "신성한 복종"(divine obedience)으로 생각하기를 선호한다. 말하자면, 우리는 "사람의 법"이 방해할지라도 하나님께 복종하고 있다는 뜻이다. 우리가 그것을 어떻게 부르든지 간에—시민 불복종, 신성한 복종, 거룩한 말썽— 나쁜 법에 불복종하는 것을 사회 변동의 역사에서 중요한 자리를 차지했을 뿐 아니라 항존하는 기독교 이야기의 일부이기도 했다.

구약으로 되돌아가면 바로의 영토에서 탈출하는 히브리 노예들의 출애굽 이야기가 있다. 상징적인 해방의 행위이자 거룩한 반역의 행위였다.

사드락, 메삭, 아벳느고는 하나님께 대한 헌신에 위배되는 왕명을 거부한 죄로 풀무불에 내던져졌다. 다니엘은 기도를 금지하는 왕의 법을 무시했고, 다리우스는 그를 사자 굴에 던져 넣었다. 이런 이야기가 계속 이어진다.

모세의 탄생 자체도 엄마가 바로의 잔인한 살해를 피하려고 아기를 강에 흘려보내는 시민 불복종 행위였고, 히브리 산파들은 왕명을 거역하고 그를 구출한 것도 마찬가지였다.

그리고 예수가 있다. 예수의 삶은 태어날 때부터 전복적인 행위로 채색되었다 동방 박사들은 헤롯의 명령을 무시하고 예수를 보호한다. 그는 가이사의 권세에 도전하고 내란죄로 고발당한다. 결국에는 다른 두 반역자와 함께 로마의 십자가에서 처형당한다...당시에 십자가는 제국에서 최악의 선동가에게 내려진 형벌이었다.

예수님이 감옥에 갔듯이 그의 많은 추종자들도 그랬다. 세례 요한과 예레미야 등 많은 선지자들이 체포되었고, 당시에 중죄로 간주된 행위를 했다고 처형되기까지 했다.

사도행전과 초기 교회의 이야기들은 수감, 태형, 심지어는 세례 요한과 같이 국가가 집행한 처형 등으로 점철되어 있다. 바울과 실라는 성령이 감옥을 부수고 그들을 구출하는 놀라운 이야기의 등장인물들이다. 빌레몬에게 보낸 바울의 편지는 옛 노예 주인에게 도망한 노예(오네시모)를 불법적으로 환영하고 노예가 아니라 형제로 받아주라고 촉구하기 위해 쓰였다. 당시에 노예가 도망하는 것은 죽임으로 벌할 수 있는 범죄였다.

물론 순교자들은 시저보다 하나님께 신실했던 이들로 알려진 인물들이다. 초기의 한 크리스천은 크리스천이 "예수는 주님이다"라고 선포할 때마다 "시저는 주님이 아니다"라고 말하는 것이라고 했다. 초기 크리스천들은 반역자와 혁명가로 알려져 있었다. 비록 전혀 다른 종류의 혁명, 즉 피억압자의 자유를 위한 만큼 억압자의 자유를 위한 혁명, 그리고 원수사랑, 온유함, 대담한 은혜로 채색된 비폭력 혁명이긴 했지만 말이다. "…천하를 어지럽게 하던 이 사람들이 여기도 이르매…이 사람들이 다 가이사의 명을 거역하여 말하되 다른 임금 곧 예수라 하는 이가 있다 하더이다"(행 17:6-7). 이런 거룩한 말썽은 성경 전체에 나오고 계시록의 저자인 요한이 망명을 당하는 계시록까지 이어진다.

기독교 초창기에 나온 글을 몇 개 인용하면 다음과 같다.

믿음은
행동이 증명한다

우리는 비종교적인 사람들이란 혐의를 받고, 더 나아가 제국의 폐하에게 종교적 경의를 표하지 않는다고 황제에 대해 비종교적이란 혐의도 받는다…대역죄는 로마 종교에 대한 범죄이다. 그것은 공공연한 비종교의 범죄, 신성을 손상시키려고 손을 드는 범죄이다…크리스천들은 국가의 적으로 간주되고 있다…우리는 가이사의 명절들을 지키지 않는다. 감시자들과 밀고자들은 크리스천에 대해…신성모독자와 반역자로 고발하고…우리는 신성모독과 대역죄의 혐의를 받으며…우리는 진리를 증언한다.

-터툴리안

크리스천들은 그들 사이에 법률 체계 밖에 존재하는 비밀 단체들을 만든다…반란과 그로부터 생기는 이점에 기초한 눈에 띄지 않는 이상한 공동체이다.

-오리겐에게 보낸 편지

그들은 불경스러운 음모를 꾸미는 무리를 만든다…그들은 자기네 몸을 거의 가릴 수 없는데도 불구하고 높은 관직의 보라색 관복과 명예로운 호칭을 멸시한다. 우후죽순처럼 자라는 잡초처럼, 이 불경건한 도당이 모이는 혐오스러운 소굴은 온 세상에서 증식하고 있다. 어떤 희생을 치르더라도 그 뿌리와 가지를 근절시키고 타기해야 한다.

-미누키우스 펠릭스

우리가 교회사를 고찰해보면 하나님의 나라와 이 세상의 나라가 충돌하는 현상을 놓칠 수 없다. 예수님은 제자들에게, 세상이 그들을 미워할 것이고 그들의 법정과 관료들 앞에 끌려갈 것이라고 약속하신다. 이는 그들이 정말로 선하게 살면 심하게 매를 맞을 것이라는 약속이다. 그런데 중요한 것은 그들이 악에 대해 사랑으로 반응해야 한다는 점이다. 그들은 자기네를 핍박하는 자들을 응시하면서 "아버지, 저들을 사하여 주옵소서. 자기들이 하는 것을 알지 못함이니이다"(눅 23:34)라고 말해야 한다.

당신이 요점을 포착했을 것이다. 기독교 역사를 살펴보면 항상 전복적인 요소가 있음을 알 수 있다. 기독교 세계에서 가장 저명한 윤리학자의 한 사람인 아우구스티누스는 "불의한 법은 전혀 법이 아니다"라고 말했다.

설사 지도자와 법률이 하나님의 법 및 하나님의 사랑과 상충되더라도 크리스천들은 모든 지도자와 모든 법에 순종하고 절대로 감옥에 가면 안 된다는 주장에 이용될 수 있는 성경 구절은 두어 개밖에 안 된다.

흔히 시민 불복종에 반론을 제기할 때 이용하는 가장 유명한 본문은 로마서 13장이다. 13장 앞에 나오는 12장 전체는 "이 세상의 패턴"에 순종하지 말라는 내용임을 주목할 필요가 있다. 이어서 바울은 13장에서 우리가 하나님이 세운 권세에 어떻게 순종해야 하는지 다루고 있다. 이 본문을 쓴 그 바울이 에베소서도 썼는데, 후자에서는 우리의 씨름이 혈과 육(사람들)을 상대하는 것이 아니요 통치자들과 권세들(로마서에서도 같은 단어를 사용한다)을 상대하는 것이라고 말한다. 그리고 감옥에서 쓰고 있다. 우리에게 권세에 순종해야 한다는 글을 썼던 그 바울이 권세를 전복했다는 혐의로 감옥에 간다. 우리가 권세에 순종하는 방법은 두 가지가 있다고 나는 주장하는 바이다. (1) 좋은 법에 순종하는 것, (2) 나쁜 법에 공개적으로 불순종하여 기꺼이 그 결과를 감수함으로써 불의를 폭로하고 그것을 구경거리로 만드는 것이다. 마르티 루터 킹이 설명하듯이, 우리가 감옥에 갈 때는 "우리가 불의를 폭로하고 그것을 너무나 불편하게 만들어서 사람들이 반응하지 않을 수 없게 된다." 이렇게 해서 운동이 법을 바꾸게 되는 것이다.

그런데 기독교 저항운동의 가장 중요한 요소 중 하나는 겸손이다. 우리는 법이나 권세에 불순종한 결과를 기꺼이 감수한다. 우리는 고난을 끝내기 위해 고난당하는 자들과 함께 기꺼이 고난을 당한다. 이것이 바로 예수께서 행했던 일이고 그의 추종자들에게도 요청하는 일이다. 존 하워드 요더는 이를 "혁명적 순종"이라고 부른다. 우리는 이것이 역사 내내 어떻게 작동했는지 볼 수 있다.

내가 2003년에 폭격이 퍼부어지는 동안 이라크에 갔을 때는 많은 목사들과 크리스천 의사들을 포함한 용감한 사람들과 함께 갔다. 우리는 병원들에게 줄 의약품을 가져갔고, 가족들과 어울렸으며, 이라크 크리스천들과 예배를 드렸다. 미국의 제재조치가 이라크 국민에게 의약품 등 물품을 가져가는 것을 금지했기 때문에 그것이 기술적으론 불법이었다. 우리가 귀국했을 때 미국 국무부는 의약품을 가져간 의사들을 겨냥해 그 그룹을 고소하겠다고 선언했고, 유죄로 판결이 나면 최대 12년 형까지 받을 수 있었다. 우리가 주장한 바-그리고 계속 믿고 있는 바-는 그런 제재조치와 폭격은 우리 이웃(또는 원수)을 우리 자신처럼 사랑하라는 하나님의 법을 위반한다는 것이었다. 그리고 우리는 그 때문에 감옥에 갈 준비가 되어 있었다.

결국에는 아무도 감옥에 가지 않았다. 하지만 법원이 2만 달러의 벌금형을 내렸다. 우리 그룹은 혁명적 순종의 일환으로 그 벌금을 지불했는데, 이라크 화폐 디나르로 했다. 그런데 2년 전에 이라크 현금으로 2만 달러에 상당했던 돈의 가치가 뚝 떨어져서 8달러의 가치밖에 되지 않았다. 그것은 전쟁의 치명적인 결과-생명과 생계를 파괴하는 것-를 계속 폭로했던 행동이었다.

우리의 이라크 여행은 비록 불법이긴 했지만 거룩한 시도였다고 나는 확신한다. 우리가 공공장소에서 노숙자에게 음식을 주거나 잠을 잤다고 해서 감옥에 간 것은 하나님께 신실한 행동이었다고 나는 확신한다. 간디와 킹이 말했듯이, "악과의 비협조는 선과의 협조만큼 큰 의무이다."

그렇다, 우리는 감옥에 갔다. 그러나 법정에서 이기고 또 이겼다. 우리는 나쁜 법을 폭로했다. 그리고 법이 바뀌는 것을 목격했다. 우리를 체포했던 경찰들이 법정에 와서 우리가 옳고 법이 틀렸다고 주장하는 모습도 보았다. 우리의 목표는 결코 감옥에 가지 않는 것이다. 그러나 우리는 기꺼이 갈 생각이 있다. 그리고 우리가 감옥에 갈 때는, 마르틴 루터 킹이 그랬듯이, 역사적으로 우리가 철장 뒤에서 좋은 친구들과 함께한다는 것을 알게 된다.

믿음은
행동이 증명한다

-

-

1) 물론 이와 달리 이뤄진 일은 많지 않다. 모든 세상이 주목하든지 아무도 주목하지 않든지, 메시지가 영예를 주든지 죽음을 주든지, 우리는 계속 이렇게 살면서 사랑으로 진리를 전할 것이다. 유대인 대학살 생존자이며 노벨평화상을 수상한 엘리 위젤이 언젠가 내게 가르쳤듯이, 때로는 우리가 세상을 바꾸기 위해 말하지만 어떤 때에는 세상이 우리를 바꾸지 못하도록 말하기도 한다. 내 말에 귀를 기울이지 않을 것만 같았던 세상을 향해 오랫동안 목소리를 높인 뒤에 많은 사람이 다함께 더 나은 세상을 꿈꾸고 있다고 느끼는 것은 어리둥절할 정도로 감동적인 경험이다. 더욱이 급진주의자들이 인기를 얻어 "예수라면 누구를 폭격할까?"라는 글귀가 새겨진 팔찌와 "예수도 노숙자였다!"라는 문구가 적힌 단추와 "예수가 인간방패였나?"라는 범퍼스티커를 팔기 시작할 때, 우리는 무엇을 해야 할까? 그들이 우리한테 책을 쓰라고 말하면 어떻게 해야 할까?

2) 심플 웨이(The Simple Way)는 내가 몇몇 동료들과 함께 만든 신앙공동체로서 필라델피아에 있다.

3) 하지만 예수께서 좋은 이야기를 전하셨는데도 사람들이 돌을 들어 죽이려 한 적이 있었다. 그러나 우리는 사람들을 무장 해제시키는… 사람들을 웃게 하여 돌을 들겠다는 생각조차 하지 못하게 하는 그런 이야기들을 고수하려고 노력할 것이다.

작가 노트

1) 나는 강연을 하려고 화려한 잔치자리에 가면 입구에서 안내원에게 저지를 당한다. 그러나 내가 그날의 강사라는 것을 알게 되면 그들이 연신 사과를 하면서 맨 앞줄까지 친절

하게 안내한다. (이런 일이 몇 번 있었다.)

2) 이게 내 자랑으로 들릴 위험성이 있다는 것을 잘 알고 있다. 하지만 신뢰성에 관한 의문을 슬며시 억누르는 게 더 위험하다고 생각한다. 만일 강사가 자신이 설파한 메시지대로 살지 않는다면, 자기가 전한 메시지를 실제 생활로 옮기지 않는다면, 우리는 그런 사람이 얼마나 멋진 강연을 하는지에 관심이 없다. 그래서 당신이 지불한 책값이 어디에 쓰이는지 궁금한 사람, 나의 청지기직에 의문을 제기하는 사람에게 심심한 사의를 표한다.

1장

1) '찍찍이 벽'은 직사각형의 커다란 튜브에 바람을 넣고 찍찍이를 붙인 벽 모양의 놀이기구로, 우리는 찍찍이 옷을 입고 전속력으로 달려가 우스꽝스러운 자세로 찰싹 달라붙는 놀이를 하곤 했다. 오직 그리스도를 위해!

2) 나는 서커스 단원이 되고 싶은 때도 있었다. 그래서 비록 서커스단에 합류하진 않았지만 서커스 학교에 가서 외발자전거 타기, 마술, 저글링, 장대 위에서 걷기, 불 뿜어내기, 불 먹기 등의 기술을 배우기도 했다. 물론 지금은 교회와 함께 사역하는 것이 무모한 사람들과 괴짜들과 바보들과 함께하는 그 나름의 서커스라고 생각한다.

3) 나는 지금도 임신중절에 반대하지만 생명을 옹호한다는 것의 통전적인 의미를 알게 되었다. 생명이 단지 임신에서 시작되어 출생과 더불어 끝나는 게 아님을 잘 알고 있기에 낙태에 반대하려면 미혼모를 돌보고 아기를 양자로 받아들일 준비를 갖추는 게 좋다. 그래서 나는 "모태에서 무덤까지" 생명을 옹호하는 사람이라고 말하길 좋아한다. 1990년대에는 '생명 옹호(pro-life)'가 대체로 '낙태 반대'를 의미했지만-우리는 생명이 임신에서 시작되어 출생으로 끝나는 것처럼 행동했다-, 오늘날 출현하는 새로운 생명 옹호 운동은 낙태를 반대할 뿐만 아니라 일관성 있게 생명을 옹호하고 온갖 형태의 죽음-사형, 전쟁, 가난-에 반대하고 있다. 생명을 파괴하는 것은 무엇이든 세상에서 하나님의 형상의 일부를 지우는 것이다. 그런즉 진정으로 생명의 편에 서고 죽음을 간섭한다는 것이 무슨 뜻인지 생각해보자.

4) 나중에 우리는 기분을 좋게 하는, 매우 감정적인 기독교를 '영적인 자위'라고 일컬었다. 기분은 좋지만 아무것도 탄생시키지 못하기 때문이다.

5) 나중에 우리는 이런 것들을 '영혼의 닭똥'이라 불렀다.

6) 어떤 독자는 내가 과장하고 있다고 생각할지 모른다. 그러나 남부 테네시 주에 있는 우리 마을에서는 남부동맹의 깃발이 모든 것을 장식했다. 그래서인지 몰라도, 표지에 남부동맹의 깃발이 새겨진 고등학교 졸업앨범을 대학에 갖고 갔을 때, 몇 사람이 다소 껄끄러운 반응을 보이기도 했다. 감사하게도 세월이 많이 변했다. 북부 사람들은 우리 남부

믿음은
행동이 증명한다

사람들도 신발을 신고 화장실이 있다는 것을 알고 있으며, 우리 가족 역시 양키 모두가 답답한 자유주의자가 아니라는 것을 잘 알고 있다.

2장

1) '켄싱턴 복지권 조합'의 홈페이지는 kwru.org 이다. 가난한 사람들과 노숙자들로 조직된 세계적인 운동은 '가난한 자들의 경제 인권 캠페인'이다(www.economichuman-rights. org).

2) universityofthepoor.org를 보라.

3장

1) Søren Kierkegaard, *Provocations: Spiritual Writings of Kierkegaard*, ed. Charles E. Moore (Farmington, PA: Plough, 2002), 201.,

2) 그들의 홈페이지는 http://catholicworker.org이다.

3) 이곳이 내가 옷과 신발을 직접 만들겠다는 영감을 처음 받은 곳이다. 덕택에 바느질을 배우느라 어머니와 지내는 시간이 많아졌다. 아마 어머니는 내가 딸이기를 바랐을지 모르지만 나는 할 수 있는 일을 한다. 우리는 여전히 해마다 다함께 옷을 만든다. 세월이 흐르면서 상당히 멋진 옷들도 만들었다. 나에게 레오파드 스웨터가 있다는 것을 자백해야겠다(물론 짝퉁이다). 그리고 베개에 접어 넣을 수 있는 담요도 만들었다. 그리고 우리는 다양한 길이의 죽마에 맞추기 위해 접착천을 붙인 서커스용 바지도 만들었다. (가장 큰 것은 3.3미터나 된다!) 어머니는 내 결혼식을 위해 턱시도를 손수 만들었다. 주머니마다 아홉 군데가 달려 있어서 내 기술로는 어림없는 작업이었다. 나는 한 주머니에 한 군데를 만드는 수준이었다. 어느 디자이너가 내가 만든 패턴을 구입하겠다고 제안한 적이 있는데, 나는 그 패턴을 신문에서 구했다고 일러주었다.

4) 이것은 특정한 지사제가 홍보하기 위한 것이 아니고, 이런 경험이 반복될 수 있다고 말하려는 것도 아니다.

5) 한번은 내 친구 부르크가 테레사 수녀와 동시에 같은 병원에 입원한 적이 있다. 그때 테레사 수녀가 의사들에게 "집 없고 배고픈 사람들이 밖에 저렇게 많은데, 나 혼자 병원 침대에서 편안히 쉴 수가 없어요. 내보내주세요!"라고 간청해서 할 수 없이 퇴원을 허락했다고 한다.

4장

1) 미국 사람들은 전 세계 커피 생산량의 5분의 1을 소비할 만큼 커피를 많이 마신다. 그러

나 해외의 커피 농장에서 일하는 사람들이 '노동착취'를 당한다고 할 만한 환경에서 고생하고 있으며, 대규모 농장에 밀린 영세 농가들이 생산원가에도 못 미치는 값으로 커피를 팔아 가난과 부채의 악순환에 놓여 있음을 아는 사람은 거의 없을 것이다.

공정무역은 우리가 마시는 커피가 공정한 조건 아래서 구입되도록 확실히 하는 만큼 이런 위기에 대한 좋은 해결책이다. 공정무역 자격증을 따려면 수입업자가 엄중한 국제적 평가기준을 충족해야 한다. 파운드당 최소 가격 1.26달러를 지불하고, 농부들과 신용 거래를 하고, 유기농 농법으로의 전환과 같은 기술적 지원을 제공해야 한다. 커피 농부들을 위한 공정무역은 곧 공동체 개발, 건강, 교육, 그리고 환경의 청지지직을 의미한다. 다음 사이트를 참고하라. www.globalexchange.org. http://www.puravidacoffe.com.

2) 마 19:16-30, 막 10:17-30, 눅 18:18-30.

3) '구도자들에게 민감한' 대형교회들만 값싼 은혜의 유혹에 넘어가는 것은 아니다. 요즈음은 진보적인 기독교 진영도 다양한 얼굴을 지닌 값싼 은혜에 끌리고 있다. 이를 계기로 우리가 값싼 은혜를 좇는다고 비난하는 크리스천들에 대해 우리도 좀 더 너그러워지기를 바란다.

4) 최초의 크리스천 황제인 4세기 콘스탄티누스의 통치는 교회사에서 의미심장한 전환점을 장식했다. 로마제국의 권력과 기독교의 십자가가 혼탁한 혼인관계를 맺는 바람에 예수 운동은 박해받는 자리에서 박해하는 자리로 이동했다. 콘스탄티누스는 부자들과 권력자들에게 교회 문을 활짝 열어주었지만 엄청난 대가를 지불했다. 회개와 중생과 회심이 값싼 은혜와 교환되었고, 예수님의 제자가 되는 것의 참된 의미도 잃어버렸다. 엄청난 군중이 떼를 지어 교회로 몰려들었지만 그리스도의 제자는 찾기가 힘들었다.

5장

1) 이 문장은 그녀의 자서전 「고백」에서 인용한 것이다. 그녀의 저작들은 내게 큰 영감을 주었는데, 우리가 결성한 공동체 초창기에는 특히 더 그랬다. 그녀의 저작을 편집한 책 중에서 내가 가장 좋아하는 것은 로버트 엘스버그의 「도로시 데이 선집」이다.

2) 나는 일주일에 하루 우리가 개조한 버려진 집에서 글을 쓰는 중이다. 밖에서 아이들의 환호가 들린다. 아마 벽화를 완성한 모양이다. 벽화 밑에는 "내 백성이 그 칼을 쳐서 보습을 만들고 다시는 전쟁을 연습하지 아니하리라"라는 예언자 미가와 이사야의 말씀이 적혀 있다. 아이들이 장난감 무기를 부수어 그 벽화를 위해 쟁기 모양의 모자이크를 만들고 있다.

3) 평범한 날에 대한 기술은 초창기에 다양한 뉴스레터와 정기간행물에 실렸던 글을 각색한 것이고 적지 않은 내용이 캐나다의 도발적인 잡지인 *Adbusters*에 실린 바 있다.

믿음은
행동이 증명한다

4) 우리의 창립 멤버인 마이크와 미셸은 심플 웨이에서 만나 결혼한 후에 승합차를 타고 1년 동안 미국 전역을 여행하면서 가정을 꾸리고 자녀들과 함께 공동체 생활을 하는 다양한 사람들의 생활방식을 파악하기 위해 많은 공동체를 방문했다. 그들의 여행일지를 참조하고 싶으면 우리 웹사이트(www.thesimpleway.org)를 방문하기 바란다. 그들은 현재 두 자녀와 함께 조금 떨어진 곳에 살고 있다. 여전히 우리의 가까운 친구들이다.

5) 우리의 신앙고백과 실천 강령에 관한 자세한 정보를 원하면 우리 웹사이트(www.thesimpleway.org)를 방문하기 바란다.

6) 혹시 '미국적 영웅주의에 반대하는 사람들의 모임'에 대해 들어보았는지 모르겠다. 그들은 '미국적 영웅주의'에 반대하여 우주를 더 좋은 곳으로 만들기 위해 전념하는 은하계 간의 초영웅들 집단이다. 공상과학 이야기가 아니니 오해하지 말도록. 그들에 대해 자세히 알고 싶으면 www.usantiheroes.com을 방문해보기 바란다.

7) www.yesandcamp.org는 미술을 가르치는 사람들의 공동체이다. 그들은 ① 공동의 미술교육을 통해 아이들의 상상력과 경이로움과 미술의 즐거움을 일깨워주기 위해 일하고 있으며 ② 아이들이 소질과 능력을 계발해서 사회에 능동적으로 기여하는 사람이 되도록 준비시키며 ③ 아이들의 다양성과 창의적 소질과 내면의 목소리를 인지하고 칭찬하고 육성함으로써 지역사회를 변화시킬 수 있도록 교육하고 있다.

8) 우리와 가장 가까운 자매 공동체는 뉴저지에 있는 '캄덴하우스'이다. 캄덴하우스의 창립 회원 가운데 두 명은 윌로우 크릭에서 학생사역을 할 때부터 가깝게 지내던 친구이며, 다른 회원들은 벨리즈의 열대우림에서 신학을 공부한 사람들이다. 그들은 버려진 공간을 재활용하고 쓰레기가 가득한 땅에 정원을 가꾸며 아름다운 일을 하고 있다. 그들은 사역의 근간을 이루는 신학과 철학은 물론, 환경을 파괴하지 않으면서 공생하기 위한 아이디어를 우리에게 가르쳐주고 있다. 또한 그들은 버려졌던 땅을 활용해 도예작업장과 꿀벌부화장을 만들었을 뿐 아니라 최근에는 대형온실과 친환경 빵을 구울 수 있는 화덕을 만들었다. 우리는 그들의 사역을 '부활의 실천'이라 칭한다. 독신자들과 기혼자들로 구성된 그들은 다양한 직업을 갖고 있으며 인근 가톨릭 교구와도 연대하고 있다. 그들에 대해 자세히 알고 싶으면 www.camdenhouse.org를 방문하라. 십년이 지난 후 캄덴하우스는 여전히 건재하고 있다. 창립 멤버 중 일부는 떠났고 새로운 친구들이 합류했다. 그리고 '세이크리드 하트'는 계속 멋진 예배 장소로 남아 있다. 마더 데레사가 방문한 곳이다.

9) Gerd Theissen, *Sociology of Early Palestinian Christianity* (Philadelphia: Fortress, 1978).

10) 우리가 가진 채식주의 버스는 레스토랑에서 얻은 식물성 폐유를 먹고 잘 달린다. 지금

전국 각지의 친구들이 이 운동을 시작해서 자동차를 개조하는 한편, 재생 가능한 에너지에 대해 사람들을 교육하고자 '기름축제'를 개최하고 있다. 관심이 있는 사람은 조슈아 티켈이 쓴 책, 「프라이팬에서 연료탱크로: 식물성 기름을 대체 연료로 사용하기 위한 완벽한 지침」을 참조하기 바란다. 세상을 더욱 안전하고 깨끗한 곳으로 만들기 위한 새로운 삶의 방식에 대해 고심하는 신앙인들과 양심의 소유자들이 점점 증가하고 있다. 채식주의 버스는 그 한 예이다.

11) www.psalters.org 를 참조하라.

12) Robert Ellsberg, ed., *Dorothy Day: Selected Writings* (Maryknoll, NY: Orbis, 1992), 339.

13) 우리는 온갖 종류의 법률을 위반했다는 혐의로 법정과 건축규제위원회에 종종 출두했다. 그들은 '심플 웨이'가 식품유통 허가증이 없기 때문에 사람들에게 음식을 주면 안 된다고 경고한다. 그들은 우리에게, 연고가 없는 사람들이 다함께 사는 것은 불법이라고 정해놓은 '성매매업소 규제법'을 위반했다고 말했다. 한번은 건축규제위원회에 출두했는데, 조사관의 이름이 '예수'였다. 그러자 유대인인 우리 변호사가 "예수님이 우리를 또한 번 힘들게 하시네!"라고 말해 한바탕 웃었다.

14) Hippolytus, "Church Order in the Apostolic Tradition," in *The Early Christians in Their Own Words*, ed. Eberhard Arnold (Farmington, PA: Plough, 1997), 16.

15) 국제연합은 1992년에 부유한 나라와 가난한 나라의 소득격차가 1960년 이래 두 배로 벌어졌다고 보도했다. 오늘날 전 세계 인구의 가장 부유한 20퍼센트가 전 세계 소득의 83퍼센트를 벌고 있으며, 가장 가난한 20퍼센트는 2퍼센트도 벌지 못하고 있다!(Ched Myers, "God Speed the Year of Jubilee!" *Sojourners*, May-June 1998). 최근에는 포브즈 잡지가 86명이 세계 인구의 절반(35억 명)과 같은 부를 소유하고 있음을 보여주었다. 현재 시간당 5천 달러 이상을 버는 CEO들이 있다. 보통 근로자는 보통 CEO가 한 시간에 버는 돈을 벌려면 한 달을 일해야 한다.

16) 코카콜라는 콜롬비아에 있는 공장을 준군사조직인 용병들로 무장시켰다고 고발을 받았고, 네슬레는 유아용 유동식이 모유를 대체할 수 있는 것처럼 제3세계 엄마들에게 마케팅을 했다고 고발되었다. 디즈니는 아이티와 방글라데시에서 노동착취 공장을 운영하고 있다고 고발을 받았고, 갭 역시 캄보디아와 중국에서 노동착취 공장을 운영한다고 고발되었다. 물론 이들은 전 세계에서 활동하는 공동감시단에게 적발된, 인권을 침해하는 수많은 기업의 일부에 지나지 않는다. 갭 같은 일부 기업은 대중의 강력한 항의와 소송에서 이어진 잇따른 패배로 인해 무척 개선되기는 했다. 공동의 책임을 위해 일하며 건강한 대안을 제시하는 감시단체 가운데 내가 가장 좋아하는 몇몇 단체의 홈페이지를 소

믿음은
행동이 증명한다

개하겠다. Globalexchange.org, Corpwatch.org, Hrw.org(Human Rights Watch), Iccr. org(Interfaith Center on Corporate Responsibility). 지금은 앱을 이용해서 책임 있는 쇼핑을 할 수 있다. 그리고 임금, 학대, 아동 노동, 환경오염과 같은 정의의 지표에 따라 회사들을 평가하고 있다.

17) 이 팀은 써클 오브 호프(www.circleofhope.net/venture)와 메노나이트 중앙위원회의 협동작업이다.

18) www.circleofhope.net.

19) www.libertynet.org/njl.

20) 「공동 기도서」는 고대의 기도들과 예전을 다함께 엮어 그들을 오늘 우리가 담은 세계와 연결시키는 공동 프로젝트이다. 매일을 위한 찬송과 기도문이 50개가 넘고 주택 봉헌과 추도식과 같은 특별한 행사를 위한 기도문들도 있다. 지금은 「포켓용 공동 기도서」도 있고 핸드폰에 설치할 앱도 있다.

21) 이 대화의 열매는 우리가 협동해서 쓴 책, *Schools for Conversion: Twelve Marks of a New Monasticism*와 웹사이트 www.newmonasticism.org에서 찾아볼 수 있다.

22) 감옥 산업에 관한 몇 개의 기사를 소개하면 다음과 같다.

Mother Jones: http://www.motherjones.com/politics/20008/07/wnat-do-prisoners-make-victorias-secret

Huffington Post: http://www.huffingtonpost.com/2012/12/10/prison-labor_n_2272036.html

Global Research: http://www.globalresearch.ca/the-prison-industry-in-the-united-states-big-business-or-a-new-form-of-slavery/8289

Ella Baker Center for Human Rights: http://ellabakercenter.org/blog/2013/06/prison-labor-is-the-new-slave-labor

Prisoner's Wage: Maximum of $1.15/hour:http://www.prisonpolicy.org/prisonindex/prisonlabor.html

UNICOR's 2014 Annual Report: http://www.unicor.gov/information/publications/pdfs/corporate/2014%20FPI%20Annual%20Management%20Report_C.pdf

23) Martin Luther King Jr., "A Time to Break the Silence" (sermon, Riverside Church, New York, April 4, 1967).

6장

1) 요한은 메뚜기를 먹고 낙타 가죽을 입은 사막의 선지자로 아마 몇 갈래로 땋은 헤어스

타일이었을 것이고, 당시의 일부 크리스천들의 눈총을 받았을 것이다. 그는 예수님의 사촌으로 그분의 길을 예비하는 역할을 했다. 그는 신비로운 중생의 표시를 전수하고 또 예수님에게 요단강에서 세례를 주었기 때문에 세례 요한으로 불리기도 한다. 훗날 헤롯에게 처형되었다.

2) 히브리어에서는 의(righteousness)와 공의(justice)에 똑같은 단어가 사용되었다.

3) 레위기의 희년은 이스라엘 백성에게 모든 소유와 토지가 하나님께 속했으며, 그들은 출애굽한 백성이므로 다시는 노예제도로 되돌아가면 안 된다는 것을 상기시키기 위해 공동체의 자산을 재편성하는 하나님의 포괄적이고 일방적인 조치이다(레 25:42). 희년은 7년마다 오는 안식년이 일곱 번 지난 뒤 50년마다 오게끔 되어 있었다(레 25:8-12). 희년[사면을 선포하는 나팔을 나타내는 히브리어 '요벨'에서 유래했다]의 목적은 공동체 구성원 모두의 채무를 면제하고(레 25:35-42), 담보로 잡히거나 몰수된 토지를 본래의 주인에게 돌려주고(13절, 25-28절), 노예를 해방함으로써(47-55절) 사회 경제적 불평등 구조를 폐지시키는 것이었다.

4) 요즈음에는 '말씀과 세상'이라 불리는 지하 신학교 운동이 전국에서 일어나고 있다. 이는 "신학교와 예배당과 거리의 틈을 연결하기" 위한 유목형 대중 신학교이다(www.wordandworld.org). 지하 신학교에 관한 또 다른 좋은 자원은 내 친구 체드 마이어스가 만든 것이다. http://www.bcm-net.org/.

5) 우리 공동체의 여성들은 신학에서 여성의 건강까지 온갖 것을 얘기하고 공부하기 위해 정기적으로 모인다. 그들이 공부하고 우리에게 추천한 책 한 권은 Paul Smith, *Is It Okay to Call God "Mother"?* (Hendrickson, 1993)이다. 우리는 하나님을 아버지로 믿는 한편, 이 책은 우리의 지성을 확장시켜 하나님의 모든 특징과 이름을 살펴보도록 돕는 좋은 도구이다.

6) 체드 마이어스 (http://www.bcm-net.org)는 우리의 친구이자 영향력 있는 신학자이다. 그의 책 「안식일 경제에 관한 성경의 비전」은 우리 대안 신학교에서 교재로 사용하기도 했다.

7) 크리스틴 폴은 애즈베리신학교의 교수로서 다양한 계획공동체들을 자문하고, 그녀의 저서, *Making Room*(Grand Rapids: Eerdmans, 1999)을 통해 크리스천의 환대의 비전을 부활시키기 위해 많은 노력을 기울여왔다.

8) '신비로운 증식'이란 개념이 경제영역에만 국한되는 것은 아니다. 우리는 부분들의 총합보다 더 많은 존재들이고, 여럿이 함께하면 혼자 못하는 일을 할 수 있다. "백짓장도 맞들면 낫다"라는 속담이 있다. 이것은 공동체가 주는 선물이다. 기부 물자를 가득 실은 트럭이 골목 어귀에 나타난다. 나 혼자 짐을 내리려면 반나절이 걸린다. 그러나 우리 공동

믿음은
행동이 증명한다

체 식구들이 덤비면 몇 분도 안 되어 끝난다.

9) 몇 년 전 CBS에서 예수님 생애에 대한 미니시리즈를 방영한 적이 있었다. 사실 그 프로그램은 여러 면에서 미흡하다고 생각했지만, 광야의 유혹을 다룬 부분에서는 어떤 굶주린 소녀가 예수님께 돌로 떡을 만들어달라고 간청했을 때, 예수께서 유혹하는 자를 향해 "나는 내 교회를 믿을 것이다"라고 말씀하시는 장면은 인상 깊었다. 무척 힘드셨을 것이다.

10) 나는 이 책을 쓰도록 돕는 친구들과 물물교환을 했다. 이 책의 수익금을 모두 나눠주기 때문에 그들에게 돈을 줄 수 없기 때문이다.

11) 1세기의 한 역사가는 당대 로마제국의 시민들이 로마황제(도미티아누스)가 동물과 모든 자연현상을 다스리기 때문에 심지어 물고기가 튀어 올라 그의 손바닥을 핥는다고 믿고 있었다고 지적하면서, 그 사건의 의미심장함에 깊이를 더하고 있다.

12) 예수께서 여기서 의도하시는 풍자와 유머를 훌륭하게 포착하는 옛 농부의 일화가 있다. 황제가 지나갈 때 그 농부가 고개를 조아리고… 방귀를 뀌었다는 것이다. 혁명적 순종이란 우리가 제국이 요구하는 것을 바치지만 그 자체의 조건으로 바치지 않는 것을 말한다. 가이사는 녹이 슬어 없어질 동전을 가질 수 있으나 생명과 자연은 하나님의 것이다. 그리고 설령 가이사가 우리의 생명을 앗아간다고 해도, 우리는 죽은 자들 가운데서 다시 살아날 것이다.

13) 무장경찰이 긴급 출동했지만 그곳의 재미난 모습을 보고 무장을 해제했다. 한 경찰관은 나중에 "그들을 해산시켜라"는 명령을 받았지만 '그들'이 누구인지 알 수 없었다고 내게 말해주었다. 그는 호탕하게 웃으며, 다음에 희년의식을 거행할 때에는 자기네 경찰서 밖에서 해달라고 말했다.

7장

1) 두 가지 사인이 내 마음을 아프게 한다. 하나는 각양각색의 티셔츠에 새겨진 "jesUSAves"(USA를 강조함)라는 문구이고, 다른 하나는 전통적으로 사용되던 기독교의 물고기 상징을 새롭게 개조한 것(물고기 중간에 'Jesus' 대신 'Bush'가 새겨져 있다)이다. 진리가 허구보다 더 낯설다. www.bushfish.org.

2) 우리 수십 명은 성경을 공부하기 위해 모여(이를 킹덤 나이트라 부른다) 우리의 왕국들이 서로 충돌할 때 충성을 서약하는 방법을 이해하려고 노력한다.

3) 어떤 사인은 "God bless America"에서 'b'가 떨어져서 "God less America"가 되었다. 이는 또 다른 청중을 유념하고 있다는 생각이 들었다.

4) Martin Luther King Jr., "A Time to Break the Silence" (1967년 4월 4일 뉴욕의 리버사

이드 교회에서 베트남을 염려하는 교역자와 평신도의 집회에서 행한 연설).

5) 위와 동일.

6) www.vitw.org.

7) www.cpt.org.

8) www.peacefultomorrows.org.

9) 이는 부록 3에 수록되어 있다. www.thesimpleway.org를 방문하면 나의 이라크 여행 일지를 읽을 수 있고 복사도 가능하다.

10) 사실 이라크의 연령층은 매우 젊다. 유엔아동기금은 이라크 인구의 거의 절반이 20세 이하라고 보도한다.

11) 솔직히 우리 둘 다 두려워하고 있었다. 하지만 우리 각자는 상대방이 다시는 울지 않도록 하고 싶었다.

12) John Howard Yoder, *The Politics of Jesus* (Grand Rapids: Eerdmans, 1972).

13) 사실 그는 내가 이 책을 편집하는 것을 도와주었다. 내가 성가대를 향해 일방적으로 설교하는 사람이 되지 않도록 해주었다. 또한 원고를 읽은 뒤에 이메일로 군인생활을 계속해야 할지 무척 고민된다고 심경을 털어놓았다.

14) 나는 어떤 감리교 대회에 참석하여 감독들이 크리스천의 정체성과 특히 감리교의 전통에 대해 깊은 우려를 표명하는 것을 들었다. 그들은 마태복음 18:15-20절에 따라, 이라크에서 벌어지는 일이 웨슬리의 가르침이나 감리교 신학이나 정당한 전쟁론에 어긋난다고 선언하면서 깊은 우려를 표명하는 편지를 대회장에게 보냈다. 이런 것들이 굉장한 희망의 전조이다.

8장

1) Søren Kierkegaard, *Provocations: Spiritual Writings of Kierkegaard*, ed. Charles E. Moore (Farmington, PA: Plough, 2001), 86.

2) C. S. Lewis, *The Lion, the Witch, and the Wardrobe* (New York: HarperCollins, 1950), 79-80.

3) 문은 외부의 침략자로부터 도시를 보호하기 위해 성벽에 세운 것이다. 문은 공격용이 아니라 방어용이라서 많은 신학자들은, 예수께서 지옥의 문이 교회를 이기지 못할 것이라고 말씀하신 것은 교회가 지옥의 문을 분쇄하고 그 안에 갇힌 사람들을 구해내리라는 사실을 가리킨 것이라고 해석한다.

4) 한번은 법정에 섰다가 지방 검사를 검사(prosecutor)로 부르지 않고 박해자(persecutor)라고 부른 적도 있었다. 신성한 법정에서 그런 실수를 하다니!

믿음은
행동이 증명한다

5) 마르틴 루터 킹의 *The Trumpet of Conscience*에서 인용한 것이다. 이는 킹의 글을 모아놓은 모음집 *A Testament of Hope*, ed. James M. Washington (San Francisco: HarperSanFrancisco, 1986), 647에 나온다.

6) 그 배지들은 심플 웨이 식구들이 손수 만든 것으로 "테러가 적이라면 사랑은 영웅이다", "하나님은 모든 사람에게 복을 주신다", "예수님이 나의 대통령이다" 등 위협적인 슬로 건이 새겨져 있었다.

7) 미국정부가 나와 함께 이라크에 갔던 그룹을 대상으로 소송을 제기했다. 어쩌면 우리 중 일부는 징역형을 선고받을지도 모른다. 그러나 조금도 걱정하지 않는다. 부시 대통령이 지명한 판사조차도 정부의 소송이 그리 좋아보이지 않는다고 말했고 또 담당 검사는 갈 길이 멀다고 말했다.

8) 이 편지는 사도 바울이 로마에서 2년 동안 옥살이를 할 때 기록한 것이다. 여기서 바울 이 우리가 붙들고 싸우는 권세를 가리킬 때 사용하는 단어는, 사람들이 세계 지도자들의 잔학행위를 정당화할 때 이용하는 로마서의 악명 높은 구절들에 사용한 단어와 일치한 다. 사람들이 로마서 13:1절 - "각 사람은 위에 있는 권세들에게 복종하라 권세는 하나님 으로부터 나지 않음이 없나니 모든 권세는 다 하나님께서 정하신 바라"-이용해서 우리 가 정부 지도자들과 충돌하는 일은 일체 하면 안 된다고 주장한다면, 나는 그들에게 이 라크 크리스천들의 귀로 이 말씀을 들으라고 권하고 싶다. 그러면 사담 후세인의 권세도 하나님께서 정하신 것인가? 지면과 시간이 부족해서 이 문제를 자세히 다룰 수 없어 무 척 아쉽다. 대신 월터 윙크의 *The Power That Be* (Galilee Trade, 1999)를 읽어보기 바란 다. 이 주제에 관한 활발한 토론에 관심이 있는 사람은 http://Jesusradicals.com을 방 문하기 바란다.

9) John Dominic Crossan, *Jesus: A Revolutionary Biography* (San Francisco: HarperSanFrancisco, 1995).

9장

1) 내가 지금까지 보았던 구걸 문구 가운데 최고는 내 친구가 거리 한 모퉁이에서 들고 있 던 것이다. 거기에는 "은혜가 필요합니다"라는 글귀가 적혀 있었다.

2) 제리 폴웰 목사는 9/11 참사 이틀 후에 기독교 방송 프로에 출연하여 "자기들의 삶의 방식을 또 다른 대안으로 내세우려 애쓰는 이교도들, 낙태 지지자들, 여권운동가들, 동성 애자들, 미국시민권연맹, 미국식을 옹호하는 사람들 등 이들이 미국을 세속화시켰다고 믿습니다. 나는 그들에게 손가락질을 하며 '당신들이 9/11 사태에 일조했다'라고 지적 합니다"라고 말했다. 나중에 그는 이 발언에 대해 사과문을 발표했다.

3) 나는 CBS의 예수에 관한 미니시리즈를 다시 언급하기가 꺼려지지만(시간을 들여 볼 만한 시리즈가 아니라서) 거기에 매우 인상적인 장면이 있다. 예수께서 십자가에 달리시기 전에 겟세마네 동산에서 계실 때 유혹자가 그를 만나는 장면이다. 사탄은 이렇게 말한다. "저들은 네 십자가를 이해하지 못해. 아마 절대로 이해하지 못할 거야!" 사탄은 십자군 원정과 성전(聖戰)들과 하나님의 이름으로 뿌려졌던 붉은 피를 보여주며 "그래도 십자가로 갈 거야?"라고 물었다. 아마도 그것이 그리스도께서 마지막으로 받으셨던 유혹이 아닐까 생각된다.

4) Bono, "Introduction," *in Selections from the Book of Psalms, Pocket Canons* (New York: Grove, 1999).

5) Timothy McVeigh, "Essay on Hypocrisy" (federal prison, Florence, CO, March 1998).

6) 그가 사형을 당하기 전에 나는 티모시 맥베이가 온갖 소음 중에 자신이 아름다운 존재이며 구원을 받을 수 없는 인간이 아니라는 온유한 속삭임을 들을 수 있기를 바라는 마음을 담아 여러 통의 편지를 그에게 보냈다.

7) 버드의 이야기를 비롯한 화해와 은혜의 이야기들을 읽으려면 http://www.theforgivenessproject.com을 보라.

8) Martin Buber, *I and Thou* (Riverside, NJ: Free Press, 1971).

10장

1) Martin Luther King Jr., "Letter from the Birmingtham Jail" (April 16, 1963).

2) 교회사의 여러 기사들은 가말리엘이라는 노인이 회심을 했다는 전설을 전해준다. 초대교회의 문헌들은 가말리엘이 주후 50년에 세상을 떠나기 직전에 회심하고 옛 제자였던 바울에게 세례를 받았다고 전하고 있다.

3) www.ccda.org.

4) Martin Luther King Jr., "The American Dream" (1965년 7월 4일 애틀랜타의 에벤에셀 침례교회에서 한 강연).

5) 나는 그날 밤 바그다드에서 시편 23편을 읽었다. 이는 보통 장례예배에서 낭송하던 구절이었다. "내가 사망의 음침한 골짜기로 다닐지라도." 나는 그 말씀대로 사망의 음침한 골짜기로 다니고 있는 느낌이었다. 그러나 예전에 미처 알아채지 못했던 것을 알아챘다. "주께서 내 원수의 목전에서 내게 상을 차려 주시고." 그 말씀을 읽고 이런 생각이 들었다. "주님께서 내게 잔칫상을 차려주시는 곳에 왜 원수들이 있는 것일까? 우리가 죽은 후에 하나님께서 원수들을 우리의 잔칫상 앞으로 데려와, 생전에 우리가 그들을 어떻게

믿음은
행동이 증명한다

대했느냐고 물으시면 그들은 뭐라고 대답할까? 예수께서 그들에게 '쉐인은 나를 따랐다고 주장하고 있다. 그가 정말로 너희들을 사랑했니? 내가 가르친 대로 그가 너희들을 먹이고 너희들을 위해 기도했니?'라고 물으시면 과연 그들은 뭐라고 대답할까?"

6) Walter Wink, *The Powers That Be* (New York: Doubleday, 1998).

7) 위의 책, 111.

8) 월터 브루그만이 창안해서 그의 책에 붙인 제목이다.

9) 유월절은 이스라엘 민족이 애굽에서의 노예생활에서 해방되어 약속의 땅으로 들어간 것을 기념하는 반(反)제국적인 명절이었다. 유대인들은 로마 병사들이 도열하여 감시하는 가운데 함께 모여 제국에 반대한다는 의미로 종려나무 가지를 흔들었다. 유대인들은 이 기간에 무척 흥분하여 종종 유혈사태와 폭동을 빚곤 했다. 예수께서 이 명절에 나귀를 타고 예루살렘에 들어가셨다는 것은 거리의 극장에서 행해지는 저항 연극처럼 일종의 풍자적인 의미를 갖는다고 할 수 있다. 학자들은 이를 반(反)승리의 예루살렘 입성이라 부른다. 제왕들은 나귀를 타지 않았다. 그들은 병사들의 호위를 받으며 군마(軍馬)를 탔다. 예수께서 나귀 등에 올라타심으로써 제왕들의 폭력과 권력을 구경거리로 만드신 것이다.

10) Charles Marsh, *The Beloved Community* (New York: Basic, 2005).

11) 이곳 필라델피아에 있는 '새 예루살렘 공동체' 친구들이 '폭력 대안 프로젝트'라 불리는 워커숍에서 우리를 인도했다. 그 프로젝트는 우리가 폭력 성향을 갖고 있음을 일깨우고, 갈등을 창의적으로 해소할 방법을 모색하기 위해 고안된 것이었다. 우리 각자의 내면에서 시작해서 마침내 세상에서 폭력을 근절하려고 하는 통전적인 프로그램이다. 많은 선생 겸 학생들은 사람들의 폭력 가해자이거나 희생자이다. 자세한 정보를 원하는 독자는 www.avpusa.org를 방문하기 바란다.

12) 창의적인 비폭력에 관한 또 다른 저서로 마이클 내글러의 「다른 길은 없는가?(Is There No Other Way)가 있다. 내글러는 우리의 문제가 비폭력을 시도했다가 실패한 게 아니라 그것을 시도할 만한 용기와 상상력이 없는 것이라고 지적한다.

11장

1) Che Guevara, *Reminiscences of the Cuban Revolutionary War* (New York: Penguin, 1969).

2) www.ciw-online.org.

3) 나이키 운동화는 인도네시아, 중국, 베트남에 세운 공장에서 생산된다. 그곳에서 자행되는 인권학대의 실상은 고문에서 강간에 이르기까지 실로 광범위하여, 1997년 11월 8일

자 뉴욕 타임스가 헤드라인 기사로 다룬 이후부터 최근까지 매체의 주목을 받고 있다. 노동자들은 1달러 50센트의 일당을 받고 운동화를 생산하고 또 그 절반이 생활비로 들어가지만 미국인들은 100달러가 넘는 돈으로 그 운동화를 구입한다. 그리고 마이클 조던이나 타이거 우즈 같은 사람들이 그 운동화를 광고하는 대가로 받는 돈이, 그 신발을 만들기 위해 조립라인에서 일하는 노동자들의 월급을 모두 합한 액수보다 더 많다.

4) 그 학교 졸업생들은 라틴 아메리카에서 자행되는 가장 악랄한 인권유린과 깊은 관련이 있다. 1996년 여론의 압력에 굴복한 미국 국방성은 그 학교에서 고문과 살인과 강탈 등을 가르치기 위해 사용하던 훈련지침서를 공개했다. 그 학교를 졸업한 6만 명의 졸업생 가운데는 파나마의 마누엘 노리에가와 오마르 토리호스, 아르헨티나의 레오폴도 갈티에리와 로베르토 비올라, 페루의 후안 벨라스코 알바라도, 에콰도르의 길레모 로드리게스, 볼리비아의 우고 반세르 같은 악명 높은 독재자들이 다수 포함되어 있다. 세계 인권 감시단은 그 학교의 저급한 졸업생들이 오스카 로메로 대주교의 암살과 900명의 시민을 무참히 학살한 엘 모조테 학살 등과 같은 잔혹한 인권유린에 깊이 관여했다고 보도했다. 그 학교는 대중의 따가운 비판을 무마시키고 의심스러운 평판을 희석하기 위한 시도로 2001년에 학교 명칭을 '안전한 공조를 위한 서방 연수원'으로 바꿨다. 그것은 반대자들이 그 군사학교를 소멸시키려는 의회 투표에서 승리할 기미가 보이는 경우에 그 학교가 특별한 임무를 계속할 수도 있다는 의지를 밝힌 대외 포장용 변화였다. 아무튼 그들은 지금도 활동하고 있다. www.soaw.org, www.soawne.org.

5) 내가 이 대목을 쓴 지 한참 후에 신디 셰넌의 아들 카세이가 2005년 4월에 이라크에서 살해되는 사건이 일어났다. 그녀가 텍사스에 있는 조지 부시 대통령의 목장 옆에 텐트를 치고 야영했을 때 모든 국민의 시선이 그곳에 집중되었던 것을 생각해보라. 그녀의 방식과 정치적 견해에 찬동하지 않는 사람들조차도 아들을 잃은 어머니의 비애와 상실감을 무시할 수 없다.

6) 이는 사회학자 허버트 마르쿠제가 고전적인 저서 「일차원적 인간」에서 만들어낸 용어로서, 사회 구성원들이 자신이 속한 사회와 인간에 대하여 내면적인 모순을 느끼지 못하는 상태를 일컫는다.

7) 여성의 권리를 위한 행진에서 임신중절에 찬성하는 쪽과 반대하는 쪽이 격렬하게 대립했을 때, 이곳 필라델피아에 있는 몇몇 공동체의 여성들이 그와 비슷한 행위를 한 적이 있다. 그들은 가교를 건설하는 사람들로서 그들 사이의 틈에 다리를 놓고 또한 양쪽 진영의 사람들과 대화를 나누기 위해 앞으로 나아갔다.

8) 예수께서 내 죄를 위해 그리고 내 죄 때문에 죽었다는 것을 믿기 때문에 사형제도는 나의 신학에 늘 혼란을 가져왔다. 어떤 의미에서 내 죄가 예수님을 십자가에 못 박았다. 만

약 살인자들이 마땅히 처형되어야 한다면, 내 이름이 그 명단의 꼭대기에 있다. 예수님은 사형제도를 지지해달라는 요청을 받으셨을 때, "너희 중에 죄 없는 자가 먼저 돌로 치라"고 대답하셨다.

9) 우리가 이 지역에서 협력하고 또 다수가 기독교 신앙을 공유하고 있고 놀라운 연구조사와 협력사업을 추진해온 단체는 '사형제도에 반대하는 펜실베이니아 전폐론자 연합' (www.pa-abolitionists.org)이다.

12장

1) '야베스의 기도'는 야베스라는 잘 알려지지 않은 인물이 작성한 30개의 단어로 이루어진 기도문이다(대상 4:10). 그는 성경에서 단 한 번 나온다. 그의 기도는 '나의 지경을 넓히시고'라는 어구를 사용했는데, 이것이 오늘날 크리스천들에게 인기 있는 용어가 되었다. 그런데 「야베스의 기도」라는 책은 그 지경이 넓어진 후에 일어나는 피 흘림(대상 4:41-43)에 관해서는 얘기하지 않는다. 아울러 그 기도가 그토록 중요하다면 왜 예수님이 야베스에 관해 말한 적이 없는지도 언급하지 않는다. 성경에는 우리가 모방해서는 안 될 기도가 많이 나온다. 예컨대, 다윗이 그의 원수를 저주하며 그들의 자식들이 거지가 되어 거리에서 방황하게 해달라고 기도하는 시편 109편이다. 저자 브루스 윌킨슨에게 공정하자면, 어쩌면 그는 자신의 책이 초래할 과장이나 어린이판이 나올 것을 전혀 예상하지 않았을지 모른다. 만일 당신이 기도하는 법을 배우고 싶다면, 예수님이 가르쳐주신 기도를 추천한다. 그 기도는 야베스의 기도와는 상당히 다르다. 말하자면, 야베스의 기도에 반복적으로 등장하는 '나', '나의'라는 단어가 예수님의 기도에는 한 번도 등장하지 않으며(단지 '우리'와 '우리의'만 나온다), 예수님은 "나로 환란을 벗어나"라는 문구 대신에 "아버지의 뜻이 하늘에서와 같이 땅에서도 이루어지게 하소서"라는 문구를 내놓으신다. 마태복음 6:9-13절에 예수님의 기도가 나온다. 그리고 주기도문을 좀 더 깊게 공부하고 싶으면, 제임스 멀홀랜드가 저술한 「예수님처럼 기도하라」를 읽어보기 바란다.

2) 예수님이 하나님의 나라에 사용하신 단어는 로마 제국(basilea)에 사용된 것과 같은 단어다.

3) 아모스 5:21-24절에 나오는 것처럼, 선지자들은 우리에게 정의가 결여되어 있을 때에는 하나님께서 우리의 예배와 찬양을 미워하신다고, 가난한 자들과 압제받는 이들을 위한 정의를 실천할 때까지 예배와 찬양을 중단하라고 요구하신다고 선언한다.

4) 흥미롭게도, 안티오커스 4세인 에피파네스도 임마누엘이라는 이름을 사용했다. 그는 자신이 신들이 성육한 존재라고 주장했다.

5) http://churchunderthebridge.org.

6) 캘리포니아의 크리스털 교회는 창문이 10,000개, 종이 52개, 강단 뒤편에 전자장치로 열리는 거대한 문들, 5미터짜리 18 캐럿 황금십자가, '드라이브 인' 예배자들을 위한 야외 스크린 등을 갖추고 있다. www.crystalcathedral.org를 방문해보라. 그런데 이 교회는 2010년에 파산해서 가톨릭 교회에 팔렸다.

7) 그들은 건축 프로젝트를 계속 진행했다. 그런데 이상한 것은, 나는 화가 나지 않고 슬프기만 했다는 점이다. 하나님은 다른 많은 것들을 생각하고 계실지 모르는데, 우리가 또 다른 건물을 세우기로 결정했다는 게 나를 슬프게 했다. 그러나 윌로우 크릭 교회가 정의와 화해를 위해 놀라운 일을 계속 하고 있다는 사실도 더해야겠다. 그 열매는 아프리카의 에이즈 환자와 같은 지구촌 이웃들의 고통을 덜기 위해 많은 기부금을 내놓은 것이다. 우리에게 90퍼센트의 제자도는 온전한 헌신에 10퍼센트가 못 미친다고 가르친 곳이 바로 윌로우 크릭 교회이다.

8) 레이는 뛰어난 지성으로 소유 재분배를 위한 하나님의 도구로서의 십일조 개념을 재구성하는 다양한 실험을 탄생시킨 원로이자 친구이다. 그의 에세이에 대해 알고 싶으면 http://relationaltithe.com을 방문하기 바란다.

9) http://relationaltithe.com.

10) 이 버스는 평범한 급진주의자 그룹인 미위다웃유 밴드(mewithoutyou.com)에 속해 있고 우리의 가까운 동료들이 식물성 기름용으로 바꿔놓은 것이다.

11) 칡은 한 지역 전체에 퍼지는 자생력이 강한 야생 덩굴이다. 칡은 산지 전체를 덮을 수도 있고, 나무를 고사시킬 수도 있고, 시멘트 건물에 균열을 낼 수도 있다.

12) 그의 이야기는 '저항할 수 없는 혁명'의 힘을 힐끗 보여주는 아름다운 사례이다. 그는 크리스천들을 박해하는 법률가로서 로마제국과 기존의 종교제도를 잘 알고 있었다. 하지만 그는 곧 사랑에 감염되고 말았다. 주후 200년에 회심하기 전에 그는 크리스천들에 대해 이렇게 말했다. "그들은 신전을 마치 무덤 대하듯이 깔본다. 그들은 명예로운 칭호를 멸시하며, 벌거벗은 몸을 간신히 가리고 다니면서도 고관대작들의 자색 옷을 부러워하지 않는다… 그들은 잘 알지 못하는 사람들도 사랑한다. 그들은 서로를 차별 없이 형제자매라 부르며 정욕의 컬트를 실행한다."

그러나 그가 회심한 이후에는 이렇게 말했다. "그들이 제단이나 신전이나 형상을 갖고 있지 않은 까닭이 무엇인가? …모든 세상으로도 세상을 창조하신 그분을 담을 수 없는데, 어찌 그분을 위해 신전을 지을 수 있겠는가? 오히려 우리 영혼에 그분을 위한 성소를 지어야 하지 않을까? 모든 땅과 하늘과 세상의 한계 너머에 있는 모든 것들이 하나님으로 충만하다… 그분은 우리와 함께 살고 있다. 크리스천들이 사형도구들의 쨍그랑거리는 소리와 무서운 집행관들을 비웃을 때, 세상의 왕들과 통치자들 앞에서 자신들의 자유

믿음은
행동이 증명한다

를 지키고 바라보며, 오직 그들의 주인이신 하나님께만 순종할 때, 하나님이 그들을 얼마나 아름답게 여기실까? 우리 가운데 있는 어린이와 연약한 여인들도 온갖 잔혹한 고문과 교수대 십자가와 다른 모든 사형집행 도구들을 비웃는다."(Eberhard Arnold, ed., *The Early Christians: In Their Own Words* [Farmington, PA: Plough, 1998]). 이는 내가 좋아하는 책들 중에 하나인데다 무료로 받았다. (브루더호프 공동체에 감사한다.) http://www.plough.com/en/ebooks/e/early-christians.

13장

1) Friedrich Nietzsche, *The Gay Science*, ed. Walter Kaufmann (New York: Vintage, 1974), 181-82.

2) 예수께서 그의 친구 나사로를 죽은 상태에서 일으킨 사건을 일컫는다. 나사로는 수의를 그대로 걸치고 있었고 역겨운 시체 냄새를 풍겼지만 분명히 살아났다.

3) 이 불덩이는 파괴하는 불덩이가 아니라 정결하게 하고 깨끗하게 하는 불덩이다. 이 불덩이는 성경이 말하는 온유한 불덩이이며, 귀금속에 있는 불순물을 녹이는 불덩이이며, 우리가 인간으로서 그리고 하나의 행성으로서 더 온전히 살아갈 수 있도록 죽은 가지와 겨를 태워버리는 불덩이이며, 죄인들과 관목을 파괴하지 않으면서 사르는 불덩이이다.

4) 토니 캠폴로는 몇 년 전에 전화를 걸어 어떤 강연에서 젊은이들에게 모든 것을 팔아 가난한 사람들에게 나눠주라고 했더니 그들이 정말로 그렇게 했다는 이야기를 했다. 그는 그들 중에 한 명이 고속버스를 타고 심플 웨이로 가는 중이라고 말했다. 그래서 나는 그 청년에게 캠폴로 교수의 주소를 알려줄 것이라고 말했다(하하!).

5) 나는 말장난을 좋아하지 않는다. 더욱이 남의 말을 도용하는 것은 더 좋아하지 않는다. 하지만 이 표현은 몇몇 친구들에게서 훔친 것이다. 2005년 가을, 역동적인 친구 몇 명이 평범한 급진주의자들의 목소리들을 조화시키기 위한 노력의 일환으로 「Geez」라는 잡지를 창간했다. 그들은 스스로를 신앙의 언저리에 있는 사람들을 위한 "제단" 초청이라 칭하며, 교회에 진저리가 난 불안정한 사람들을 대안적인 삶의 방식을 창조하도록 초대하고 있다. http://geezmagazine, org.

14장

1) 오케이, 이 장을 준비한 내 노트에는 아내가 "정직해라"고 쓴 메모가 있다. 거기에다 우리의 도구들을 적당한 장소에 보관하는 일이 쉽지 않다는 글을 더해야겠다. 가장 큰 고민 중 하나는 트위터와 페이스북에 모든 이슈에 대해 반응해야 한다는 강박관념에서 벗어나는 일이다. 예수님은 트위터 없이 잘 일하셨다는 것을 기억하면 해방감을 느낀다.

우리가 한 달 동안 컴퓨터를 사용하지 않더라도 세상은 결딴나지 않는다. 그러나 그게 쉽다는 뜻은 아니다.

2) 이제 우리는 레드 레터 운동에 참여하고 있다. 토니 켐폴로와 나는 [레드 레터 혁명]이란 책을 함께 써서 그 내용을 더 풀어냈다. 강연과 글쓰기로 이뤄진 나의 공적 사역은 레드 레터 크리스천의 일부이다. www.redletterchristians.org를 참고하라. 그리고 예수님의 메시지와 정의를 전달하고 있는 강사들과 필자들로 이뤄진 네트워크도 있다. 나는 여전히 심플 웨이의 일부이고 이 공동체를 일종의 지역 혁명으로 생각한다.

3) 단행본과 문고판, 그리고 핸드폰용 앱도 있다. www.commonprayer.net.

4) 다음 사이트에서 퀘이커로부터 많은 유익한 자료를 얻을 수 있다. http://www.fgcquaker.org/resources/clearness-committees-what-they-are-and-what-they-do.

5) 정치참여나 투표는 일종의 피해 대책을 세우는 것으로 생각할 수도 있다. 우리는 통치자들과 권세들이 끼친 부수적인 피해를 제한하고 있는 중이다.

6) 내가 나중에 알게 된 사실은 텁수룩한 짐승 같은 남자는 사실 이웃집의 지붕에서 일하다가 그의 사다리가 부러지는 바람에 우리 창문으로 떨어졌다는 것이다.

7) 나는 편지를 좋아한다. 편지쓰기는 교회의 중요한 소일거리였다. 내가 답장을 해주겠다고 약속할 수는 없지만 당신의 편지를 읽을 테고 답장하려고 최선을 다할 것이다. 현재 나는 집필계획보다 6개월 정도 뒤처진 상태이다. 나는 이메일보다 편지를 선호한다.

Shane Claiborne, PO Box 12798, Philadelphia, PA 19134.

믿음은
행동이 증명한다

믿음은 행동이 증명한다

초판 1쇄 발행   2013년 6월 10일

개정판 1쇄 인쇄   2018년 10월 5일
개정판 3쇄 인쇄   2022년 3월 7일

지은이 쉐인 클레어본
옮긴이 배응준
펴낸이 정선숙

펴낸곳 협동조합 아바서원
등록 제274251-0007344
주소 경기도 고양시 덕양구 삼원로 51, 원흥줌하이필드 606호
전화 02-388-7944 **팩스** 02-389-7944
이메일 abbabooks@hanmail.net

ISBN 979-11-85066-81-3 03230